후기
기독교 교부

후기 기독교 교부

THE LATER CHRISTIAN
FATHERS

헨리 비텐손
김종희 옮김

크리스촨
다이제스트

THE LATER CHRISTIAN FATHERS

A selection from the writings of the Fathers
from St. Cyril of Jerusalem to
St. Leo the Great

Edited and translated by
HENRY BETTENSON

OXFORD NEW YORK
OXFORD UNIVERSITY PRESS

차례

서론 ··· 9

제1장 예루살렘의 키릴 ··· 53
   1. 인간과 타락 ·· 53
   2. 그리스도의 위격 ·· 54
   3. 그리스도의 사역 ·· 55
   4. 성령 ·· 56
   5. 교회 ·· 58
   6. 성례전 ·· 59

제2장 푸아티에의 힐라리 ··· 70
   1. 삼위일체 ·· 70
   2. 그리스도의 위격 ·· 71
   3. 그리스도의 사역 ·· 77
   4. 성령 ·· 79
   5. 교회와 성찬식 ·· 81

제3장 가이사랴의 바질 ··· 84
   1. 권위 ·· 84
   2. 인간의 상태 ·· 85
   3. 그리스도의 신분과 위격 ································ 88
   4. 그리스도의 사역 ·· 98
   5. 성령 ·· 99

6. 삼위일체 ··· 103
　　7. 성례전 ··· 115
　　8. 종말론 ··· 121
　　9. 종규 ··· 125

제4장 나지안주스의 그레고리 ··· 134
　　1. 권위 ··· 134
　　2. 인간의 상태 ··· 135
　　3. 그리스도의 신분 ··· 139
　　4. 그리스도의 위격 ··· 142
　　5. 그리스도의 사역 ··· 149
　　6. 성령 ··· 151
　　7. 삼위일체 ··· 155
　　8. 성례 ··· 160
　　9. 종규 ··· 165
　　10. 종말론 ··· 167

제5장 닛사의 그레고리 ··· 172
　　1. 인간 ··· 173
　　2. 그리스도의 위격 ··· 178
　　3. 그리스도의 사역 ··· 186
　　4. 성령 ··· 195
　　5. 성 삼위일체 ··· 197
　　6. 성례 ··· 207
　　7. 종말론 ··· 212

제6장 몹수에스티나의 데오도루스 ······································· 217
　　그리스도에 관한 교리 ··· 217

제7장 요한 크리소스톰 ······················· 222
  1. 인간의 상태 ······························· 222
  2. 그리스도의 위격 ························· 224
  3. 그리스도의 사역 ························· 226
  4. 성찬 ······································· 228
  5. 제사장직 ·································· 231

제8장 암브로시우스 ··························· 233
  1. 인간과 죄 ································ 233
  2. 그리스도의 위격 ························· 235
  3. 그리스도의 사역 ························· 237
  4. 삼위일체 ·································· 240
  5. 세례의식 ·································· 240
  6. 성찬 ······································· 243

제9장 제롬 ······································ 248
  1. 성경 ······································· 248
  2. 인간 ······································· 259
  3. 교회 ······································· 250
  4. 성찬 ······································· 251
  5. 종말론 ····································· 252

제10장 히포의 아우구스티누스 ············· 254
  1. 하나님 ····································· 254
  2. 인간-죄-은총 ···························· 256
  3. 그리스도의 신분 ························· 284
  4. 그리스도의 위격 ························· 287
  5. 그리스도의 사역 ························· 290

8 후기 기독교 교부

    6. 성령 …………………………………………………………… 301

    7. 삼위일체 ……………………………………………………… 305

    8. 교회 …………………………………………………………… 314

    9. 성례 …………………………………………………………… 319

    10. 종말론 ……………………………………………………… 328

제11장 알렉산드리아의 키릴 ………………………………………… 335

    1. 그리스도의 위격 …………………………………………… 335

    2. 그리스도의 사역 …………………………………………… 348

    3. 성령 …………………………………………………………… 352

    4. 교회 …………………………………………………………… 353

    5. 성찬식 ………………………………………………………… 355

제12장 키루스의 데오도레투스 ……………………………………… 357

    1. 그리스도의 위격 …………………………………………… 357

    2. 그리스도의 사역 …………………………………………… 363

    3. 성령 …………………………………………………………… 365

    4. 성찬 …………………………………………………………… 365

제13장 대 레오 ………………………………………………………… 369

    그리스도의 위격 ……………………………………………… 369

    출전(出典) 목록 ……………………………………………… 373

서론

니케아 공의회(the Council of Nicaea) 이후 125년 동안은 니케아 공의회에서 결정된 삼위일체론과 그리스도의 신성과 인성에 관한 교리를 신학적으로 공식화하고 명료화하는 것이 주관심사였다. 이때 성취된 것은 문제들에 대한 답이 아니라, 그 함축적인 뜻을 분명하게 정의내리지는 않았더라도 최소한 용이하도록 제한하여 그 진술들을 주어진 용어들로 명백하게 해 준 것이었다.

이 서문의 목적은 발췌문들의 저자인 각 교부들의 생애를 간략하게 살펴보고, 그들이 교리 발전에 기여한 중요한 공헌점들을 어느 정도 개괄해 보기 위한 것이다.

예루살렘의 키릴(Cyril of Jerusalem)

그는 기독교 중심도시의 감독으로서, 최고 수준의 교사로는 간주되지 않더라도, 교회의 탁월한 교사직에 오른 유일한 사람이었다. 키릴의 중요성은 4세기 교회의식에 대한 증인이라는 데 있다. 그는 315년경 예루살렘에서 태어나, 348년에 예루살렘의 감독으로 뽑혔다. 사제 서품을 받은 후 곧 그는 가이사랴(Caesarea)의 수도 감독인 아카키우스(Acacius)와 불화하여, 357년에 1년간 그리고 360년에 2년간 감독직에서 추방되었다. 366년 아카키우스가 죽었어도 그는 평화를 찾을 수 없었다. 왜냐하면 그 다음 해 발렌스

(Valens)황제가 그를 면직시켰고, 키릴은 378년 그 황제가 죽은 후까지 돌아오지 않았기 때문이다. 그는 381년에 콘스탄티노플 공의회(the Council of Constantinople)에 참석했고 5년 후에 죽었다. 「교리문답 강의」(Catechetical Lectures)는 아마도 350년 사순절 동안에, 부활절에 성묘(Holy Sepulchre)에서 세례받을 사람들에게 교부되었을 것이다. 그 사본들 중 어떤 것들을 보면 본문이 강의될 때 속기로 쓰여진 것이라는 기록이 있다. 「신비적 교리문답」(Mystagogic Catecheses)은 부활주간에 초심자들에게 가르쳐졌는데, 부활절에 집행된 성례식, 즉 세례, 안수, 성찬에 그 바탕을 두었다. 그 교리문답서들을 배부한 날짜에 대해서는 의문의 여지가 있다. 그리고 그것들이 키릴의 것이었는지에 관해서 조차 의문점이 있는데, 왜냐하면 한 사본에 의하면 그것들은 그의 후계자인 존(John)이 썼다고 말하고 있기 때문이다. 그리고 다른 세 사본은 키릴과 존이 그 저자라고 밝힌다.

    교회의식의 역사와 성례적인 가르침의 발전에서 차지하는 그의 중요성과는 별도로, 키릴은 니케아의 정통주의를 옹호하는 신중한 '보수' 파의 대표자로서 기독론과 삼위일체론의 역사에 있어서 그다지 중요하지 않은 역할을 한다. 니케아 공의회는 아들이 아버지와 '동일한 본질'을 지녔다는 homoousion을 승인했다. 그러나 니케아의 결정은 주로 한정된 소수에 의해 이루어진 것이었다. 많은 사람들은 homoousion이 새롭고 비성서적이기 때문에 의혹을 품고 있었다. 그리고 그것을 옹호하는 사람들은 아버지와 아들을 동일시하는 사벨리우스주의(Sabellianism)와 같은 주장을 한다는 오해를 받았다. 게다가 그 용어는 모호성을 지녔다. 그것은 종속(generic)적인 의미로 채용되어 왔었고 그렇게 될 수 있었을 것인데, 그것에 의해 본질이 비슷한 사물들은 '동일한 본질을 지닌' 것으로 표현될 수 있었을 것이다. 신학자들이 아버지와 아들의 관계를 설명하기 위해 사용한 많은 해설들은 homoousion이 다음과 같은 것, 즉 빛과 광선, 종자와 식물, 원천과 강 이상을 의미하지는 않는다는 것을 암시했을 것이다. 그리고 니케아는 하나님의 단일성보다는 아들의 신성에 관심을 기울였다. 그리고 콘스탄티누스(Constantine)가 가능한 한 가장 광범위한 합의점을 찾기 원했기 때문에,

어떤 모호성은 환영받았다.

그 후 논쟁기간이 계속되었는데, 교회공회의가 계속되고 신조와 신조가 충돌되어 그 광경은 종종 변화무쌍하게 보인다. 그래서 그리스도인은 이교도 역사가인 암미아누스 마르켈리누스(Ammianus Marcellinus)의 냉소적인 비평, 즉 "감독들은 이 회의 저 회의에 차례로 다니면서 그 교리에 대한 자신의 해석을 나머지 사람들에게 강요하려고 애썼다. 그리고 단지 주목할만한 결과는 공공 토의장에 견딜 수 없는 부담을 부과한 것이었다."라는 비평에 공감하고 싶어진다. 니케아에 대한 반동세력은 니코메디아의 유세비우스(Eusebius of Nicomedia)의 지도 하에, 안디옥(Antioch) 신조(341), 필립포폴리스(Philippopolis) 신조(342), 안디옥의 '마크로스티크'(Macrostich) 신조(344)를 만들게 되었다. 이 모든 것들은 어조에 있어서 온건했다. 아리우스주의에 대해서는 비판적이었으나 homoousion은 누락시켰다. 아리우스주의적인 콘스탄티우스(Constantius)가 유일한 황제였던 350년부터 361년까지는 니케아의 결정을 뒤엎으려는 확고한 시도가 뒤따랐다. 그래서 아리우스주의자들은 시르미우스 3차 공의회(357—힐라리가 '시르미우스적인 모독'이라고 지칭한 신조), 니케(Nice) 공의회(359), 그리고 콘스탄티노플 공의회(360—이때 '구식 신조'[1]를 승인하자 제롬은 "세상은 스스로가 아리우스주의적이라는 사실을 깨닫고 놀라서 신음했다"라고 말했다.)에서 승리했다. 361년부터 381년까지는 homoousion(동일 본질을 지닌)이 승리했는데, 주로 아타나시우스와 힐라리의 꾸준한 외교로 '보수주의자들'과 '온건주의자들'(moderates)에게 승리함으로 가능했다.

이리하여 니케아 공의회 이후에는 니케아 신조에 다소 신학적으로 대립되는 주요한 세 파가 있었다. 순수한 아리우스주의자들은 아이티우스(Aetius)와 유노미우스(Eunomius)가 이끌었는데, 이들은 '시르미우스적인 모독'(Sirmian Blasphemy)에 책임있는 자들로서 homoousios(동일 본질을 지닌)과 homoiousios(유사 본질을 지닌)를 둘 다 비난했다. 그들의 관점에서 보면, 아들은 아버지와 같지 않았다. 그래서 그들은 '아노모이오스파'(Anomoeans)라고 불리었다. 또한 보수주의자들이 있었는데, 그들은

homoousion을 싫어했으나 대체할 수 있는 용어를 좋아하지 않았다. 341년 안디옥의 '봉헌 신조'(Dedication Creed)는 그들의 입장을 나타낸다. 그러나 그들은 반(反)사벨리우스주의, 즉 아들은 피조물들 중 하나로서 창조되지 않았다고 주장함으로서 덜 아리우스주의적인 여지를 남겨 놓았다. 이 점에서 보면, 신적인 세개의 위격(hypostases)들은 서열로는 구별되어 있으나 의지와 활동에 있어서는 결합되어 있다. 아노모이오스파(Anomoeans)의 반대에 부딪친 온건파들은 안디옥의 '봉헌 신조'와 시르미우스의 '구식 신조'에서 신조화한 '유사 본질을 지닌'(homoiousion) 입장에 이끌렸다. 이 파에는 homoousion을 이론적으로 받아들인 사람들이 몇몇 있었으나, 실제로는 그 용어를 채용하기를 좋아하지 않았다. 이들 중에는 안디옥의 멜리티우스(Melitius)와 키릴(Cyril)이 있었다. 키릴은 아들이 '모든 면에서 아버지와 유사하여' 아버지와 신성을 공유하고 의지에서 결합되어 있다고 말한다. 온건파들 중 몇몇은 그들의 가르침에 있어서 종속주의자들 이상이었다. 앙키라의 바질(Basil of Ancyra)같은 사람은 358년에 앙키라의 교회회의를 주재하여 '모든 면에 있어서'라는 함축적인 어구를 누락시키고 '아버지와 유사한'이라는 신경(formula)을 산출했다.

　　니케아 공의회 이후 아리우스주의자들과의 논쟁은 아들의 신성에 관한 것이었다. 성령의 신성은 아직 완전히 정의되지 않았고, 교회는 받아들일 수 있는 용어들로 삼위일체 신경에 영향을 주지 않았다. 보편적인 합의에 이르는 첫번째 과정은 보수적인 견해와 homoousion를 화해시키는 것이었다. 아타나시우스와 푸아티에의 힐라리는 둘 다 '유사본질론자들'(homoiousians)에게 그들의 본질적인 신앙은 아리우스주의를 축출한 '동일본질'(homoousian)이라는 신경에 의해 가장 잘 보호받을 수 있다는 것을 확신시키려고 노력했다. 그리고 힐라리는 만일 '유사'가 완전하다면, 보수주의자들은 위격들을 구별함으로써 사벨리우스주의자들을 방어하고, 본질의 동일성을 표현하기 위하여 '하나의 본질'에서 주저하지 않을 것이라고 주장했다.

　　361년에 아리우스주의적인 황제 콘스탄티우스가 죽고 배교자 율리안(Julian)이 계승했다. 이제 신학적인 논쟁에 정치적인 관심이 개입되지 않게 되자, 그 다음 해 알렉산드리아에서 열린 공의회의 평화적인 토론에 우호적인 분위기가 감돌았다. 그때 위격(hypostasis)과 본질(ousia)을 다르게 해석함으로 초래된 혼돈을 완화시키려는 시도가 있었다. 이 용어들은 종종 호환되어 사용되어 왔는데(아타나시우스 자신도 그것들을 인용하였다), 만일 위격들(hypostases)의 복수성을 말한다면 본성을 아리우스적으로 구별하는 것이라고 간주되었을 것이다. 이것은 특별히 서방에서 그러했다. 왜냐하면 ὑπό-στασις에 대한 정확한 라틴어 번역은 sub-stantia인데, 그 용어는 οὐσία를 번역하는데 사용되곤 했기 때문이다. 그리고 '하나의 위격'(one hypostasis)이라는 말이 본질(ousia)과 위격(hypostasis)을 구별하는데 익숙한 사람들의 귀에는 사벨리우스파와 같은 주장으로 들렸을 것이다. 이렇게 혼동된 것들을 설명하고, '세 위격들'(three hypostases)과 '하나의 본질'(one hypostasis)이라는 용어의 사용을 모두 승인함으로써 hypostasis의 파생된 의미들이 이해되도록 하여, 알렉산드리아 공의회는 '동일본질론자들'과 '유사본질론자들'이 일치하도록 도왔고, '하나의 본질(ousia)과 세 위격들(hypostases)'이라는 표준 신경을 후에 받아들이도록 하는 데 용이하게 했다.

성령의 신성은 니케아에서 암시적으로 진술되었다. 그러나 그 신조는 '(나는) 성령을 (믿습니다)'라는 말로 단조롭게 진술하는데 만족하여, 성령이 성부와 성자와 동일하다고 명백하게 공포하거나 성령과 그들의 관계를 정의하려는 어떠한 시도도 없었다. 아타나시우스는 트무이스의 세라피온(Serapion of Thmuis)과의 서신 교환에서, 삼위일체의 세 위격들은 나뉘어질 수 없고 활동에 있어서 동일하므로 같은 본질(ousia)을 공유한다고 가르쳤다. 예루살렘의 키릴은 몇 십년 전에 거의 같은 것을 가르쳤다. 즉, 성령은 삼위일체의 나뉘어질 수 없는 생명과 활동을 공유하고, 아버지와 아들과 함께 영광받으며, '아버지는 아들에게 주고, 아들은 성령에게 전달한다'라고 가르쳤다. 이 신경은 '아들을 통하여 아버지로부터 발출했다'는 후기의 정통설을 예시하는 것이었다.

키릴의 『교리문답 강의』(*Catechetical Lectures*)는 세례받을 지원자들에게 가르쳐졌다. 그리고 그것은 4세기의 교회의식과 세례 신학에 대한 증언이라는 데 있어서 매우 중요하다. 세례는 소극적인 효능과 적극적인 효능이 있다고 설명한다. 죄의 용서, 불순한 이교적 생활로부터 구원이라는 소극적인 효능과, 교화와 성화(sanctification)(이것에 대하여 키릴은 전형적으로 동방적인 용어인 '신화'(deification)라는 용어를 채택한다)로 이끌 수 있는 성령의 적극적인 선물이라는 적극적인 효능이 그것이다.

새로 세례받는 자들에게 행한 키릴의 강화집에는, 성찬식에서의 빵과 포도주가 그리스도의 몸과 피로 '변한다'는 가르침이 처음으로 분명하게 나타나 있다. 그는 빵과 포도주가 물리적인 변화를 겪지 않는다고 강조한다. 그것들은 '상징들' 혹은 '표상들'이라고 묘사된다. 그러나 봉헌기도의 효력으로 그것들은 '변화' 되는데, 성찬식 집전자의 기원(epiclesis)에 대한 응답으로 성령의 활동을 통하여, 가나에서 물이 포도주로 변한 것처럼, 몸과 피로 변한다. 그것은 만족스러운 설명이 되지 못한다고 생각된다. 게다가 성찬식의 몸이 동화됨으로써 신자들은 '그리스도를 지니는 자들'(Χριστοφόροι)이 된다. 키릴은 또한 희생의 용어를 발전시킨다. 성례는 그리스도의 희생을 기념하는 것일 뿐만 아니라 어느 정도는 '피 없는 영적인 제사' 그 자체라고 말하는 것이 이미 관습이 되어 있었다. 키릴은 여기에서 한 걸음 더 나아가 그것이 '두려운(φρικωδέστατος) 희생제사, 즉 현세와 영적인 필요를 위하여- 산 자와 죽은 자를 위하여 바치는 중재 제물'이라고 묘사한다.

푸아티에의 힐라리(Hilary of Poitiers)

힐라리는 315년 이교도 귀족 가문에서 태어나 상당히 이교적인 교육을 받았다. 350년에 개종한 그는 아직 평신도였던 353년에 감독으로 뽑혔다. 그는 가울에서 열렸던 아리우스주의적인 두 개의 교회회의에 참석하지 않았다. 즉 353년 아를(Arles) 교회회의에도 참석하지 않았고, 355년 아타나시우스를 세번째로 면직시킨 밀라노 교회회의에도 참석하지 않았다. 355년 힐라리는 가울의 감독들을 선동하여 그들의 아리우스주의자 대감독 아를의 사투르니누스(Saturninus of Arles)에게 저항하게 했다. 그래서 그 다음해 콘스탄티우스 황제는 그를 소아시아로 추방시켰는데, 거기에서 그는 3년동안 살았으며 그동안 「삼위일체론」(De trinitate)을 저술했다. 360년 그는 동방의 아리우스주의자들의 끈질긴 요청으로 가울로 재소환되었는데, 그들은 그를 '동방을 이간질하는 자'라고 비난했다. 361년, 그는 파리 교회회의에서 사투르니누스를 파문시킬 계획을 세웠다. 그리고 364년에는 밀라노에서 이탈리아 감독들의 공의회를 주재하였는데, 그때 아리우스적인 밀라노의 아욱센티우스(Auxentius)를 면직시키려고 했으나 성공하지 못했다. 그는 367년에 사망했다.

'서방의 아타나시우스'인 그는 사변적이기 보다는 실증적인 경향이 있었다. 그의 가르침은 그리스적인 것에 바탕을 두고 있었는데, 동방의 가르침을 서방에 소개하는 데에 관심이 있었으며, 동시에 동방은 서방의 관점을 보다 더 잘 이해해야 한다는 입장이었다. 그리고 동방의 교사들을 소개하는 데 있어서 그는 어느 정도 독립성을 보여준다.

우리는 그가 니케아 이후의 대논쟁에서 동일 본질(homoousion) 신경을 주춤거리며 잘 받아들이지는 못하는 자들에게 대하여 타협적인 태도를 지녔다는 것과, 그리고 알렉산드리아 공의회에서 '유사본질론자들'(homoiousians)을 이기려고 애쓴 아타나시우스의 대체로 성공스러운 시도들과 그의 시도들이 얼마나 병행하는지를 보아 왔다. 힐라리는 동일본질 신경이 보다 더 적합한 신경이라고 주장하면서, 동일본질이라는 말이 니케아신조를 충분히 나타낼 수 있을 것이며, 완벽하게 같다는 것은 아버지와 아들의 동일성을 암시하는 것이라고 말했다.

힐라리가 그리스도의 위격에 관한 이론을 생각하게 될 때, 그는 대체로 서방의 교사들과 같이 터툴리안으로 돌아가서 공식화한다. 그리스도의 한 위격 속에서 신성과 인성은 결합된다. 그는 육체만이 아니라 영혼도 완전한 인간이지만(아리우스주의자들은, 그리스도의 인간적인 경험들을 로고스의 경험들로 여기는 데 있어서, 신성과 인성을 모두 손상시켰다.), 인간 예수의 위격이 로고스의 위격과 동일하다는 점에서 완전한 신이다. 그리스도의 성육신

(incarnation)은 외적인 영광의 포기, 즉 인간의 조건들에의 복종을 수반했다. 그러나 그것은 권능의 포기나 본성에 있어서의 변화를 의미하지는 않는다(evacuatio formae non est abolitio naturae). 하지만 힐라리가 좀더 사변적인 문제에 접근하게 되면 그는 덜 만족스러워진다. 그는 (알렉산드리아의 클레멘트가 그보다 앞서 한 것처럼) 그리스도의 육체가 성령의 작용으로 잉태되었으므로 '천상적인' 것이며, 그리스도의 변용(Transfiguration)이 자연스러운 현시라고 말한다. 이와 같이 그는 그리스도에 대하여 기록된 인간적인 연약함과 고난을 설명하는 데 있어서 비교적 더 많은 어려움을 지니고 있다. 그에게 있어서 그러한 경험들은 너그러운 겸손의 행위(condescension), 즉 인성의 결과라기 보다는 그것을 주장함으로써 가능해질 수 있는 것으로 간주되어야만 한다. 이와 비슷한 설명들은 다른 교사들이 인간적 고난을 신성에 돌릴 위험을 피하기 위하여 한 것이었다.

그러나 힐라리의 몇몇 진술들은 고난을 가공적인 것으로 여기기 때문에, 가현설(Docetism) 쪽으로 기우는 것 같다. 그리고 그가 이렇게 사고하는 점에 있어서, 확실히 예기치 않은 일일지라도, 그는 그와 동시대인인 라오디게아의 아폴리나리우스(Apollinarius of Laodicea)와 일치하는 것처럼 보인다. 힐라리가 이 점에서 공헌할 수 있는 유익한 어떤 것을 가지고 있다고 주장해서는 안된다. 왜냐하면 그가 주장하는 것처럼, "그리스도의 본성은 고난의 영향을 받을 수 없을지라도, 그리스도가 고난받을 수 있는 육체를 지녔고, 그러므로 그리스도는 고난받았다"라고 주장한다면, 확실히 더욱 더 혼란스럽게 되기 때문이다.

카파도키아의 교부들(The Cappadocians)

니케아 이후의 논쟁 기간은 동일본질(homoousion) 신경을 일반적으로 받아들이는 것으로 귀착하였다. 이것은 주로, 전문용어 즉 일치된 어휘의 혜택이 없는 방언을 사용할 때, '다른 언어들로 말하는' 데서 일어나는 오해를 줄이는 데서 보여준, 아타나시우스와 힐라리의 끈질긴 정치적 수완 때문이었다는 것은 주지의 사실이다. 삼위일체론 신조의 내용이 그 일부로서 성령의 지위를 인정할 만큼 정확한 용어로 삼위일체 신앙을 공식화할 필요가 있었다. 이렇게 관련된 두 시도에 있어서 카파도키아의 교부들의 공헌은 결정적인 것이었다. 그들은 스스로 상보적인 속성을 지닌 삼위일체(triad)를 만들어냈다. 바질(Basil)은 실제적인 조직가요 행정가로서 활동했다. 그의 친구인 나지안주스의 그레고리(Gregory of Nazianzus)는 웅변가이며, 정확히 말해서 시인은 아닐지라도 시적인 경향을 지닌 인물로서 활동했는데, 주위의 환경(그리고 바질의 강권)으로 그가 떠맡게 된 감독의 책무들을 좋아하지 않았다. 그리고 바질의 형인 닛사의 그레고리(Gregory of Nyssa)는 또 한 명의 마지못해 했던 행정가였는데, 그는(그 당시 그의 설교는 높이 인정되었을지라도) 서툰 문장가였지만 세 명 중에서 사변적인 신학자로서 가장 재능이 있는 자이며, 플라톤 전통에 선 철학자였다.

가이사랴의 바질(Basil of Caesarea)

바질의 인생은 330년에 길조로 시작되었다. 그의 가문은 귀족이고 부유했다. 그의 할머니는 성인으로 간주되었고 그의 어머니는 순교자의 딸이었다. 이렇게 경건한 가정의 양친에게서 태어난 열 명의 자녀들 가운데 세 아들들은 감독이 되었고, 그들 중 두 명은 성인의 반열에 올랐으며, 그들의 큰누이는 이름이 같은 그녀의 할머니와 구분하기 위하여 젊은 성 마크리나(St. Macrina the Younger)라는 칭호를 얻었다. 바질은 카파도키아의 가이사랴에 있는 그의 고향과, 콘스탄티노플과 그리고 아테네에서 수사학자가 되기 위한 교육을 받았다. 아테네에서 그는 카파도키아 출신의 학생이며, 나지안주스의 감독의 아들인 그레고리를 만났는데, 그와는 일생동안 친구가 되었다. 그는 356년경 가이사랴로 돌아와 수사학자로서 자기 아버지의 뜻을 계승했다. 그러나 그는 곧 세속적인 직업에 대한 그의 야망을 버리고 세례를 받았으며, 이집트, 시리아, 그리고 메소포타미아의 은자들이 거하는 곳들을 여행한 후에, 이러한 금욕적인 모범들에 자극되어 자기의 세습재산을 가난한 자들에게 나누어 주고, 네오가이사랴 근처에서 은둔생활로 들어갔다. 동료들이 그와 합류했다. 그 은자의 집은 수도원(cenobium)이 되었고, 그의 경험들은 바질을 동방 교회의 사회적인 수도원 제도의 입법자가 되게 한 두 법률집으로 나타났다. 그것의 원리들은 몬테 카시노에서 베네딕트가 주로 채택했는데, 또한 서방 교회의 수도원 생활을 위한 원형을 결정하였다. 그는 364년 카파도키아의 대감독인 유세비우스의 권고로 사제가 되었으며, 370년에 유세비우스의 뒤를 이었다. 그는 수도원, 병자들을 위한 병원, 빈자들을 위한 수용소, 그리고 여행자들을 위한 숙박소를 활발하게 세웠다.

동시에 그는 발렌스 황제를 상관치 않고 아리우스주의와 대항하는 데 지칠 줄 몰랐는데, 발렌스 황제는 그의 대담한 저항 행위에 강한 인상을 받아 바질에게 유배형을 선고하려던 그의 계획을 포기하게 되었다. 교회 정치가로서 그는, 지리적이고 역사적이며 언어적인 영향력이 이미 쇠퇴하고 있는 제국의 붕괴의 기초가 되면서 교회 내에서 똑같이 파괴적인 힘을 행사하는 것을 보면서, 서방과 동방 교인들 사이의 이해를 증진시키려는 쪽으로 노력을 기울였다. 그의 노력들은 거의 성공하지 않았다. 그리고 그는 보다 광범위한 일치의 부족이 국부적으로 나타난, 안디옥에서 있었던, 멜레티우스의 (Meletian) 교회분열을 회복시키려는 노력에서 똑같이 좌절되었다. 그러나 그의 노력들은 바질의 사망 2년 후인 381년에 열린 콘스탄티노플 공의회의 길을 열었다고 할 수 있는데, 그 공의회는 동방교회에 실질적인 일치를 가져다 주었다. 그리고 서방이 그 공의회의 협의에 전혀 참여하지 않은 것처럼 보일지라도, 그 공의회의 결정들을 대체적으로 받아들이는 데 있어서는 조금도 주저하지 않았다.

성령은 아버지와 아들과 같이 '동일한 본질을 지녔다' 라는 것은 예루살렘의 키릴이 암시했었고, 아타나시우스가 명백하게 단언했었다. 그러나 어느 쪽도 성령을 하나님이라고 직접 말하지는 않았다. '유사본질론' 파의 주류는, 362년 알렉산드리아에서, 성령을 삼위일체론의 1위와 2위의 활동과 밀접하게 관련시킨 키릴과 같은 입장을 명백하게 받아들였다. 그러나 완전한 신성을 제3위에 돌리는 것을 반대했기 때문에 '성령반대론자들'

(Pneumatomachi)이라는 별명을 얻은 그룹이 나타난 것은 이 파의 극단적인 계층에서였을 것이다. 아타나시우스의 추종자들은 이 입장을 반대하는 데 있어서 비상하게 신중을 기했다. 그 성령반대론자들은 실제로는 침묵으로 논쟁하면서 성서에 의존했다. 그들은 또한 아타나시우스의 입장은 아버지에게 두 아들이 있는 것으로 생각하여 다른 관계는 가능하지 않다고 주장했다. 그리고 만일 관련이 없다면, 그래서 신같다면, 그는 독립적인 신일 것이다. 나지안주스의 그레고리는, 바질은 이 논쟁에서 가장 위대한 신중함을 행사했는데 이것은 파벌을 반대함에 있어서 중도파들을 누르고 이기기 위한 것이라고 말한다. 의심할 것도 없이 그는 이렇게 재치있는 조정행위가, 아타나시우스와 힐라리가 아들의 동일본질 문제에서 보수주의자들을 외교적으로 다룬 것과 똑같이 만족스러운 결과가 나타나기를 희망했다. 맨 처음에 바질은 논쟁자들로 하여금 성령은 피조물 중의 일부라는 것을 받아들이지 않도록 하는 것으로 만족했다. 그리고 그러한 필요조건에서부터 그는 삼위일체 안에서 성령이 불가분적으로 활동한다고 주장했는데. 그러한 것은 세례받을 때에 삼위일체 신경으로 암묵적으로 가르쳐졌던 것이다. 그가 「성령론」(*On the Holy Spirit*)라는 자기의 논문에서 그러한 것을 자세히 다룰 때조차, 그는 직접적으로 '하나님'이라고 호칭하지 않고, 동일본질성에 대해 명백하게 말하지도 않았다. 의심할 여지없이, 위격적인 관계성 속에서 활동의 불가분성과 예배의 대등성에 대해 그가 말한 것 안에 암시되었다 할지라도 그러하다.

바질이 삼위일체 신학에 기여한 가장 중요한 공헌점은 표준신경의 전문적인 용어들을 제정했다는 것이다. 그는 그때까지 동의어로 사용되어 왔던 ousia와 hypostasis를 구별한다. 그의 해석에 의하면, ousia는 본질을 의미하고, hypostasis는 ousia를 드러나게 하는 존재의 양식이다. 그는 보편자(universal)와 개체자(particular) 사이에서 행해지는 것과 그 차이점을 비교한다. 카파도키아 교부들이 때때로 신성 안에서 본질적인 일치보다는 종속적인 일치를 입증하는 것처럼 보일지라도, 그는 이들 두 차이점들을 동등시하지 않는다. 위격들(hypostases)은 그들의 특질들에 따라 구별된다. 바질에 따르면, 이것들은 '아버지 신분', '아들 신분', '신성하게 하는 힘'이다.

아마도 이러한 제안은, 처음의 둘은 특질들이 아니라 관계들이며, 삼위일체에 대한 내적인 관계들인 반면, 세번째 것은 외적인 관계이기 때문에 만족스러운 제안인 것 같지는 않다. 말하자면, 바질의 가르침에서[2], 이러한 차이점들은 아들의 위격(hypostasis)이 아버지를 드러내는 위격들의 상호 침투에 의하여 균형을 이룬다. 바질이 그것의 반대, 즉 아버지의 위격이 아들을 드러낸다고는 분명하게 말하지 않는다. 또한 이러한 견해를 성령에 적용시키지도 않는다. 그러나 우리는 여기에서 적어도 다마스쿠스의 요한(John of Damascus)이 공식화 한 후기의 성삼위의 상호 내재성(perichoresis)교리(circumincessio, 'coinherence')의 기원을 볼 수 있다.

나지안주스의 그레고리(Gregory of Nazianzus)

바질과 거의 같은 시대의 사람인 그레고리는 330년에 태어났고, 그와 거의 비슷한 배경에서 비슷한 과정을 공부했다. 그 두 젊은이는 그들의 학창시절에 만나 일생동안 친밀한 관계를 맺고 지냈다. 비록 그레고리가 그의 친구보다 9년 정도 더 살긴 했지만, 그의 활동적인 삶은 그가 381년 바질의 장례식에서 추도사를 낭송했을 때 거의 끝나가고 있었다. 그는 오리겐의 선집인 *Philocalia*를 저작하고, 「규칙」(*Rule*)을 두 가지로 번안하는 데 있어서 공동작업을 한, 네오가이사랴에 있는 바질의 수도원(cenobium)에서 1-2년 동안 은둔생활을 한 후, 32세의 나이에 사제 서품을 받았다. 그는 성직 수임을 원하지 않았으나, 병약해져 가는 나지안주스의 감독인 부친을 돕기 위해 받아 들였다.

곧바로 그는 바질과 함께 다시 한번 은거했으나, 금방 돌아와 그 병든 감독을 도왔다. 372년 바질은 그레고리의 뜻과는 전혀 다르게, 그를 설득하여 사시마의 감독이 되게 했다(그 동기는 그 지역 주민에 대한 어떤 목양적 관심에 의해서라기 보다는 바질이 대감독권(metropolitan rights)을 주장하려는 욕망에 의해 강요된 것이었다.). 사실상 그는 거기에 거주하지 않았으나, 나지안주스에서 그의 부친을 돕는 보조사제로서의 직무를 계속했다. 그리고 374년에 그의 부친이 사망하자 그 교구를 이어받았다. 그러나 단지 적당한 후임자를 물색할 때까지만 그랬다. 후임자를 찾게 되자, 그는 다시 한 번 은둔생활로 들어갔다.

4년 후 콘스탄티노플에 있는 니케아 소수집단은, 발렌스가 죽은 그 때에, 그를 호출하여 그들을 도와 재조직할 수 있게 해달라고 했다. 그리고 2년 동안 그레고리는 그 교회에서 지도적인 인물이었다. 380년에는 데오도시우스가 그들의 교회들과 건물들을 가톨릭(Catholics)에 복원시켰는데, 황제는 친히 그레고리를 사도들의 교회에 임명하여 그쪽으로 인도하였다. 비록 그 다음 해에 콘스탄티노플 공의회가 그를 제국 도시의 감독으로 인정하였지만, 그의 임명에 대하여 교회법적인 이의가 제기되었기 때문에 그레고리는 곧 물러났다. 그는 나지안주스로 돌아와서, 이번에는 마침내 고향으로 돌아가기 전, 2년 동안 교구를 관리했다. 그는 자기의 활동을 저술과 금욕생활로 제한하면서, 약 5년 동안 병약한 몸으로 살았다.

그레고리는 삼위일체론에 대한 가르침에서 바질의 교의, 즉 세 개의 위격들과 하나의 본질이라는 교의를 주로 따랐다. 그러나 그는 성령의 신성에 관하여 그의 '삶의 안내자와 교리적인 지도자' 보다 더 뚜렷했다. 그리고 처음으로 '성령은 하나님이신가?' 라는 질문에 대해 매우 긍정적으로 대답하며, 성령의 동일실체성(consubstantiality)을 당연한 것이라고 주장한다. 그레고리는, 구약성서는 아버지를 계시하고, 아들에게 주의를 기울였다고 말한다. 신약성서는 아들을 계시하고, 성령이 그리스도를 따르는 자들의 삶 속에서 자신을 계시했을 때만 그 의미들이 이해되는 용어들로 성령에 관하여 말하였다.

바질은 '두 아들들'에 관한 성령반대론자의(Pneumatomachian) 조소를 피할 수 있는 용어로 성령의 기원 양식을 묘사할 만족스러운 방법을 발견하지 못했다. 그레고리는 성령은 아버지에게서 '발출한다'는, 제4복음서의 진술을 되풀이하는 데 만족했다. 교회의 사상을 만족시킬 신경은 닛사의 그레고리를 기다려야만 했다. 그러나 형 그레고리는 바질이 위격들을 구별한 것을 개량했는데, 즉 '아버지 신분', '아들 신분', '신성하게 하는 힘' 대신에 '출생하지 않음'(ingeneratedness), '출생됨'(generatedness)(희랍어 용어들은 그렇게 볼품없지 않다), 그리고 발출(procession)이라는 속성들로 대체했다.

넛사의 그레고리는 이 점에 있어서 그를 뒤따랐고, 이렇게 말하는 방법은 대체로 채택되었다. 그는 또한 보편자-개체자 사이의 유비와, 본질과 위격 사이의 유비가 위험하다고 강조하는 데 있어서 보다 더 신중했다. 그는 '인성'(manhood)을 공유함에 의해 개체자들 사이에 성립하는 개념적인 일치를, 삼위일체를 알리는 실제적인 일치와 비교했다. 이러한 증언은 확실히 하르낙과 같은 사람들의 비난을 물리치는 것이다. 그들은, 만일 세심하게 조사해 보면 카파도키아 교부들은 단지 종속적인 일치임이 판명되는 위격들의 일치를 가르쳤고, 앙키라와 가이사랴의 두 바질은 사실 똑같은 교리를 가르쳤기 때문에, 그 교부들은 사실상 '유사본질론자들'이었다고 비난했었다.

카파도키아 교부들의 신성과 인성에 대한 그리스도론은 360년 라오디게아의 감독이 된 아타나시우스의 열렬한 지지자인, 아폴리나리우스의 가현적인 가르침처럼 보인 것에 반대하여 발전되었다. 그의 가르침은 안디옥(Antiochene)의 사상에서 발견되는 '말씀-인간' 기독론과 대조되는 알렉산드리아의 '말씀-육신' 기독론을 극단적인 형식으로 나타낸다. 알렉산드리아의 경향은, 인성이 '육신'에 의해서만 나타나기 때문에, 그리스도 안에서 인간적인 영혼을 위한 자리가 발견될 수 없었다. 아리우스는 그리스도의 영혼을 로고스로 대체해서, 역설적으로, 아리우스주의는 그것을 가장 강력하게 반대하는 자들 중의 하나인 아폴리나리우스의 가르침의 근원으로 간주되어 왔다는 것은 종종 지적되어 왔다. 그 유사성은 아폴리나리우스가 아리우스주의자들과 공유한 알렉산드리아의 '말씀-육신'적인 접근에서 도출된다는 것이 오히려 맞는 것 같다. 그리고 그에게 있어서 로고스는 그리스도 안에서 그의 의지와 지력으로 기능하면서 '이성적인 영혼'의 지위를 차지한다는 그의 가르침에 대한 조야한 설명은 지나치게 단순화시킨 것이다.

아폴리나리우스는 안디옥의 말씀-인간 교의에 내재한 이원론적인 경향을 싫어했다. 그가 볼 때, 안디옥의 유스타티우스(Eustathius of Antioch)

와 타르수스의 디오도레(Diodore of Tarsus)같은 안디옥 교부들은 사모사타의 바울(Paul of Samosata)³⁾이 저지른 오류들을 되풀이하고, 그리스도는 육화한 하나님이 아니라 '하나님께 입양된' 인간이라는, 즉 마리아의 아들과 하나님의 아들을 구별하는 양자론적인 기독론을 선포하는 것처럼 보였다. '하나님께 입양된' 인간은 경배의 대상이 될 수도 없고 구원의 신일 수도 없다. 이러한 가르침에 반대하여, 그는 로고스와 육체의 융합에서 그리스도의 본성이 생겼다고 주장했다. 아폴리나리우스에게 로고스는 단지 성육신된 분의 '이성적인 영혼'이 아니라, 그의 전 존재의 생명을 주는 원리인, 좀 더 넓은 의미의 ψυχή였다. 그러므로 어떤 사람이라도 육체와 영혼(넓은 의미로)의 융합체인 것처럼,

그리스도는 말씀과 육신의 '물리적인 단일체'인 것이다. 그리고 아폴리나리우스는 알렉산드리아의 키릴이 아타나시우스가 사용한 것이라는 신념으로 후에 채용하게 될 구절, 즉 '하나님의 말씀이 성육신한 하나의 본성'이라는 말을 사용했다. 이 말씀과 육신의 융합이라는 것 때문에 그는 자연스럽게 '신적인 육신'에 대하여 말했다(그와 똑같은 전제조건들 없이, 푸아티에의 힐라리는 비슷한 용어를 사용했다).

이런 종류의 가르침은 이름들을 언급하지 않은 채 알렉산드리아 공의회에서 정죄당했다. 그러나 377년에 아폴리나리우스는 로마 공의회에서 정죄당했고, 이러한 결정은 378년 알렉산드리아에서, 그 다음 해에는 안디옥에서, 그리고 마지막으로 381년에는 콘스탄티노플 에큐메니칼 공의회에서 되풀이 되었다. 아폴리나리우스주의에 대한 반대는 카파도키아 교부들에 의해 주도되었고, 그 논쟁들은 두 명의 그레고리가 쓴 저작들에서 가장 잘 나타나 있다. 그들은 아폴리나리우스적인 그리스도는 인간을 참된 사람으로 되게 하는 요소를 결여하고 있음에 틀림없다고 주장했다. 그래서 그 그리스도는 '하나님이 만드신 사람'이 아니라 괴물같은 잡종일 것이다. 그리고 '신적인 육신'에 대해 말한다면, 그것은 그리스도의 인간성이 단지 환영에 불과했다는 것을 내포하고 있다. 그런 경우에 고난과 무지같은 인간적인 경험들을 예수에게 돌리는 것은 그릇되고 속이는 것이 됨에 틀림없게 된다. 그러나 최종적

인 결론을 내리는 그 논의는 나지안주스가 사용한 어구라고 생각되었는데, '취해지지 않았던 것은 치유되지 않았다'라고 종종 반복되었다. 아폴리나리우스는 완전한 인간 그리스도는 구원하는 능력을 갖지 못할 것이라고 변명했다. 그러자, '모든 점에서' 자기 형제들과 같이 되지 않는다면 그리스도는 우리를 대표할 수도 없고 우리를 그와 일치시킬 수도 없을 것이라는 통렬한 반박을 받았다.

이러한 논쟁 때문에 신학자들은 그리스도의 위격에 대한 그들의 절대적인 교리를 생각해내지 않을 수 없었다. 그레고리는 '하나로 결합되는 두 개의 본성'에 관하여 말한다. 즉 사고를 하면 두 가지 요소들이 허용되지만 오직 하나의 위격이 있을 뿐이다. 그가 이 결합을 묘사하기 위하여 '혼합'(mixture)과 '융합'(fusion)이라는 용어를 사용할 때 아폴리나리우스의 가르침에 근접한다는 것은 인정해야만 하며, 그러한 표현들은 결국 호감을 받지 못했다. 그리고 그는 예수에게 돌려진 무지와 고난, 그리고 십자가 상의 '엘리, 엘리'에 대해 생각하게 되었을 때 그의 적수들과 같이 당황했다.

한 가지 중요한 점에서 그레고리는 그의 친구와 형과 매우 다르다. 바질과 닛사의 그레고리는(그레고리가 더 강조하여) 그리스도의 구속 사역을 설명함에 있어서 속죄사상을 중시했다. 악마가 인간의 죄 때문에 인류를 지배할 권리를 획득했다는 관념과, 그의 주장은 어느 정도 존중되어야 한다는 견해는 대부분의 교부들의 마음에서 떠나지 않았다. 나지안주스의 그레고리는 그러한 사상을 전혀 갖지 않았을 것이다. 약탈자가 무슨 권리들을 누릴 수 있단 말인가? 그리고 왜 그런 대가를(치러야 하는가)? 그리고 아버지는 그러한 속죄를 요구할 수 없을 것이다. 악마는 정복되었지, 보상받은 것이 아니다. 그러므로 인간은 데려와진 것이 아니라 회복되고 거룩하게 된 것이다. 어떤 은유는 너무 문자적으로 채용되었다.

닛사의 그레고리(Gregory of Nyssa)

카파도키아 교부들 중에서 사상가로서 가장 재능이 있는 그는, 그의 형

바질이 탄생한지 5년 후인 335년에 태어났다. 그는 다른 두 사람처럼 교육을 받기 위해 여행을 한 것 같지는 않다. 그는 형에게 교육을 힘입었다. 그는 바질처럼 수사학자가 되었다. 그리고 결혼했다. 그러나 그는 곧 폰투스에 있는 바질의 수도원(cenobium)에 자주 갔다. 그리고 371년에 그는 바질의 가이사랴 교구에 있는 닛사의 작은 마을의 감독으로 임명되었다. 자기의 뜻과는 반대로 임명받은 감독으로서, 그는 조직에서 부적합하고 규율에서 약함으로 해서 자기의 형을 실망시켰다. 그리고 376년에 열린 아리우스주의적인 감독들과 고위 성직자 회의에서 그는 교회기금을 남용했다는 혐의들로 면직되었다. 그런 혐의들은 조작된 것이라 전해지고, 우리는 결코 그 성인이 부정직했다고 의심하지는 않을 것이다. 그러나 자기의 형이 그가 재정적으로 비능률적이라고 비난함으로써 그 혐의에 영향을 준 것은 의심할 여지가 없다. 우리는 장부들이 어느 정도 무질서하게 놓여 있었을 것이라고 상상할 수 있다. 하지만, 면직된 동기들은 신학적(혹은 신학-정치적)인 것이었고, 발렌스가 사망하자 그레고리는 378년 그의 감독직에 복직되었다. 다음 해 그는 안디옥 교회회의에 참석했고, 그 회의에서 그는 폰투스 교구를 감독하도록 보냄받았다. 그러한 사명을 띠고 그는 자신이 세바스테(Sebaste)의 대감독으로 뽑힌 것을 알고 당황했다. 그러나 그는 이 교구를 몇달 동안만 관리했다. 381년 그는 콘스탄티노플 공의회에서 다른 그레고리와 함께 탁월한 인물이 되었다. 그의 후기 삶에 대한 자료는 불충분하며, 최후에 기록된 것은 394년에 개최된 콘스탄티노플 공의회에 그가 참석했다는 것이다.

그레고리는 오리겐 이후 최초로 조직 신학자였는데, 그는 오리겐을 몹시 존경해서 자신을 그의 제자라고 공언했다. 그의 선생과 같이, 그는 이교 철학은, '이집트인들은 쓸모없게 되어야 한다'라는 기독교 신앙의 예배식에서 사용될 수 있고, 사용되어야 한다고 생각했다. 그리고 그는 플라톤주의와 신플라톤주의의 용어들과 개념들을 사용한다. 그러나 대체로 그가 그런 철학들에 의존하는 것은 철학적인 면보다는 오히려 문학적인 면에서였다. 그가 궁극적으로 의뢰하는 곳은 성서와 교부들의 전통이다.

이미 닛사의 그레고리가 가장 적절한 신경으로 받아들이게 된 삼위일체론에 성령의 자리를 인정하는 진술을 준비했다는 것은 주지의 사실이다. 즉 성령은 하나님에게서 발출하고, 아들에게서 받는다. 그래서 아버지는 원인이고, 아들은 직접 생기며, 성령은 아들의 중재를 통하여 생긴다. 그레고리는 다른 횃불을 점화하고, 다음에는 또 다른 횃불에 점화해 주는, 횃불의 이미지를 사용한다. 우리는 또한 바질의 것으로 간주되는 어떤 편지에서 '성삼위의 상호 내재성'(circumincession) 교리를 처음으로 상술한 사람은 아마도 그레고리였을 것이라는 것을 안다. 그의 동료 카파도키아 교부들처럼, 그러나 훨씬 더 강조하여, 그레고리는 활동의 불가분성에서 계시된 신성의 일체를 발견하였다. 그는 위험스럽게도 삼위일체론의 복수적인 일체를 그 개체자들의 보편적인 일체와 비교하는 데 있어서 그들을 능가한다. 아마도 세 사람이 그들의 보편적인 본성에 의하여 하나의 인간으로 불릴 수 있을 것이라고 그가 말할 때, 그가 복수성을 배제하는 추상적인 개념(the abstract)과 그것을 지니는 구체적인 개별자들(particulars)을 혼동하게 된 것은, 그의 안에 있는 플라톤주의자 기질 때문이었을 것이다. 그가 다른 곳에서, 수는 단지 양을 지시하고, 하나의 본질은 본성을 나타낸다고 주장할 때, 그것은 그가 여기에서 꾀하고 있는 것을 표현한 것 같다.

　　기독론에 있어서 두 그레고리 사이에는 뚜렷한 차이점이 있다. 비록 아폴리나리우스를 강력하게 반대했을지라도, 나지안주스의 그레고리는 알렉산드리아의 전형인 '말씀—육신' 접근법을 좋아한다. 그리고 그의 용어는 종종 그의 적수들의 용어에 가까우며, 복음서가 그리스도를 묘사하는 데서 나타난 인간적인 약함과 제한점들의 특색들을 다루는데 어려움을 지녔다는 것은 주지의 사실이다. 닛사의 그레고리는 보다 더 '안디옥적'(Antiochene)이다. 그는 '하나님을 받아들이는 사람'(the God-receiving man)에 대하여 말할 수 있고, 그리스도의 고난을 '신성에 일치된 인간'에게 돌릴 수 있다. 비록 그가 결합을 묘사하기 위하여 '혼합' 같은 용어를 사용할지라도, 그는 역사적인 의미에서 두 본성들을 구별한다. 이 '변형'(transformation)이 완성되는 것과, 인성이 '바다 속에서 삼켜지는 식초 방울처럼' 신성 속으로 흡수되는 것은 단지 부활 후의 일이다. 그러나 '알렉산드리아 학자들'이 위격의 일치를 위하여 신성과 인성의 속성들을 쉽게 호환하는 것을 따라서, 속성간의 교류(communicatio idiomatum)는 나지안주스의 그레고리에게 그런 것처럼, 그의 사고방식에 적합하지 않았다.

그리스도의 구속 사역에 대한 기독교 사상에는 이를 해석하는 데 있어서 두 노선이 있다. 하나는 어떤 의미에서, 우리로 하여금 그와 일치시킬 수 있도록 하는 그리스도를, 우리의 대표자로서 간주하는 노선이다. 또 하나는 어떻게 해서라도 그가 우리를 위한 대리인으로 보는 관점인데, 그의 희생은 '많은 사람들을 위한 구속'의 효력이 있다. 이렇게 해석하는 두 견해는, 구속 사역에는 많은 면이 있기 때문에, 모두 타당하다고 생각될 수 있다. 그리고 대부분의 교부들은 종종 어느 정도 일관성을 결여한 채, 이러한 두 가지 방법으로 구속을 이야기한다. 아타나시우스는 그의 「성육신론」(de incarnatione)에서 그런 방법들을 결합시키려고 애썼다. 그러나 그의 지배적인 사상은 그리스도와 인류가 혈족관계여서 우리가 그의 승리를 공유할 수 있게 된다는 것이다. 카파도키아 교부들은 이런 점에서 그를 따랐다. 그리고 나지안주스의 그레고리는 속죄의 은유를 문자적으로 해석하는 것을 거부했다. 바질은 종종, 타락의 결과 악마가 인류를 지배할 수 있는 권리를 함축하여, 속죄의 이미지와 대리인이라는 용어를 채용한다.

그러나 많은 그리스도인들에게 불행한 유혹을 하는, 미끼를 단 낚싯바늘의 이미지를 도입하는 데 대하여 의심스럽게 여기는 사람은 바로 닛사의 그레고리이다. 그는 대부분, 성육신된 분과의 일치를 통하여, 그리고 첫번째 아담의 패배를 무효화시킨 두번째 아담의 승리를 공유함으로 인간은 회복되었다고 말하는 한편, '구속'이라는 용어를 사용하여 인류가 악마의 권력으로부터 해방되었다고도 말한다. 악마는 하나님의 정의가 거부할 수 없을, 인류에 대한 지배권을 획득했다(이것은 아타나시우스의 사상 속에 있는 경향과 일치한다). 사탄은 죄에 대한 보상으로 인간 예수를 받고는 기뻐했다. 그러나 그는 인간의 육신 속에 숨겨진 신성을 분별하지 못했고, 물고기가 미끼 속에 숨겨진 낚싯바늘에 의해 잡히는 것과 같이 잡혔다. 만일 이 거래의 정의가 포르티아의 베니스(Portia's Venice)의 기미가 너무 많은 것처럼 보인다면, 사탄 자신이 궁극적으로 그리스도의 구속 사역의 수익자들 중의 하나라는 것과 관련이 있을 것이다. 왜냐하면 모든 창조 역사의 조화로운 결과 속에서 '악의 창조자'조차 그의 창조주에게 화해될 때, 만물의 궁극적인 회복을 기대함에 있어서, 그레고리는 오리겐을 따랐기 때문이다.

그레고리는 한걸음 더 나아가 성찬식의 빵과 포도주가 '변화' 혹은 '전환'된다는 것에 관해 예루살렘의 키릴이 가르친 것을 전한다. 키릴의 언어는 의미가 분명치 못했다. 이 변화를 묘사하기 위하여 그레고리는 보기 드문 용어를 채택하는데, 그것은 엄격하게 해석하면 빵과 포도주의 물리적인 성분들이 변한다는 것을 의미했다. 비록 성찬식의 축성에 의해 일어나는 변화를 정의하려는 이러한 노력에서, 그레고리를 따르는 사람은 없었지만, 다른 동방의 저술가들은 어떤 종류의 변화가 일어난다는 것을 강조하기 위하여 여러 가지의 용어들을 채용하였다. 이러한 용어들을 '상징'(symbol), '모습'(figure), '표상'(type)으로 사용된 것은 이 기간에 서방의 저자들에게서도 여전히 발견된다. 대체로 동방은 '실재론'(realism)이라는 용어를 채택하였다.

몹수에스티아의 데오도루스(Theodore of Mopsuestia)

알렉산드리아의 우의적인 성서해석들을 피했던 안디옥 학파의 가장 유명한 대표적 인물 두 사람은 타르수스의 디오도레(Diodore of Tarsus)와 그의 제자 데오도루스(Theodore)였다. 디오도레는 아리우스주의에 대항하여 니케아 신조를 용감하게 옹호하고, 종래의 이교사상을 부활시키려는 율리안 황제에 반대하여 기독교 신앙을 옹호하는 데 있어서 용감한 자였다. 372년 발렌스에 의해 안디옥에서 추방된 그는 그 황제가 사망한 후에 돌아와서, 378년에 타르수스의 감독이 되었다. 그리고 그는 381년 콘스탄티노플 공의회에 참석하였다. 그후 그는 약 10년 후에 사망했는데, 정통의 대들보로 존경받아, 데오도시우스황제에 의해, 제2차 에큐메니칼 공의회의 결정들을 승인하는 칙령 가운데 '신앙의 중재자들' 중의 하나로 명명되었다. 그러나 그의 '안디옥적인' 기독론(단지 산재된 단편들과 그의 적수들이 인용한 것들로만 전해 내려온다)은 알렉산드리아의 키릴에게 적개심을 불러 일으켰는데, 키릴은 네스토리우스 이단의 근원을 그와 그의 제자 데오도루스에게로 소급시켰다. 디오도레는 499년 콘스탄티노플에서 열린 공의회에서 이단으로 정죄받았다.

또한 데오도루스도 350년경 안디옥에서 태어나, 유명한 리바니우스(Libanius)의 문하에서 수사학을 공부했고, 디오도레의 신학적이고 주석적인 강의들을 경청하였다. 리바니우스 학파에서 요한이라는 사람과 우정을 나누기 시작하여 일생동안 지속되었는데, 요한은 웅변술로 후에 크리소스톰(Chrysostom)—'황금의 입을 가진 요한'—이라는 이름을 얻었다. 요한은 자기 친구에게 수도원에 들어가라고 권유했다. 그러나 데오도루스는 곧 거기에서의 생활이 적합하지 않다는 것을 알고는, 법률가의 직업을 갖기 위해 그곳을 떠났다. 하지만 곧 그는 수도원으로 돌아오라는 요한의 권유를 받았다. 그는 사제서품을 받고, 392년에 몹수에스티아의 감독으로 임명되어, 428년 그가 사망할 때까지 그 교구를 관리했다. 그는 학문에 대해 최고의 칭송을 받았는데, 특히 성서 주석에서 그러했으며, 그리고 그의 교리는 가장 건전하다는 칭송을 받았다.

그러나 키릴은 네스토리우스가 정죄받은 오류들과 가장 가까운 출처라고 그를 비난했다. 그리고 그는 431년 에베소(Ephesus)에서 있었던 네스토리우스의 정죄에서 그가 거명되지는 않았을지라도, 그는 사망 후에 이교도라고 거부되었는데, 그것은 주로 유스티니아누스(Justinian) 황제의 요구로 제2차 콘스탄티노플 공의회가 '네스토리우스적'이라고 간주되는 수많은 저서들을 비판했을 때 디오도레가 비난받은 것처럼 그러했다. 이 정죄 후에, 그의 주석들 중 약간은 성 암브로시우스의 작품이라고 오인된 채 라틴역으로 남아 있지만, 그의 저서들은 그의 적수들에 의해 파괴되거나, 제거되도록 허용되었다. 그의 교리적 진술들은 그의 정죄를 확보한 자들이 특별한 의도로 인용한 것들과 발췌한 것들로만 알려져 있다. 그러나 그의 많은 저서들은 시리아어역으로 남아있다. 그의 「성육신론」(*de incarnatione*)은 기독론적인 가르침에 대한 인용이 가장 많은 작품인데, 1905년에 시리아어역으로 발견되었으나, 그것이 출판되기 전 1914년 전쟁 동안 유실되었다. 하지만, 그의 「교리문답 설교」(Catechetical Homilies)가 1932년에 발견되어, 콘스탄티노플에서 정죄하기 위해 제시된 데오도루스의 발췌문들과 키릴의 진술에 의해서만 데오도루스의 가르침을 알 수 있었던 때보다 그의 가르침을 더 균형있게 평가할 수 있게 되었다.

데오도루스의 기독론은 그가 아폴리나리우스에게서 극단적인 형태로 발견한 알렉산드리아의 '말씀-육신' 교리에 반대하면서 전개되었다. 그가 이렇게 전개한 '말씀-인간' 이론은 그때까지 '안디옥' 학파가 주장한 어떤 교리들 보다 더 완전하였다. 그는 그리스도가 육체적인 성장뿐만이 아니라 도덕적인 성장을 경험했다는, 즉 그가 인간의 경험을 실제로 했다는 그리스도의 인성의 완전성에 대해 주장했다. 인성과 신성의 관계는 다양하게 묘사된다. '취해진 인간'(thd man assumed)은 나지안주스의 그레고리의 영향을 받았으나, 그의 언어는 때때로 '양자론자'적인 해석의 여지가 있다. 한편 '옷', '거주', 혹은 '성전'으로서의 인성의 이미지는 '말씀-육신' 안을 제시할 수도 있으나, 그의 적수들이 이용한 구절(비록 그것이 부정하게 선택되거나, 본문에서 잘못 인용되었을지라도)은 말씀과 인간이 '은총에 의하여' 결합된다는 진술이었다. 그 은혜는 하나님의 메시지를 나르거나 어쨌든 그 이상의 하나님의 목적을 위하여 선택된 어떤 인간과 하나님 사이에 있는 관계를 암시할 것이다.

그리고 데오도루스는 '결합'이라는 용어를 채택했는데, 그것은 결합(union)보다는 병치(collocation)를 제시한다는 의미를 지녀서, 네스토리우스주의에서 가장 그릇된 요소라고 후에 알려진 것이었다. 의심할 여지없이 데오도루스는 이 결합의 결과가 하나의 위격(prosopon)이라고 주장했고, 그의 의도는 두 본성들을 보존하는 것이었다. 그러나 그것을 말하는 그의 방법은 위험했다.

그는 이교도가 아니었다. 혹은 만일 그렇다 하더라도, 그는 알렉산드리아의 키릴이 단성론자(Monophysite)였던 것보다는 덜 '네스토리우스적'이었다. 기독론적인 진술에 대한 문제는 여전히 논쟁 중이었고, 사용되던 용어들은 그런 용어들이 허용하는 가장 적절한 정확성으로 정의되지 않고 있었다.

요한 크리소스톰 (John Chrysostom)

동방교회의 세번째 교회박사(다른 사람들은 바질과 나지안주스의 그레고리였다)는 350년경 안디옥의 탁월한 가문에서 태어났다. 데오도루스와 함께, 그는 리바니우스(Libanius)의 문하에서 수사학을 공부했고 디오도레에게서 신학을 공부했다. 초기에 그는 세속으로부터 은둔하여 수도생활하기를 열망했는데, 홀로 된 그의 어머니의 만류 때문에 그의 야망을 성취할 수 없어서, 집에서 극단적인 고행 생활을 했다. 그러나 결국 그는 어머니의 반대를 무릅쓰고 4년동안 은둔생활을 하며 보냈다. 그 후에는 중병에 걸렸기 때문에 안디옥으로 돌아와 성직에 임명되어, 386년에 사제가 되었는데, 그때 그는 그 도시의 중요한 교회를 책임맡았다. 거기에서 그는 12년동안 남아 있었는데, 그동안 그는 웅변적인 설교를 한다는 평판을 얻어 '황금의 입을 가진 요한'(John of the Golden Mouth)이라는 호칭을 얻었다. 397년 콘스탄티노플의 감독으로 뽑혔을 때, 그는 그 책무를 피하려고 했으나, 아르카디우스(Arcadius) 황제는 그가 받아들이도록 강권하여, 398년 봉직되었다. 그 직책은 웅변보다는 외교수단이 더 요구되는 지위였는데, 요한은 이 자질들을 역비례로 지니고 있었다. 그는 적이 많이 생겼는데, 그들 중에서 가장 신랄한, 혹은 가장 신랄하게 행사할 수 있었던 사람은 유독시아(Eudoxia) 황후였으며, 그녀는 의지가 약한 아르카디우스(Arcadius)를 지배했다.

요한의 또 다른 적으로 알렉산드리아의 총대주교(patriarch)인 데오필루스가 있었는데, 그는 크리소스톰을 억지로 감독으로 봉직시킨 것을 분개하고 있었다. 이러한 분개는 그가, 402년 요한이 주재한 공의회에서 니트리아의(Nitrian) 수사들이 그를 고발한 것에 대해 답변하도록, 콘스탄티노플에 소환되었을 때 누그러지지 않았다. 그는 여러 가지 실재하지 않는 것들로 콘스탄티노플 감독을 비난한 36명의 감독들(이집트에서 27명이 왔고, 그들 모두는 요한의 적들이었다)의 회의를 소집했을 때, 유독시아의 열렬한 후원으로 복수를 했다. 요한은 이 '오크 교회회의'(Synod of the Oak)(그 회의가 열린 칼케돈의 교외 이름을 딴)의 적정성을 인정하지를 않았으나, 아르카디우스는 그를 비두니아(Bithynia)로 추방했다. 그러나 그는 사람들의 폭동에 응하여 그를 다음 날 다시 불렀는데, 그것을 여왕은 지지했다. 왜냐하면 그녀는 궁전에서 일어난 비극적인 사건 속에서, 그 감독을 부당하게 다룬 것에 대한 하나님의 노여움의 징조를 보았기 때문이다.

그러나 콘스탄티노플에는 유독시아와 크리소스톰을 위한 자리가 없었다. 몇달간의 평화는 요한이 성 세례 요한의 참수에 대한 설교를 감동적으로 시작했을 때 끝났다. 그 설교 속에서 청중들은, 대성당 가까이에서 그 황후의 조각상 제막식에 따른 여러 스캔들을 암시한다는 것을 모를 리 없었다. '한번 더 헤로디아는 미쳐 날뛰고, 한번 더 그녀는 춤추며, 한번 더 그녀는 요한의 머리를 쟁반에 담아오기를 구한다.' 이렇게 헤롯의 왕비를 그녀의 딸과 융합시킨 것은 그것을 암시하고 있는 것 같았다. 아르카디우스는 요한의 감독 직무를 정지시켰고, 그리고 그 감독이 단호한 것으로 판명되자, 다음 해에는 군사들에 의하여 부활절 세례가 차단되었고, 세례수(水)는 성직자와 평신도의 핏빛을 띠었다.

이 일이 있은 직후, 요한은 아르메니아(Armenia)로 추방되었는데, 거기에서 그는 3년동안 체류했다. 그러나 그의 적들이 보기에 유감스럽게도 그의 은신처는 안디옥으로부터 오는 그의 숭배자들에게 순례여행의 목적지가 되었다. 그러므로 이 적들은 그를 먼 폰투스(Pontus)의 동쪽 해안으로 추방하려고 꾀했다. 그러나 요한은 이미 건강이 쇠약해져 있었다. 그는 억지로 거친 날씨 속에서 힘든 지역을 도보로 가다가, 그 목적지에 도달하기 전인, 407년 9월에 사망했다.

요한은 사변적인 사상가도 아니었고, 조직적인 신학자도 아니었다. 그는 본질적으로 목회자, 설교가, 개혁가였다. 그의 삼위일체론 신학에서 그는 니케아 신경을 전개하였다. 비록 그가, 동일본질(homoousion)이라는 신경을 채택하면서도, '본질에서의 균등'을 말할 때 더 만족스러워하는 것처럼 보일지라도 말이다. 기독론에서 그는 대체로 '안디옥학파'(Antiochenes)로 분류된다. 그리고 그는 그리스도 안에서 두 본성이 실재하고 위격이 일치되어 있다고 주장한다. "그(로고스)는 과거의 그가 아닌 모습을 입었다. …혼동(confusion)되지 않고 분리(separation)되지 아니한다. … 한 분 그리스도는, 혼합(commixture)에 의해서가 아니라 연합(union)에 의하여 … 로고스와 육신은 연합과 결합(συνάφεια)에 의하여 하나이다 …형언할 수도 없고 설명할 수도 없다."

그러나 요한의 가르침에서 신성은, 그의 가르침이 종종 '알렉산드리아'의 가르침에 근접할 정도로, 그리스도 안에 있는 인성에 영향력을 행사한다. 그는 그리스도 안에 인간의 영혼과 지력이 있다고 주장한다. 그러나 그것은 그의 사상 속에서 거의 작용하지 않는다. 그는 그리스도 안에 어떤 인간적인 발전이나 어떤 인간적인 무지가 있다는 것을 인정할 수 없다. '아버지의 뜻을 행할 것'을 선택하고 자기의 생명을 '버리기로' 결정하는 것은 로고스이다. 이 점에서 아폴리나리우스적인 경향이 있는데, 크리소스톰이 그 이단의 교리에 의해 영향받지 않는 것처럼 보이는 것은 중요한 것이다. 그는 단지 아폴리나리우스를 한번만 언급했을 뿐이다.

요한은 (비공식적으로) 성찬식의 박사(Doctor Eucharistiae)라는 칭호를 받았다. 그는 닛사의 그레고리가 가르친 '변화'(conversion) 이론을, '실재론' 혹은 유물론적인 언어로까지 진전시킨다. 그리스도인은 '그리스도의 몸을 뜯어 먹는다.' 십자가 상에서 부서지지 않은 몸은 '제단의 제사(sacrifice)에서 산산이 부서진다.' 의심의 여지없이 이러한 표현들은 신학으로보다는 웅변으로 풀이되어야 한다.

그러나 '변화'의 언어는 이때까지 동방교회에서 일반적으로 인정된 가르침이 되어 있었다. '알렉산드리아'와 '안디옥' 사이의 차이는 없었다. 크리소스톰은 단지 그것을 더 날카롭게 강조했을 뿐이다. 그리고 예루살렘의 키릴이 가르친 십자가 상에서 단번에 바쳐진 '두려운 제사'를 진척시켰다. 이들 두 제사에서 그리스도 자신은 제사장이며 제물이다.

암브로시우스(Ambrose)

　암브로시우스는 339년에 태어났는데, 그때 로마의 귀족가문의 일원이었던 그의 아버지가 가울에서 고위 관직에 재직하고 있었다. 그의 아버지는 그 직에 종사하다가 사망했고, 그의 어머니는 세 자녀들을 로마로 데리고 갔다. 암브로시우스는 그가 속해있던 계층에서 관례적인 수사학과 법률의 훈련을 받고, 32세의 나이에 리구리아(Liguria)와 아이밀리아(Aemilia) 지역에서 황제의 대리자로 책임있는 직위에 임명받았다. 이 지역의 중심은 밀라노(Milan)에 있었다. 그가 임명된 지 4년 후에 암브로시우스는 아리우스주의화하는 아욱센티우스(Auxentius)의 뒤를 이을 새 감독의 선출로 위험한 폭동이 일어났을 때, 공적인 자격으로 가톨릭교도들(Catholics)과 아리우스주의자들(Arians) 사이를 중재하려고 시도하지 않을 수 없었다. 놀랍게도 다투는 사람들은 당시에 단지 초심자였던 중재자를 뽑는 데 일치하였다. 적대자들이 이렇게 갑자기 제휴하게 된 것은 신이 개입한 증거처럼 보였고, 아주 신실했던 것처럼 보이는, '감독이 되기를 원치않음'(nolo episcopari)에도 불구하고, 암브로시우스는 세례받은 지 8일 후에 성직에 임명되었다. 빠른 승진으로 그는 숨도 쉴 수 없을 정도였다는 것은 아주 당연한 일이었을 것이다.

　그리고 감독직을 맡은 초기에, 그는 학문을 하기 위한 은거지에서 대부분의 시간을 보냈는데, 그곳에서 그는 라틴과 희랍 교부들 연구에 몰두하였다. 그는 상속받은 재산을 포기하고 엄격한 생활규범을 따랐다. 암브로시우스는 본질적으로 로마적인 인물이었다. 그래서 사변적이기 보다는 실제적이고, 위대한 교회사람이며 교회 정치가였고, 조직가, 목자, 그리고 선생이었다. 교회 권리의 옹호자로서 그는 이교주의와 이단의 주장들에 반대하여, 그리고 국가의 침해에 대항하여 용서없이 싸웠는데, 실제적으로 그리스도교 교회를 로마제국에 '세운' 황제인, 정통파 데오도시우스 1세(Theodosius I)였을 때조차 그리했다. "황제는 교회의 위에 있는 것이 아니라 교회 안에 있다"라고 암브로시우스는 말했다.

이런 식으로 그는 384년 원로원에 빅토리라는 이교상을 복구하려는 로마 원로원의 계획을 성공적으로 반대했다. 그리고 밀라노 교회들 중 하나는 아리우스주의자들에게 주어야 한다는 유스티나(Justina)와 황후 도와거(Dowager)의 제안에도 반대하였다. 아퀼레이아(Aquileia, 381)와 로마(382) 교회회의에서 탁월한 역할을 했는데, 그 회의들은 아리우스주의가 물러난 것으로 보았다. 그리고 390년 데살로니가에서 있었던 대학살 사건으로 암브로시우스는 데오도시우스(Theodosius)에게 공적인 참회를 하게 했는데, 그것은 카노사(Canossa)를 예고하는 것이었다. 그는 세상의 왕들과 똑같은 어투로 말할 수 있는 (그의 모든 개인적인 겸손함에도 불구하고) 교회의 첫 번째 왕이었다. 그래서 그들은 그의 충고를 동료 정치가의 충고로서 청했다. 그는 397년에 사망했다.

삼위일체 신학에서 암브로시우스는 동방교회에 만든 니케아 신경을 옹호하는 데 있어서 서방 푸아티에의 힐라리의 방식을 따른다. 그는 모든 형태의 아리우스주의 공격에 반대하는 정통적인 입장을 옹호하고, 성령반대론자들(Pneumatomachi)의 공격에 직면하여 성령의 신성을 옹호하는 자로서 서방의 으뜸인 힐라리를 계승했다. 그러나 그는 자신의 독창적인 것으로 공헌한 것은 없다.

또한 그의 기독론적인 가르침에도 독창적인 것은 없다. 다른 곳에서처럼, 이 점에 있어서, 그는 희랍 교부들을 의존했다. 그러나 서방교회의 교사로서 그는 이 항목에서, 힐라리에게서 나타난, 가현설에 가까운 '알렉산드리아의' 가르침을 유익하게 교정하는 수단을 제공해 준다. 암브로시우스는 그리스도의 인성과 인간적인 영혼이 실재한다는 것에 대해 매우 명확하다. 두 본성으로 된 하나의 위격이 있는데, 각각의 본성은 별개이며 완전하고, 인성은 인간의 영혼을 내포하고 있다. 그러나 위격의 통일성(unity)은 속성간의 교류(communicatio idiomatum)를 허용하기 때문에, 우리는 영광의 주님이 십자가에 못박히셨다고 말할 수 있다.

암브로시우스의 관심은 신학적인 것이라기보다는 주로 목자적인 것이었고, 「신비론」(*de mysteriis*)과 「성례론」(*de sacramentis*) 등 두 편의 논문이 있는데, 그것들은 세례와 성찬식의 거행과 가르침의 역사에 있어서 중요하다. 이 작품들 중 두번째 것의 진정성은 오랫동안 불분명했었다. 그러나 현대 학문 덕택에 그것을 암브로시우스의 작품으로 간주할 수 있는 것 같다. 세례에 관하여, 암브로시우스는 세례식에서의 주요한 두 요소들, 즉 세례의 씻음(baptismal washing)과 기름부음으로 위임하는 것(consignation with oil)을 점차 분리하는 경향에 대한 증인이다. 후자는 손을 얹는 것과 관련되거나 그것과 동일시된다. 그 두 요소들은 예루살렘의 키릴에 의해 분명하게 구분되어 왔었다. 그런데 암브로시우스는 더 나아가, 두 성례전적 행위들, 즉 세례받을 때 새로이 탄생하는 은사와 후속되는 위탁에서 입문자에게 일곱가지 은사로 채워주는 성령의 활동을 구별하려고 한다. 그 위임(consignation)을 기술하기 위하여 confirmatio, 즉 '강화시키는'이라는 용어를 사용하도록 이끈 것은 바로 '영력을 많이 준다'는 이러한 관념이었다. 그리고 서방교회에서는 새로운 명칭이 일반적으로 이전의 것을 대신했다.

성찬식에 대한 가르침에서 암브로시우스는 보통 상징적인 언어를 사용한다. 빵과 포도주는 주님의 몸과 피의 '표상'(type) 혹은 '상징'(figure)이다. 그것들은 '유사한 방법으로' 믿고 받는 자들에게 전해주는 것을 의미한다. 이것은 서방교회에서 보통 사용하던 언어였다. 그러나 다른 때에 암브로시우스는 동방에서 사용되게 된 '변화'라는 언어를 사용한다. 빵과 포도주는 '바뀌고' '변화한다'. 그 성스러운 변화는 '그것들의 본성을 변화시키는' 기적이다. 그는 동방 교부들에 대해 연구함으로써, 이 점에 있어서, 성찬식의 빵과 포도주 안에서 준물리적인(quasi-physical) 변화가 일어났다는 동방의 개념을 서방으로 전달해 주는 사람이 되게 되었다.

제롬(Jerome)

제롬은 340년에서 350년 사이에 달마티아의 부유한 가정에서 태어나, 삼학(trivium) 즉 문법, 수사학, 변증법의 관습적인 교육을 받기 위해 소년

시절에 로마로 보냄받았다. 현대 학자들은 그의 학창시절의 방탕에 대해, 후에 그가 혹평한 것을 무시하는 경향이 있어 왔다. 그것은 그가 자기의 적대자들의 오류에 대해 표출한 것과 똑같은 신랄함으로 자신이 젊은 시절에 저질렀던 사소한 과오를 비난한 것일 수 있다. 그러한 공부를 끝마친 후에 그는 가울로 가서 그리스도를 봉사하는 데에 헌신하기로 결정했다. 그는 이미 로마에서 세례를 받은 바 있었다. 그리고 거기에 있는 카타콤들을 보고 그의 상상력은 용감한 제자에 대한 생각으로 고무되었다. 그리고 가울의 수도원 생활의 모범들을 보고, 그는 엄격한 생활 규칙을 실천하는 아퀼레이아의 친구들 모임에 가담하게 되었을 것이다.

373년 그는 예루살렘으로 순례의 길을 떠났는데, 병으로 안디옥에 오래 체류하지 않을 수 없게 되었을 때 그는 그 시간을 헬라어를 숙달하는 데 썼다. 그리고 그는 안디옥 근처의 사막에서 은둔했던 3년 동안 상당한 히브리어 학자가 되었다. 그는 379년에 성직에 임명되어, 그는 곧 로마로 갔는데, 거기에서 그는 나지안주스의 그레고리의 강연을 듣고 오리겐의 주석적인 저서들을 감탄하면서 공부했다. 382년 그는 교황 다마수스(Pope Damasus)의 초대로, 로마로 돌아와서 그의 비서로서 3년을 보냈다. 제롬이 라틴역 성서(Vulgate)를 개정하기 시작한 것은 바로 다마수스의 명령에 따라서 한 것이었는데, 결국 라틴역 성서를 출판하는 열매를 맺었다.

385년 그는 로마를 떠나 팔레스타인으로 갔는데, 결국 제롬의 지도 하에 금욕생활을 하고 있던 로마 귀족 그룹에 속하는 부유한 로마의 과부인, 파울라(Paula)가 창시한 수도원의 원장으로 베들레헴에서 정착하였다. 여기에서 그는 420년경 그가 사망할 때까지 머물면서, 연구와 저술활동에 종사하였으나, 때때로 신랄한 논쟁에 연루되었다. 그래서 그는 거의 스위프트적인(Swiftian) 멋이 있는 것처럼 보인다. 그의 성인다운 면모는 오늘날 많은 주의를 끌게 하는 그런 종류의 것은 아니었다. 기독교 미술에서 그보다 더 자주 묘사되는 성인은 없다. 그리고 그는 교회의 가장 위대한 학자들 중의 하나로서, 성서 번역에 나타난 그의 거대한 노작에서 서방 교회는 그에게 무수한 빚을 지게 되었다.

제롬은 사상가라기보다는 학자라고 할 수 있어서, 교리의 발전에는 큰 공헌을 하지 못했다. 그가 성서적인 지식 때문에 저명한 성서 주석가가 될 수 있었을 것이라고 생각할 수 있을 것이다. 사실상 그의 주석들은 거의 흥미를 주지 못했다고 고백하지 않으면 안된다. 비록 그가 성서의 절대적인 영감을 강조하고, 모든 구절이 음절마다 의미가 가득 담겨있다고 생각할지라도, 그는 영감에 대한 명확한 이론을 가지고 있지도 않았고, 어떤 지속적인 해석 원리를 가지고 있지도 않았다. 그는 곧 오리겐의 우화적 해석에 대해 처음 가졌던 열정을 상실하였다(그리고 그는 신학에서 '오리겐주의'의 신랄한 적대자가 되었다). 그러나 그는 성서의 문자적인 의미가 자체 모순적이거나 비교훈적인 것처럼 보일 때마다 계속해서 그것을 채택하였다.

제롬은 자유와 은총의 문제에 대하여 펠라기우스(Pelagius)와의 논쟁에 깊숙이 연루되었다. 그러나 여기에서도 일관적인 입장을 찾아볼 수 없다. 어떤 구절들, 즉 "시작하는 것은 우리에게 속하였고, 완성시키는 것은 하나님에게 속하였다"라는 구절에서는 주도권이 인간에게 있는 것처럼 보인다. 그러나 다른 곳에서, 그는 우리의 의지를 최초로 움직이는 것은 필연적으로 선행적인 은총이라고 주장한다.

히포의 아우구스티누스(Augustine of Hippo)

서방 교회의 '박사들' 중에서 가장 위대한 사람은 누미디아의 마을 타가스테(Numidian town of Thagaste)의 관원의 아들이었다. 그의 어머니 모니카(Monica)는 경건한 그리스도인이었다. 그러나 그의 아버지는 세례받기를 미루다가 임종 바로 직전에 받았다. 354년에 태어난 아우구스티누스는 지방 학교에서, 그리고 후에는 카르타고(Carthage)에서 수사학자가 되기 위한 교육을 받았다. 그는 학창시절에 기독교를 경멸할 가치도 없는 것으로 생각했다고 말한다. 20세의 나이에 그는 철학에 흥미가 있음을 확신하고 다소 해석적이고 지도적인 원리를 찾아서 마니교에 애착을 가졌다. 375년 그는 그의 어머니의 신앙을 저버렸기 때문에 그녀와 멀어진 채, 고향에서 문학과 수사학의 교사로서 시작했다.

　383년 그는 수사학 교수로서 로마로 갔다가 그 다음 해에는 밀라노로 갔다. 이제 그는 마니교도 체계에 환멸을 느껴, 한동안 완전히 회의주의에 다시 빠졌다. 밀라노에서 그는 암브로시우스가 구약을 우화적으로 해석하는 것을 듣고, 그 감독의 가르침 속에 있는 어느 정도 플로티누스(Plotinus)의 영향을 받은 신플라톤주의적인 경향에 이끌렸다. 이때쯤 아우구스티누스는 서원(profession) 기간에 플로티누스를 연구하기 시작했고, 암브로시우스의 감독직을 계승할 심플리키아누스(Simplicianus)라는 사제는 신플라톤주의의 최상의 것과 기독교의 로고스론 사이의 일치성을 그에게 설명해 주었다. 그는 또한 아우구스티누스에게 성 바울의 가르침들을 연구하도록 권유했다. 바울에게서 아우구스티누스는 구원은 철학을 통하여 올 수 없으나 단지 하나님의 은총을 통하여만 올 수 있다는 것을 배웠다. 그의 영적인 갈등은 결국, 그의 정원에서 어떤 아이가 "들고 읽어라"(Tolle, lege)라고 말하는 목소리를 들었을 때 해결되었다. 그는 바울서신들을 집어 들고, 아무데나 펼쳐 보았다. 그의 눈은 로마서 13장 13절과 마주쳤다. "…음란과 방종에 빠지지 말며…"

　그는 결국 자신을 헌신하지 못하게 하고 있었던 것은 지성적인 의심이라기보다는 도덕적인 저항이었다는 것을 깨달았다. 이제 모든 장벽들은 허물어졌다. 385년에 그는 자기의 지위를 사임하고, 밀라노 근처에 있는 어떤 친구의 별장인 카시키아쿰(Cassiciacum)으로 은둔하여 세례받을 준비를 했는데, 그는 387년 암브로시우스로부터 세례를 받았다. 곧 그는 자기 어머니와 함께 아프리카로 출발하였다. 그러나 모니카는 오스티아(Ostia)에서 사망하였고 아우구스티누스는 로마에서 거의 1년간 머물면서 저작에 몰두하였다. 388년 그는 타가스테에 도착하여, 그곳 준 수도원 공동체에서 몇몇 친구들과 함께 3년간 은둔 생활을 했다. 그는 사제로 임명되길 바라지 않았으나, 391년 히포의 감독인 발레리우스의 간절한 요청으로 성직수임에 동의했다. 그리고 395년 그는 감독으로 임명되어 발레리우스를 돕다가 곧 그를 계승하였다. 감독으로서 그는 그의 성직자들과 함께 그 공동체의 생활을 계속하면서, 자기의 이름을 지니는 수많은 저서를 집필하는 데에 그의 막대한 에너지를 대부분 바쳤다. 한편 그는 자기 신도들에 대한 목자적인 의무들을 결코 소홀히 하지 않았다고 우리는 확신한다. 그는 430년 반달족이 그의 도시 문턱에 왔을 때 사망했다.

아우구스티누스가 서방 교회의 사상과 생활의 방향을 정하는 데에 조직적인 영향을 미친 가장 위대한 사람이라는 데 대해 논박할 사람은 아무도 없을 것이다. 사실상 중세의 그리스도교국 전체는 그가 없었다면 매우 달라졌을 것이라고 우리는 말할 수 있다. 그의 공헌점을 몇 페이지로 약술하려는 것조차 가장 부적절한 일일 것이다. 보통 '아우구스티누스주의'에 대해 말할 때 이해되는 그 특징적인 가르침, 즉 그에게 은총의 박사(Doctor Gratiae)라는 칭호를 얻게 해준 가르침에 우리의 소견을 제한하는 것이 더 적당하다.

이 가르침은 펠라기우스(Pelagius)와 그의 추종자들과 논쟁하는 동안에 전개되었다. 그것은 그 논쟁에서 생긴 것이 아니었다. 왜냐하면 아우구스티누스는, 더 위안이 되는 느낌을 준 인간론을 가진 영국 교사가 로마에 도착했을 때(400년경), 인류를 하나님의 은총이 없이는 전혀 무능력한 범죄집단(massa peccati)이라고 이미 말하고 있었기 때문이다. 사실상, 인간에 대해 상반되는 두 관점들 사이의 대립은, 펠라기우스와 그의 추종자 켈레스티우스(Celestius)가 409년 알라릭(Alaric)이 침입하기 전에 도망치다가 아프리카에 도착할 때까지는 없었다.

펠라기우스는 로마에서 도덕 선생으로서 로마에서 상당한 명성을 얻었다. 그리고 도덕가로서 그는 아우구스티누스의 「참회록」에 나오는, 인간에게서 모든 자유를 제거하고 그리하여 모든 책임을 제거하는 것처럼 보인, "당신이 명령하시는 것을 이루어 주시고, 당신이 원하시는 것을 명하소서"라는 기도를 보고 충격을 받았다고 전해진다. 펠라기우스는 인간에게 하나님의 은총은 필요하다고 분명히 생각했다. 그러나 은총에 의하여 인간은 선을 선택할 수 있는 힘을 갖게 되며, 하나님은 율법, 예언자들, 그리고 무엇보다도 그리스도 안에서 그 선을 계시하신다는 것을, 그는 의미했다. 각 영혼은 아담과 똑같은 상태로 태어나므로, 유전되는 죄, 파멸을 가져오는 유전적인

(damnosa hereditas) 연약함이 없다고, 그는 가르쳤다.

아우구스티누스에게 있어서 원죄의 실재는 성서에서 분명히 주장되고 있다. 그래서 교회는 그 가르침 속에서, 유아 세례식에서 그것을 확언했다. 그리고 그들의 경험 속에서 그것이 맞다는 것을 알았다. 전 인류는 최초의 불순종한 행위에서 최초의 조상들과 동일시 되었기 때문에 유전 죄가 있었다. 아우구스티누스의 성서 본문에서 성 바울은 이것을 로마서 5장 12절에서 확신하는 것처럼 보였다. 왜냐하면 구 라틴역 성서는 ἐφῶ ('seeing that')을 in quo로, 즉 '그의 안에서 모든 사람은 죄를 지었다'로 번역했기 때문이다. 희랍 교부들조차 오역하지 않고서도, 인류가 아담 안에서 결속되어 있다고 종종 말해왔다. 그러나 그들은 아우구스티누스처럼 엄격하게 강요하지는 않았다. 아우구스티누스의 관점에서 보면, 또한 인간의 본성 안에 유전된 연약함과 타락이 있는데, 그것들은 세례받고 그 죄가 제거되었을 때조차 계속되었다. 타락은 인간의 육욕에서 가장 분명하게 드러나는데, 비록 그것과 동일시되지 않다 하더라도(설사 아우구스티누스가 거의 그 일치성을 말하는 것처럼 보일지라도) 그러하다. 그리고 인간은 아담의 죄를 통하여 자유를 상실했다. 아담은 죄를 짓지 않을 수 있는 능력(posse non peccare)이라는 의미에서 자유를 부여받았다. 그는 자신의 자유 선택을 잘못 사용했을 때 이 자유를 상실했다. 아우구스티누스는, 이 자유의지(liberum arbitrium)는 인간에게 여전히 남아있다고 주장한다. 그러나 그는 '범죄치 않을 자유'의 상실을 단언한 후에, 그것에 어떤 실재적인 내용을 부여하려는 시도에서, 당혹해 한다. 인간은 자기 죄에 대해 책임이 있고, 그럼에도 불구하고 죄를 짓지 않을 수 없다고 그는 말하고 있는 것 같다.

인간의 유일한 희망은 하나님이 값없이 주는 선물인 은총이다. 여기에서 아우구스티누스는 다시 그리스도교 전통의 본질적인 부분을 반복하고 있다. 그러나 이전의 어떤 교사도 그것을 그렇게 냉정하게 전개시킨 사람은 없었다. 하나님이 은총을 주시는 데 대해 인간이 응답할 수 있기 전에, 하나님은 이미 인간 안에서 은혜로운 사역을 시작했어야만 한다. 아우구스티누스는 "그분의 자비가 나보다 앞선다"는 시편 59편의 라틴어에서, '선행 은총'

(prevenient grace)이라는 전문 용어를 만들어냈다. 이것 다음에는 '협동 은총'(co-operant grace)이 나타나는데, 그 안에서 아우구스티누스는 때때로 '충분한' 조력과 '유효한' 조력을 구별한다(이 용어들은 다소 혼동스러운데, 그것은 후자가 '충분한 원인'(-adiutorium quo-)과 유사하고, 전자가 '필연적인 원인'(-adiutorium sine quo non-)과 상응하기 때문이다).

'충분한 은총'은 죄를 짓지 않을 수 있는(posse non peccare) 선물이고, '유효한 은총'은 선택된 사람들이 '견인의 선물'(gift of perseverance)에 의해 획득하게 되는, 범죄할 수 없는(non posse peccare) 선물이다. 그러나 하나님의 은총이 불가항력적인 것이고, 그가 원하는 자들에게만 주어지는 것이기 때문에, 이런 '부류'(kinds)의 은총을 받은 자들이 예정된 과정에서 그 범위일 수 있다는 것은 명백하다. 비록 아우구스티누스가 선택된 사람들을 궁극적인 천국의 기쁨에로 운명지어 주는 자비에 대해 주로 장황하게 늘어놓을지라도, 그는 영원히 지옥으로 떨어지게 하는 예정에 대해 말하기를 꺼리지 않는다. 선택받는 사람들의 수가 타락한 천사들에 의해 남겨진 공백들을 메꾸기에 필요한 수에 제한되고, 성서가 그 수를 명시하고 있다고 확신하는 이상, 어떻게 그는 그렇게 말할 수 있는가? '하나님은 모든 사람들이 구원받기를 원하신다'는 말은 단지 하나님은 모든 족속 중에서 특정한 숫자의 사람들을 선택했다는 것을 의미할 수 있을 뿐이다. 우리는 하나님의 '측량할 수 없는 공의'를 옹호하도록 위임받았다.

은총과 자유, 예정과 책임의 문제들을 풀어보려는 일련의 시도가 처음으로 있었다. 그 결과들은 불투명했다. 그는 비록 교회가 전체적으로 아우구스티누스의 모든 주장들, 특히 불가항력적인 은총과 이중 예정(천복으로의 예정과 저주로의 예정)을 받아들이지는 않았어도, 그의 전반적인 교리는, 선의에서 나왔으나 다소 피상적인 펠라기우스의 낙천주의를 물리쳤는데, 특히 그의 추종자 에클라눔의 줄리안(Julian of Eclanum)이 한 걸음 더 나아가 인간을, 하나님이 필요없을 정도로 하나님에게서 독립된 존재라고 가르치는 것처럼 보였을 때 그리했다. 펠라기우스주의는 몇몇 아프리카 공의회에서 정죄되었는데, 그 중 가장 나중에 열린, 418년의 카르타고 공의회에서는 가장 단호하게 정죄받았다. 431년에는 에베소(Ephesus) 에큐메니칼 공의회의 비난을 받았고, 529년 오랑쥬(Orange) 공의회에서 공식화된 수정 아우구스티누스주의가 이 논제들에 대한 서방교회의 표준적인 교리가 되었다. 그 문제들은 만족스러운 철학적 해결을 보지 못하였다. 어떻게 그럴 수 있겠는가? 그러나 자유의 개념이 검토되었고, 하나님의 수위권(primacy)은 '그분의 봉사는 완전한 자유이다'라고 주장되었다.

알렉산드리아의 키릴(Cyril of Alexandria)

요한 크리소스톰을 몹시 반대했던 알렉산드리아의 총대주교인 데오필루스가 412년에 사망하고, 그의 조카 키릴이 그를 계승하도록 뽑혔다. 우리는 그의 초기 생애에 대하여 거의 알지 못하고, 그의 생애 중에서 정할 수 있는 첫번째의 날은 크리소스톰을 면직시킨 '오크 교회회의"(Synod of the Oak)에 그의 아저씨와 함께 참석했던 403년이다. 그는 데오필루스로부터 그의 감독 직권과 함께, 그 성인다운 총대주교(patriarch)를 반대하는 완고함을 물려받았는데, 요한이 사망한 후 10년 동안 계속해서 그러했다. 왜냐하면 417년이 되어서야 키릴은 알렉산드리아 교회의 성찬식에서 (기념될 이름들의 목록인) 고인들을 기록한 서판들(diptychs)에 그의 이름을 올리도록 허락하였기 때문이다. 다른 방법으로 키릴은 데오필루스의 행정을 특징지었던 격렬한 무자비함을 대부분 재현했다. 유대인들과 노바티안파(Novatians)는 제국의 장관인 오레스테스(Orestes)의 항의에도 불구하고 박해받았다.

그리고 이교사상의 모든 흔적들을 근절시키려는 그의 왕성한 노력들 때문에, 그는 적어도 그리스도교 광신자들이 철학자 히파티아(Hypatia)를 사형시킨 것에 부분적으로 책임이 있다는 비난을 받게 되었다. 그러나 그것은 입증되지 않은 것이므로 받아들여서는 안된다. 그리고 그는 428년에 그 총대주교를 계승한 안디옥의 네스토리우스라고 하는 콘스탄티노플의 총대주교를 공격하는 데서 상당히 만족했다는 의심을 받을 우려도 있다. 네스토리우스의 가르침에서 비롯된 기독론 논쟁은 키릴이 그의 여생 동안 주로 몰두했던 것이었다. 그리고 그것은 알렉산드리아학파와 안디옥학파 간의 신학적인 논쟁이었을 뿐만 아니라, 또한 알렉산드리아와 콘스탄티노플의 경쟁적인 총대주교들 간의 갈등이었다.

키릴은 430년 로마에서 열린 교회회의에서 네스토리우스의 정죄를 얻어내어, 그 새로운 가르침에 적대하여 12개의 아나테마(anathemas)를 퍼부었고 파문하겠다고 협박했다. 동방교회가 공식적으로 분열되는 것을 피하고 싶어했던 데오도시우스 2세(Theodosius II)는 에베소(Ephesus) 총 공의회를 소집하였는데, 키릴은 교황 켈레스티네 1세(Celestine I)의 대리인으로서 그 회의를 주재했다. 네스토리우스는 정죄되고, 면직되어, 파문되었다. 그리고 키릴의 기독론은 제3차 에큐메니칼 공의회 때 승인되게 된 것에 의해 강화되었다. 그러나 그 공의회를 키릴이 추진했다는 데서, 속임수를 쓰는 책략이 있었다는 징후 이상의 것이 있었다.

확실히 그는, 시리아에서 오는 '안디옥' 감독들이 도착하기 전에, 심지어 교황의 대표자들이 도착하기도 전에, 그 회의가 열려서 주된 토의사항들을 결정하도록 했다. 사실상 그 시리아인들은 그 공의회가 처음 개회하여 결말을 지은 지 4일 후 에베소에 도착했다. 안디옥의 요한은 그의 감독들과 반동-공의회(counter-synod)를 열어서, 키릴을 면직시켰다. 데오도시우스는 메르쿠티오 같이(Mercutio-like) 공평하다는 포괄적인 표시로, 두 공의회들을 승인하고, 키릴과 네스토리우스를 둘 다 면직시키고 투옥시켰다. 그러나 키릴은 몇 주 후에 석방되었다. 그리고 네스토리우스는 수도원으로 은둔했다. 알렉산드리아와 안디옥의 감독직 간의 화해는 433년에 이루어졌다. 요한은 네스토리우스를 정죄한 것에 동의했고, 키릴은 키루스의 데오도루스(Theodoret of Cyrus)에 의해 작성된 것처럼 보이는 절충된 신앙 고백문에 동의했다. 그러나 그 논쟁은 최종적으로 해결되지 않았고, 키릴은 여러 번 자신의 입장을 설명하고 변호해야만 했다. 그는 444년에 사망했다.

키릴은 자신의 초기 저작에서, 구속주 안에 있는 인간의 영혼에 신학적인 관심을 기울이지 않았던, 그리스도의 위격을 '말씀-육신'(Word-flesh)으로 해석한, 아타나시우스로 거슬러 올라간 알렉산드리아의 전통적인 기독론에 대해 상술했다. 고통들은 단지 육신에 속하는 것으로 생각되었다. 동시에 그것은 영광받는 육신이다. 그것은 키릴로 하여금 그의 교리를 전개시키도록 한 네스토리우스의 도전이었다. 네스토리우스는 안디옥에서 교육받았고, 몹수에스티아의 데오도루스의 문하에서 공부한 것 같다. 확실히 그는 데오도루스의 가르침에 많은 영향을 받았다. 그리고 총대주교로 뽑힌 직후에, 그는 성모 마리아에게 '하나님의 어머니'(θεοτόκος)라는 칭호가 적합한지에 대해 탐구했을 때, 안디옥의 특징인 말씀-인간(Word-man) 해석 노선에 대해 도발적인 설명을 하였다. 이 칭호는 속성간의 교류(communicatio idiomatum) 교리의 필연적인 결과였고, 안디옥에서조차 일반적으로 받아들여져 왔었다.

네스토리우스는, 하나님은 어머니를 가질 수 없었기 때문에 그것은 아무리 보아도 위험한 것이라고 설파했다. 마리아는 신 그리스도가 거주하는 인간 예수를 낳았다. 하나님의 어머니(Theotokos)라는 칭호는, 성자는 창조되었다고 하거나 혹은 그의 인성은 불완전하다고 하는, 아리우스주의 혹은 아폴리나리우스주의를 암시하는 것이라고 그는 주장했다. 키릴과 알렉산드리아 학파의 다른 학자들에게, 네스토리우스는 두 아들, 즉 어떤 종류의 도덕적인 연합으로 연결된 신적인 말씀과 인간 예수를 가정하는 것처럼 보였다. 그리고 그는 이단 사모사타의 바울을 부활시키고 있다는 비난을 받았다. 그러한 이유 때문에 그의 교리는 431년 에베소에서 교회에 의해 정죄받았다.

네스토리우스 자신은, 정죄받은 것은 그의 가르침을 곡해한 것이었다고 끝까지 주장했다. 그리고 그는 그의 생애 말경 자기의 가르침에 대한 변호문을 썼는데, 그것은 지난 세기 말에 발견되어, *The Bazaar of Heraclides* 라는 재미있는 제목의 영역본으로 1910년에 출판되었다. 이 변명서에 대한 연구로 많은 학자들은, 네스토리우스는 '네스토리우스주의자'가 아니었고, 비록 그의 어법 중 어떤 것은 칼케돈적인(Chalcedonian) 기준으로 볼 때 부적절할지라도, 본질적으로 정통적인 칼케돈적인 것(Chalcedonian)이었다고 생각하게 되었다. 그는 확실히 두 본성과, 그리스도가 참으로 인간적인 경험을 했다는 것에 관한 안디옥학파의 교리를 보존하는 데 유의하였다. 그리고 그는 키릴과 알렉산드리아의 일반 학자들이 고통과 죽음을 신성에 돌리기 위하여 속성간의 교류(communicatio idiomatum)를 사용한 자유에 충격을 받았다. 그는 '두 아들'이나 어떤 '양자론자' 교리를 가르쳤다는 어떠한 의도도 반복적으로 부정한다. 사실상 그는 그의 반복되는 부정들에 싫증나게 되었다.

그러나 그는 그리스도의 위격의 일치를 말하는 데 어려움이 있었다. 왜냐하면 그에게 '본성'은 prosopon과 hypostasis, 즉 인지할 수 있는 모양과 객관적인 실체를 가지고 있음에 틀림없기 때문이다. 그러한 용어는 별개의 두 실재를 암시하고 있는게 뻔했지만, 네스토리우스는 역사적인 예수 그리스도가 '결합된 인격'(prosopon of union)을 형성했다고 주장했다. 그리고 그는 henosis('하나로 합해지는')보다 synapheia('결합')라는 용어를 사용함으로써 본성들이 혼합된다는 개념을 피하려고 숙고했다. 하지만 '연속적인', '완전한', '완벽한'과 같은 형용사들에 의해 한정되는 '결합'(conjunction)이라는 용어는 외적인 연결을 암시하는 것이 뻔했다.

알렉산드리아의 학자로서 키릴은 '말씀—육신' 관계 용어들로 생각하였다. 말씀은 전의 상태를 유지한 채, '종의 형태를 취하여' 성육신되었다. 그리고 그는 아타나시우스에게 속한다고 믿은, 그러나 사실상 아폴리나리우스의 신경으로 자기의 교리를 '말씀이신 하나님이 성육신한 하나의 본성'이라고 요약했다. 일반적으로 알렉산드리아에서 '본성'의 용도는 실제로 hypostasis와 일치하였다. 그리스도는 '모임'(coming together)에 의하여 '둘로부터 하나'가 된 분이었다. 그리고 그는 이 결합을 '물리적인'(κατὸ φύσιν) 것으로, 혹은 인성이 신적인 말씀의 hypostasis 안에서 hypostasis(혹은 '본성')이 되는 '위격적인'(καθ ὑπόστασιν) 것으로 묘사했다. 동시에 키릴은 용해할 수 없는 결합에서 비롯되는 변화(alteration), 혼동(confusion), 혼합(mixture)의 어떤 개념도 거부했다. 그 결합은 '본래적인 속성들'(이 구절은 알렉산드리아의 관례 때문에, 그가 '본성들'보다 더 좋아한 것이었다)의 차이점들을 보존한 상태의 결합이었는데, 한편 그것은 위격들의 분열을 배제했다. 그리고 그의 후기 저서들 속에서, 그리스도의 인간적인 영혼은 키릴의 구원론에 본질적인 것이었다.

키루스의 데오도루스(Theodoret of Cyrus)

그는 위대한 안디옥 신학자들 중의 마지막 인물로서 393년경에 태어났다. 수도원 교육을 받은 후에 그는 423년 안디옥 근처의 작은 마을인 키루스의 감독으로 뽑혀서, 35년 동안 그 교구를 관리하면서 그의 신도들의 영적인 부와 현세적인 복지에 대하여 똑같은 관심을 보였다. 왜냐하면 그는 이교와 이단에 대항하여 신앙을 옹호하는 데에 있어서와 마찬가지로 공공 사업을 일으키는 데에도 활동적이었기 때문이다. 그는 키릴에 반대하여 네스토리우스를 지지했다. 그리고 에베소 공의회 바로 전에, 그는 키릴의 「12아나테마 반박」(Refutation of the Twelve Anathemas)을 내놓았는데, 그 후 그것은 남아 있지 않다. 에베소에서 그는 당연히 안디옥의 요한의 편을 들었고, 그 공의회의 결정 후에도 그의 입장을 지속하여 이러한 결정사항들과 키릴의 가르침에 대하여 설득력 있는 비판을 공개적으로 하였다. 결합(Union)에 대한 신경은 데오도루스가 작성한 것처럼 보이지만, 그는 네스토리우스의 정죄를 인정하라는 요구가 그 조건들의 하나로서의 효력을 상실하게 될 때까지 그 조정안(reconciliation)을 고수하기를 거부했다.

이후 곧 그는 유티케스(Eutyches)의 가르침에 대한 논쟁에 연루되었는데, 그것은 네스토리우스주의가 안디옥의 가르침의 극 '좌'(left)의 일례인 것처럼, '알렉산드리아' 신학의 극단적인 형태의 일례였다. 키릴의 무정함은 모두 가지고 키릴의 신학적인 통찰력은 전혀 가지고 있지 않은, 디오스코루스(Dioscorus)는 키릴의 후계자로서, 유티케스를 지지했고, 449년 에베소에서 열린 '강도 공의회'(Robber Council)에서 데오도루스를 면직시키고 추방시킨 인물이었다. 데오도루스는 교황 레오 I세에게 호소하였고, 그 교황은 그 공의회가 무가치하고 무효라고 선언하였다. 그 공의회를 '강도 공의회', '회의가 아니라 오히려 약탈'(no concilium, but rather a latrocinium)

이라고 부른 것은 바로 그였다. 451년 칼케돈에서 데오도루스는 결국, 그의 뜻과는 상반되게, 네스토리우스와 '성모 마리아를 하나님의 어머니로 인정하지 않고 두 명의 독생자로 나누는 모든 사람들'의 가르침을 저주하도록 설득되었다. 그때 그는 '정통 교사'로 복권되고 인정되었다. 그는 돌아와 7년동안 더 자기 교구를 관리하다가 466년경 사망했다. 그러나 553년 제2차 콘스탄티노플 공의회(제5회 총 공의회)는 키릴에 반대하는 그의 저서들과 에베소 공의회에 대한 논평들을 정죄했다.

비록 데오도루스가 키릴에 반대하는 네스토리우스를 지지했을지라도, 그의 기독론은 네스토리우스의 극단을 피했고, '말씀-인간' 노선을 따르는 온건한 안디옥의 가르침을 말했다. 그는 그리스도 안의 두 본성들 간의 차이점들을 단언하면서, 그것들이 한 위격(prosopon) 안에서 결합되어 있다고 주장했다. 그리고 그는 키릴의 '위격적("본성적인") 연합'('hypostatic("natural") union)을 비판했는데, 그것이 부분적으로, 신적인 말씀 편에 미치는 사랑의 자유로운 행위라기보다는 필연적인 발전 결과라는 것을 암시하기 때문이다. 그리고 그는 인성과 신성간의 차이점을 조정하려는 것처럼 보인 속성간의 교류(communicatio idiomatum)를 지닌 알렉산드리아의 문학적인 용이함을 받아들이지 않았다. 그러나 연합(henosis)의 실재에 대한 그의 주장은, 에베소 공의회가 네스토리우스주의를 해석하고 정죄한 것처럼, '네스토리우스주의'라는 어떤 오명도 제거해 준다.

대 레오(Leo the Great)

"하늘이 무너지는 날에,
지구의 토대가 사라져 없어지는 시간에,"

이방인이 침략하는 총체적인 대이변이 일어나고, 서방 로마 제국이 붕괴할 때, 가울, 아프리카, 그리고 스페인에 대한 관할권을 주장하며, 또한 중세 기독교국에 교황권의 정치적 세력의 기초를 놓으며, 교회의 권능과 영향력 위에 '하늘을 떠받든' 그 교황의 초기 생애에 대하여는 알려진 것이 거의 없다. 레오는 440년 교황으로 뽑히기 전 10년 동안 교황 회의의 중요한 일원이었다. 발렌티니안 III세(Valentinian III)는 서방 교회의 최고 지배권에 대한 그의 주장을 인정하여, 그에게 서방 지역의 관할권을 주었다. 그리고 만투아(Mantua)에서 그가 훈족을 다뉴브강 뒤로 퇴각시켰던 452년에 아틸라(Attila)와의 유명한 만남과, 로마가 452년 반달족에게 탈취되었을 때 약탈에 대한 최악의 공포를 가이세릭(Gaiseric)에게서 완화시킨 권위 때문에, 로마 감독직의 특권은 거대하게 증가하게 되었다.

교회에서 그의 지원을 모든 논쟁에서 상반되는 당들이 청했는데, 상급 관할권에 대한 그의 요구를 인정하지 않은 동방에서조차 그러했다. 그리고 그런 지원은 특히 유티케스(Eutychian) 논쟁에서 요구했다. 그의 대리인들이 칼케돈 공의회를 주재했고, 나중에 레오의 공한(Tome of Leo)라고 불리운, 콘스탄티노플의 플라비안에게 보내는 교리편지는 정통 기독교의 표준적인 진술로 채택되었다. 레오는 신학에 독창적인 것은 아무것도 기여하지 못했다. 그러나 그는 433년의 연합신경(Formula of Union)을 폐지하려고 애쓰는 유티케스와 그의 지지자들의 억제되지 않은 '알렉산드리아주의' (Alexandrianism)에 대한 해결책으로, 서방의 교리를 분명하고도 강경하게 진술하였다.

유티케스는 지적인 구별을 주장하지 않았고, 그가 자신이 의미하는 바를 말했는지 아니면 그가 말한 것을 의미했는지를 알아내는 것은 어렵다. 그러나 콘스탄티노플에 있는 중요한 수도원의 덕망있는 원장으로서, 그는 법정에서 지지와 영향력을 얻었다. 448년 그는 네스토리우스를 처음으로 탄핵했던 도릴레움의 유세비우스에 의해 이단이라고 고발당했다. 그래서 그의 교리는 콘스탄티노플 지방 교회회의에서 검토되었는데, 그곳에서 총대주교인 플라비안이 칼케돈의 정의에 가까운 진술, 즉 "우리는 그리스도가 성육신하신 후에 두 본성을 지녔다는 것을 인정한다. 우리는 하나의 hypostasis와 하나의 prosopon 안에 한 그리스도, 한 아들, 한 주님이 계신 것을 인정한다."라고 진술하였다. 그 교회회의는 유티케스를 정죄하고 면직시켰다. 그리고 유티케스주의는 플라비안이 주장한 것처럼 그리스도는 참으로 '두 본성을 지녔다'

라고 가르치고, 그러나 성육신하신 후에는 인성이 신성에 의해 완전히 흡수되어 한 본성만이 남게 되었다고 가르친 단성론(monophysitism)의 극단적인 형태를 지칭하는 명칭이 되었다.

그러한 가르침이 이 시기에 많이 퍼졌다는 것은 데오도루스가 Eranistes에서 공격한 것을 보면 알 수 있는데, 그것은 유티케스를 거명하지 않으면서 이런 종류의 교리를 목표로 삼은 것이었다. 사실상 유티케스가 어떤 교리를 신봉했는지를 정확하게 알아내는 것은 어렵다. 레오가 말한 것처럼, 그는 신학에는 멍텅구리 문맹자(multum imprudens et nimis imperitus)였다. 두 본성을 거부하는 한편, 그는 그리스도가 진정한 하나님이며 동시에 진정한 인간이었고, 동정녀 마리아의 인간 육신을 취했다고 주장했다. 그러나 그는 그리스도가 다른 인간과 '똑같은 본질'을 지녔다고 고백하기를 거부한다. 네스토리우스의 '이원론'에 대한 공포, 그리고 hypostasis와 같은 뜻의 '본성'에 대한 이해, 이것들은 그의 가르침의 원천이었다. 그리고 그는 완전히 혼돈과 비일관성에 섞여 그의 중요한 주장, 즉 '성육신 전에는 두 본성이 있었으나, 그 후에는 하나만이 있다'라는 주장을 반복했다.

그러한 가르침에 반대하여 레오는, 말씀은 하나님이며 인간인 분의 외적 인격(persona)이었다고 단언했다. 힐라리와 같이, 그는 성육신을 '채용하는 것'은 그의 본질적인 능력과 영광을 포기하는 것을 수반하지 않았다고 주장했다. 이 하나의 위격 속에서 각 본성은 혼합되지 않은 채 자신의 속성들(proprietates)을 유지하는 한편, 두 본성은 언제나 조화롭게 작용한다. '각 본성은 다른 본성과 교제하는 가운데 특징적인 활동을 실행한다. 즉 말씀은 말씀에 속한 것을 수행하고, 육신은 육신에 속한 것을 수행한다'. 그리고 위격의 일치는 속성간의 교류(communicatio idiomatum)의 정당함을 증명한다.

신앙 규범에 대한 그러한 진술은 어려운 문제들을 풀지 못했다. 그러나 그것은 시도된 어떤 해결책도 인정하지 않으면 안되는 기초사실을 분명하게 진술했다. 그리고 칼케돈의 정의는 그 이상을 하지 못했다.

서론 주(註)

1) 359년 시르미움(Sirmium)에서 공식화됨.
2) 만일 그것이 바질의 가르침이라면, 그 교의를 상술하고 있는 서신(38)은 종종 닛사의 그레고리(Gregory of Nyssa)의 것이라고 생각된다.
3) 3세기의 '유니테리언주의자'인데, 그에게 있어서 그리스도는 말씀으로, 지고하게 영감받은 분이다.

일러두기

모든 번역문들은 편집자가 번역한 것이다.

교부들의 저서들에 대한 참조문들은 관례적인 서명들에 따라 인용되는데, 라틴어 서명들은 표준적인 영어 서명들이 없는 곳에서 사용된다. 또한 pp. 373ff.에 인용된 출전 목록을 보라.

... 표는 원본의 어떤 말들이 생략된 것을 가리킨다.

... 〔사 53:1-12〕: 이런 식으로 인용된 성서 참고문들은 그 생략된 말들이, 완전히 혹은 실질적으로, 참조된 성서 구절을 전재하고 있다는 것을 가리킨다.

LXX = 70인역(Septuagint) (즉, 유대 성서를 번역한 최초의 희랍어역 성서). 다른 말이 없으면, 구약성서와 경외성서의 인용문들은 LXX에서 인용된 것으로 간주될 수 있다. 그 기호는 히브리어 성서에 기초를 둔, 통용되고 있는 영어 성서들〔흠정성서(A.V.), 개정역 성서(R.V.) 등〕의 용법과 다른 본문의 용법을 설명하기 위해서만 삽입된다.

시21(22) 등은 수를 정하는 것이 통용되고 있는 영어 성서들과 다른 LXX에 있는 시편으로부터 인용되었다는 것을 가리킨다〔즉, 시 21(LXX) = 시 22 (Heb., B.C.P., A.V., 등)〕. 그러나 이들 이중적인 참고는 LXX와, 통용되는 성서들 사이에서 본문이 다를 때만 주어진다.

제1장

예루살렘의 키릴

1. 인간과 타락

    영혼이 세상에 들어오기 전에는 전혀 범죄하지 않았다. 우리는 죄 없이 이 세상에 와서, 그 후 우리 자신의 선택으로 우리는 범죄한다…
    영혼은 자유의지를 가지고 있다. 그리고 비록 악마가 영혼을 유혹할 수 있을지라도 악마는 영혼의 자유의지에 거스려 강요할 힘을 가지고 있지 못하다. 그는 당신에게 간음하도록 제안한다. 그러나 그 제안을 받아들이느냐 거절하느냐는 당신의 선택에 달려 있다.   *cat.* 4. 19, 21

    악마를 통하여 우리의 조상 아담은 불순종으로 말미암아 추방되었고, 저절로 굉장한 열매들을 산출해 내는 낙원(paradise)을 가시 엉겅퀴를 내는 흙으로 바꾸어 놓았다. 어떤 사람은, '그렇다면 우리는 속아서 파멸된 것인데, 이제 구원받을 기회는 없는가? 우리는 타락했다. 그럼 소생할 희망은 없는가? 우리는 볼 수 없게 되었다. 시력을 회복할 수 있는 길은 없는가? 우리는 죽었다. 부활은 없는가?'라고 말할 것이다. 나사로(Lazarus)를 깨운 분이 당신을 일으키지 않겠는가?
    … 우리를 위해 자기의 값비싼 피를 흘린 자가 우리를 죄에서 구원할 것이다 … 가시 많은 땅은 잘 경작함으로 비옥한 땅으로 바뀌는데, 우리를 위한 구원은 가능할까? 그런데 자연은 구원을 허락하기 때문에 가능하게 되는

것이다. 그래서 필요한 것은 우리의 결심이다.　　　　　　*cat.* 2. 4

2. 그리스도의 위격

또한 독생자, 우리 주 예수 그리스도, 하나님의 아들을 믿으니, 그는 하나님에게서 출생한 하나님이요, 생명에서 출생한 생명이며, 빛에서 나온 빛으로, 모든 면에서 그를 낳은 자와 닮았다. 그분은 시간 속에서 출생하지 않았으나, 영원 전부터 계셨고 불가해한 방법으로 아버지에게서 나셨다. 또한 그분은 하나님의 지혜와 능력이 되시며 인격적 실존으로 그의 의가 되신다. 그리고 만세 전부터 아버지의 오른편에 앉아 계신다.　　　　　*cat.* 4. 7

하나님의 독생자인 그분이 우리의 죄를 위하여 하늘에서 땅으로 내려오사, 우리와 똑같은 감정을 가진 인간의 모습을 취하여, 동정녀와 성령에게서 나셨으니, 이는 환영으로나 상상으로 된 것이 아니고 실제로 된 것이다. 그는 터널을 통과하는 것처럼 동정녀 마리아를 경험한 것이 아니라, 참으로 육체를 취하시고 참으로 그녀에게서 젖을 먹으며 자랐다. 그는 실제로 우리가 먹는 것처럼 먹었고, 우리가 마시는 것처럼 마셨다. 왜냐하면 성육신이 허구였다면 우리의 구원도 허구였기 때문이다. 그리스도는 이중성을 지녔다. 그는 인간으로서 가시적인 존재이며, 또한 그는 하나님으로서 불가시적인 존재이다. 그는 우리와 같은 참된 인간 존재로서 먹지만(왜냐하면 우리가 가진 것과 똑같은 육체의 감정을 지녔기 때문이다), 하나님으로서 그는 다섯 덩어리의 빵으로 오천명을 먹이셨다. 그는 참된 인간으로서 죽었으나, 그는 하나님으로서 죽은지 삼일 된 몸을 일으키셨다.　　　　　*cat.* 4. 9

종교는 우리로 하여금 단순히 사람을 경배하도록 하지는 않는다. 그리고 그를 그의 인성과 분리시켜 단순히 하나님이라고 말하는 것은 참된 경배가 아니다. 왜냐하면 만일 그리스도가 하나님(그는 참으로 하나님인데)이지만 인성을 취하지 않았다면, 우리는 구원과는 동떨어져 있기 때문이다. 그러므로 그를 하나님으로 경배하고, 또한 그가 인간이 되셨다는 것을 믿어야 한다. 왜냐하면 그를 신성 없는 인간으로 부르는 것은 허사이기 때문이다. 그리고 우리가 만일 그의 신성과 함께 인성을 인정하지 않는다면 구원을 받아들이지 않는 것이 된다. *cat.* 12. 1

3. 그리스도의 사역

(a) 악마를 격파시킴

악마는 육체를 우리를 거스리는 도구로 사용해 왔다…[롬 7: 23]. 이와 같이 우리는 악마가 우리를 대항하여 싸운 바로 그 무기들에 의하여 구원받았다. 주님은 우리에게서 우리와 같은 모습을 취해서, 우리는 인간의 본성을 구하게 되었다. 그는 우리와 같은 모습을 취해서 결핍된 자에게 더 큰 은총을 베풀고, 죄많은 인간의 본성이 하나님에 참여하게 되었다. "왜냐하면 죄가 더한 곳에 은혜가 더욱 넘쳤기 때문이다."[1] 주님은 우리를 위해서 고난받지 않으면 안되었다. 그러나 만일 악마가 그를 인지했다면, 악마는 감히 그에게 접근하지 못했을 것이다. "왜냐하면 그들이 알았더면 영광의 주님을 십자가에 못박지 아니하였을 것이기 때문이다."[2] 그러므로 그의 몸은 죽음의 미끼가 되어, 그를 삼켜버리려고 하는 사탄으로 하여금 자기가 삼켜버린 자들을 또한 토해내게 하였다. "왜냐하면 강해지는 죽음이 우리를 삼켰지만, 하나님이 모든 얼굴에서 눈물을 씻기셨기 때문이다."[3] *cat.* 12. 15

(b) 속죄

전 세계가 구원받았다는 말에 놀라지 말라. 왜냐하면 세상을 위해 죽은 자는 단순한 사람이 아니라 하나님의 독생자이기 때문이다. 한 사람 아담의 죄가 세상에 죽음을 가져오는 힘을 가졌다. 그러나 만일 한 사람의 타락으로 말미암아 사망이 세상을 지배하게 되었다면, 생명은 더 한층 '한 사람의 의로 말미암아 왕노릇할' 것이기 때문이다.[4] 그리고 그들이 선악과를 따먹은 나무 때문에 천국에서 추방되었다면, 신자들이 예수라는 나무 때문에 천국에 들어간다는 것은 더 쉽지 않겠는가? 만일 흙으로 만들어진 처음 사람이 우주적인 사망을 가져왔다면, 그를 흙으로 만든 이가 그 자신이 생명이기 때문에 영원한 생명을 가져오지 않겠는가? 비느하스(Phinehas)가 의로운 분노로 비행자를 살해함으로 하나님의 진노를 막았다면[5], 다른 사람을 살해하지 않고 '자기를 속전으로 준'[6] 예수는 인간에 대한 하나님의 분노를 제거하지 않겠는가?　　　　　　　　　　　　　　　　　　　　　　　　　　*cat.* 13. 2

(c) 희생

구세주는 이러한 것들을 견디시고, "십자가를 통하여 땅에 있는 것들이나 하늘에 있는 것들을 위하여 화목케 했다."[7] 왜냐하면 우리는 죄로 말미암아 하나님의 원수였고, 하나님은 죄인에게 사망을 선고했기 때문이다. 그러므로 두 가지 중 하나가 일어나지 않으면 안되었다. 즉 하나님이 일관적인 분이어서 모든 사람들을 멸망시키거나, 그분이 가엾이 여겨서 그 선고를 취소시키거나 하지 않으면 안되는 것이다. 그러나 하나님의 지혜를 주목하라. 그분은 일관되게 그 선고를 유지하였으나, 자비도 베풀었다. 그리스도께서 "우리로 죄에 대하여 죽고 의에 대하여 살게 하기 위하여 친히 십자가에 달려 우리 죄를 담당하였던 것이다."[8] 그리고 우리를 위하여 죽으신 분은 하찮은 분이 아니다. 죽은 분은 문자 그대로의 어린 양이 아니었다. 즉 그분은 단순한 인간이 아니었고 단지 천사도 아니었다. 그분은 사람이 되신 하나님이었다. 죄인들의 무법성은 그들을 위하여 죽으신 분의 의만큼 크지 않았다. 우리의 죄들은 우리를 위해 자신의 생명을 내어 놓은 분의 의로운 행위와 비교될 수 없다.　　　　　　　　　　　　　　　　　　　　　　　　*cat.* 13. 33

4. 성령

(a) 인격

오직 보혜사이신 한 성령이 있다. 그리고 한 분 하나님 아버지가 있고 두번째 아버지는 없다. 그리고 하나님의 말씀이며 독생자인 한 분이 있는데 그분은 형제가 없다. 그래서 한 분 성령이 계시는데, 그분에게 돌려지는 존경을 똑같이 받는 두번째 영은 없다. 성령은 신적이고 탐색할 수 없는 존재로서 가장 강력한 힘이다. 그는 살았고, 지적인 존재이며, 그리스도를 통하여 하나님이 만든 만물을 거룩하게 하는 능력이다. *cat.* 16. 3

아버지와 아들과 성령 안에는 하나의 생명이 있다. 우리는 세 분 하나님을 선포하지 않는다. 마르키온주의자들(Marcionites)[9]로 하여금 침묵하게 하라. 우리는 성령과 함께, 독생자를 통해 계시는 한 분 하나님을 선포한다. 우리의 신앙은 나누어질 수 없고, 우리의 경배는 분리될 수 없다. 우리는 어떤 사람들처럼 성 삼위일체를 나누지도 않고, 사벨리우스(Sabellius)[10]가 하는 것처럼 위격들을 혼동하지도 않는다. *cat.* 16. 4

(b) 생명을 주는 자

왜 그는 [요 4:14에서]에서 물이라는 이름으로 성령의 은혜를 언급할까? 물을 통하여 만물이 존재하기 때문이다. 물이 채소와 동물들을 산출해내기 때문이다. 빗물이 하늘에서 내리기 때문이다. 그것은 하나의 형태로 내리지만, 그것의 효력은 많은 형태를 취하기 때문이다. 왜냐하면 하나의 원천이 모든 낙원을 적시고 같은 비가 전 세계 위에 내리기 때문이다. 그러나 그것은 백합화 속에서는 희게 되고, 장미 속에서는 붉게 되며, 제비꽃 속에서는 자줏빛으로 된다 … 그것은 각 수령자에게 자신을 적응시킨다. 그와 같이 한 본질을 지니고 나뉠 수 없는, 한 분인 성령은 "그가 원하는 대로 그의 은혜를 각자에게 나누어준다."[11] 그리고 마른 나무가 물을 흡수할 때 새싹을 내는 것처럼, 죄많은 영혼이 회개를 통하여 성령을 받을 때 많은 의의 열매들을 맺는다. 본질에 있어서 하나일지라도, 성령은 하나님의 뜻에 의하여, 그리스도의 이름으로 훌륭한 것들을 많이 산출한다. *cat.* 16. 12

(c) 삼위일체론에서

아버지는 아들에게 주고, 아들은 성령과 교통한다 … [마 11:27; 요 16:13,14]. 아버지는 아들을 통하여, 성령과 함께, 그 모든 선물들을 준다. 아버지의 선물들은 다름아닌 아들과 성령의 선물들이다. 왜냐하면 하나의 구원, 하나의 힘, 하나의 신앙이 있기 때문이다. 그리고 아버지인 한 분 하나님, 독생자이신 한 분 주님, 보혜사인 한 분 성령이 있다. 이것들을 아는 것이 우리에게는 충분하다. 성령의 본성 혹은 위격(hypostasis)에 대해 알려고 하지 말라. 만일 그것이 성서에서 설명되어 있다면, 나는 그것에 대하여 말했을 것이다. 나로 하여금 계시되지 않은 것을 감히 말하도록 하지 말라. 한 분 아버지, 한 분 아들, 한 분 성령이 있다는 것을 알기만 해도 구원을 받기에 충분하다. *cat.* 16. 24

5. 교회

교회는 지구의 이쪽 끝에서 저쪽 끝까지, 전 세계에 펼쳐져 있기 때문에 '가톨릭'이라 불린다. 또한 교회는, 가시적이고 불가시적이며, 천상적이고 지상적인 것들에 관하여 인간이 알아야 하는 모든 교리들을 빠짐없이 그리고 보편적으로 가르치기 때문이다. 그리고 교회는 지배자들과 신민들, 유식한 자들과 무식한 자들의 모든 계층의 사람들을 참된 종교의 지배 아래 두기 때문에, 그리고 영혼과 육체에 의해 저질러진 모든 형태의 죄를 보편적으로 다루고 치료하며, 그 자체 속에 행위와 말로 논할 수 있는 모든 종류의 덕목과 모든 종류의 영적인 은사들을 소유하고 있기 때문이다.

그것은 교회(ἐκκλησια)라 불리기 적당한데, 왜냐하면 그것은 모든 사람들을 불러내어(ἐκκαλεῖσθαι) 모으기 때문이다 …

어떤 도시에 머물게 되면, 주님의 집이 어디에 있는지 단순하게 묻지 말라(왜냐하면 불경스러운 자들은 그들의 소굴들을 '주님의 집들'이라고 부르려고 하기 때문이다). 그리고 교회가 어디에 있는지 단순하게 묻지 말고, "가톨릭 교회가 어디에 있습니까?"라고 물어라. 왜냐하면 그것이 모두의 어머니인 이 거룩한 교회의 특별한 이름이기 때문이다.

cat. 18. 23, 24, 26.

6. 성례전

(a) 세례

(i) 세례의 필연성

인간은 육체와 영혼으로 이루어져 있기 때문에, 이중적인 본성을 지닌 존재이다. 그리고 그의 정화는 이중적이다. 즉 비물질적인 요소에 대한 비물질적인 정화와 육체에 대한 물질적인 정화이다. 물은 그의 몸을 깨끗하게 하고, 성령은 영혼을 결정한다 … 그러므로, 물로 들어가려 할 때는, 단순히 실제적인 물에 대해 생각하지 말고, 성령의 효험있는 작용을 통하여 구원하는 힘이 되는 것을 기대하라. 왜냐하면 이 둘이 없이는 완전해질 수 없기 때문이다 … 〔요 3:5〕. 만일 누구든지 성령의 가치 없이 물로 세례를 받으면, 그는 성령의 완전한 은혜를 받지 못한다. 한편 아무리 자기의 행동이 도덕적으로 훌륭하다 할지라도, 물로 증표를 받지 않는다면, 아무도 천국에 갈 수 없을 것이다.…〔고넬료의 경우에〕 성령의 은혜를 받은 후에, 베드로는 "그들에게 예수 그리스도의 이름으로 세례받으라고 명했다"[12]고 성서는 말한다. 그래서 그들의 신앙을 통하여 영혼이 중생된 후에, 육체는 또한 물이라는 수단에 의해 은혜를 공유할 것이다.

cat. 3. 4.

(ii) 등록(enrolment)

여러분은 이미 왕궁의 현관(entrancd-hall)에 있다 … 여러분은 여러분의 이름을 등록했고, 군 복무를 위해 소집되었다 … (4) 그리스도의 종들로서 우리는 여러분 각자를 인정했고, 그리고 말하자면 문지기로 임명된 우리는 문을 열어 놓았다 … 당신은 들어와, 인정받았고, 당신의 이름은 등록되었다. 교회의 위엄있는 체제를 주목하라. 교회의 의식과 종규를 보라. 즉 성경 읽기, 사제단, 훈련과정을 보라. 여러분은 이러한 환경들에 의해 감명받고 여러분의 눈에 보이는 것들에 의해 교육받을 것이다. … 간음과 부정을 벗어 버리고 빛나는 자제(自制)의 옷을 입으라. 영혼들의 신랑인 예수가 와서 여러분의 옷들을 보기 전, 나는 이러한 명령을 하고 있는 것이다.[13] 여러분은 충분히 통고를 받았다. 여러분에게는 회개하기 위한 40일이 있다.

procat. 1

(iii) 예비

당신은 외부로부터 '예비신자'라는 칭호를 받은, '강의듣는' 자들이다. 소망에 대해 듣지만 그것에 익숙해 있지는 않다. 신비에 대해 듣지만 그것을 이해하지는 못한다. 성경을 듣지만 그보다 깊은 의미를 알지 못한다. 이제 당신은 더 이상 외부로부터 '훈계받지' 않고, 내부로부터 교육받는다. 왜냐하면 성령이 당신 안에 거하셔서 이제부터는 당신의 마음을 하나님의 집으로 만들기 때문이다. … 당신이 받는 것을 가벼운 것으로 생각하지 말라. 가련한 인간인 당신은 하나님에게 속한다는 자격을 받고 있다. 바울은 "하나님은 미쁘시다"[14]라고 말한다. 다른 사람은 또한, "그는 미쁘시고 의로우시다"[15]라고 말한다. 시편 기자가 하나님이라는 사람이 되어 말하면서, "내가 말하기를, 너희는 신들이며 다 지존자의 아들들이다"[16]라고 할 때, 이것을 예견하였다. 사람들일지라도 그들은 하나님에게 속해 있다는 자격을 받을 수 있기 때문에, 시편기자는 이렇게 말했다. "당신이 '미쁘다'는 소리를 들을 때, 당신의 도덕적인 행실이 불성실해지지 않도록 주의하라."

procat. 6

발걸음을 빨리하여 교훈(교리문답)에 힘쓰도록 하라. 귀신쫓는 의식에 진지하게 참여하라. 입김을 받을 때,[17] 즉 축사(逐邪)의식을 받을 때, 그 행위는 당신의 구원을 위한 것이다 … 귀신 쫓는 의식이 없으면 영혼은 정화될 수 없다. 당신의 얼굴은 은폐되고, 그 결과 지금부터 계속 당신의 사고는 흩어지지 않을 수 있다. 그 결과 방랑하는 눈은 방랑하는 마음을 유발시키지 않게 된다. 그러나 당신의 눈이 감추어질지라도, 당신의 귀는 당신의 구원을 위한 것을 받는 데 방해받지 않을 수 있다. 금 세공사는 정교한 장치로 바람을 불에 적용하고, 도가니 속에 숨겨진 금을 쳐서 그 주위에 불꽃을 자극시킨다. 이리하여 그는 그가 구하는 것을 발견한다. 똑같은 방법으로 귀신 축출자들은, 신의 입김(영)으로 두려움을 불러 일으켜서, 말하자면 몸이라는 도가니 속에 있는 영혼을 흥분시킨다. 그리하여 적 악령은 도망가고, 구원은 남으며, 영생의 소망도 남는다. 그리고 이제부터 그 영혼은 죄악으로부터 정화되어, 구원을 소유하게 된다.

교훈 과정에 주의깊게 유의하라. 비록 우리의 교훈이 길어질지라도 당신의 관심이 흩어지지 않게 하라. 왜냐하면 당신은 적의 활동에 대비한, 이단들에 대비한, 유대인들, 사마리아인들과 이방인들에 대비한 갑옷을 받고 있기 때문이다. *procat.* 9, 10

교훈이 주어질 때, 만일 예비신자가 교사들이 무엇을 말했는지를 묻는다면, 외부인에게 아무것도 말하지 말라. 왜냐하면 우리는 당신에게 신비, 저생의 소망을 위임하고 있기 때문이다 … 만일 예비신자가 신실한 자들 중의 한 사람으로부터 이 성찬의식에 대해 듣는다면 … 그는 그가 들은 것을 이해하지 못하고, 비판하고 조롱한다. 그리고 신실한 자들은 기만한다고 비난받는다. 당신은 지금 경계에 서 있다. 한 마디 말도 발설하지 않도록 주의하라. 당신이 말할 것이 말할 가치가 없기 때문이 아니라, 듣는 자가 그 말을 들을 가치가 없기 때문이다. 당신 자신은 이전에 예비신자였고, 그 때 나는 앞으로 무슨 교훈을 할지 당신에게 말하지 않았다. *procat.* 12

귀신쫓는 의식이 거행될 때, 귀신 축출받는 자들 중 나머지 모든 사람들이 도착할 때까지, 남자들은 남자들과 있게 하고, 여자들은 여자들과 함께 있게 하라. 여기에서 노아의 방주는 유용한 예가 된다. 그 방주에는 노아와 그의 아들들이 있었다. 그리고 그의 부인과 며느리들은 따로 있었다. 단지 하나의 방주가 있었고 문은 닫혀 있었다. 그러나 모든 것은 주의깊게 조직되었다. 그리고 비록 교회는 닫혀 있고, 우리는 모두 안에 있을지라도, 여전히 분리가 있어서, 남자들은 남자들과 있고 여자들은 여자들과 있어야만 한다.

당신의 구원의 토대가 파멸되는 이유가 되지 않게 하라. 서로 옆에 앉을 좋은 이유가 있을지라도, 모든 온당치 않은 감정들은 사라지지 않으면 안된다. 또 한편으로, 남자들이 거기에 앉아 있을 때, 그들로 하여금 유용한 책을 지니게 하라. 그리고 그들 중 한 명이 크게 읽고 다른 사람들은 듣게 하라. 만일 유용한 책이 없다면, 한 사람으로 하여금 기도하게 하고, 다른 사람들은 유용한 대화를 하게 하라. 그리고 젊은 여자들의 모임이 정돈되게 하여 그들이 찬송하거나 조용하게 독서할 수 있게 하여 그들의 입술은 말을 하나 다른 사람들은 들을 수 없게 하라("나는 여인이 교회에서 말하는 것을 허락하지 않는다"[18]). 그리고 결혼한 여인으로 하여금 똑같은 본을 받게 하라. 그녀로 하여금 그녀의 입술은 움직이지만 그녀의 목소리는 들리지 않도록 기도하게 하라.   *procat.* 1

(iv) 신경

어떤 사람들은 문맹으로 제약받고, 다른 사람들은 여가의 부족으로 제약을 받아, 모든 사람들이 다 성서를 읽을 수 없기 때문에, 우리는 몇 개의 조항으로 신앙의 모든 가르침을 포괄하여, 영혼이 무지로 멸망하지 않도록 한다. 나는 당신이 이것을 한 단어 한 단어 암기하기를 원한다. 그리고 그것을 여러분들 가운데서 주의깊게 암송하기를 원한다. 종이에 적어두지 말고 암기함으로써 당신의 마음에 새기기를 바란다. 그것을 반복할 때 주의하여, 예비신자들 중 누구라도 당신에게 맡겨진 것을 엿듣지 못하게 하라.

cat. 5. 14

(v) 의식

당신은 신이 생명을 주는 세례를 받도록 허락받았고, 이제는 더 신성한 성찬의식을 받을 수 있다 … 이제 우리가 당신에게 자세히 가르쳐 주어, 당신은 당신이 세례받는 밤에 일어난 일이 당신에게 무슨 의미가 있는지를 알 수 있을 것이다.

우선 당신은 세례소의 현관으로 들어갔고, 당신이 서쪽을 보고 서있을 때, 당신은 당신의 손을 펼치라는 명령을 들었다. 그리고 당신은 사탄이 임

재한 것처럼 그를 거부했다.　　　　　　　*cat.* 19. [*cat. myst.I*] 1, 2

　　나는 왜 당신이 서쪽을 향하여 서는지를 말하고 싶다. 이것이 필요한 것은 서쪽이 가시적인 어둠의 지역이기 때문이다.… 그리고 당신이 거기에 서 있을 때 당신은 무슨 말을 했는가? "나는 사탄 당신을 거부합니다"…

　　그때 두번째 신경에서 당신은 "그리고 당신의 모든 행위들"이라고 말하도록 교육받는다 …

　　그 다음, "당신의 모든 허식(허세, 경마, 사냥, 그리고 그러한 천박한 것) …

　　그리고 이것을 한 후에 당신은, "그리고 당신의 모든 봉사" …[모든 우상과 미신]이라고 말한다.　　　　　*cat.* 19 [*cat. myst. I*] 4-6, 8

　　그리고 나서, 당신이 사탄과의 모든 약속, 지옥과의 옛 동맹[19]을 완전히 취소하면서 사탄을 거부할 때, 하나님의 낙원은 당신에게 열리는데, 그것을 하나님은 동쪽에[20] 세웠고, 거기서부터 우리의 첫 조상은 추방되었다. 이것을 상징하기 위하여, 당신은 서쪽에서부터 빛의 지역인 동쪽으로 도는 것이다. 그리고 당신은, "나는 아버지를 믿으며, 아들을 믿고, 성령을 믿으며, 하나의 회개의 세례를 믿습니다"라고 말하라는 소리를 들었다.…

　　이 모든 것은 바깥쪽 방에서 일어났다. 그러나, 우리가 신비스러운 것들에 대하여 후속적인 설명에서 지성소로 들어왔을 때, 하나님이 원하시면, 우리는 거기에서 거행된 의식들의 상징을 이해할 것이다.

　　　　　　　　　　　　　　　　　　　cat. 19. [*cat. myst. I*] 9, 11

　　여러분은 들어가자마자, 옷을 벗었다. 이것은 옛사람과 그 행위를 벗어버리는 것의 상징이었다.[21] 그리고 옷을 벗은 후에, 여러분은 벌거벗은 몸이고, 그래서 십자가 위에서 벌거벗은 그리스도를 흉내내는 것이다 … 그리고 여러분은 부끄러움을 느끼지 않고 동산에서 벌거벗고 있었던 첫번째 아담[22]과 유사성을 지녔다.

옷을 벗은 후에, 여러분은 머리 꼭대기부터 발까지 귀신막이가 된 기름을 바름으로써, 좋은 감람나무인 예수 그리스도와 접붙여졌다. 여러분은 야생 감람나무로부터 절단되어 좋은 감람나무에 접목되었다[23] … 그 기름은 악의가 있는 모든 세력을 쫓아내는 치료책인, 그리스도의 풍요로움에 참여함을 상징했다 … .

이렇게 한 후 여러분은, 그리스도가 십자가로부터 정해진 묘로 옮겨진 것처럼, 신의 세례를 주는 거룩한 연못으로 인도받았다. 그리고 여러분 각자는 아버지와 아들과 성령의 이름을 믿는지 질문받았다. 그리고 여러분은 보상되는 고백을 했다. 여러분은 물 속으로 들어갔다가 다시 세번 나왔다. 이것은 그리스도가 장사된 후의 3일을 상징적으로 가리켰다. … 바로 그 순간에 당신은 죽었다가 태어났다. 그리고 구원의 물은 여러분의 무덤이면서 어머니가 되었다.

cat. 20. [*cat. myst.* 2] 2-4

여러분은 성령의 상징을 받았을 때 '기름부음 받은 자들'(christs)[24]이 되었다. 왜냐하면 여러분은 그리스도의 대리자들이기 때문이다. 그가 요르단 강에서 세례받은 후, 그의 신성을 약간 나누어 주었을 때, 그는 물에서 올라왔다. 그리고 유사한 것은 유사한 것에 있는 것처럼, 성령은 본질적인 형태로 그에게 임했다. 마찬가지로, 여러분이 거룩한 연못에서 올라왔을 때, 그리스도가 기름부은 상징인 성유가 여러분에게 주어졌다. 이것은 성령이다 …

그리스도는 사람들에 의해 물질적인 기름이나 연고를 바르지 않았다. 그러나 아버지가 그를 전 세계의 구세주로 지명했을 때 아버지는 그를 성령으로 부어 주었다. 그것은 베드로가 말하는 것과 같다 …[행 10: 38] 그리스도는 영적인 '즐거움의 기름'[25]으로 기름부음 받았다. 영적 기쁨의 근원이기 때문에 성령은 즐거움의 기름이라 불리운다. 여러분은 그렇게 기름부음을 받아, 그리스도의 동료이며 그와 함께하는 자들이 된다.

이것은 단지 기름이라고 생각하는 것을 조심하라. 왜냐하면 성령의 축복을 구한 후에는, 성찬식의 빵이 더 이상 단순한 빵이 아니고 그리스도의 몸인 것처럼, 또한 성유는 더 이상 단순한 기름이 아닌데, 축사 후에 통상적인 기름이라 부를 수 없는 것이다. 그것은 그리스도의 선물이며, 성령의 임재에 의해 그의 신성의 능력을 전달한다. 그것은 상징적으로 감각의 이마와 다른 기관들에 적용된다. 그리고 몸이 가시적인 기름으로 부음받을 때, 영혼은 거룩하고 생명을 주는 성령에 의해 축성된다.

그리고 여러분은 우선 이마에 기름부음 받아 부끄러움으로부터 자유로 워진다 … 다음은, 귀에 기름부음 받음으로써 신의 신비스러운 것들을 들을 준비가 되어 있는 귀를 가지게 된다 … 그리고는 콧구멍에 기름부음 받아, "우리는 하나님께 향기이다"[26]라고 말할 수 있다 … 그리고는 가슴에 기름부음받아서 '의의 흉배를 붙이고 악의 궤계를 대적'[27]할 수 있다 …

이 성유를 받을 때 여러분은 그리스도인들이라 불리고, 여러분의 신생에 의하여 그 호칭을 확증한다. 이 은혜를 받도록 허락받기 전에 여러분은 그 호칭을 받을 참된 권리를 갖고 있지 않았으나, 여러분은 그리스도인들이 되는 길을 따라 나아가고 있었다.　　　　　*cat.* 21. [*cat. myst.* 3] 1-5

(b) 성찬식

(i) 교리

성 바울의 가르침은, 우리를 그리스도와 같은 피와 '같은 몸의 지체'[28]가 되게 하는 승인인, 본질적으로 신적인 성찬의식에 관한 완전한 확신을 주기에 충분하다. 왜냐하면 그는 다음과 같이 정확하게 강조하여 선포하셨기 때문이다. 즉 "우리의 주 예수 그리스도는 … 빵을 들고 … '이것은 나의 몸이다'라고 말하고, 그리고 잔을 들고 축사한 후, '이것은 나의 피다'라고 말했다."[29] 그리스도 자신이 자신의 말로 빵에 대해 "이것은 나의 몸이다"라고 단언했는데, 누가 감히 더 이상 의심을 하겠는가? 그리고 그가 자신의 말로 "이것은 나의 피다"라고 주장했는데, 누가 감히 의심하거나 그것은 그의 피가 아니라고 말하겠는가?

옛날, 갈릴리의 가나에서, 그는 물을 포도주로 바꿨다(그리고 포도주는 피와 유사하다). 그런데 그가 포도주를 피로 바꾸는 것이 믿을 수 없는 것인가? … 그러므로 완전한 확신을 가지고 그리스도의 몸과 피인 이 성찬물들을 나누자. 왜냐하면 빵이라는 상징으로 그의 몸은 우리에게 주어지고, 포도주라는 상징으로 그의 피가 우리에게 주어지기 때문이다. 그리스도의 몸과 피에 참여함으로써 여러분은 그와 함께 똑같은 몸과 피로 만들어질 수 있다. 왜냐하면 그의 몸과 피가 우리의 몸의 부분들로 분배되기 때문에, 이러한 방법으로 우리는 그리스도를 전달하는 자들이 되기 때문이다. 그러므로 성 베드로는, 우리는 "신의 성품에 참여하는 자들이 된다"[30]라고 말했다.

그리스도는 유대인들과의 대화에서, "만일 너희들이 나의 살과 나의 피를 먹지 아니하면 너희 안에 생명이 없느니라"[31]라고 말한 적이 있다. 그들은 그 의미를 영적으로 깨닫지 못하여 충격을 받았다. 그래서 그들은 물러나서, 그가 문자적인 살을 먹으라고 강요하고 있었다고 생각했다.

옛 계약 아래에서조차 진설병이 있었다. 그러나 이것은 옛 계약에 속하는 것으로서 끝났다. 그러나 새 계약에는 영혼과 몸을 모두 신성하게 해주는 하늘의 빵[32]과 구원의 잔[33]이 있다. 왜냐하면 빵이 우리의 몸에 적용되는 것처럼, 말씀은 우리의 영혼에 적합하다. 그러므로 주님의 분명한 진술에 따라 그것들은 사실상 그리스도의 몸과 피이기 때문에 단순히 빵과 포도주로 생각하지 말라. 왜냐하면 감각은 단순한 요소들로 느낄지라도, 신앙으로 달리 확신하라. 그것을 맛으로 판단하지 말며, 주저하지 말고 여러분이 그리스도의 몸과 피를 받았다고 신앙으로 확신하라. *cat.* 22. [*cat. myst.* 4] 1-6

여러분은 빵으로 보이는 것은 (비록 맛으로 그렇게 인식될지라도) (단순한) 빵이 아니라 그리스도의 몸이라고 배우고 확신하였다. 그리고 포도주처럼 보이는 것은 (비록 맛은 그렇게 느껴질지라도) (단순한) 포도주가 아니라 그리스도의 피라고 배우고 확신하였다. 그리고 옛날 다윗은 "빵은 사람의 마음을 힘있게 하고, 기름으로 얼굴을 기쁘게 한다"[34]라고 노래했을 때 이것을 언급했다. 그러므로 이것에 영적으로 참여함으로써, 여러분의 영혼의 '얼굴을 기쁘게 하고' '여러분의 마음을 힘있게 하라'.

cat. 22. [*cat. myst.* 4] 9

(ii) 의식

영적인 성가들〔즉 Preface와 Sanctus〕로 우리 자신들을 성화한 후에, 우리는 자비로운 하나님께 차려진 은사 위에 그의 성령을 보내달라고 청한다. 그는 빵을 그리스도의 몸으로 만들고 포도주를 그리스도의 피로 만들 수 있다. 왜냐하면 성령이 만지는 것은 무엇이든지 확실히 축성되어 변화하기 때문이다.

영적인 제사인, 피없는 예배가 완전할 때, 화목제의 토대 위에서, 우리는 교회들의 보편적인 평화, 세계의 안정, 우리의 군사들과 동맹국들, 아픈 자들과 상처입은 자들을 위해 간청한다. 사실상, 우리는 도움이 필요한 모든 사람들을 위해 기도하고, 그들을 위해 우리는 이 제사를 드린다. 다음, 우리는 우리보다 먼저 잠든 자들, 우선 족장들, 사도들, 순교자들을 기억한다. 그들의 기도와 중보들에 의하여 하나님은 우리의 간청을 들어 준다. 그 후에 이미 잠든 거룩한 교부들과 감독들을 위하여, 그리고 간단히 말해, 죽은 모든 사람들을 위해 기도하면서, 그 거룩하고 놀라운 제사가 하나님 앞에서 드려질 때 이 간청이 그들을 위해 드려지는 그들의 영혼들에게 가장 이로운 것이 될 것이라고 믿는다.

우리는 우리의 죄악들을 위해 희생한 그리스도를 올려 바치면서, 그들을 위하여 그리고 우리 자신을 위하여 자비로운 하나님을 달랜다.

cat. 23. [*cat. myst.* 5] 7-10

"오늘날 우리에게 '초-실체적인'(super-substantial)[35] 빵을 주십시오." 우리의 일상적인 빵은 초-실체적인 것이 아니지만, 이 거룩한 빵은 초-실체적인 것으로, 그것은 영혼의 '본질에 적용된'[36] 것이라는 의미가 있다. 이 빵은 '배로 들어가 뒤로 나오지'[37] 않고 몸과 영혼의 유익을 위하여 전 기관에 배분된다. *cat.* 23. [*cat. mys.* 5] 15

이 후에, 〔즉, 사제가 '거룩한 백성을 위한 거룩한 것들'이라고 말한 후〕 여러분은 성가대 선창자가 거룩한 성찬의식에 참여하도록 거룩한 멜로디로 여러분을 초대하는 것을 듣는데, 그것은 "주님이 선하심을 맛보아 알라"[38]는 노래이다. 미각으로 판단하지 말고, 주저하지 않는 신앙을 신뢰하라. 왜냐하면 맛보는 자는 빵과 포도주를 맛보도록 명령받지 않고 그렇게 상징된 그리스도의 몸과 피를 맛보도록 명령받았기 때문이다.

그러므로, 여러분이 다가갈 때, 손목을 펼친 채로 나가거나, 손가락을 편 채 나가지 말라. 말하자면 오른 손은 곧 왕을 받을 것이기 때문에, 왼손은 오른 손을 위한 왕좌가 되게 하라. 그리고 여러분의 손바닥을 비우고, 그리스도의 몸을 받으며, '아멘'하라. 그리고 나서, 거룩한 몸을 만짐으로써 여러분의 눈을 주의깊게 신성하게 한 후, 그것을 먹으라. 그것 중 아무것도 잃어버리지 않도록 주의하라 … .

그리스도의 몸을 먹은 후, 또한 그의 피가 담긴 잔으로 가라. 여러분의 손을 펼치지 말고, 고개를 숙이고, 경배와 존경하는 자세로, '아멘'하고 말하라. 그리고 또한 그리스도의 피를 마심으로써 거룩하게 되라. 그리고 수분이 여전히 여러분의 입술에 남아 있을 때, 그것들을 여러분의 손으로 만지고, 여러분의 눈과 이마, 그리고 여러분의 나머지 감각 기관들을 거룩하게 하라. 그리고 나서 기다렸다가, 여러분을 위대한 성찬의식에 참예할 가치가 있다고 간주한 하나님께 감사기도를 드리라.

cat. 23. [*cat. myst.* 5] 20-2

제1장 주(註)

1) 롬 5:20. 2) 고전 2:8. 3) 사 25:8 〔LXX〕. 4) 롬 5:17.
5) 민 25:5-11 참조. 6) 딤전 2:6. 7) 골 1:20. 8) 벧전 2:24.
9) p.133의 각주90을 보라.
10) 사벨리우스는 아들과 성령이 하나님이 활동하시는 연속적인 양태들이라고 가르쳤다.
11) 고전 12:11. 12) 행 10:48. 13) 마 22:11 참조.
14) 살전 5.24. 15) 요일 1:9 16) 시 82:6.
17) '불어 털어버리는 행위'(Exsufflation)는 귀신 쫓는 의식들 중의 하나였다: '불어넣는 행위'(insufflation)는 성령의 은사를 상징하는 의식에서 더 일반

적으로 사용된다.
18) 딤전 2:11f.; 고전 12:34.   19) 사 28:15 참조.   20) 창 2:8.
21) 골 3:9.   22) 창 2:25.   23) 롬 11:24.   24) '기름부음받은 자들'.
25) 시 45:7.   26) 고후 2:15.   27) 엡 6:14, 11.   28) 엡 3:6.
29) 고전 11:23f.   30) 벧후 1:4.   31) 요 6:53 참조.
32) 시 78:24; 요 6:31 등.   33) 시 116:13.   34) 시 104:15.
35) ἐπι ούσιον—super-substantial: 36) ἐπὶ τὴν ούσίαν.
37) 마 15:17.   38) 시 34:8.

제2장

푸아티에의 힐라리

1. 삼위일체

'동일 본질'(Homoousion)과 '유사 본질'(Homoiousion)

homoousios(하나의 본질로 된)이라는 용어는 참된 신앙에 대한 이해를 표현한다. 그러나 그것은 기만에 빠진다. '유사성'은 단지 외관[speciem]의 유사성이 아니라 기본적인 실재[genus]의 유사성이라는 것을 주장하기 위하여, 만일 그것을 본질의 차이와 유사성의 조화에 적용한다면, 우리의 가르침은 우리의 종교의 진리와 일치한다. 우리가 별개의 실재물들의 유사성을 의미하는 '한 본질'을 취하여, 그 결합이 숫자적인 단수성을 의미하는 것이 아니라 동등성을 의미하는 것이라고 한다면 그러하다. … 비록 두 이름으로 나타날지라도, 만일 '본질이 하나인 아버지와 아들'이 단일한 실재물을 암시하는 것으로서 취해진다면, 우리는 아들을 이름으로 고백할 수 있으나, 만일 '하나의 본질'을 고백함으로써 하나의 단일한 존재 자신이 아버지이며 아들이라고 주장한다면, 생각 속에 있는 아들을 인정하지 않는 것이다. 또한 아버지가 스스로를 나누고, 자신의 일부분을 잘라서 그의 아들이 되게 했다고 생각하는 오류가 발붙일 곳이 있다. … 또한 세번째 오류가 있는데, 그것은 '한 본질인 아버지와 아들'이라는 말을 채택하여 아버지와 아들 둘이 똑같이 공유하는 우선적인 본질을 가리키려는 것이다. 정통주의자는 '아버지와 아들이 한 본질'이라고 주장할 것이다. 그러나 그는 거기서부터 출발해서는 안된다. 또한 그는 그것 없이는 참된 신앙이 있을 수 없는 것처럼 이것을 주요한 진리로 생각해서는 안된다. 그는 "아버지는 출생하지 않고, 아들은 아버지로부터 그의 기원과 존재를 갖고. 그는 선함, 명예 그리고 본성에 있어서 아버지와 같다"라고 처음으로 말할 때, 위험 없이 '한 본질'이라는 것을 주장할 것이다. 그는 자기 존재의 기원으로서의 아버지에게 종속된다. … 그는 무에서 나오지 않고 출생되었다. 그는 출생하지 않은 분이 아니나, 무시간성을 공유한다. 그는 아버지가 아니지만, 그분에게서 나온 아들이다. 그는 부분이 아니고 전체로서, 하나님으로부터 온 하나님이다. 그는 피조물이 아니고 하나님이다. 그러나 그는 기본적인 본질에 있어서 다른 하나님이 아니다. 하나님은 위격에서가 아니라, 본질에 있어서 한 분이다. *de syn.* 67-9

사랑하는 형제들이여, 나는 어떤 사람들이 동등성은 부정할지라도, 유사성은 인정한다는 것을 안다. … 만일 그들이 유사성과 동등성 사이에 차이가 있다고 말한다면, 나는 동등성의 기준이 무엇이냐고 묻는다. 왜냐하면 만일 아들이 본질과 선함 그리고 영광과 시간에 있어서 아버지와 유사하다면, 어떤 방법으로 그는 동등하지 않게 나타나는지를 묻는다. … 만일 아버지가 고통을 느끼지 않게 낳은 아들에게, 자신의 본질과 다르지 않은 바로 자신의 본질을 주었다면, 그것은 그가 준 자신의 본질임에 틀림없었을 것이다. 그래서 '유사한'은 '자기 자신의'라는 의미이다. 그리고 그것은 차이가 없는, 동등성을 수반한다. 차이를 보이지 않는 것들은 위격의 결합에 의해서가 아니라 본질의 동등성에 의해 하나이다. *de syn.* 74

2. 그리스도의 위격

(a) 두 본성들

그리스도 예수를 동시에 참 하나님이며 참 인간으로 보지 못하는 사람은 누구나 그 자신의 생명에 무지하다. 그리스도 예수나 성령 하나님이나 우리 자신의 육신을 부정하는 것은 똑같이 위험한 일이다. "누구든지 사람 앞에서 나를 시인하면 나도 하늘에 계신 내 아버지 앞에서 저를 시인할 것이요. 누구든지 사람 앞에서 나를 부인하면 나도 하늘에 계신 내 아버지 앞에서 저를 부인하리라"[1] … 그리스도는 교회를 구원하기 위하여 자신 안에서 중보자로 지명받았고, 하나님과 인간 사이를 중재하는 신비〔sacramentum〕속에서 그는 하나의 존재이지만, 그는 하나님이며 인간이다. 두 본성들의 결합에 의하여 그는 두 본성들로 이루어진 하나의 실재이다. 그러나 각각의 수용력에서 다른 본성의 아무것도 결여하지 않는 그러한 방법으로 있으므로, 그는 인간으로 태어남에 의해서 하나님이 되기를 그치지 않았고, 또는 하나님으로 남아있음으로 해서 인간이 되지 못하지 않았다. 이것은 인간적인 행복을 위한 참된 신앙이어서, 하나님과 인간을 선포하고, 말씀과 육신을 시인하며, 그가 인간이기 때문에 하나님이라 인정하지 못하지 않고, 또한 그가 말씀이기 때문에 그 육신을 보지 못하지 않는 것이다.

    그는 여전히 하나님이면서 인간으로 태어났다. 이것은 우리의 자연스러운 이해와 모순된다. 그는 인간으로 태어났을지라도 하나님으로 남아있어야 한다는 것은 우리의 본성적인 소망과 모순되지 않는다. 왜냐하면 고등한 본성이 저급한 상태로 태어난다는 것은 저급한 본성이 고등한 상태로 태어날 수 있다는 확신을 주기 때문이다. 그러나 물질세계에 있는 사물들의 친숙한 질서를 본떠서, 우리의 소망들의 성취는 성육신이라는 신적인 신비 행위보다 더 쉽게 이해된다. 왜냐하면 존재하게 되는 모든 것에서, 세상은 증식할 능력을 가지고 있기 때문이다. 감소할 가능성은 없다. 나무들, 작물들, 그리고 가축들을 생각해 보라. 이성적인 창조물인 인간을 주목해 보라. 인간은 언제나 증식에 의해 진보한다. 인간은 감소에 의해 축소되지 않지만, 그의 증식은 그가 자신이기를 중지한다는 것을 의미하지는 않는다. 왜냐하면 그는 진보하는 오랜 세월을 통하여 실패하거나 죽음에 의해 단절될지라도, 시간의 변화를 겪거나 생활 양식의 종말을 맞이할지라도, 감소에 의해 새로운 자아를 창조하기 위해, 즉, 늙은 사람으로부터 유아로 작아짐으로써, 현재의 그가 되기를 중단하는 것은 그의 능력 밖의 일이다. 물질세계의 법칙은 증식을 향하여 우리의 본성이 진보하는 것이 필수적이게 한다. 그러므로 본성의 고등한 상태로 발전하기를 기대하는 것은 합당한 것이다. 증식은 본성에 따른 것이고, 감소는 본성에 역행하는 것이다. 그래서 하나님이 항상 존재했던 존재이기를 그치지는 않지만, 과거의 하나님과 다른 하나님이 되는 것은 적절한 것이다. 왜냐하면 하나님이 인간 본성을 입고 태어나지만 하나님이기를 그치지는 않기 때문이다. 임신, 요람, 유아로까지 자신을 축소시켰지만, 하나님의 능력으로부터 떠나지 않았기 때문이다. 이 신비〔sacramentum〕는 그 자신을 위한 것이 아니라, 우리들을 위한 것이다. 우리 인간이 되신 것은 하나님에게는 진보가 아니었다. 그러나 그의 굴욕을 자발적으로 받아들인 것은 우리의 유익이다. 그는 인간을 위하여 신성을 획득할지라도, 하나님의 신분을 상실하지 않는다. *de trin*. 9. 3, 4

예수 그리스도는 인간이며 하나님이다. 하나님으로서의 그의 존재는 그가 인간으로 태어날 때 시작된 것이 아니고, 또한 그가 인간이 될 때 하나님이기를 중단한 것도 아니다. 그리고 그의 인간적인 삶 후에는 그의 신성 안에 완전한 인성과 완전한 신성이 있다. … 세 가지 신분 사이에는 차이가 있다. 즉 인간적인 삶 이전의 하나님, 그리고 신-인간, 그리고 그 후의 완전한 하나님과 완전한 인간으로서의 신분이 그것이다. *de trin*. 9. 6

나는 주 예수 그리스도 안에서 두 본성을 지닌 하나의 위격이 존재하게 되었다는 것을 기억하기 위해서 이러한 논점들을 간단하게 확립하지 않으면 안되었다. 왜냐하면 그가 죽기까지 복종함을 통하여,[2] 하나님의 실존으로 남아있는 자가 종의 형체를 취했기 때문이다. 왜냐하면 하나님의 실존이 종의 형체 속에 있지 않은 것과 같이, 죽음의 복종은 하나님의 실존에 있지 않기 때문이다. 그러나 복음적인 섭리의 신비〔sacramentum〕를 통하여, 종의 형체로 있는 자는 하나님의 실존으로 있는 자와 똑같다. 종의 형체를 취하는 것과 하나님의 실존으로 남아 있는 것은 똑같은 것이 아니다. 그리고 두 형체의 결합은 모순되기 때문에, 하나님의 실존으로 남아있는 자는 자기를 비움[evacuatio]에 의하지 않고는 종의 형체를 취할 수 없었다. 그러나 자신을 비운 자는 종의 형체를 취한 자와 똑같은 자이다. 만일 그가 존재하기를 중지한다면 그는 취할 수 없었을 것이다. 왜냐하면 취한다는 것은 취하는 자의 존재를 필요로 하기 때문이다. 이런 식으로 자신을 비운 자는 존재하기를 그치지 않고 취한 자는 계속해서 존재하기 때문에, 그 형체가 자기를 비우는 것은 본성을 폐지한다는 것은 아니다. '비우는 자'(emptier)와 '취하는 자'(taker)의 동일성은 신비[sacramentum]를 포함하지만, 존재하기를 중단한다는 것[interitus]을 포함하지는 않는다 … 그리스도는 외적인 모습[habitus]을 바꾸고 그것을 다시 입었을 때, 한 분이며 같은 분이었다.

de trin. 9. 14

예수 그리스도는 하나님의 아들이며 사람의 아들이다.…사람의 아들은 하나님의 아들과 똑같은 위격이다. 하나님의 실존을 지닌 그는 종의 형체를 취한 완전한 인간으로 태어난 자와 똑같은 자이다. 인간이 처음으로 창조되었을 때 하나님이 우리를 위하여 결정한 본성에 의해 인간이 몸과 영혼의 피조물로 태어나는 것처럼, 예수 그리스도는 자기 자신의 신적인 능력을 통하여 육체와 영혼으로 합성된 인간이며 하나님이었다. 그는 자신 안에 완전한 인성의 실체와 신성의 완전한 실체를 지니고 있었다. de trin. 10. 19

(b) 천상의 몸

주님 자신이, 자신의 출생의 신비에 대해 설명할 때, "나는 하늘로서 내려온 산 빵이니…"[3]라고 말했다. 그는 자신이 그 자신의 몸의 기원이기 때문에, 자신을 빵이라고 했다. 그러므로 그가 육신이 되었을 때 말씀의 능력과 본성이 그를 버렸다고 생각하지 않도록, 그는 자신의 빵에 대하여 다시 말했다. '하늘에서 내려온 빵'이라는 말에 의해 그의 몸은 인간적인 수태에서 생긴 것이 아니라 천상적인 몸으로 보이는 것으로 이해될 수 있다. 그것이 '그의 빵'이라는 것은, 말씀에 의해 육신을 입었다고 선포하는 것이다. 왜냐하면 "인자의 살을 먹지 않고 인자의 피를 마시지 아니하면 너희 속에 생명이 없느니라"[4]라고 덧붙였기 때문이다. 그는 인자이고, 그 자신이 하늘로부터 빵으로 내려왔다. 그래서 그의 '하늘로부터 내려온 빵'이라는 말에 의하여, 그리고 '인자의 살과 피'라는 말에 의하여, 성령으로 잉태되고 동정녀에게서 태어난 육신을 입었다는 것이 이해된다. *de trin.* 10. 18

(c) 그리스도의 고난

육신과 말씀으로 독생하신 하나님, 인자이며 하나님의 아들인 인간 예수 그리스도는 그의 신성에서 떠나지 않고 우리 인간 본성의 모습으로 참된 인성을 입었다. 비록 그의 인간적인 몸에 타격이 가해지고, 상처가 생겼을지라도, 그것이 징벌을 받아 십자가 위에 매달렸을지라도, 이 모든 것들이 고통의 맹공을 가했을지라도, 그것들은 고통을 전달하지 못했다. 무기가 물을 찌르거나, 불을 조사하거나, 공기를 후려 갈기거나 할 때, 그것은 그 본성에 속한 이 모든 '고통들'을 준다—그것은 찌르고, 찢고, 후려갈긴다. 그러나 찔리는 것은 물의 본성에 있지 않고, 조사되는 것은 불의 본성에 있지 않고, 후려 갈겨지는 것은 공기의 속성에 있지 않기 때문에, 가해진 '고통'은 그 재료들 속에서 그것의 본성을 보유하지 못한다. … 만일 주님의 몸의 본성이 그 자체의 능력에 의해, 그 자체의 영에 의해, 그것은 물에서 태어나 파도 위를 걷고 고체로 된 장애물 속을 통과하는 데 있어서 독특하다면, 왜 우리는 일반인의 몸의 본성이라는 견지에서 성령에 의해 잉태된 육신에 대해 생각하는가? 그 육신(즉, 빵)은 하늘에서 왔고 그 인성은 하나님에게서 왔다. 육신은 '고통' 받을 수 있었다. 그러나 고통에 영향받는 본성을 가지고 있지 않았다. 그 몸은 그 자체의 독특한 본성을 지니고 있었는데, 그것은 변화산 상에서 하늘의 영광에 합치했고, 그것의 접촉에 의해 열병을 물리쳤고, 침으로 사람들의 시력을 회복시켜 주었다. *de trin.* 10. 23

(d) 그리스도 안의 인간적인 영혼

더 나아가, 그리스도가 울고 심령의 고통을 느끼며 눈물을 흘린 것은,

그의 언행과 관련된, 얼마나 큰 신비[sacramentum]인가![5] 그의 영혼 속에 어떻게 그러한 약함이 있어서 슬픔의 고통으로 그의 몸에서 눈물을 짜낼 수 있었는가? 얼마나 혹독한 상황과 얼마나 참을 수 없는 슬픔 때문에 하늘로부터 내려온 인자가 눈물을 흘리게 되었는가? 실제로, 그 안에서 눈물을 흘린 것은 무엇인가? 그것은 하나님의 말씀이었는가, 혹은 그 자신의 몸의 영혼이었는가? 비록 우는 행위가 몸에 해당되는 것일지라도, 그것은 여전히 몸의 기능을 통하여 그러한 눈물을 흘리게 하는 일종의 마음의 슬픔이기 때문이다. 그렇다면 무엇이 그를 울게 했는가? 그는 불경하고 잔학한 예루살렘―그렇게 훌륭한 선지자들과 사도들의 살육과 주님 자신을 죽음 자체에 넘겨준 것에 필적할 만한 충분한 고난을 겪지 않았다― 에 합당한 눈물의 공물을 치렀는가? 인간의 죽음들과 같은 재난들 때문에 우는 것처럼, 그는 이 잃어버리고 희망 없는 민족의 비극적인 문제 때문에 울었는가? 그 영혼은 슬퍼서 울었다. 그러나 선지자들을 보낸 것이 바로 이 영혼이었는가? 그렇게도 자주 '그 날개 아래 병아리를 모으기'[6]를 원했던 것이 바로 그 영혼이었는가? 슬픔은 하나님의 말씀의 경험 속으로 오지도 않고, 눈물은 성령의 경험 안으로 오지도 않는다. 그리고 그 영혼은 몸과 결합되기 전에는 작용할 수 없다. 그러나 예수 그리스도는 실제로 울었다는 것은 의심의 여지가 없다.

de trin. 10. 55

만일, 울음, 목마름, 그리고 배고픔이라는 신비 이외에도, 완전한 인간인 육신이 입혀진다면, 그 육신은 본성적인 '고통'에 종속되었다. 그러나 '고난'의 고통에 의해 압도될 정도로 종속되지는 않았다. … 육체의 일상적인 반응은 그의 몸의 실체를 보이기 위해 받아들여졌다. … 그가 음료와 음식을 먹었을 때, 그는 육체의 필요성에 자신을 굴복시키지 않았으나, 일상의 육체적인 반응에 굴복시켰다.

그는 육신을 지녔으나 그것의 기원에 고유한 것을 지녔다. 그 존재가 인간적인 수태의 결함들 때문에 있는 것이 아니라, 그의 신적인 능력에 의해 우리의 몸의 형체로 존재하는 것이다. 그는 종의 형체를 지녔으나, 그는 인간 육신의 약함과 죄로부터 자유하였다. 그래서 우리는 그가 동정녀에게서 탄생한 것을 통하여 그의 안에 있고, 우리의 약함은 그 자신으로부터 기원을 갖는 신적인 능력에 의하여 그의 안에 있지 않다.   *de trin.* 10. 24, 25

3. 그리스도의 사역

(a) 참여에 의한 구속

하나님의 아들은 인류를 위하여 동정녀와 성령에게서 태어났다. … 그는 자신 속으로 육신의 본성을 받아들이기 위하여, 그리고 전체로서의 인류의 육신이 이 혼합과 관련되어 거룩해지도록 하기 위하여, 동정녀에게서 인간으로 되었다.

그를 통하여 인간이 창조되었는데, 그는 인간으로 될 필요가 없었다. 하나님이 육신이 되어 우리 안에 거해야 할, 즉 자신에게 우리의 육신을 취함에 의해 완전한 형체로서 모든 육신 안에 거해야 할 필요성을 가지고 있는 자는 바로 우리였다. 그의 굴욕은 우리의 고상함이다. 그의 부끄러움은 우리의 명예이다. 하나님인 그분은 육체 속에서 우리와 함께 거하고, 그리하여 우리는 육신으로부터 하나님의 본성으로 회복되었다.   *de trin.* 2. 24, 25

(b) 악마의 패배

"내가 열방을 유업으로 주리라."[7] … 이것은 그가 모든 육체에게 영생을 주기 위한 그의 유업이다. 그리고 그것은, 세례받고 가르침 받은 열방은 생명으로 다시 태어날 수 있도록 하기 위한 것이고, 부당하고, 부도덕하게, 그리고 사악하게 그들을 지배한 권능의 권위로부터 물러나, 하나님의 영원한 왕국으로 옮겨지도록 하기 위한 것이다.   *tract. in Ps.* 2. 31

〔시편 68(69): 6, 7에 관하여. 그리스도는 대변자(speaker)로서의 임무를 맡았다.〕…"하나님이여 나의 우매함을 아시오니 내 죄가 주의 앞에서

숨김이 없나이다."[8]… 죄인과 어리석은 사람으로서 그는 원인도 없이 공의도 없이 어리석은 십자가에 달리기까지 고통을 받았다. 그러나 그는 우리의 지혜를 위해 죄와 어리석음을 떠맡음으로써, 세상의 왕을 심판할 수 있었고, 죄에 대한 희생으로서, 육체 안에 있는 죄를 정할 수 있었다.[9] 그에게서는 육체에 있는 어떤 죄의 흔적도 발견될 수 없었다. 그는 "세상의 왕이 올 것이다. 그러나 그는 나에게서 아무것도 발견하지 못하리라"[10]라고 말했다. 세상의 임금이 왔다. 그리고 그가 아무것도 발견할 수 없었을지라도, 그는 여전히 죄의 형벌인 사형을 강요했다. 그리고 이것에 의해 인간의 죽음의 창조자는 심판받는다. 왜냐하면 그는 '죄를 모르는'[11] 생명의 창조주를 죽이려고 했기 때문이다.

tract. in Ps. 69. 8

(c) 희생과 화해

주님은 우리의 죄를 지고, 우리를 위해 고통받으며 채찍 맞으셨다. 그 결과 십자가에 못박히고 죽기까지 채찍 맞으신 그분 안에서, 그의 죽음으로부터의 부활을 통하여 건강은 우리에게 회복되었다. … 하나님은 "자기의 아들을 아끼지 않으셨다."[12] … 그는 땅의 진흙으로 만들어진 첫번째 아담을 아끼지 않았는데, 그 첫번째 아담이 범죄한 후, 그가 생명나무에 손을 대어 영원한 형벌을 계속해서 받지 않도록, 하나님은 그 아담을 낙원에서 추방했다. 그의 목적은 하늘로부터 오는 두번째 아담이 육체의 본성을 취하고 비슷한 죽음을 당하여, 이제 영원한 형벌로부터 자유한 영생으로 그 본성이 되살아나도록 하는 것이었다.

tract. in Ps. 68. 23

그는 자신을 저주받은 자들의 죽음에 내어 주었는데, 그 결과, 자신의 자유의지를 지닌 자신을 하나님 아버지께 희생물로 내어줌으로써[13] 율법의 저주를 제거하였다.[14] … 하나님 아버지는 율법의 희생제물들을 거절했다. 그러므로 그는 그가 취한 육체라는 열납할 만한 제사를 드렸다. … 그는 이 거룩하고 완전한 희생을 함으로써 인류의 완전한 구원을 살 수 있었다.

tract. in Ps. 53. 13

4. 성령

아버지와 아들에 대한 관계

    보혜사(Advocate)가 올 것이고, 아들은 그를 아버지로부터 보낼 것이며, 그리고 그는 진리의 영으로서 아버지로부터 발출한다.[15] … 아들이 아버지로부터 보낸다는 것을 우리는 어떻게 이해할 수 있을까? 받아들여진 대로, 혹은 보내진 대로, 혹은 출생된 대로인가? 왜냐하면 그는 아버지로부터 보내게 될 것을 보내는 양식들 중의 하나를 의미함에 틀림없기 때문이다. 발출(proceeding)이 명백하게 지시되기 때문에, 받는 것(receiving)이라는 것은 배제된다. 우리는 공존하는 존재가 나오는 것, 혹은 독생자의 발출에 대해 생각할 수 있는지의 문제에 관한 우리의 결정을 확실히 해야 하는 것이 남아 있다. 그는 아들에 의해서 보냄받고 또한 아버지로부터 발출되기 때문에, 아들로부터 받는다. 나는 아들로부터 수여되는 것이 아버지로부터 발출되는 것과 똑같은지에 대해 묻는다. 만일 차이가 있다고 믿어진다면 … 아들에게서 받는 것은 아버지로부터 받는 것과 같은 것이라고 분명히 전제될 것이다. 왜냐하면 주님 자신이, "그는 나의 것을 받아 그것을 너희에게 알리겠음이라. 아버지가 가진 것은 모두 내 것이라…"[16]라고 말씀했기 때문이다.

de trin. 8. 19, 20

    그리스도는 우리 안에 거한다. 그리고 그리스도가 그렇게 거할 때, 하나님도 거한다. 그리고 그리스도의 영도 거한다. 그리고 그것은 거하는 하나님의 영 이외의 다른 영이 아니다. 그러나 만약 그리스도가 성령을 통하여 우리 안에 있는 것으로 이해된다면, 우리는 이것을 하나님의 성령과 그리스도의 영으로 인정하지 않으면 안된다. *de trin.* i. 26

    나로서는 그리스도가 창조물이라는 것을 부정하는 것에 만족할 수 없다 … 나는 창조물이라는 이 명칭이 성령에 결부될 수 있다는 것을 허용할 수 없다. … 그리고, 나는 당신만이 출생하지 않았고 독생자가 당신에게서 태어난 것을 알기 때문에, 나는 성령이 태어났다고 말하기를 거부하지 않을 것이다. 나는 결코 그가 언젠가 창조되었다고 주장하지 않을 것이다. 나는 (내가 당신에 의해 존재하게 된 만물과 공유하는) 그러한 용어에 함축된 무례가 당신에게까지 확장될까 두렵다 … '창조물'이라는 칭호에 의하여 내 안에 거하는 본성의 능력이 독생자를 통하여 당신으로부터 나왔다고 표현할까, 차라리 모욕할까? 당신의 독생자가 영원 전에 출생되었다고 할 경우, 우리의 모호한 말은 실패하고 우리의 인식의 갈등들로 한계를 느낄 때, 그는 출생된다는 사실만이 남게 된다. 그래서 나는 나의 지력으로 파악할 수는 없을지라도, 당신의 성령은 그를 통해 당신에게서 온다는 의식을 굳게 잡는다. … 나는 감히 내 지력의 이해력을 넘어서려 하지 않을 것이고, 또한 당신의 독생자에 대하여 그 밖의 어느 것도 말하지 않을 것이지만, 그는 출생되었다고 말하려 한다. 마찬가지로, 나는 감히 인간의 사고가 미칠 수 있는 곳 이상을 생각하지 않을 것이다. 나는 성령이 당신의 영이라는 것만 제외하고는 성령에 관하여 아무 말도 하지 않을 것이다. 나로 하여금 언쟁에 개입하지 않게 하고, 그러나 나로 하여금 요동하지 않는 신앙을 계속해서 고백하게 해달라.

de trin. 12. 55, 56

그 많은 선물들을 사용하고 이 가장 본질적인 은혜를 사용하도록 하자. … "우리는 하나님으로부터 온 성령을 받았다. 그 결과 우리는 하나님이 우리에게 아낌없이 주신 선물들을 알 수 있다."[17] 그러므로 성령은 우리에게 지식을 주기 위해 받아들여진다. 왜냐하면 자연적인 인간의 육체는 그 기능의 필수적인 상태가 약화되면 쓸모없이 되는 것처럼…[즉, 볼 수 없는 눈, 소리를 들을 수 없는 귀], 인간의 마음도, 신앙에 의해 성령의 은사를 갖지 않는다면, 하나님을 이해하는 본성적인 기능을 가질 것이지만, 지식의 빛을 갖지는 못할 것이다. 그리스도 안에 있는 선물은 모두에게 똑같이 유효하다. 그것은 어느 곳에서도 보류되지 않지만, 그것을 받아들이려는 자발성에 비례해서 각자에게 주어진다. 그것은 그것을 받을 가치있는 자발성에 비례하여 남아있는 것이다. 그것은 역사가 끝날 때까지 계속해서 우리와 함께 있다.

그것은 우리가 기다리는 위로이다. 그것의 은사들이 작용함에 있어서 그것은 미래에 대한 우리 희망의 담보이며, 우리 마음의 빛이며, 우리의 마음에 빛나는 광휘이다. *de trin.* 2. 35

만물의 창조자 한 분이 있다. 왜냐하면 하나님 아버지는 한 분이고, 그로부터 만물이 존재하기 때문이다. 그리고 우리 주 예수 그리스도도 한 분이며, 그를 통하여 만물이 존재한다. 그리고 성령도 한 분인데, 그분은 만물 안에 있는 하나님의 선물이다. 그러므로 만물은 그것들 자신의 능력과 장점들과 함께 질서있게 배치된다. 하나의 권능이 있고, 그것으로부터 만물은 존재한다. 한 자손이 있고, 그를 통하여 만물이 존재한다. 완전한 소망의 선물이 하나 있다. 아버지, 아들, 그리고 성령 안에서, 영원자 속에 있는 무한성, 그의 형상 속에 있는 그의 유사성, 그 선물 속에 있는 그의 이용 가치성을 이루는, 완전성의 결합에 부족한 것은 아무것도 발견될 수 없다.
de trin. 2. 1

5. 교회와 성찬식

"그들은 영혼과 마음에서 결합되어 있었다."[18] 이 결합은 하나님을 믿는 신앙을 통해 왔는가? 확실히 그렇다. … 만일 모든 것이 한 신앙의 본질을 통한 결합체라면, 어떻게 한 신앙의 본질을 통하여 하나인 자들 속에서 본성적인 결합을 인정하지 못하는가? 왜냐하면 그들은 모두 순결하고, 부도덕하고, 하나님을 알도록, 소망스런 신앙을 갖도록 다시 태어났기 때문이다. 소망은 하나이고, 하나님도 한 분이고, 주님도 한 분이고 중생의 세례도 하나이므로, 여기에 다양성이 있을리 없다. 만일 이것들이 본성의 결합체라기보다 '동의의 결합체'라면, '의지의 결합체'를 이렇게 다시 태어난 자들의 속성이라고 할 수 있다. 그러나 만일 그들이 하나의 생명과 하나의 영원성의 본성을 갖도록 다시 태어나고, 그들이 '영혼과 마음이 하나'인 것이 이것을 위한 것이라면, '동의의 결합'은 같은 본성을 갖도록 다시 태어난 존재 속에

서 하나인 자들에게 적용되지 않는다. *de trin.* 8. 7

만일 말씀이 참으로 육신이 되었고, 우리가 주님의 음식이라는 수단에 의해 말씀-육신을 진정으로 취한다면, 우리는 확실히 그가 자연히 우리 안에 거한다는 것을 생각해야 한다. 그리고 인간으로 태어남에 의해 그는 자신으로부터 분리될 수 없는 것으로서의 우리 육신의 본성을 취했고, 우리에게 전달될 수 있는 육신의 성례 아래서 그의 육체의 본성을 영원의 본성과 혼합했다는 것을 알아야 한다. *de trin* 8. 13

그리스도는 "나는 살았고, 너희도 살 것이라. 내가 아버지 안에, 너희가 내 안에, 그리고 내가 너희 안에 있음이라"[19]라고 말할 때…, 그리스도 자신이, 우리에게 전달된 살과 피의 성례를 통하여, 그의 안에 있는 우리의 생명의 본성의 증거를 주신다. 만일 그가 단순히 의지의 연합을 의미한다면, 왜 그는 그 연합함에 있어서 일종의 올라가는 순서를 묘사했을까? 그의 목적은 확실히 그가 본질상 신으로서의 아버지 안에 있었고, 그러나 우리는 그가 육신으로 태어남으로써 그의 안에 있고, 그는 성례전의 신비를 통하여 우리 안에 있다는 것을 우리가 믿어야 한다는 것이었다. 그리고 우리는 그의 안에 있는 반면, 그는 아버지 안에 계실 것이고, 그런 식으로 거함으로써, 우리 안에 거하실 것이기 때문에, 중보자(Mediator)를 통하여 완성된 단일성(unity)의 교리를 우리는 가져야 한다는 것이었다. 그리고 이런 식으로 우리는 나아가 아버지와 일체가 되어야 할 것이다. 그는 출생 때문에 본성적으로 아버지 안에 있다. 그래서 우리도 본성적으로 그의 안에 있어야 하는 반면, 그는 본성적으로 우리 안에 거한다.

그리스도는 또한 우리 안에 있는 이 본성적인 단일성의 증거이다. "내 살을 먹고, 내 피를 마시는 자는 내 안에 거하고 나도 그 안에 거하나니."[20] 왜냐하면 그리스도가 그 안에 있지 않고, 그가 인간의 육신을 취한 그리스도의 육신을 취하지 않으면, 아무도 그리스도 안에 있지 않을 것이기 때문이다. … 그는 '아버지를 통하여' 산다. 그리고 그가 아버지를 통하여 사는 것과 같이, 우리도 그의 살을 통하여 산다.[21] … 그리스도의 육신을 인하여, 우리의 육체적인 본성 속에 거하는 그리스도를 갖는, 이것이 우리 생명의 근거이고, 우리는 그가 아버지를 통하여 사는 것과 똑같은 방법으로 그를 통하여 살 것이다. 우리는 본질적으로 그 육신에 따라, 즉 그의 육신의 본성을 취함으로써, 그를 통하여 산다.

실제적이고 본성적인 단일성의 신비는, 아들과 그의 살을 통하여 우리 안에 거하는 그의 거함에 의해 우리에게 주어진 명예라는 견지에서 선포되어야 한다. 한편 우리는 육신적으로 그리고 불가분적으로 그에게 연합되어 있다.
de trin. 8. 15, 16, 17

제2장 주(註)

1) 마 10:32-3. 2) 빌 2:8. 3) 요 6:51. 4) 요 6:53. 5) 눅 19:41:
6) 마 23:37. 7) 시 2:8. 8) 시 68(69):5. 9) 요 16:11; 롬 8:3 참조.
10) 요 14:30. 11) 벧전 2:22. 12) 롬 8:32. 13) 시 40:6 참조.
14) 갈 3:13. 15) 요 15:26. 16) 요 16:14 f. 17) 고전 2:12.
18) 행 4:32. 19) 요 14:19 f. 20) 요 6:56. 21) 요 6:57 참조.

제3장

가이사랴의 바질

1. 권위

성서와 전통

〔송영에서 사용하는 '성령과 함께'라는 구절은 '성령 안에서'라는 성서적인 구절에 대한 정당화되지 못한 대용 구절이라고 공격받아 왔다.〕

암묵적인 승인에 의해서든지, 혹은 공적인 교령[1]에 의해서든지, 교회에서 보존되어온 신경들과 의식들 중에서는, 성문화된 가르침들로부터 유래된 몇몇이 있다. 다른 것들은 우리가 사도들의 전통으로부터 '비밀리에'[2] 우리에게 전달될 때 수용된 것들이다. 그리고 두 부류들은 모두 참된 경건에 대하여 똑같은 힘이 있다. 아무도 이런 것들을 문제삼지 않을 것이다. 어쨌든, 교회의 제도들을 조금이라도 경험해 본 사람은 누구라도 논쟁하지 않을 것이다. 만일 우리가 성문화된 권위가 없는 관습들을 거의 타당성이 없다는 이유로 경시하려 한다면, 우리는 부지중에 복음서에 치명적으로 상처를 입히게 될 것이다. 혹은 오히려 공적인 정의를 단순한 말들의 형식으로 축소하게 될 것이다. 가장 우선적이고 보편적인 예를 든다면, 누가 주 예수 그리스도의 이름에 소망을 둔 우리에게 십자가를 긋는, 성문화된 훈령을 주었는가? 기도할 때 동쪽으로 향하도록 하는 어떤 성문화된 훈령이 있는가? 성인들 중 누가 성찬식의 빵과 축복의 잔을 들 때[3] 기도할 말들을 문서로 우리에게 남겨

주었는가? 왜냐하면 확실히, 우리는 사도들과 복음서의 기록에 만족하지 않고, 서문과 결론으로[4], 비문서적인 가르침으로부터 우리가 받은 다른 요소들을 덧붙이고, 그것들을 성례 집행에 매우 중요한 것으로 간주한다. 우리는 세례수와 성유를 축복하고, 게다가 우리는 세례받는 사람을 축복한다. 누구의 성문화된 훈령에 따른 것인가? 그것은 암묵적이고 비밀스런 전통의 권위에 근거한 것이 아닌가? 그리고 기름 자체로 바르는 것은 어떤가? 어떤 성문화된 말이 그것에 들어맞는가? 그리고 삼중적인 침례에 대한 관습은 어디에서 오는가? 그리고 세례의 다른 의식들에 관하여, 어떤 성서로 우리는 사탄과 그의 천사들을 거부하는가? 이것은 출판되지 않고 비밀스러운 가르침으로부터 온 것이 아닌가?

우리 교부들은 이러한 장엄한 비밀의식들을 말없이 보호하도록 교육받았기 때문에 호기심 많은 간섭자들로부터 이 가르침을 말없이 지켰다. 입문하지 않은 자들이 보는 것이 허락조차 되지 않은 것들에 대한 가르침을, 성문화된 문서 형식으로, 드러내 보이는 것은 있을 법하지 않았다 … 〔모세는 사람들이 성막(Tabernacle)이 있는 곳에 가는 것을 금지시켰다.〕 모세는 지혜가 있어서, 진지한 관심은 자연히 간접적이고 생소한 것들에 수반되는 경향이 있는 반면, 경멸은 진부하고 쉽게 접근할 수 있는 것들과 마주친다는 것을 알았다. 똑같은 방법으로, 처음에 교회에 관한 의식들을 제정한 사도들과 교부들은 장엄한 의식들을 비밀스럽게 말없이 보호하는 데에 관심이 있었다. 왜냐하면 대중이 평상시에 듣는 것에 대해 출판되는 것은 전혀 신비가 아니기 때문이다. 교리에 대한 지식이, 친밀함을 인하여, 대중에 의해 경시되고 경멸되지 않도록 하려는 이것이 비성문화된 것들의 전통에 대한 이유일까? '교의'와 '선포'(Kerygma)는 서로 다른 것들이다. 우리는 '교의'에 대해서는 침묵하고, '선포'는 공개된다.   *de sp. sanct.* 66

2. 인간의 상태

자유와 죄

지옥(Hades)에서 받는 고통에 대해 책임있는 자는 하나님이 아니라, 바로 우리 자신들이다. 죄의 근원과 뿌리는 우리 자신이 결정하는 자유의지이기 때문이다. 악을 삼가고, 그러므로 해를 당하지 않는 것은 우리의 능력 안에 있다. 그러나 우리는 쾌락에 의하여 죄에 빠졌다. 그러한 고통에 대한 책임을 면하기 위해, 어떤 그럴듯한 이유를 제시할 수 있는가? 우리의 감각으로 느껴지는 죄악과 본래의 죄악 사이에는 차이가 있다. 불의, 음탕 [등등]…과 같이 본래 악한 것은 우리에게서 나온다. 반면 우리는 육체적인 고통과 불안, 신체적인 질병과 육체적인 고통, 가난, 치욕, 기억력 상실, 사별 등을 우리에게 가져다 주는 것에 죄악이라는 이름을 적용시킨다. 그러나 이들 각각은 우리를 위하여, 현명하고 자비로운 주가 일으키는 것이다 … [육체적인 재앙들은 응보이며 교정책이다.] 절대적인 악(evil)은 죄(sin)이고, 실제로 악이라고 할만한 것은 바로 죄이다. 모든 죄는 우리의 자유로운 선택에서 비롯된다. 그것이 사악해지지 않거나 악해질 수 있는 것은 우리의 능력 안에 있다…[다른 '악들'은 도전들이며 교정책들이다]. 악의 존재에 대해 하나님이 책임있다고 결코 생각하지 말라. 그리고 악이 독립적으로 존재[5]한다고 상상하지 말라. 악은 일종의 생물체처럼 존재하지 않는다. 우리는 그것의 본질을 독립체[6]로 만들어낼 수 없다. 왜냐하면 악은 선의 결여이기 때문이다 … 눈이 파괴되면서 소경이 되는 것처럼, 그렇게 악은 독립적인 존재가 아니어서 영혼이 불구가 될 때 생기는 것이다. 사악함의 본질과 선의 본질이 근원도 없고 발생되지도 않았다고 하면서, 그 둘이 똑같은 입장이라고 그들이 불경스럽게 주장하는 것처럼, 그것이 독립적으로 존재하는 것은 아니다. 또한 그것은 만들어지는 것도 아니다. 만일 만물이 하나님으로부터 유래된다면, 어떻게 악은 선으로부터 올 수 있는가? … "모든 것이 좋았고, 심히 좋았다."[7] 그럼에도 불구하고 악은 존재하며, 그것의 활동성으로 보아 그것은 전 삶 속에 확산되어 있다. "만일 그것이 독립적이지도 않고 창조되지도 않았다면, 그것은 어떻게 생기게 되었는가?"라고 반대자는 물을 것이다…

〔육체적인 질환은 자연적인 상태로부터 떠날 때 일어난다.〕 하나님은 육체를 만들었다. 그러나 그는 질병을 만들지 않았다. 그는 영혼을 만들었지만 죄를 만들지는 않았다. 영혼은 그것의 자연스러운 상태에서 왜곡되었을 때 타락했다. 무엇이 영혼의 지고선이었나? 그것은 사랑을 통하여 하나님과 결합되고 그분에게 속해 있는 것이었다. 영혼이 이것에서 실패했을 때, 그것은 많은 여러 종류의 약함 때문에 타락했다. 그러나 도대체 그것은 왜 악해질 수 있었을까? 자기 결정에 의한 충동, 즉 이성적인 본성에 특별한 재능 때문이었다. 모든 구속으로부터 자유로워지고 창조주로부터 스스로 결정하는 생명을 부여받고, 하나님의 이미지로 만들어졌기 때문에, 그것은 선의 개념을 갖고 선의 즐거움을 경험했다. 그리고 그것은 꾸준히 선을 묵상하고 영적인 즐거움을 누림으로써, 그것의 자유로운 상태의 생명을 유지할 권리와 능력을 갖고 있었다. 그것은 또한 선으로부터 돌아설 능력도 있다. 그리고 이 복된 기쁨을 실컷 맛보고, 그리고 말하자면 졸음으로 압박당하자, 그것이 보다 높은 영역에서 미끄러져 떨어져 나와, 저급한 만족을 누리기 위하여 육신과 혼합되었을 때 발생한 것이 바로 이것이었다.

아담은 이 땅에서가 아닌, 높은 곳에서 자기의 의지의 결정으로 살았는데, 그때 그는 단지 생명의 선물을 받고, 하늘을 존경하면서 자기가 본 것을 기뻐했고 자기의 은인에 대한 사랑으로 충만해 있었다. 그런데 그의 은인은 그에게 영생의 기쁨을 주고, 낙원의 기쁨 가운데 쉬게 해주었다. 그는 아담에게 천사들의 영토와 같은 영토를 그에게 주어, 대천사의 생명을 공유하게 했으며, 신의 목소리를 들을 수 있게 해주었다. 이 모든 것 이외에도, 그는 하나님의 방패 아래서 보호받았으며 하나님의 선한 것들을 즐겼다. 그러나 그는 곧 이 모든 것에 물리게 되었고, 포만해지면서 말하자면 무례해졌고, 육신의 눈에 즐겁게 보이는 것을 영적인 아름다움보다 더 좋아하게 되어, 영적인 기쁨보다 배(belly)의 만족을 더 중시하게 되었다. 이리하여 그는 즉시 낙원과 축복된 방식의 삶으로부터 추방되었고, 강요 때문이 아니라 어리석음의 결과로서, 악하게 되었다. 그러므로 그는 왜곡된 의지 때문에 빗나갔고, 죄 때문에 죽었다. … 하나님은 죽음을 창조하지 않았다. 그러나 우리는 우리의 악한 의도의 결과로 우리 자신들에게 죽음을 가져왔다.[8] 그는 확실히 우리의 파멸을 막지 않았다. 그렇게 함으로써 우리의 악함을 영원히 보존하지 않도록 하려 했던 것이다. 그는 토기장이와 같은데, 토기장이는 도자기를 붕괴된 상태로 가마 속에 들어가도록 하지 않고, 우선 개조하여 흠집을 교정할 것이다. 그러나, '왜 우리는 죄를 지을 수 없도록 갖추어져서 만일 우리가 원할지라도 범죄할 능력을 없도록 되지 않았는가?'라는 이의가 나온다. 그것은, 당신이 당신의 종들을 압박할 때, 그들을 충성스럽게 생각하지 않고, 단지 그들이 자발적으로 자기들의 의무들을 수행할 때만 그들을 충성스럽게 생각하는 것과 똑같은 이유 때문이다. 하나님은 강요된 봉사를 기뻐하지 않고, 덕에서 일어나는 봉사를 기뻐한다. 덕은 강요에서 나오지 않고, 결단에서 나온다. 결단은 자기결정을 내포한다.

〔마귀는 비뚤어진 의지 때문에 타락한 천사이며, 그는 인간에게 주어진 원시의 행복을 질투했다.〕 그렇다면 왜 낙원에 그 나무가 있어서, 마귀가 우리를 빼앗으려는 마귀의 기도가 성공하는 수단이 되었을까? … 우리의 복종을 시험하라는 명령이 있었음에 틀림없었기 때문이다. 그리고 그 나무는 좋은 열매를 많이 맺었고, 그 결과 쾌락을 금함으로써 우리는 자기통제의 덕을 나타낼 수 있고, 마땅히 인내에 대한 보상으로 면류관을 받을 수 있게 되었다. … 그래서 마귀는 교만의 결과로 오래 전에 우리에게 발생한 타락 때문에 우리의 적으로 세워졌다. 왜냐하면 (그리스도의) 복종[9]을 통하여 우리를 다시 회복시켜서, 우리의 적을 이긴 승리의 면류관을 우리에게 주기 위하여, 우리가 악마에 반대하도록 계획하셨기 때문이다.

hom. 9 [*quod Deus non est auctor malorum*]. 3, 5, 6, 7, 9

3. 그리스도의 신분과 위격

(a) 아버지와 한 본질로 됨

〔바질은 알렉산드리아의 디오니시우스가 사벨리우스와의 논쟁에서 아리

우스주의적인 경향의 말을 했다고 그를 강력하게 비판했는데, 오히려 부당하게 비판하고 있었다.]10)

만일 내가 나 자신의 개인적인 견해를 표명해야 한다면, '어떤 차이도 없이'라는 어구가 첨가된다는 조건으로, '본질에서 유사한'11)이라는 구절을 받아들일 준비가 되어 있다. 나는 '동일본질의'12)라는 단어의 올바른 해석에 따라, 그와 똑같의 의미를 전달하는 것으로서의 '본질에서 유사한'이라는 단어를 받아들인다. 이것은 니케아에서의 교부들의 견해인데, 그들은 독생자에게, '빛에서 온 빛', '참된 하나님으로부터 나온 참된 하나님'이라고 명명하고, 필연적인 귀결로서 '동일 본질의'라는 말을 덧붙였다. 이리하여 빛과 빛, 진실과 진실 사이에, 혹은 독생자의 본질과 아버지의 본질 사이에 어떤 차이도 있을 수 없을 것이라고 생각될 것이다. 내가 말한 대로 나는 '유사본질의'라는 구절이 이런 의미로 취해진다면, 그 구절을 인정한다. 그러나 만일 '어떤 차이도 없이'라는 필요조건이 배제된다면— 그것은 콘스탄티노플에서 일어난 것인데13)— 그렇다면 나는 그 구절이 '독생자'의 영광을 감소시키는 것이라고 생각한다. 왜냐하면 우리는 자주 희미하게 닮았을 경우에 유사성의 개념을 채택하는데, 그럴 경우에 유사한 것은 원형보다 훨씬 열등하기 때문이다.   *ep.* 9. 3

우리는 니케아에서 참된 종교를 위대하게 선포했던 자들의 계승자들이다. 그들의 교리는 일반적으로 트집잡히지 않고 수용되어 왔으나, 어떤 사람들에 의해 억지로 수용된 '동일 본질의'라는 단어는 아직까지 보편적으로 받아들여지고 있지 않다. 그것을 거부하는 자들을 비난하고, 동시에 그들이 어떤 이유를 가지고 있을지도 모른다고 인정하는 것이 정당화될 수도 있다. 그들이 교부들을 따르지 않고, 그들 자신의 견해보다 더 높은 권위의 결정을 존경하지 않는 것은 지나치게 거만한 행위라 비난받아 마땅하다. 한편, 그들은 다른 사람들이 문제삼은 단어를 의심함으로써 어느 정도까지 이러한 비난에서 면제되는 것처럼 보인다. 왜냐하면 사모사타의 바울을 다룬 교회회의15)의 구성원들이 이 단어를 그릇된 것이라 비난한 것이 확실하기 때문이다. 왜냐하면 그들은 '동일 본질의'라는 단어가 물리적인 본질과 그것으로 이루어진 사물들이라는 개념, 즉 한 본질에서 그것이 나뉘어지는 사물들에게 '동일 본질의'라는 명칭을 주는 특별한 것들로의 구분이라는 개념을 암시한다고 말했기 때문이다. 그러한 개념은 청동과 그 물질로 만들어진 동전들의 경우에 적당한 것이다. 그러나 성부 하나님과 성자 하나님의 경우에는 그 두 개체들(particulars)보다 앞서거나 상위에 있는 본질에 대한 사고가 있을 수 없다. 그러한 생각을 품거나 표현한다면 그것은 극단적으로 불경스러운 것이 될 것이다. 출생하지 않은 분보다 더 앞선 것으로 무엇이 있을 수 있을까? 그리고 그렇게 불경한 개념은 아버지와 아들을 믿는 우리의 신앙을 파괴해 버리고 말 것이다. 왜냐하면 그들의 본질을 하나의 근원에서 이끌어내는 그러한 것들을 결합시키는 것은 바로 형제적인 관계이기 때문이다.

그리고 아들이 무(無)에서 생겼다고 주장하는 자들이 여전히 있었기 때문에, 니케아 교부들은 이 불경을 배제하기 위하여 '동일 본질의'라는 구절을 덧붙였다. 왜냐하면 아들이 아버지와 결합한 것은 무시간적이고 계속적인 것이기 때문이다. 전술한 말씀들은 이것이 교부들의 의도였다는 것을 증명한다. 왜냐하면 '빛에서 온 빛', '만들어지지 않고, 아버지의 본질에서 태어난'이라고 주장한 후에, 그들은 '동일 본질의'라는 구절을 추가했기 때문이다. 이 점에 있어서 그들은 아버지에게 적용된 '빛'에 결부된 의미가 아들에게 적용될 때도 유효하다는 것을 보여주었다. 다름아닌 빛의 개념이 참된 빛과 다른 빛 사이의 어떤 차이도 불가능하게 한다. 그러므로 아버지가 기원이 없는 빛이고, 아들은 생긴 빛이지만, 각각은 빛이기 때문에, 그들의 본질이 동등한 존엄성을 가지고 있다는 것을 확립하기 위하여, '동일 본질의'라는 용어를 교부들이 사용하는 것은 옳았다. 어떤 사람들이 생각해온 것처럼, '동일 본질의'라는 말은 형제적인 관계에 의해 연결된 실재물들을 묘사하는 것은 아니다. 그 용어는 원천과 그리고 그 원천으로부터 그 존재를 이끌어내는 것이 본질에 있어서 동일할 때 사용된다.

이 표현은 또한 사벨리우스가 곡해한 것을 바로잡는다. 왜냐하면 그것은 실재들(subsistences)[16]의 동일성이라는 개념을 제거시키고, 위격들[17]에 대한 완전한 개념을 도입해 주기 때문이다. 그러므로 그 표현은 실재들의 뚜렷한 특징들을 입증하고, 본질에 있어서 차이가 없다는 것을 실증하기 때문에, 그 표현은 건전하고 공손한 것이다. 그러나 아들이 "아버지의 본질에서 나왔지만, 출생했으나 만들어지지는 않았다"라는 말을 들을 때, 우리는 어떤 물리적인 과정이라는 사상에 빠지지 않도록 조심하지 않으면 안된다. 마치 본질이 아버지로부터 받고 아들에게 주어진 것처럼, 본질의 차이는 없다. 또한 그 본질은 유동(flux)의 과정에 의해 출생하지도 않았고, 열매를 맺는 식물처럼 생산에 의해 출생하지도 않았다. 신적인 출생의 양식은 인간의 생각으로 형언할 수 없고 상상도 할 수 없는 것이다. *ep.* 52. 1-3

(b) '동일 본질의' 라는 말의 의미.

(i) 아폴리나리우스에게 보내는 편지(A Letter to Apollinarius)

〔바질과 아폴리나리우스의 서신은 위조된 것으로 널리 간주되어 왔다. 그러나 그것의 진정성은 G.L.Prestige(St. Bas. the Gr. and Ap. of Laodicea, 1956)와 다른 사람들에 의해 옹호되어 왔다.〕

모든 것들을 혼동시키고 전 세계를 그들의 논쟁과 의문들로 채워온 자들은, ousia〔본질〕라는 용어가 성서에 없다는 이유로 그 단어를 받아들이지 않고 있습니다. 교부들이 이 용어를 어떻게 사용했고, 그것이 성서에 새겨진 것을 당신이 발견하지 못했는지 여부를 말씀해 주시겠습니까? 그들은 epiousios artos〔일용할 양식〕과 laos periousios〔그가 소유할 백성〕과 같은 구절들이 증거하는 바를 무관한 것으로 거부합니다. 그리고 나서 homoousios〔동일 본질의〕라는 용어를 더 길게 논의해 주겠습니까? 왜냐하면 나는 ousia에 철저한 공격을 가하는 자들은 homoousios를 위한 자리를 전혀 남기지 않으려는 목적으로 그렇게 하고 있는 것이라고 생각하기 때문입니다. 그것의 의미를 설명해 주시고, 더 우월한 보편적인 속(genus)에 대한 의문도 없고, 선재하는 물질적인 기초 물질이나 먼저 있었던 것이 나중에 존재하게 되는 것으로 배분되는 것에 대한 의문도 없을 경우에, 어떻게 그것이 적용될 수 있는지를 보여주시겠습니까? 이러한 개념들에 관련되지 않고서,

어떻게 아들을 아버지와 동일본질이라고 부르는 것이 적절하겠습니까? 이것을 좀더 충분하게 설명해 주시겠습니까?

    우리가 아버지의 본질이라고 여기는 것은 무엇이든지, 아들의 본질과 똑같은 것이라고 여겨야 한다고 생각합니다. 그래서 만일 누군가가 아버지의 본질을 지적인 빛이고, 영원하고, 출생되지 않은 것이라고 말한다면, 그는 아들의 본질도 지적인 빛이고, 영원하며 출생되지 않은 것이라고 말하지 않으면 안됩니다. 이러한 개념으로 볼 때, '차이 없이 같은'이라는 구절이 homoousios보다 더 적당한 것 같습니다. 만일 어떤 빛이 다른 빛과 정도의 차이를 보이지 않는다면, 각각의 빛은 그것의 본질의 개체성 속에서 존재하기 때문에, 어떤 것이 다른 것과 '같은 것'이라고 부르는 것은 옳지 않을 것이라 생각합니다. 그러나 '차이가 없이, 본질(ousia)에 관하여 아주 유사한'이라고 묘사한다면 옳을 것입니다.   *ep.* 361

(ii) 아폴리나리우스의 회답

    '하나의 본질'이라는 말은 수적인 결합, 즉 한 개체성에 사용될 뿐만 아니라, 그것은 또한 두 사람, 속(genus)에서 결합된 그 밖의 어떤 것을 지닌 두사람에게도 적용됩니다. 그래서, 이 원리에 따라, 우리는 하나이기 때문에 우리 인간 모두는 아담이고, 다윗의 아들은 다윗과 동일하다는 점에서 다윗의 아들은 다윗인 것과 같이, 둘 혹은 더 많은 것들은 본질(ousia)에 있어서 동일합니다. 그와 마찬가지로 아들은 본질에 관하여 아버지와 같다고 말할 때 틀림이 없습니다. 그렇지 않으면 아버지는 의심할 여지 없이 한 분이고 유일한 하나님이기 때문에, 아들은 하나님이 아닐 것입니다. 똑같은 방법으로, 인류의 원천인 아담은 하나이고, 왕가의 선조인 다윗은 하나입니다. 이 원리에 따르면, 아버지와 아들의 경우에는, 첫번째 원천이 지니는 본래의 개체성과 그 원물들에서 파생된 출생물들을, 하나의 근원에서 독생한 자손(그 예들은 '유사성'을 제시한다)과 비교한다면, 선행하는 하나의 속, 혹은 하나의 물질적인 본질에 관한 개념은 제거될 것입니다. 마찬가지로 하나님에 의해 창조된 것으로서의 아담과 인간에 의해 탄생된 우리를 포함하는 선행하는 속이 없지만, 아담 자신은 인류의 원천입니다. 또한 아담과 우리가 공유하는 보편적인 물질도 없지만, 그 자신은 모든 인류의 기초적인 물질이 됩니다.…

그러나 모든 인류가 공유하는 다른 상호적인 관계들, 예를 들면, 형제들의 관계가 있다는 점에서, 유비성은 무너집니다. 아버지와 아들의 경우에는 이런 종류는 아무것도 없습니다. 아버지는 완전한 원천이고, 아들은 그 원천에서 비롯됩니다. 이리하여 물질적인 것들에서와 같이, 이전의 것이 나중의 것에 분배해 주는 것은 없으나, 단지 출생에 의해 유래된 것이 있습니다. 아버지의 개체성이 말하자면 아들에게 분배되는 것이 아니라, 아들의 개체성이 아버지로부터 드러나는 것입니다. 그러므로 다양성 속에 동일성이 있고 동일성 속에 다양성이 있습니다. 그것은 아들이 아버지 안에서 말해질 수 있고, 아버지가 아들 안에서 말해질 수 있는[18] 것과 같습니다. 왜냐하면 단순한 차이는 아들 신분의 실재성을 보호하지 못하는 반면, 동일성은 위격(hypostasis)의 불가분리성을 보존하지 못할 것이기 때문입니다. 각각은 섞여 짜여져 통일성을 지닙니다. 즉 차이를 지닌 동일성을 지니고 동일성 속에 차이가 있습니다. 실재를 설명하는데 부적합한 용어를 걸러내야 합니다.

주님은 아버지를 동등한 상태 속에서 더 크신 분으로 묘사하며, 반면 아들은 종속 관계 속에서, 동등성을 지닌다고 묘사함[19]으로써, 우리의 개념을 강화시킵니다. 그분은 본질의 변화를 생각함에 의해서가 아니라, 우월한 상태와 열등한 상태에 있는 동일성을 숙고함에 의하여, 똑같은 종류의 빛이지만 정도에 있어서 더 적은 빛이라는 이미지로 아들에 관하여 생각하도록 가르치셨습니다. 본질의 동일성을 인정하지 않는 자들은 아들이 단지 비본질적인 유사성만을 지녔다고 합니다. 그 유사성은 인간이 하나님과 유사하게 만들어질 때도 확대됩니다. 유사성이 피조된 존재들에게 고유한 것이라고 인정하는 자들은 동일성 속에서 아들을 아버지와 관련시키지만, 열등한 동일성 속에서 관련시킴으로써, 아들이 아버지 자신이거나 아버지의 일부분이라고 생각하는 것을 피합니다. 이것은 다음과 같이 말함으로써 강화 됩니다: '아들은 아버지와 다른 분이다'; 그분은, 아버지로서가 아니라 아버지로부터 비롯된 존재로서의 하나님이시다. 그분은 원형이 아니고 모사(copy)이다.

그분은 완전히 유일하고 특별한 의미에서 동일본질을 지닌 분입니다. 그것은 같은 속의 구성원들이 동일본질을 지닌 것과 같거나 똑같은 전체의 부분들로서가 아닙니다. 하나의 속으로부터 유래된 존재로서, 그리고 신성의 형태로서, 하나이며 유일한 자손인데, 불가분적이고 비물질적인 과정에 의해 그러하며, 그 과정 속에서, 유일하게, 자식을 낳을 때 자신의 개체성 속에 남아있던 아버지(the begetter)는 아들(the begotten)의 개체성 속으로 흘러 들어간 것입니다. *ep.* 362

(c) 출생과 비출생(Ingenerate and Generate)

비출생과 출생의 차이는 더 큰 빛과 더 작은 빛의 차이처럼, 더 크거나 작은 것이 아니다. 그것은 같은 원인(subject) 속에서 공존할 수 없는 속성들을 분리하는 차이이다. 이러한 특징들 중의 하나를 소유하는 어떤 원인이 그와 정반대인 특징으로 바뀐다는 것, 즉 비출생이 발생되거나 또는 그 반대의 경우로 된다는 것은 생각조차 할 수 없는 일이다.… 여기에 정반대가 있다. 그러므로 출생(generacy)과 비출생(ingeneracy)이 본질[ousia]의 범주 안에 있으리라고 상상하는 자들은 자신들이 부조리 속에 빠져 있다는 것을 알게 될 것이다. 왜냐하면 이것들은 모순에서 모순이 생겨나는 것이 될 것이며, 자연스러운 유사성 대신에 피할 수 없는 부조화가 본질 그 자체에 관해서 그들 사이에 나타날 것이기 때문이다. 말하자면, 그것의 본질이 자체 모순적인 어느 것에 관해서라도, 이것은 불경이라기 보다는 오히려 어리석음으로 보인다. 왜냐하면 모순된 요소는 본질 속에 존재할 수 없다는 것이 비그리스도인 철학자들(그들의 가르침들을 우리의 대적자들은 그들의 불경스러움을 뒷받침해 주지 않는다는 것을 알고서 하찮은 것으로 취급한다) 가운데서조차 오래 전에 수용된 사항이기 때문이다.

그러나 출생과 비출생이 본질 속에서 관찰된 어떤 독특한 특성들이며, 이것들이 아버지와 아들이라는 분명하고 혼동되지 않는 개념으로 이끄는 특성들이라는 진리를 받아들이는 자는 누구라도 이 불경의 위험을 피할 것이다. 그리고 동시에 그는 자신의 추론에서 일관성을 유지할 것이다. 왜냐하면 그러한 특별한 속성들은, 특성들이나 형식들과 같이 본질 속에서 관찰되는데, 이러한 개체화시키는 특성들에 의해 보편적인 본성 속에 차이를 만드는데, 한편 그것들은 본성의 통일성을 분열시키지 않는다. 신성은 공통적인 것이다. 말하자면, 아버지 신분과 아들 신분은 개인적인 속성들이다. 그 보편성과 개체성 둘이 혼합된 결과로, 우리는 진리를 파악하게 되는 것이다.

그리고, 우리가 '발생되지 않은 빛'(ingenerate light)에 대하여 들을 때, 우리는 아버지를 생각한다. 한편 '발생된 빛'(generate light)은 우리에게 아들에 대한 개념을 가져다 준다. 그 둘이 빛이라는 점에서 그들 안에는 모순점이 없다. 그리고 하나는 발생되고, 다른 하나는 발생되지 않는다는 점에서는 차이가 발견된다. 본질의 동일성 안에 차이를 드러내는 것은 특별한 속성들의 본성이고, 이 특별한 속성들이 본질의 단일성을 파괴하지 않고서 상호 모순되고 완전히 다른 것은 흔히 있는 일이다. 그러므로 … [동물들의 경우에] 날아다니는 것과 걸어다니는 것들, 물 속에 사는 것과 지상에 사는 것, 이성적인 것과 비이성적인 것의 속성이 있다. 그리고 기초가 되는 하나의 본질이 있고 이 특별한 속성들은 그 본질을 변화시키지도 못하고 분열시키지도 못한다. *c. Eunom.* 11. 28

(d) 아들의 종속성

[이 구절이 인용된 편지는 지금 많은 사람들에 의해 에바그리우스 폰티쿠스(Evagrius Ponticus)의 작품이라고 생각된다.]

"나의 아버지는 나보다 크다."[20] 이 본문은 배은망덕한 마귀같은 자들에 의해 많이 인용된다. 그러나 나는 이 말 속에서조차 아버지와 함께 하는 아들의 동질성은 나타난다고 확신한다. 왜냐하면 똑같은 본성을 지닌 것들에 대해서만 비교가 될 수 있다는 것을 알고 있기 때문이다. 우리는 어떤 천사를 어떤 천사보다 더 크고, 어떤 사람이 어떤 사람보다 더 의롭고, 어떤 새가 어떤 새보다 더 빠르게 날아 다닌다고 말한다. 만일 이러한 비교들이 똑같은 종류의 사물들 사이에서만 일어나고, 아버지가 아들보다 더 크다고 말해진다면, 그것은 아들이 아버지와 동일 본질을 지닌 결과이다. 그러나 그 말 속에 내포된 다른 의미가 있다. 자기의 아버지가 더 크다고 그가 시인한 것 속에 이상한 것이 있는가? 그는 말씀으로, "육신이 되었다."[21] 그리고 그는 영광 중에 있는 천사들보다 열등하고, 아름다움 속에 있는 사람들보다 열등하게 보여졌다. "당신이 그를 천사들보다 조금 못하게 만드셨습니다."[22] "우리가 그를 보니, 그는 흠모할만한 것도 없고 아름다움도 없다. 그는 다른 사람들과 비교할 때 아름다움이 없었다."[23] 그는 잃은 양을 구해서 양떼에 안전하게 데려다 놓고,[24] 예루살렘에서 여리고로 내려가다가 강도들의 손에 떨어진 사람을 그의 땅으로 안전하고 무사하게 복귀시킬 수 있도록 하기 위해,[25] 자신이 친히 한 일을 향한 큰 연민 때문에, 그는 이 모든 것을 견디었다. 이교도는 또한 그를 구유로 인해— 비록 그가 이성이 없었을 때 그 안에서 말씀에 의해 양육된 것일지라도— 비웃을 것인가? 침대가 갖추어지지 않은 목수의 아들의 빈곤을 비난할 것인가? 그것은 아들이 아버지보다 열등한 이유이다. 왜냐하면 당신을 위하여 그는 죽었는데, 당신을 죽어야 할 운명으로부터 자유롭게 하고 천상의 삶에 참여하게 하기 위하여 그렇게 한 것이었다. 그것은 마치 의사가 환자를 고치기 위하여 아픈 부위에 몸을 숙여서 악취를 내뱉게 했다고 그를 비난하는 것과 같다.

그가 심판의 '날과 때를 알지 못하는'[26] 것도 또한 당신 때문이다. '만물이 그로 말미암아 왔고'[27] 사람들 가운데 아무도 그가 만든 것을 언제나 알지 못하기 때문에, 비록 참된 지혜가 알지 못하는 것은 아무것도 없을지라도 그렇다. 그러나 이것은 당신의 약함으로 인한 그의 섭리의 부분이다. 그래서 죄인들은 회개할 여지가 그들에게 남아있지 않다고 생각하면서, 정해진 시간의 좁은 범위에 의해 절망에 빠지지 않을 것이다. 반면, 적군에 맞서 오랫동안 전쟁을 하고 있는 자들은 시간이 연장되기 때문에 그들의 주둔지를 떠나지 않을 것이다. *ep.* 8. 5, 6

(e) 그리스도의 인간적인 무지

["그 날과 그때는 아무도 모른다"라는 본문에 대하여. 막 13:32] 나는 소년시절에 교부들에게서 듣고, 의심없이 받아들인 설명을 해줄 수 있다 …

'아무도 모른다(no one)'라는 말은 분명히 보편적인 용어로서, 단 한 사람이라도 예외를 허용하지 않는 말이다. 그러나 이것은, 한 분, 즉 "하나님 한 분 밖에는 선한 사람이 아무도 없다"[28]라는 말 속에서 내가 발견한 것처럼, 성서에서 사용하는 것이 아니다. 왜냐하면 이 구절 속에서조차 아들은 자신을 선의 본성으로부터 배제시키지 않기 때문이다. 그러나 하나님은 첫번째 선이기 때문에 나는 '아무도 없다'(no one)라는 말은 '첫번째'라고 이해되어진 부가어와 함께 말해진 것이라고 믿는다. 그리고 "아버지 밖에는 아들을 아는 자가 아무도 없다"[29]라는 말 속에는, 성령을 거스르는 무지에 대한 비난은 없으나, 아들 자신의 본성을 아는 것은 먼저 아버지에게 속해 있다는 증언이 있다. 마찬가지로, "그 날과 때는 아무도 모른다"라는 말은 우선 현재와 미래를 아는 것은 아버지에게 속하는 것으로 생각하는 것이며, 그리고 일반적으로 첫번째 원인을 인간에게 지적해주는 것이다. 그렇지 않으면, 어떻게 이 말이 나머지의 성서적 증거와 합치될 수 있는가? 어떻게 그것이, 독생자는 보이지 않는 하나님의 형상이라고 일반적으로 수용된 믿음과 조화될 수 있는가? 그것은 육체적인 형상으로 표현된 것이 아니라, 바로 신성의 형상, 그리고 하나님의 본질에 돌려진 전능한 속성들의 형상이기 때문이며, 그리고 그리스도는 '하나님의 능력이요 하나님의 지혜라'[30] 불리기 때문에, 하나님의 형상이며 하나님의 지혜의 형상이 아닌가?   *ep.* 236. 1

(f) 그리스도의 인간적인 약함

분열, 감소, 용해되는 것은 육체의 속성이며, 피로, 고통, 배고픔과 목마름을 경험하고, 잠에 정복되는 것은 동물적인 육체의 속성이다. 그리고 슬픔, 걱정, 근심 등을 느끼는 몸을 이용하는 것은 영혼의 속성이다. 이러한 경험들 중 어떤 것들은 생물체에 자연스럽고 피할 수 없는 것들이다. 다른 것들은 덕을 훈련하지 않고, 종규 없는 삶에 의해 생긴, 그릇된 선택에서 일어난다. 그러므로 주님이 자신의 성육신이 실제적인 것이고 단순한 위장이 아니라는 것을 확립하기 위하여 자연스러운 경험들을 받아들인 것이 분명하다. 그러나 약함에서 출생하고 우리 삶의 순수함을 더럽히는 경험들을, 그는 자신의 때문지 않은 신성과 조화되지 않는다고 거부했다. 그러므로 그는 "죄 있는 육신의 모양으로 태어났다"[31]라고 말해지고, 이 사람들이 생각하는 것처럼 '육신의 모양으로'가 아니라 '죄있는 육신의 모양으로' 태어났다. 그래서 그는 자연스러운 경험들을 지닌 우리의 육신을 입었으나, "그는 죄를 짓지 않았다."[32] 아담을 통하여 우리에게 전달된 육신 안에 있는 죽음이 신성에 의해 삼키워진 것[33]과 똑같이, 죄성은 그리스도 예수 안에 있는 의에 의하여 폐기되었다. 그 결과 부활할 때 우리는 죽음에 종속되지도 않고 범죄할 여지도 없는 육신을 되받는다. *ep.* 261. 3

4. 그리스도의 사역

속죄와 속전

모든 인간의 영혼은 노예의 악한 멍에를 감수해 왔다. 즉 모두의 공통된 적에게 노예가 되어 왔다. 인류는 창조주의 선물이었던 자유를 약탈당해 왔고, 죄를 통하여 포로가 되었다. 그런데, 어떤 포로가 자신의 자유를 회복하려면, 속전이 필요하다. 그런데 아무도 그 형제를 구속하지 못하며[34] 아무도 자신을 구속하지 못한다. 왜냐하면 구속자는 정복당한 노예보다 훨씬 더 우월해야 하기 때문이다. 모든 사람은 죄인이기 때문에, 인간은 죄인을 위하여 하나님에게 구속할 힘이 전적으로 없다. … 그러므로 당신의 속전으로 어떤 형제를 구속하려고 하지 말라. 그러나 우리의 본성보다 더 우월한 분이 한 분 있다. 그분은 단순한 인간이 아니지만, 인간이며 하나님인 예수 그리스도인데, 그분 한 분만이 우리 모두를 구속할 수 있다. 왜냐하면 '이 예수를 하나님이 그의 피로 인하여 믿음으로 말미암는 화목 제물로 세우셨기' 때문이다.[35]

자기의 아들의 구속을 위해 부여할 수 있는 그런 가치를 지닌 무엇을 발견할 수 있을까? 모든 인류를 위해 값을 지불할 정도의 가치를 지닌 한 가지가 발견되었다. 그것은 바로 우리 주 예수 그리스도의 거룩하고 가장 값진 피인데, 그 피를 그는 우리 모두를 위하여 쏟았다. 그러므로 우리는 '값으로 산 것'[36]이 되었다. … 만일 어떤 사람이 우리를 구속할 수 없다면, 우리를 구속한 그는 단순한 사람이 아니었다. *in Ps.* 48. 3

만일 주님이 오셔서 우리의 육신에 거하지 않았다면, 그 속전은 우리를 대신해서 죽음에 합당한 대가를 치르지 못했을 것이고, 또한 자신을 통하여 죽음의 지배를 파괴시키지도 못했을 것이다. 만일 주님이 죽음이 지배하는 것을 떠맡지 않았다면, 죽음은 쉬지 않고 목적을 성취했을 것이며, 하나님을 지닌 육신의 고통이 우리의 이익이 되지 못했을 것이다. 또한 그는 육신의 죄를 죽이지 못했을 것이다. 아담 속에서 죽은 우리는 그리스도 안에서 회복되지 못했을 것이다 … 뱀에 의해 하나님으로부터 멀어진 것은 그에 의해 되찾아지지 못했을 것이다. *ep.* 261. 2

5. 성령

(a) 성령의 본성

성령이라는 칭호를 들을 때 마음이 부풀어 오르지 않을 수 있는 사람이 누가 있는가? 어느 누가 지고한 본성에 자기의 생각을 끌어올리지 못할까? 성령은 '하나님의 영', '아버지로부터 발출한 진리의 영', '의로운 영', '인도하는 영'[37]이라 불린다. 그러나 그의 적절하고 독특한 칭호는 '성령'(Holy Spirit)인데, 그 칭호는 육체가 없고, 순전히 비물질적이고 불가시적인 모든 것에 특별히 적용할 수 있는 이름이다. 그래서 하나님이 특별한 장소에서 예배받으신다고 생각한 여인을 주님이 가르칠 때, 주님은 그녀에게 비물질적인 존재는 공간적으로 제한받지 않는다고 이야기한 후 '하나님은 영'[38]이라고 말했다. '영'이라는 칭호를 들을 때, 한정받는 본성이나, 변화와 변이에 종속된 본성을 그려볼 수 없고, 혹은 어쨌든 피조된 존재들을 닮은 본성을 그려볼 수 없다. 우리의 상상력이 최고점에 이르면, 무한한 능력이 있고 한량

없이 커서 어느 시대나 측량할 수 없고 은사가 무한한, 지성적인 본질을 상상할 수 있을 것이다. 성령은 신성화될 필요가 있을 때 모두가 향하는 존재이며 … 단순히 본질[ousia]로 있으며, 여러 가지 능력이 있다. 또한 성령은 모든 곳에 전부로 존재하면서 각 개체 속에 완전하게 임재하고, 감소되지 않고 나누이며, 완전성을 결여하지 않고 공유된다. 그리고 성령은, 마치 한 사람에게만 온 것처럼 그것을 즐기는 사람에게 자비로운 은혜로 다가오면서도 땅과 바다 위에 비쳐서 공기와 섞이는, 태양빛을 닮았다. 그래서 성령은 성령을 받아들이는 자들 각자에게 오는데, 그것은 마치 개체 한 사람에게만 주어지는 것 같다. 그러나 그는 충분하고 완전한 그의 은혜를 모두에게 보내고, 그에게 참여하는 자는 모두 그의 능력의 용량이 아니라 그들의 본성의 수용력에 따라 은혜를 받아들인다.

햇빛이 밝고 투명한 물체들에 비추이면, 그들 자신들은 빛이 나고 그들 자신들로부터 더 빛나는 빛이 발산된다. 그래서 성령이 가득차서 성령에 의해 조명받는 영혼들은, 그들 스스로가 완전히 영적으로 되어 그들의 은혜를 다른 사람들에게 발한다. 미래에 대한 예지, 성찬식(mysteries)에 대한 이해, 숨겨진 것들에 대한 파악, 영적인 선물들에 대한 참여, 천상의 시민권, 천사들의 성가대의 자리, 끝없는 기쁨, 하나님 안에 거하는 권세, 하나님처럼 되는 것, 그리고 우리가 열망하는 최고의 것, 즉 신적으로 되는 것[39]이 이 원천으로부터 온다.   *de sp. sanct.* 9. 22, 23

성령은 아버지와 아들과, 본성에 있어서 상반되고, 지위에 있어서 열등하기 때문에, 그들과 같은 범주에 놓여질 수 없다는 것이 주장되었다.[40] "우리는 사람에게보다 하나님에게 순종해야 한다"[41]라는 사도들의 진술에 응답하는 데 있어서 우리는 정당화 된다. 왜냐하면 주님이 자기 제자들에게 구원의 세례를 맡겼을 때, 그는 확실히 그들에게, 자신과의 교제를 경멸하지 말고, "아버지와 아들과 성령의 이름으로 모든 족속에게 세례를 주라"[42]고 명령했는데, 그들은 우리가 아버지와 아들과 함께 그를 위치하게 해서는 안된다고 말한다. 그들은 공개적으로 하나님의 명령을 저항하고 있는 것이 분명하지 않은가?[43] 만일 이 배열이 교제와 결합의 증거라는 것을 그들이 거부한다면, 그들로 하여금 그들이 왜 이러한 견해를 견지하지 않을 수 없는 지를 우리에게 말해주게 하라. 얼마나 더 친밀한 결합의 양식을 그들은 마음 속에 가지고 있는가? *de sp. sanct.* 10. 24

(b) 성령의 신성

〔이 구절의 저자는 불확실하다.〕

특별히 다음의 관점에서 성령의 신적인 능력들을 숙고해 보자. 우리는 성서에서 언급된 세 가지 창조를 발견한다. 첫번째 창조는 비존재로부터 존재했다. 두번째 것은 그릇된 것으로부터 더 나은 것으로의 변화이다. 세번째 것은 죽은 자들의 부활이다. 이 모든 것에서 당신은 아버지와 아들과 함께 협동하는 성령을 발견하게 될 것이다. 하늘들은 생겼다. 그리고 다윗이 무슨 말을 했는가? "주님의 말씀에 의하여 하늘들이 단단하게 지어졌고, 그의 입의 성령〔breath〕에 의해 그들의 모든 능력이 만들어졌다."[44] 인간은 세례를 통하여 다시 태어난다. 왜냐하면 "만일 사람이 그리스도 안에 있으면 새로운 피조물이기 때문이다."[45] 그리고 왜 구세주는 자기 제자들에게, "가서 모든 족속에세 제자를 삼아, 그들에게 아버지와 아들과 성령의 이름으로 세례를 주라"[46]고 말했는가? 여기에서 또한 성령이 아버지와 아들과 함께 있는 것을 본다. 또한, 죽은 자들의 부활시에, 우리가 '죽어 우리의 흙으로 돌아갔을'[47] 때(왜냐하면 '우리는 흙이고 흙으로 돌아갈 것이기' 때문이다.[48] "그는 성령〔breath〕을 보내어 우리를 창조하사 지면을 새롭게 할 것이다."[49] 성 바울이 부활이라 칭한 것을, 다윗은 회복이라고 묘사한다. …

만일 그들이 '하나님'이라는 말을 반대한다면, 그들로 하여금 그 단어의 중요성을 배우게 하라. 하나님은 만물을 배열〔tetheikenai〕하거나, 만물을 바라보기〔theasthai〕 때문에 Theos라 불리고, 한편 "그 영은 우리 속에서 우리의 모든 것들을 아는 것처럼, 하나님의 모든 것을 안다."[50] 그래서 성령은 하나님이다. 게다가, 만일 '성령의 검이 하나님의 말씀'[51]이라면, 성령은 하나님이다. 왜냐하면 검은 그 검의 소유자에게 속하는 것이기 때문이다. 그는 '아버지의 오른손'으로 불린다.("주의 오른손은 힘차게 행했다", "오 주의 오른 손이 적을 산산이 부수었나이다."[52]) 그리고 성령은 하나님의 손가락인데, 왜냐하면 "만일 내가 하나님의 손가락으로 귀신들을 쫓아낸다면"이라는 말은 다른 복음서에서 "만일 내가 하나님의 성령으로 귀신들을 내쫓으면"[53]이라고 말해지기 때문이다.) 따라서 성령은 아버지와 아들과 같은 본성을 지니고 있다.   ep. 8. 11

　새로운 것들을 도입하려고 항상 애쓰고 있는 자들 때문에, 새롭게 나타나는 의문은, 그 가르침이 반박되어 왔고 그래서 권위적인 설명 없이 방치되어 왔었기 때문에, 새로운 세대들에 의해 조용히 무시된 것이었다. 나는 권위적인 설명으로 성령론을 언급한다. 그러므로 나는 성서의 감각에 가까이 유지하면서, 이 주제에 관하여 덧붙여 진술할 것이다. 우리는 세례받는 것처럼 그렇게 믿는다. 그리고 우리가 믿는 것처럼 우리는 찬양한다. 세례는 '아버지와 아들과 성령의 이름으로'[54] 구세주에 의해 우리에게 주어진다. 그러므로 우리는 우리의 세례에 따라 신앙고백을 하고, 우리의 믿음에 따라 찬양을 한다. 우리는 성령이 신적인 본성과 상반되지 않는다는 확신으로, 아버지와 아들과 함께 성령을 영화롭게 한다. 왜냐하면 본래 상반되는 것은 똑같은 영예를 공유하지 못하기 때문이다. 우리는 성령을 피조물이라고 말하는 자들을 동정하는데, 그렇게 말함으로써 그들은 성령을 거스르는 용서받을 수 없는 불행[55]에 빠지게 되기 때문이다. 성서에서 조금이라도 교육받은 자들에게, 창조물은 신성과 다른 것이라는 것은 당연한 것이다. 창조물은 노예인데, 성령은 자유롭다. 창조물은 생명을 필요로 하지만 성령은 생명을 주는 존재이다. 창조물은 교육받을 필요가 있지만 성령은 교사이다. 창조물은 정화되지만 성령은 정화시키는 자이다.[56] 만일 천사들이나 대천사장들이나 혹은 모든 천상의 존재들에 대해 말한다면, 그들은 성령을 통하여 축성받는다. 그러나 성령은 스스로 본래부터 거룩함을 지니고 있는데, 은총으로 그것을 받은 것이 아니라 그의 존재 안에 타고난 것으로서 갖고 있는 것이다. 따라서 그는 '거룩한'이라는 구별되는 칭호를 부여받은 것이다. 아버지가 본래 거룩하고 아들도 그러한 것처럼, 그는 본래부터 거룩하기 때문에, 우리는 성령이 신적이고 성 삼위일체로부터 나뉘거나 분리되도록 허용하지 않고, 성령이 창조물의 일부라고 무지하게 생각하는 자들을 받아들이지 않는다.

ep. 159. 2

우연적인 존재들과 관련하여, 성령은 '여러 모양과 방법으로' 그들 안에 존재한다고 말해진다. 아버지와 아들과 관련하여 성령은 그들 안에 있다기보다는 그들과 함께 있다고 말하는 것이 더 참된 경의를 표하는 것이다. … 그의 영원한 선재와 쉬지 않고 아버지와 아들과 함께 거하는 것은 영원한 결합을 나타내는 칭호들을 가정하지 않고는 생각될 수 없는 것이다. … 성령의 고유한 지위를 생각하면 그가 아버지와 아들과 함께 있는 존재라고 숙고하게 된다. 참여하는 자들에게 미치는 성령의 작용으로 그에게서 오는 은혜를 기억할 때, 우리는 '성령이 우리 안에 있다'라고 말한다.

아버지가 아들 안에서 보여지는 것처럼, 그렇게 아들은 성령 안에서 보여진다. … 성령의 조명에 의하여 우리는 하나님의 '영광의 빛'[57]을 본다. '표'(impression)[58]에 의하여 우리는 그에게로 인도되는데, 그는 인장 위에 똑같이 복제된 그의 표이다. *de sp. sanct.* 26. 63, 64

6. 삼위일체

(a) 셋과 하나

〔이 구절의 저자는 불확실하다.〕

그러나 신앙심 깊고 가장 사랑스러운 나의 친구들이여, 블레셋인들(Philistines)의 양들〔즉, 아리우스주의자들〕이 몰래 너희들의 우물들을 막지 않도록[59], 그리고 너희들의 신앙에 대한 지식의 순수성을 더럽히지 않도록 그들을 조심하라. 이러한 것은 단순한 영혼들을 성서로부터 가르치지 못하게 하고, 이교철학으로 진리를 왜곡하도록 그들이 언제나 관심갖는 것이다. 누군가가 '출생하지 않은'(unbegotten)이라는 말과 '출생한'(begotten)이라는 말들을 우리의 신앙에 도입하고, 영원한 것은 '한 때는 그렇지 않았고'[60], 본래부터 그리고 영원부터 아버지인 분이 아버지가 되고, 성령은 영원하지 않다는 신경을 주장할 때, 그렇게 하는 자는 바로 블레셋인(Philistine)이 아닌가?

그는 우리 감독의 양들에게 악한 눈길을 던져서, 그들이 '영생하도록 솟아나는' 순수한 '물'[61]을 마시지 못하도록 하고, "그들이 생수의 근원되는 나를 버리고, 물을 저축하지 못할 터진 웅덩이들을 자신들을 위하여 팠다"[62]는 예언자의 말을 그들에게 응하게 하려 한다. 영감받은 말과 그러한 말을 더 깊이 이해한 자들의 가르침에 따라, 아버지는 하나님이요, 아들도 하나님이고, 성령도 하나님이라고 그들이 고백해야만 할 때 그렇게 한다. 삼신론(tritheism)으로 우리를 비웃는 자들에 대한 응답으로, 우리는 다음과 같이 대답한다. 즉, 하나님은 한 분이지만, 본성에서 하나이며, 수에서 하나가 아니라고 우리는 고백한다. 왜냐하면 수적으로 하나라고 불리는 것 모든 것이 다 절대적으로 하나는 아니며, 본성에 있어서 단일한 것도 아니기 때문이다. 그러나 하나님은 보편적으로 단일하고 합성되지 않은 분이라고 인정된다.

내가 말하고자 하는 것은 이것이다. 즉, 우리는 세계는 수적으로 하나이고, 본성에서 하나이며 단일한 것이라고 말하지 않는다. 왜냐하면 우리는 세상을 그 구성 요소들을 불, 물, 공기, 그리고 땅으로 구분하기 때문이다. 그리고 또 인간은 수적으로 하나라고 불리운다. 우리는 흔히 '한 사람'이라는 말을 한다. 그러나 그는 단일하지 않다. 그는 몸과 영혼으로 합성되어 있다. 마찬가지로 우리는 천사가 본성에서 하나이거나 단일한 것이 아니라, 수적으로 하나라고 말할 것이다. 왜냐하면 우리는 천사의 실재[hypostasis]가 축성(sanctification)으로 결합된 본질[ousia]이라고 생각하기 때문이다. 그러므로, 만일 수에서 하나인 모든 것이 본성에서 하나가 아니라면, 그리고 본성이 하나이고 단일한 것이 수적으로 하나가 아니라면, 그리고 우리가 하나님을 본성에서 하나라고 한다면, 우리가 복되고 비물질적인 것에서 수를 완전히 배제할 때, 어떻게 그들은 수를 거론하며 우리를 공격할 수 있는가? 수는 양을 언급하는 것이고, 양은 물질적인 본성과 관계되는 것이다. 그러므로 수는 물질적인 본성을 지시하는 것이다. 그러나 우리는 우리의 주님이 물질적인 육체들의 창조주라고 믿는다. 그러므로 모든 수는 물질적이고 제한받는 본성이 주어진 이러한 것들을 의미하는 것이다.

한편, 단자(monad)와 단일체는 단일하고 무제한적인 존재를 의미한다. 그러므로 하나님의 아들이나 성령이 하나의 수이거나 하나의 피조물이라고 고백하는 자는 누구든지 물질적이고 제한받는 본성의 개념을 부지중에 도입하고 있는 것이다. 그리고 제한받는다는 것은 지역적으로 제한될 뿐만 아니라, 비존재로부터 그것을 산출해내려 하고 인간의 지식에 의해 파악될 수 있는 자의 예지에 의해서도 파악된다는 것을 의미한다. 그러므로 본래 제한받고, 그것의 거룩성이 획득되는, 거룩한 것은 무엇이나 악해질 수 없다. 그러나 아들과 성령은 축성의 원천이고, 거기서부터 이성적인 피조물은 모두 그것의 덕에 따라 거룩하게 된다. *ep*. 8. 2

주님이 '아버지, 아들, 그리고 성령'이라는 교의를 명령했을 때, 그는 어떤 수적인 조정을 한 것은 아니다. 그는 '첫번째로, 두번째로 그리고 세번째로'라고 말하지도 않았고, '하나로, 둘로, 그리고 셋으로'라고 말하지도 않았다. 그러나 거룩한 이름들에 의하여 그는 구원으로 인도하는 신앙의 지식을 은혜롭게 주었다. … 그 밖의 어떤 것도 수를 부가한 결과로 변화를 겪지 않는다. 그러나 이 반대자들은 성령(Paraclete)에 돌려진 영광의 정도를 초과하지 않도록, 신성에 관하여 수를 생각한다. … 형언할 수 없는 것들로 하여금 조용히 영광받도록 하거나 수가 거룩한 것들에게 적용될 때 적절한 경외를 받도록 하라. 한 분 하나님 아버지, 한 분 독생자, 한 분 성령이 있다. 우리는 그 위격들[hypostases]의 각각을 따로따로 선포한다. 그리고 그들을 함께 헤아려야만 할 때, 우리는 하나님들의 복수성의 개념에 대한 무지한 산술에 의해 당황해하지 않는다.

게다가 우리는 단일성에서 복수성에로 증가시키면서 계산하지 않고, 또한 '하나, 둘, 셋,'이라고도 말하지 않고, '첫번째, 두번째, 세번째'라고도 말하지 않는다. 왜냐하면 "나는 하나님이요, 처음이며 나중"[63]이기 때문이다. 그리고 우리는 결코 오늘날까지 두번째 하나님에 대하여 들어본 적이 없다. 하나님으로부터 하나님을 경배할 때, 우리는 또한 군주정체를 고수하면서도 위격(hypostasis)의 개체성을 고백한다. 우리는, 말하자면 신성의 불변성에 의해 결합된, 아버지 하나님과 독생자 하나님 안에서 하나의 양식으로 묵상되기 때문에, 우리의 신학을 분리된 다양성 속으로 분산시키지 않는다. 왜냐하면 아버지는 아들과 같고 아들은 아버지와 같으며, 이 속에 단일체가 있으므로, 아들은 아버지 안에 있고 아버지는 아들 안에 있기 때문이다. 그래서 위격들의 개체성에 관하여는 하나에 하나가 있고, 본성의 공통성에 관하여는 둘이 하나이다. 그런데 만일 우리가 하나하나 따로 가지고 있다면 어떻게 두 분 하나님이 없는가? 왜냐하면 우리는 두 왕들에 대하여 말하는 것이 아니라 왕과 왕의 초상화에 대하여 말하고 있기 때문이다. 권위는 분할되지 않고, 영광도 나눠지 않는다. 초상화에 드려진 영광은 원본으로 가기 때문에, 우리를 지배하는 최고 권력은 하나이고 우리가 드리는 경배는 복수가 아니라 하나이다. 이 경우에 초상화는 모방에 의한 것이지만, 다른 경우에는 아들은 본래 아버지의 이미지이다. 예술작품에서 유사성은 형식에 대한 것인 것처럼, 신의 합성되지 않은 본성의 경우에 단일성은 신성의 공유에 있다. 성령도 하나이고, 우리는 그를 단독으로 선포하는데, 성령은 한 아들을 통하여 한 아버지에게 결부되었고, 그를 통하여 숭배할 만하고 성스러운 삼위일체가 완성된다. *de sp. sanct.* 44, 45

[바질은 비록 그의 가르침이 암시하고 있을지라도, 성령은 아버지와 아들과 '한 본질로' 되어 있다고 결코 주장할 수 없었다. 그는 분명히 성령이 '아들을 통하여 아버지로부터' 발출한다고 생각한다. 그리고 때때로 그는 아리우스의 종속론에 근접하는 용어들로 이것을 말한다. 유노미우스(Eunomius)는 "성령은 지위와 서열에 있어서 세번째이다. 그래서 우리는 성령이 본성에 있어서 세번째라고 믿어 왔다"(Lib. Apol. 25)라고 주장했다. 바질은 다음과 같이 말할 준비가 되어 있었다. "참된 종교에 대한 전통적인 가르침은 성령이 지위에 있어서 아들의 보좌라는 것일 수도 있다 … 그러나 비록(최대로 양보할지라도) 그는 정도와 서열에 있어서 종속될지라도, 그가 본성에서 다르다고 하는 것은 확실히 아니다"(c. Eunom. 2. 1). 이것은 이전의 저자들이 그러한 용어를 사용했다는 점에

서 전통적이다. 터툴리안은 adv. Prax. 3과 8에서 그리고 오리겐은 de principiis 1,3에서 사용했다. 그러나 아타나시우스는 약 5년 전 바질이 365년에 그런 단어들을 쓰기 전, 세라피온에게 보내는 서신에서 성령의 완전한 신성을 주장했다. 그리고 그와 나지안주스의 그레고리는 바질의 망설임을 목회적인 요령이라고 간주했는데, 그것은 만일 성령의 신성이 성서의 증거를 뛰어넘는 것처럼 보이는 용어들로 가르쳐질 경우 아리우스주의로 몰릴까봐 망설이는 자로 본 것이었다.]

(b) 본질과 위격들

만일 나 자신의 견해를 간단히 피력해야 한다면, 보편자가 개체자에 관계되는 것처럼 본질[ousia]은 위격[hypostasis]에 관련된다. 그의 개체적인 속성들 때문에 그는 A이거나 B인 반면 그가 본질을 공유하기 때문에, 우리 각자는 존재에 참여한다. 그래서 의문이 되는 있는 경우에, ousia은 선, 신성, 혹은 그런 개념들처럼, 보편적인 개념에 관계된다. 한편 hypostasis는 아버지 신분, 아들 신분, 거룩하게 하는 능력의 특별한 속성들 속에서 관찰된다. 그러므로 만일 그들이 hypostasis 없이 위격들에 대해서 말한다면 그들은 무의미한 말을 하고 있는 것이 된다. 그러나 만일 그들이 인정하는 것처럼, 실존들은 실제적인 hypostasis에 존재한다는 것을 시인한다면, 단일한 신성 속에 동일본질의 원리들을 보존할 정도로 그들의 수를 헤아리도록 하게 하고, 그렇게 명명된 각 위격의 완전하고 온전한 hypostasis로 아버지, 아들, 그리고 성령을 숭앙하고 인정하여 선포하게 하라.   *ep.* 214. 4

본질(ousia)과 위격(hypostasis)의 구별은 보편자와 개체자의 구별과 같다. 예를 들면 '동물'과 '인간 X'의 관계와 같다. 그러므로 신성에 관하여 우리는 하나의 ousia를 인정하고 존재에 대하여 다른 설명을 하지 말아야 한다. 그러나 우리는 또한 아버지, 아들, 그리고 성령에 대한 혼동되지 않고 분명한 개념을 갖기 위해 특유한 hypostasis를 고백한다. 만일 우리가 아버지 신분, 아들 신분, 그리고 거룩하게 하는 능력의 각각에 대한 구별되는 특징들에 대한 별개의 개념이 없고, 존재에 대한 일반적인 관념의 기초 위에서 하나님에 대한 우리의 믿음을 고백한다면, 그렇다면 우리는 당황해서 우리의 신앙에 대해 온전히 설명할 수 없을 것이다. 그러므로 우리는 보편자에 개체자를 부가함에 의해 우리의 신앙을 고백하지 않으면 안된다. 신성은 보편적인 것이지만 아버지 신분은 개체적인 것이다.

    우리는 '나는 아버지 하나님을 믿는다'라고 말함으로써 그것들을 합칠 수 있다. 또한 아들에 대한 우리의 고백에서 우리는 똑같은 과정을 따라야 하는데, 보편자에 개체자를 합쳐서 '나는 하나님 아들을 믿는다'라고 말해야 한다. 마찬가지로, 성령에 관하여, 우리는 이러한 형식의 진술을 따라서, '나는 신적인[64] 성령, 거룩한 분을 믿는다'라고 말해야 한다. 이렇게 해서 단일성은 하나의 동일한 신성을 고백하는 데서 보존되고, 반면 위격들의 개체적인 특성은 그들 각자 안에서 묵상된 특별한 속성들의 구별에 의해 인정된다. 그러나 ousia를 hypostasis와 동일시하는 자들은 단지 다른 세 특성들을 고백하지 않을 수 없고, 세 위격들에 대해 억지로 말하는 가운데, 그들은 분명히 사벨리우스의 재앙을 피하지 못한다. 왜냐하면 사벨리우스 자신조차, 한편 여러 곳에서 그 개념을 강화시킬지라도, 각각의 경우의 필요를 충족시키기 위해 똑같은 hypostasis가 그 양식을 바꾼다고 말하는 점에 있어서 특징들을 구별하려고 한다.   *ep.* 236. 6

〔'닛사의 그레고리에게 보내는' 이 편지는 어떤 사람들이 닛사의 그레고리에 의해 쓰여진 것이라고 생각한다.〕

    hypostasis라는 단어는 어떤 특별한 구별점에 관해 말해지는 것을 가리키기 위하여 사용된다. '사람'을 말할 때, 그 단어의 불명확한 의미 때문에 듣는 사람에게 미치는 영향은 희미하고 분산된 개념이다. 그것은 보편적인 본성을 가리키는데 있어서 성공적이지만, 그것은 존재하는 것을 나타내지 못하고, 특별히 언급되는 것을 나타내지 못한다. 만일 우리가 '바울'을 말한다면, 그 이름에 적용되는 특별한 경우를 언급함으로써 그것이 존재하는 대로의 본성을 지시한다. 그러므로 이것은 위격(hypostasis), 혹은 실재(subsistence, under-standing)이고, 그 의미의 보편성 때문에 신분(standing)을 알 수 없는, 본질(ousia)이라는 불분명한 개념이 아니다. 그러나 이것은 그것 안에 나타난 특유한 요소들을 언급함에 의해, 어떤 경우에 보편적이고 무제한적인 것에 신분을 주고 제한을 가하는 개념이다. …

욥이 자신의 전기를 이야기하려 할 때, 그는 '어떤 사람이 있었다'라는 일반적인 말로 시작하고, 그리고 곧바로 '어떤'[65]이라는 말을 덧붙임으로써 개별적으로 말한다. 그는 이것이 자기의 이야기의 주제와 무관하기 때문에, ousia을 묘사하기 위한 것 이상의 것을 말하지 않는다. 그러나 그는 자기가 거하는 곳, 그의 특징되는 점, 그리고 그를 분리시키고 개체화시키는 외적인 모든 자질들에 의하여 '일정한 사람'을 보편 개념인 '사람'과 구별한다. … 보편적인 ousia에 대한 설명은, 빌닷(Bildad)와 소발(Zophar)의 경우에, 그리고 그 책에서 언급된 모든 개인의 경우에 똑같다고 할 수 있을 것이다.

만일 인간적인 수준에서 인식하는 ousia과 hypostasis 사이를 구별하는 이 원리를 신학적인 교리로 옮긴다면 틀리지 않을 것이다. 아버지의 존재 양식에 대해 당신의 생각이 암시하는 것이 무엇일지라도(그리고 영혼을 치밀하게 정의된 개념으로 한정하려는 것은 소용없다. 왜냐하면 우리는 하나님의 존재 양식이 모든 개념을 넘어선다고 확신하기 때문이다), 당신은 똑같은 개념을 아들에게 적용하고 마찬가지로 성령에 적용할 것이다. 왜냐하면 비창조성과 불가해성의 원리는 아버지와 아들과 성령의 경우에 아주 똑같기 때문이다. 비창조성과 불가해성의 정도는 높고 낮음이 없다. 그리고 삼위일체의 경우에 차별성의 특징에 의해, 혼동되지 않는 구별을 유지하는 것이 필수적이기 때문에, 우리는 각각의 특유한 실재의 개념이 보편적인 특성으로 생각되는 것과 분명하고도 명백하게 분리될 수단 쪽으로만 질문할 것이다.

조사를 진척시키는 가장 좋은 방법은 다음과 같이 말할 수 있는 것 같다. 하나님의 능력으로부터 우리에게 오는 선한 모든 것은 모든 사람 속에서 모든 것들을 수행하는 은혜의 행위에 근거한다고 우리는 말한다. 그 사도는 "이 모든 것들은 같은 한 성령이 행하사 그 뜻대로 각 사람에게 나눠 주시느니라"[66]라고 말했다. 그러나 선한 것들의 공급이 성령 한 분으로부터 그 근원을 갖는지, 그리고 그것을 받을 만한 자들에게 도달하는지를 물어볼 때, 성령을 통하여 우리 안에 이루어지는 선한 것들을 공급하는 원인과 근원자는 바로 독생한 하나님이라는 믿음으로, 성서에 의해 우리는 인도받는다. 왜냐하면 성서는 "만물은 그로 말미암아 창조되고 그에 의해 유지된다"[67]고 가르치기 때문이다. 그러나 더 나아가, 우리가 이 개념으로 들리어질 때, 신적으로 영감받은 길잡이에 의하여, 만물이 비존재에서 존재되어지는 것은 이 능력에 의해서이고, 원인 없는 원인으로서의 이 능력에 의한 것이 아니라는 것을 배우도록 우리는 인도받는다.

그러나 출생되지도 없고 원인도 없이 존재하는 능력이 있는데, 그것은 원인의, 즉 존재하는 모든 것의 원인이다. 왜냐하면 아들은 아버지로부터 기원되고, 아들을 통하여 만물이 존재하고, 그와 함께 성령은 언제나 우리의 사고 속에서 나뉨이 없이 연결되기 때문이다. 누구든지 먼저 성령에 의해 조명되지 않고는 아들에 대해 생각하는 것이 불가능하다. 따라서 선한 것들이 피조물에 공급되는 원천인 성령은 아들에게 결부되었고, 그와 함께 불가분적으로 파악되고, 동시에 그는 원인으로서의 아버지에 의존하여 존재하고, 아버지로부터 또한 발출한다. 이 점에 있어서 성령은 그의 특유한 위격(hypostasis)이 구별되는 특성을 보인다. 그는 아들 후에 그리고 아들과 함께 알려지고, 아버지로부터 위격을 갖는다. 아들은 아버지로부터 발출하는 성령이 자신을 통하여 그리고 자신과 함께 알려지게 한다. 한편 그는 홀로 독생하여 출생하지 않은 빛으로부터 빛을 비춘다. 독특하게 구별되는 그의 특성들에 관하여 그는 아버지와 혹은 성령과 공통된 것은 아무것도 없다. 그는 홀로 이렇게 전술한 특징들에 의해 구별된다.

한편 만물 위에 있는 하나님은 자신의 존재를 특징짓는 차이점이 있다. 그리고 이것은 홀로 아버지이며, 홀로 어떤 원인으로부터도 유래되지 않은, 그의 위격을 가지고 있다. 이렇게 구별되는 특성을 통하여 그의 독특한 존재는 인지된다. 이 이유 때문에 우리는 본질(ousia)을 공유하는 데 있어서 삼위일체에서 관찰되는, 구별되는 특성들의 공유나 연합이 없다고 주장한다. … 우리는 위격들의 차이를 발견하지만, 무한하고, 불가해하고, 창조되지 않고, 제한되지 않는 그러한 속성들에 관하여는, 생명을 주는 본성에 변화가 없다. 즉 아버지, 아들, 그리고 성령의 본성에 있어서 그러하다. 그들 안에서는 일종의 계속적이고 나뉠 수 없는 본성의 공유가 있다.

어떤 사상에 의해, 믿음으로 성 삼위일체 안에서 묵상하는 존재들 중의 어느 한 존재의 위엄에 대해 상상할 수 있다. 그리고 똑같은 고찰들에 의하여, 아버지, 아들, 그리고 성령 안에 있는 영광을 돌아가며 변화없이 볼 수 있다. 한편 마음이 지나갈, 그들을 갈라놓는 빈 간격은 없다. 그들 사이에 끼어든 것은 아무것도 없다. 낯선 것을 끼어놓음으로 해서, 그 본성을 그 자체로부터 나누어 놓을 수 있을 정도로, 존재하는 것은 신성 외에 아무것도 없다. 또한 신적인 존재의 내적인 조화 속에 틈을 만들고 허공을 삽입함으로써 계속성을 깨뜨릴 정도로, 존재 없는, 어떤 진공의 간격이 없다. 아버지에 대한 개념을 가진 자는 그가 자신 안에 있다고 생각하고, 동시에 그의 심상 속에 아들을 포함시킨다. 그리고 그가 이렇게 아들을 이해할 때, 그는 성령을 아들로부터 분리시키지 않는다. 그러나 순서에 관하여 계속적으로, 본성에 관하여 동시발생적으로 간주된 세 존재들이 마음 속에서 연합되어 있는 신앙의 이미지를 형성한다. …

만일 우리가 성령에 대해서만 말한다면, 우리는 이 진술에서 그가 누구의 성령인지를 포함시킨다. 그리고 바울이 말한 것처럼[68] 성령은 그리스도의 영이고, 하나님에게서 나오므로, 사슬의 한 끝을 잡고 있는 사람이 반대편을 자신에게 잡아당기는 것처럼, 그렇게 예언자의 말씀 속에서 '성령을 들이마시는'[69] 사람은 그를 통하여 아버지와 아들을 자신에게로 들이마신다. 그리고 만일 누구라도 아들을 참으로 받아들인다면, 아들은 한쪽에서 자신의 아버지를 데려오며, 다른 한쪽으로는 자신의 성령을 데려오기 때문에, 그는 양쪽에 그를 소유할 것이다. 왜냐하면 언제나 '아버지 안에' 있는 자는 결코 그와 분리될 수 없으며, 또한 성령 안에서 '만물을 생기게 하는' 자는 그로부터 떨어질 수 없기 때문이다. 마찬가지로, 아버지를 받아들이는 자는, 그의 능력과 함께, 아들과 성령을 받아들이는 것이 된다. 왜냐하면 어떤 식으로도 구별되거나 분리되어 아들이 아버지 없이 생각되고, 성령이 아들로부터 떨어질 수 있다고 생각하는 것은 불가능하기 때문이다. 이 점에 있어서 일종의 표현할 수 없고 상상할 수 없는 공유와 동시에 구별이 파악된다. 위격의 차이는 본성의 계속성을 찢어내지 못하고, 본질에 관한 공유는 개체적인 특성들을 혼동시키지 못한다. *ep.* 38. 3, 4

유노미우스(Eunomius)는 다음과 같이 말한다. "둘이 똑같은 본질을 공유하면서, 하나는 서열에서 그리고 순간적인 우선권을 가진다는 이유로 앞선다고 말할 수 없다." 만일 본질의 공유에 의해 그것으로부터 유래하는 자들 사이에 분배되고 나누어진 선재하는 것을 그가 이해한다면, 우리 자신들은 그러한 개념을 수용할 수 없을 것이다. 정말 그럴 수 없으며, 우리는 만일 그런 것이 있다면, 이런 주장을 하는 자들은 바로 다름아닌 차이점을 주장하는 자들이다. 그러나 만일 본질의 공유가 둘다 존재의 동일한 원리를 가진 것을 의미하는 것이라면, 그렇다면 빛도 또한 독생자의 본질이며, 아버지에게 돌리는 존재의 원리가 무엇이든지 그것은 또한 아들에게 돌려진다라고 고백된다. 만일 그것이 존재의 공유의 의미로 취해진다면, 그렇다면 우리는 그 교리를 수용한다. *c. Eunom.* 1. 19

내가 하나의 ousia(본질)에 관하여 말할 때, 둘로 나누어진 하나에 대해 생각하는 것을 주의하라. 근원으로서의 아버지로부터 존재를 받은 아들에 대해 생각하고, 선재하는 하나의 존재로부터 나타나는 아버지와 아들에 대해 생각하지 말라. 우리는 형제들에 관하여 이야기하고 있는 것이 아니다. 우리는 아버지와 아들을 인정하고 있다. 아버지로부터 유래하기 때문에 본질의 동일성이 있는데, 아들은 명령으로 만들어지지 않고, 아버지의 본성으로부터 태어났다. 그래서 구분에 의해 아버지로부터 분리되지 않고 전체를 발하며, 한편 아버지는 전체로 남아 있다. 그리고 "그는 두 신들을 선포한다, 그는 다신론을 가르친다"라고 말하지 말라. 두 신들이 있지 않고, 두 아버지들이 있지 않다. 두 근원들을 소개하고 두 신들을 선포하는 자는 바로 인간이다. 그러한 사람이 바로 마르키온이다.[70] …

출생한 자를 낳은 자와 다른 본질을 지녔다고 말하는 자는 또한 두 신들에 대해 말하고 있는 것이다. 왜냐하면 그는 본질의 유사성 때문에 다신론을 도입하고 있기 때문이다. 만일 출생한 신성과 출생하지 않은 다른 신성이 있다면, 다신론을 선포하고 있는 것은 바로 당신이다 … 만일 비출생이 아버지의 본질이라면, 출생은 아들의 본질이다. … 하나의 원천이 있고, 그리고 그 원천에서 유래된 하나의 존재가 있다. 하나는 원형이고 하나는 형상이다. 이렇게 단일성의 원리는 보존된다. 아들은 아버지로부터 태어난 자로 존재하고, 그 자신 안에서 아버지를 자연스럽게 나타내고 있다. 아버지의 형상으로서 그는 완벽한 닮음을 보이고, 자손으로서 그는 동일본질을 지킨다.

어떤 사람이 광장에서 왕의 초상화를 보고, "저 분은 왕이다"라고 말하는 것을 상상해 보라. 그는 초상화와 그 초상화의 실물이라는 두 왕들의 존재를 인정하고 있는 것이 아니다. 또한 그는 그 실물에게서 왕의 칭호를 빼앗는 것이 아니다. 그는 오히려 이러한 진술에 의해 그의 명예를 강화시키고 있는 것이다. 왜냐하면 그 초상화가 왕이라 불린다면, 분명히 그 초상화의 원인은 더욱 더 왕인 것이 분명하기 때문이다. …

그러므로 하나님에게 적합한 방법으로 이해된, 이 초상화의 유비는 신성의 단일성을 드러낸다. 이런 식으로 둘은 결합되는데, 그것은 그들 사이에 차이도 없고, 아들이 다른 형태나 상반된 특성을 지닌 존재로 생각되지도 않기 때문이다. 그러므로 내가 반복하건대, 하나와 다른 하나가 있지만 그 본성은 나뉘어지지 않고, 완전하며, 전체이다. 따라서 둘이라는 수단에 의해 둘 속에서 전체로 보여진 하나의 형태가 준수되기 때문에, 하나님은 한 분이다. …

성령에 관하여 우리는 아들에 관하여 주장해 왔던 것과 똑같은 것을 주장한다. 즉 우리는 그의 개체적인 인격을 인정하지 않으면 안된다. 성서는 "하나님은 영이시니"[71]라고 말한다. 그러므로 성령은 당연히 아버지와 동일한 것이 아니다. 또한 성서가 "누구든지 그리스도의 영이 없으면, 그는 그리스도에게 속하지 않았다. 그러나 그리스도는 당신 안에 있다"[72]라고 말하기 때문에 당연히 아들과 성령은 하나의 인격(prosopon)이 아니다. 이 구절들은, 성령은 그리스도와 동일하다고 생각하도록 어떤 사람들을 오도했다. 그러면 우리가 주장하는 것은 무엇인가? 이러한 말들은 그들 사이의 본성이 결합하는 증거가 되지만, 위격들이 혼동되는 증거가 되지는 않는다. 왜냐하면 완전한 존재를 지니고 결여된 것이 아무것도 없이, 아버지는 아들과 성령의 뿌리이며 근원으로 존재하기 때문이다. 아들은 사랑있는 말씀으로서, 아버지의 자손으로서, 아무것도 결여하지 않은 채, 완전한 신성으로 존재한다. 그리고 성령은 다른 존재의 부분으로서가 아니라, 자신 안에서 완전하고 전체적으로 고려된, 충만함으로 존재한다. 아들은 아버지와 함께 밀접하게 결합했고, 성령은 아들과 함께 결합했다. 그들을 떼어놓을 수 있는 것은 아무것도 없으며, 이 영원한 결합을 갈라놓을 것은 아무것도 없다. 어떤 시대도 그들 사이에 끼어들 수 없다. 독생자는 아버지와 함께 있기를 그치고 성령은 아들과 함께 존재하기를 그만둘 것이라는, 어떤 분리도 상상할 수 없다.

hom (24) *c. Sabell., Ar., Anom.* 3. 4

성령의 사역들은 무엇인가? "주의 말씀으로 하늘들이 지어졌고, 그의 입의 영〔breath〕으로 그들의 모든 권세가 이루어졌다."[73] 그러므로 말씀 하나님이 하늘들의 창조주인 것처럼, 성령은 하늘의 권세들에게 견고함과 안정성을 나누어준다. 그리고 욥은 "하나님의 신이 나를 지으셨다"[74]라고 말했다. 그때 그는 창조에 대해 말한 것이 아니라 인간의 탁월성 면에서 충만함에 대하여 말하고 있었다고 나는 생각한다. 또한 이사야는 주님의 인격으로(즉, 그의 인성에 관하여) 말하고, "주님이 나와 그의 신을 보내셨다"[75]라고 말한다. 더 나아가, 시편 기자는 성령의 능력이 온 우주에 충만하게 스며들었다고 선포한다. "내가 주의 신을 떠나 어디로 가며 주의 앞에서 어디로 피하리이까?"[76] 그러므로 성령으로부터 우리에게 오는 은혜의 정도와 본성을 생각해 보라. 주님 자신이 '자기를 영접하는 자들에게 하나님의 자녀가 되는 권세를 주신 것'[77] 같이, 또한 성령도 '양자의 영'[78]이다. … 아버지가 그들을 받아들이도록 일하는 자들 사이에서 사역을 나누어 주고, 아들이 직임들을 나누어주는 것처럼, 성령도 똑같은 증언에 의해 은사들을 나누어 준다.[79] … 성령의 사역이 아버지와 아들의 사역과 어떻게 결합하는지 주목하는가? 성령의 신성을 훨씬 더 단호하게 선포하는 구절이 있다. "이 모든 일은 같은 한 성령이 행하사 그 뜻대로 각 사람에게 나눠주시느니라."[80] 이 증언은 절대적이고 완전한 권위를 성령에 돌린다.   *c. Eunom.* 3. 4

성령은 '하나님으로부터' 왔다고 말해지는데, 그것은 "만물이 하나님에게서 났다"[81]는 의미에서가 아니라, 하나님으로부터 발출된 것으로서 그러하다. 그리고 아들과 같이 출생에 의해서가 아니라, '그의 입의 기운(영)'[82]으로서 그러하다. … 성령은 살아있는 본질로 거룩하게 할 권세를 가지고 있다. 그리하여 그의 하나님과 가까운 관계는 드러나고, 그의 존재 방식은 형언할 수 없는 비밀로 보존된다. … 보혜사(Paraclete)로서 그는 자기를 보낸 보혜사[83]의 선을 자신 안에 표현하고, 그는 자신의 위엄 속에서 그가 발출하는 자의 장엄함을 드러낸다.

"아들 외에는 아무도 아버지를 알지 못한다." 마찬가지로 "성령 안에서가 아니면 '예수는 주다'라고 말할 수 있는 사람은 아무도 없다."[84] … 이리하여 하나님을 아는 길은 성령으로부터, 독생자를 통하여, 한 분 아버지에게 이른다. 거꾸로 말하면, 본성적인 선과 거룩하게 할 수 있는 본성적인 능력과 왕적인 위엄은 아버지로부터 아들을 통하여 성령에게 이른다. 이런 식으로 위격들은 인정되고, 존경할만한 군주론은 폐기되지 않는다. 첫번째와 두번째 그리고 세번째에 대해 말함에 의하여, '하위 수사'(subnumeration)를 도입하는 자들은 그리스도인들의 순수 신학에 다신론이라는 희랍적인 오류를 이입시키고 있다. 왜냐하면 '하위 수사'라는 사악한 장치의 결과는 … 첫번째, 두번째, 그리고 세번째 하나님을 인정하는 것이기 때문이다.

                                                        dep sp. sanct. 46. 47

7. 성례전

(a) 타당성―교회분열적이고 이단적인 세례

종규(Canon) 1. 카타리파(Cathari)[85]에 대한 당신의 질문에 관하여는,

그때 이 문제들을 통제한 자들이 세례에 대한 그들의 결정에 있어서 분열했기 때문에, 각 종교의 관습을 따라야 한다는 것이 이미 (당신이 나에게 올바로 상기시켜준 바와 같이) 언급되어 왔다. 그러나 내가 판단하기에, 페푸자파(Pepuzenes)[86]의 세례는 타당성이 없다. 그리고 이것이, 비록 대(大) 디오니시우스(Dionysius)[87]가 종규들에 정통했을지라도, 그것을 벗어났다는 데는 놀란다. 초기 사람들은 결코 신앙에서 빗나가는 세례를 받아들이지 않기로 결정했다. 그래서 그들은 여러 그룹들에 이단, 분열주의자들, 불법당들(illicit assemblies)이라는 이름을 붙였다. 이단들은 완전히 떨어져 나가 신앙으로부터 멀어진 자들을 의미한다. 분열주의자들은 교회 정책의 어떤 이유들과 조정 가능한 문제들 때문에 나머지로부터 분리해 나간 자들을 의미한다. 불법당들은 반역적인 장로들, 혹은 감독들, 혹은 가르침받지 못한 평신도들이 모인 회중들에 붙여진 용어였다.

예를 들어, 만일 유죄선고를 받고 자신의 성직자의 직무를 행사하지 못하도록 추방당한 어떤 사람이 교회법의 권위에 복종하기를 거부하고 자신에게 감독과 성직의 기능들이 있다고 주장하며, 그리고 다른 사람들이 가톨릭 교회를 떠나 그와 함께 도망간다면, 이것은 불법당이 된다. 회개 문제에 대하여 교인들과 다른 것이 분열이다. 한편 이단의 실례가 마니교도들[88], 발렌티누스주의자들[89], 마르키온주의자들[90], 그리고 이 페푸자파에게서 보여진다. 왜냐하면 이들의 경우에는 처음부터 하나님을 믿는 실제적인 신앙을 논할 때 차이가 있기 때문이다. 그러므로 초기에는, 분열주의자들의 세례는 받아들이는 한편, 이단들의 세례는 거부하기로 결의되었다. 분열주의자들은 여전히 교회와 어느 정도 연결되어 있었지만, 불법당에 연류된 자들은 적당한 회개와 개혁으로 수정한 후에 교회와 재연합할 수 있었고, 결과적으로, 많은 경우에, 공직에 있는 사람들이 분리하여 반역자들과 한패가 되었는데, 그때 그들은 회개를 조건으로 똑같은 상태로 되돌아왔기 때문이다.

페푸자파는 분명히 이단적이었는데, 왜냐하면 그들은 몬타누스와 프리스킬라에게 성령(Paraclete)의 칭호를 붙였기 때문이다. … 어떻게 아버지, 아들, 그리고 몬타누스(혹은 프리스킬라)의 이름으로 세례를 주는 자들의 세례를 타당한 것으로 정당화시킬 수 있었을까? …

카타리파는 교회분열적이다. 그러나 키프리아누스(Cyprian)[91]와 우리의 선임자 피르밀리아누스(Firmilianus)[92]를 포함한 초기의 권위자들은 하나의 총괄적인 유죄선고로, 카타리(Cathari), 엔크라테이아파(Encratites)[93], 히드로파라스타파(Hydroparastatae)[94]를 거부하기로 결의했는데, 그것은 분리의 기원이 교회분열에서 비롯된다는 이유와, 성령의 은사는 그 계속성이 중단될 때 나누어지기를 그치게 되기 때문에, 교회를 버린 자들은 더 이상 그 은사를 가지고 있지 않다는 이유 때문이었다. 최초의 분리주의자들은 교부들로부터 안수식을 받아들였고, 안수를 통하여 영적인 은사를 소유했다. 그러나 떨어져 나가는 자들은 평신도가 되고 세례를 주거나 안수할 권위를 결여하게 되는데, 그것은 그들이 이반한 성령의 은사를 다른 사람들에게 수여할 수 없기 때문이다. 그러므로 그들에게 세례받은 자들은, 평신도에게 세례받았다는 이유로, 교회에 와서 다시 정화되도록 명령받았다. 하지만 아시아의 어떤 사람들이 그들의 세례가 받아들여져서 그들이 대중을 다루는 것이 가능해야 한다는 노선을 분명히 취했기 때문에, 그것이 수용되었다.

우리는 엔크라테이아파(Encratites)의 참을 수 없는 태도를 주목해야만 한다. 그들 자신들이 교회에 의해 다시 받아들여질 수 없도록 하기 위해, 그들은 그들 자신의 특유한 세례 의식 — 그들 자신의 습관적인 의식[95]을 무효화하는 것을 포함하는 행위로 — 을 기대하도록 했다. 나의 견해로는, 그들에 대해 분명히 나타난 진술이 없기 때문에 그들의 세례는 거부되어야 한다고 생각한다. 그리고 만일 어떤 사람이 그들의 손으로 세례를 받고, 교회에 오게 되면, 그는 세례받아야 한다. 그러나 만일 이것이 교회의 일반적인 질서에 방해가 된다고 위협하면, 관습에 의지하여 여기에 우리를 인도하는 선례들을 남겨놓은 교부들의 관행을 따라야 할 것이다. 왜냐하면 세례주는 것 때문에 그들을 낙담시키려고 하다가, 엄격한 통제를 통하여, 우리가 구원받고 있는 자들에게 장애가 되지 않을까 염려되기 때문이다. 그들이 우리의 세례를 수용한다는 사실로 우리가 동요되어서는 안된다. 우리는 이 은혜를 주고 받을 책임이 있지만, 우리는 그 종규들을 엄격하게 지켜야 한다. 아무튼,

그들의 세례를 버리고 우리에게 오는 자들은 (확실히, 믿음있는 자들의 손으로) 기름부음 받아야 하고, 이 조건으로 성찬식에 참여할 수 있다는 것이 규정되어야 한다. 하지만, 나는 조이스(Zois)와 사투르니누스(Saturninus)[96]와 같은 형제들을 감독직에 받아들였고, 그들이 그 공동체에 속했다는 것을 잘 알고 있다. 그러므로 그들의 일단에 속했던 자들을 교회로부터 배제하지 않는데, 그 감독들을 내가 수용함으로써, 말하자면 그들과 함께 하는 성찬의 종규를 공포했기 때문이다.　　　　　　*ep.* 188 [*ad Amphilochium*]

도대체 어떻게 해서 우리는 그리스도인들인가? '우리의 믿음을 통하여'라는 말이 보편적인 대답이 될 것이다. 어떻게 우리는 구원받는가? 분명히 은혜의 세례를 받고 다시 태어남에 의해서이다. 그 밖의 어떤 대답이 가능할 수 있을까? 그러므로 구원은 아버지, 아들, 그리고 성령을 통하여 보장된다는 것을 인정한 후에, 우리는 우리가 받아들인 '가르침의 형식'[97]을 잊어버리려는가? … 어떤 사람이 세례를 받지 않고 이생을 떠났거나 전통[98]의 요소들 중 어떤 것을 결핍한 세례를 받았거나, 그의 손실은 똑같다. … 만일 나의 세례가 나에게 생명의 시작이고 처음으로 거듭나는 날이라면, 모든 발언들 중에서 가장 값진 것은 양자의 은혜를 받는 순간에 진술된 말이다. … 나는 이 고백과 함께 주님께로 떠나갈 수 있기를 기도하고, 이 반대자들[99]에게 충고하여 그리스도의 날까지 온전한 믿음을 지키고, 성령을 아버지와 아들로부터 분리시키는 것에 대항하고, 세례받을 때 그들의 믿음을 고백하고 찬양하면서 배운 교리를 붙들도록 한다.　　　　　　*de sp. sanct.* 10. 26

(b) 세례: 삼중의 이름

사도가 세례를 언급할 때, 아버지와 성령의 이름을 자주 빠뜨린다는 사실로 인하여 아무도 오도되지 않도록 하라. 그러므로 그 이름들을 부르는 것이 준수되지 않았다고 생각하는 사람이 없게 하라. 그는 "그리스도의 이름으로 세례받는 자는 모두 그리스도로 옷입었다"라고 말하고, 다시, "그리스도의 이름으로 세례받은 자들은 모두 그의 죽음으로 세례받았다"라고 말한다.

왜냐하면 그리스도[기름부음 받은 자]의 이름을 사용하는 것은 전체의 신앙 고백인데, 그것은 기름붓는 하나님, 기름부음받는 아들, 그리고 기름인 성령을 지시하는 것이기 때문이다. … 신앙과 세례는 동류여서 분리할 수 없는 구원의 방법들이다. 신앙은 세례에 의해 완전해지고, 세례는 신앙으로 확립되고, 둘은 같은 이름을 사용함으로써 완전해진다. 우리는 아버지, 아들 그리고 성령을 믿는 것처럼, 그렇게 아버지, 아들, 그리고 성령의 이름으로 세례받는다. 고백이 그 길을 인도하고 우리를 구원으로 이끌어 준다. 세례는 뒤에 와서, 우리의 동의를 봉인한다. *de sp. sanct.* 28

[세례 식문]
아타나시우스는 아리우스의 세례가 헛된 것이라고 주장했는데, 그것은 삼중의 이름을 사용함에도 불구하고 삼위일체 신앙이 결여되었기 때문이다. "아리우스주의자들은 아버지와 아들의 이름으로 세례주지 않고, 창조주와 피조물, 즉 만든 자와 만들어진 자의 이름으로 세례를 준다. 피조물이 아들과 매우 다른 것처럼, 그들이 성서에 쓰여진 것 때문에 아버지와 아들의 이름을 사용해야 한다고 그들이 주장할지라도, 그들이 준 세례는 아마도 실재와 다른 것일 것이다. 왜냐하면 세례는 단지 '주님'이라고 말하는 자에 의해 수여되는 것이 아니라, 오직 그 이름을 올바른 신앙으로 부르는 자에 의해 주어지는 것이기 때문이다." or. 2. 42. Bas. c. Eunom. 3. 5를 참조하라: "세례는 우리 신앙을 봉인하는 것이고, 우리의 신앙은 신성을 증언하는 것이다. 우리는 먼저 믿고, 그 다음 세례의 봉인을 받아야 한다. 그리고 주의 전통에 따라 우리의 세례는 아버지, 아들, 성령의 이름으로 받는 것이다. 그리고 성령은 피조물이 아니며, 또한 아버지와 아들에게 부속된 종도 아니다. 왜냐하면 신성은 삼위일체로 실행하기 때문이다."

로마의 감독인 스테펜(Stephen)과의 논쟁에서, 키프리아누스(Cyprian)는 이단의 세례가 무효라고 생각했다. 그러나 정확한 식문이 채택되었을 때, '지고한 이름'은 그 성례의 완전한 실재를 전달한다는 스테펜의 견해는 서방(W)에서 우세하였다. 그것은 아를(Arles)공의회(314)의 제7종규에서 제정되었다. "아프리카인들이 독특한 세례 관습을 채택하기 때문에, 그들에 대한 우리의 결의는, 만일 누구라도 이단으로부터 교회로 오게 되면 그에게 신경을 암송하도록 요구해야 한다는 것이다. 그리고 만일 그가 아버지, 아들, 그리고 성령의 이름으로 세례받았다는 것을 그들이 발견하면, 그는 성령을 받을 수 있기 위해 안수만 받아야 한다. 그러나 만일 질문을 받고 그가 삼위일체로 대답하지 않으면, 그로 하여금 세례받도록 하라."

그래서 성 아우구스티누스는 다음과 같이 말했다. "만일 마르키온이 복음의 말씀들로, 즉 아버지와 아들과 성령의 이름으로 세례를 주면, 그 세례는 완전한 것이다. 비록 그 말씀들로 그가 의미한 바가 가톨릭 신앙의 가르침과 다르고, 거짓말과 허위로 더러워졌기 때문에, 그의 신앙이 불완전할지라도 그러하다"(de bap. c. Don. 3. 19). 니케아 공의회의 태도는 불확실하다. 종규 19조는 사모사타의 바울을 따르는 자들을 위하여 재세례를 규정하고, 아타나시우스에 따라 그들은 삼위일체적인 세례 식문을 사용했다. 그리고 소위 콘스탄티노플의 제7 종규는 아리우스의 세례의 타당성을 인정할지라도, (한 번 침례하는) 유노미우스주의자들(Eunomians), 몬타누스주의자들, 그리고 사벨리우스주의자들의 세례를, 복음적인 식문을 사용함에도 불구하고, 헛된 것으로 간주한다.]

(c) 성찬식

(i) 영적인 음식

〔이 구절의 저자는 미상이다.〕

그는 "나를 먹는 자는 나로 인하여 살리라"[100]라고 말한다. 왜냐하면 우리는 그의 성육신과 가시적인 삶을 통하여 그의 말씀과 그의 지혜에 참여하는 자가 됨에 의하여, 그의 살을 먹고 그의 피를 마시기 때문이다. 왜냐하면 '살'과 '피'로 그는 그가 우리 가운데 신비스럽게 거하는 전체를 언급하고, 또한 자기의 가르침을, 즉 행위에 대한, 세상에 관한, 그리고 하나님에 대한 가르침을 암시했기 때문이다. 왜냐하면 그의 가르침으로 우리의 영혼은 양육되고, 반면 영혼은 실재를 묵상할 준비가 갖춰지기 때문이다. 이것이 아마 그 말씀의 의미일 것이다.   *ep.* 8. 4

(ii) 빈번한 성찬식과 남겨두기

매일 성찬을 하고 그리스도의 거룩한 몸과 피에 참여하는 것은 좋고 유익하다. "나의 살을 먹고 나의 피를 먹는 자는 영생을 가졌다"[101]라고 그는 분명히 말했다. 지속적으로 생명에 참여하면 실제로 생명을 풍성히 갖게 된다는 것을 누가 의심하는가? 나로서는, 주의 날, 수요일, 금요일, 그리고 토요일 1주일에 4번 성찬을 받고, 만일 순교자 기념식이 있으면 다른 날에도 성찬을 받는다. 만일 핍박시에 개인들이 자신들의 손으로 자신들에게 성체를 준다면, 이것은 이의를 제기하지 않는다. 사실상 오래 전에 제정된 관습은 압박받는 상황 아래서 시행된 의식을 시인해 왔기 때문에, 이것을 손가락질 할 필요가 없다. 사막에 있는 모든 은자들은, 성직자가 없을 때, 집에서 성찬식을 집행하고 자신들에게 성찬을 준다. 그리고 알렉산드리아와 이집트에서는 평신도 각자가 자신의 집에서 성찬식을 집행하는 것이 보편화되어 있다. 왜냐하면 한 번 그 제사장이 그 희생을 완전하게 하여 성찬을 주었다면, 그것을 완전한 것으로 받는 자는, 그가 매일매일 참여할 때, 그는 올바르게 그것에 참여하고 그것을 준 그로부터 그것을 받는다고 믿지 않으면 안되기 때문이다. 교회에서조차 제사장은 그 일부분을 주고 수령자는 그가 원하는 것을 행할 완전한 능력으로 그것을 간직하고, 그는 자기 자신의 손으로 자기의 입에 그것을 넣는다. 제사장으로부터 일인분을 받거나 여러 몫을 동시에 받거나 그것은 타당성의 차이를 일으키지 않는다.   *ep.* 93

8. 종말론

(a) 심판

"왜 내가 악한 날에 두려워하는가? 내 뒤꿈치의 무법이 나를 에워쌀 것이다."[102] 그는 심판의 날을 악하다 하고, 이 날에 대하여 '주의 날은' 모든 족속을 적대하여 '돌이킬 수 없다' [103]라고 말해진다. 그 예언자는 이 날에 각 사람 자신의 결정들이 그를 에워쌀 것이라고 말한다. 그러므로 그때에 내 생애를 통하여 무법한 것은 아무것도 행하지 않았다면 "나는 악한 날을 두려워하지 않는다"라고 말하는데, 왜냐하면 '내 뒤꿈치의 무법'이 나를 에워싸지 못할 것이기 때문이다. 내 죄악들의 증인은 내 주위에 있지 못할 것이고, 또한 그들은 암묵적인 고발로 나의 죄를 증명하기 위해 나를 둘러싸지도 못할 것이기 때문이다. 왜냐하면 다른 어떤 고발자도 당신을 거스려 서지 않을 것이며, 오직 당신 자신의 행위들만이, 각각 그 자체의 적당한 모양으로 당신을 직면하고, … 각각의 죄가 그 자체의 독특한 인식의 특성으로 당신을 맞서서, 그 행위를 생생하게 기억시킬 것이기 때문이다. *in Ps.* 48. 2

〔시 33: 6 (34: 5): "하나님께 와서 가르침 받아라. 그리하면 당신들의 얼굴들이 부끄러워지지 않을 것이다."〕 주님이 와서 '감추어진 것들, 어둠에 있는 것들에 빛을 비추고, 사람들의 가슴 속에 있는 의도들을 드러낼' 하나님의 공의로운 심판의 날에, 그 시험하는 빛을 몸으로 감수하여, 자기의 양심이 악한 행위들로 오염되지 않았기 때문에 부끄러움이 없는 것으로 판정받는 사람은 복이 있다. 한편 악하게 행동한 자들은 '비난받고 부끄러워질' 것이다. 왜냐하면 그들은 자신들 안에서 치욕과 자신들이 지은 죄악의 흔적들을 보게 될 것이기 때문이다. 그리고 아마도 그 죄인들이 영원히 살도록 되어 있다는 점에서 그 부끄러움은 어둠과 영원한 불보다 더 끔찍한 것이 될 것이다. 왜냐하면 그들은 자신의 몸으로 지은 죄들의 증거를, 그들의 영혼들의 기억 속에 있을 지울 수 없는 얼룩처럼, 자신들의 눈 앞에 언제나 가질 것이기 때문이다. *in Ps.* 33. 4

(b) 하늘

"마음이 청결한 자는 복이 있나니, 저희가 하나님을 볼 것임이요."[104] 형제들이여, 바로 이렇게 실재들을 순수하게 정관하는 것처럼 천국에 대해 생각하라. 이것은 영감받은 성서가 행복이라 부르는 것이다. 왜냐하면 "천국은 너희 안에 있기 때문이다."¹⁰⁵⁾ 속사람은 단순히 정관(contemplation)으로 이루어진다. 그래서 천국은 정관임에 틀림없다. 우리는 '거울 속에서처럼'¹⁰⁶⁾ 사물들의 그림자들을 보는 것처럼, 우리가 지상의 몸에서 자유롭게 되어 부패하지 않고 불멸의 몸을 입을 때 보게 될 원형들을 본다.¹⁰⁷⁾ 그러므로 말하자면, 우리가 그 권리를 향한 삶의 과정을 조정한다면, 그리고 만일 우리가 올바른 신앙을 유의한다면, 보게 될 것이다. 왜냐하면 그렇지 않으면 아무도 주님을 보지 못할 것이기 때문이다.¹⁰⁸⁾ … 내 눈 앞에 있고, 비육신적이고 완전히 비물질적인 존재에 관하여 그들에게 철학화하는 것을 내가 경시하는 데 대하여 아무도 반대하지 못하게 하라. 우리는 그들 자신의 물질적인 것들에서 얻는 무한정한 만족을 감각에 허용해야 하고, 한편 우리는 정신만 그 적당한 활동을 즐기지 못하게 해야 한다는 것을 불합리한 것으로 간주한다. … 만일 감각들이 어쨌든 약화된다면, 그것들이 필요한 치료를 받은 후에 그것들의 적절한 활동을 쉽게 회복하는 것처럼, 육신에 속박되고 그 육신으로부터 나오는 상상력으로 가득찬 마음은, '나의 발로 암사슴 발 같게 하시며, 높은 곳에 세우는'¹⁰⁹⁾ 신앙과 올바른 섭생을 필요로 한다. *ep*. 8. 12¹¹⁰⁾

〔시 33: 17 (34: 16)에 대하여: "주의 얼굴은 행악하는 자를 대하사 저희의 자취를 땅에서 끊으려 하시는도다."〕 아무도 주의 얼굴을 보고는 살지 못할 것이다. '하늘에 있는 아버지의 얼굴을 계속해서 보는'¹¹¹⁾ 자는 바로 교회 안에 있는 '작은 자들'의 천사들이다. 그리하여 우리는 육신의 '연약에 싸여'¹¹²⁾ 있기 때문에, 우리가 지금 그의 영광스러운 형체를 보는 것은 불가능하다. 그러나 천사들은 우리의 육신과 같은 것으로 싸여있지 않기 때문에 하나님의 영광스러운 얼굴을 보는 데 방해받지 않는다. 그리고 우리가 부활의 자녀들이 될 때, 우리도 또한 하나님을 마주 볼 가치가 있다고 생각될 것이다. 그러므로 의인들은 '하나님의 얼굴을 보는 기쁨'¹¹³⁾을 누릴 수 있을 것이다. *in Ps*. 33. 11

만일 일종의 빛조차 당신의 마음에 떨어져서, 하나님에 관한 많은 생각을 일으킨다면, 만일 그 빛이 당신의 영혼에 비쳐서, 당신이 하나님을 향한 사랑을 느끼고, 세상과 모든 물질적인 것들을 경멸하게 된다면, 그러면 당신은 하나님 안에서 계속적이고 중단되지 않는 기쁨을 얻는 의인들의 완전한 상태가 무엇인지를 깨달을 수 있다. 하나님의 섭리에 의하여 이 기쁨이 너의 운명에 떨어지면, 이것을 조금만 맛봄으로써 당신이 빼앗겼던 기쁨들을 상기할 수 있다. 그러나 의인들은 이 신적이고 천상적인 기쁨을 계속해서 가지는데, 성령이 영원히 그의 안에서 거하기 때문이다.[114] 그리고 성령의 첫 열매는 사랑, 희락, 화평이다. "너희 의인들아, 주를 기뻐하라."[115] 말하자면, 주는 의인들을 받아들이는 장소이다. 그리고 이 장소에 있는 자는 행복과 기쁨으로 채워지지 않을 수 없다. 그리고 의인은 주를 위한 장소이다. 왜냐하면 그는 자기 안으로 주를 기쁘게 맞이하기 때문이다.   *in Ps.* 32. 1

(c) 영벌

〔주님은 영벌과 영원한 불에 대하여 말한다. 마 25:46; 막 9:48〕

많은 사람들은 그렇게 중요한 주님의 말씀과 선포를 잊어버려 왔고, 자신들에게 시한부적인 벌을 고정시켜서, 그 결과 보다 큰 확신을 갖고 범죄할 수 있다. 이것은 악마가 속인 결과이다. 왜냐하면 영벌에 어떤 시한이 있다면, 영생에 시한이 있을 것은 당연하기 때문이다. 만일 우리가 영생에 관하여 이렇게 생각할 수 없다면, 영벌에 제한을 가하는 데에 있어서 그럴듯한 것이 무엇일까? '영원한'이라는 형용사는 둘 모두에게 똑같이 적용된다. … 〔눅 12:47의 '많은 채찍과 적은 채찍'이라는 말은 벌의 기간이 아니라 벌의 강도를 언급하는 것이다.[116]〕'끌 수 없는 불'은 멋대로 혹은 세차게 탈 수 있고, '죽지 않는 벌레'는 상벌에 따라 보다 더 부드럽거나 혹은 더 격렬한 고통을 입힐 수 있다. 지옥은 확실히 다른 종류의 징벌들이 있다. 어떤 사람은 바깥 어두움에 회부되고, 반면 다른 사람들에게는 이를 갊이 있다. 그리고 바깥 어둠은 불가피하게 내적인 어둠을 암시한다.   *reg. br.* 267

복음서 기자들 중 한 명에 따르면, 성령을 슬프게 하는 자들은 … 완전히 '산산조각'[117]날 것이다. 그것은 성령으로부터의 완전한 분리를 의미하고 … 영혼이 성령으로부터 영원히 멀어짐을 의미한다. … 이리하여 성령의 도움이 더 이상 통용되지 않기 때문에, "지옥에서 신앙고백하는 자는 아무도 없으며, 죽음 가운데서 하나님을 기억하는 자는 아무도 없다."[118]

de sp. sanct. 40

9. 종규(Discipline)

(a) 속죄(penance)

〔3통의 '종규적인 편지들'이 이코니움(Iconium)의 감독인 암필로키우스(Amphilochius)에게 송달되었다. 그것들은 고해종규에 관한 상세한 규정들을 포함하고, 동방교회에서 종규적인 권위를 얻었다.〕

남색이나 수간, 또한 살인, 마술, 간음, 그리고 우상숭배의 죄가 있는 자들은 모두 똑같은 벌을 받을 만하다. … 우리는 30년이란 기간 동안 참회한 자들을 받아들여야 한다. 무지, 자발적인 신앙고백, 그리고 긴 시간의 경과는 용서할 이유를 제공해 준다. *ep.* 188 [*ad Amphil.*] *can.* 7

의도적인 살인자는, 회개하면, 20년동안 출교되어 다음과 같이 지정된다. 4년 동안은 울며 기도하는 집 문 밖에 서서, 신자들에게 자기를 위하여 들어와서 기도해 주기를 간청하고, 자기의 죄를 고백해야 한다. 4년 후에 그는 '듣는 자들' 사이에서 인정될 것이고, 4년 동안은 그들과 함께 외출할 것이다. 7년 동안 그는 '무릎 꿇는 자들'과 함께 외출할 것이다. 4년 동안 그는 신자들과 단지 서 있기만 하고, 성찬식의 성체에는 참여하지 못할 것이다. 이런 기간이 끝나면, 그는 성례의 참여자로 인정받을 것이다.

비의도적인 살인자는 10년 동안 출교될 것이다 … 〔2년은 '우는 자'로, 3년은 '듣는 자'로, 4년은 '무릎꿇는 자'로, 1년은 '서 있는 자'로 지낸다〕.

간음자는 15년〔위와 같이 4, 5, 4, 2년 동안으로 구분되어〕출교될 것이다. 사통한자들은 7년 동안[119] 〔2. 2. 2. 1〕 출교될 것이다.

그리스도를 부인하는 자는 전 생애 동안 울어야 하고, 참회해야 하며, 임종의 시간에만 성찬을 받을 수 있다.

ep. 217 [ad Amphil.] can. 56-8, 73

이교도들은 죽음의 자리에서 회개할 때 받아들여질 수 있다.

ep. 188, can. 5

(b) 이혼

'음행한 연고 이외에는'[120] 이혼하는 것이 허용되지 않는다고 주님이 천명한 것은, 그 논거의 논리에 따르면 남자나 여자나 똑같이 적용된다. 그러나 관습은 그렇게 지키지 않고 … 그러나 간통죄를 범하고 난잡한 남편들이 그들의 아내들에 의해 간직되어야 한다고 요구한다. 그리고 또한 쫓겨난 남자와 사는 어떤 여인이 음부라 명명될 수 있는 지가 확실하지 않다. 왜냐하면 이런 경우에 죄는 남편과 이혼한 여인에게 적용되고, 그녀가 이혼한 이유에 달려 있기 때문이다. 만일 그녀가 매를 맞고 이같은 취급에 굴복하기를 거부한다면, 그녀의 남편과 분리되기보다는 오히려 그것을 견뎌야 한다. 만일 그녀가 경제적인 손실에 굴복하기를 거절한다면, 이것조차 충분한 구실이 되지 못할 것이다. 만일 그녀의 이유가 남편의 방탕이라면, 이것은 교회에서 준수된 관습이 아니다. 사실상 부인은 믿지 못하는 남편과도 분리되지 않도록 요구받는다…[고전 7:16]. 그러므로 이들 경우에, 만일 부인이 남편을 떠나 다른 남자에게로 가면 간부가 된다. 그러나 버림받은 남편은 용서받을 수 있고, 그와 함께 사는 여인은 유죄로 판정받지 않는다. 그러나 만일 자기 부인을 떠난 남자가 다른 여인에게로 가면, 그 자신은 간부이다. 왜냐하면 그는 그녀로 하여금 간음죄를 범하게 하고, 그와 함께 사는 여인은 다른 여인의 남편을 그녀 자신에게 데려왔으므로, 그녀는 간부이기 때문이다.

ep. 188. 9

(c) 수도원에 관한 종규

(i) 금지된 경쟁 고행

주님은 "내 뜻을 행하려 함이 아니오, 나를 보내신 이의 뜻을 행하려 함이다."[121]라고 말했다. 그러므로 인간의 개인적인 의지로 하는 모든 결정은 위험한 것이다. … 사람이 자신의 개인적인 의지에 따라 행하는 것이 무엇이든지 그것은 도덕적으로 행위자에게 속하고, 참된 경건에서 멀리 이탈된다. 경쟁정신으로 다른 사람들을 능가하기를 바라는 것은 질투의 먹이가 되는 것이다. 그것은 그릇된 자만의 결과이다. … 만일 사람이 자기가 금식, 혹은 철야기도, 혹은 그 밖의 어떤 것을 더 많이 할 필요가 있다고 생각한다면, 그 공동체의 실수를 위임받은 자들에게 그가 더 필요로 한다고 생각하는 것에 대한 이유들이 무엇인지를 설명해야 한다. 그리고 나서 그는 그들의 결정에 따라야 한다. 왜냐하면 종종 그는 이런 방법으로 보다 어떤 다른 방법으로 자신의 필요를 충족시키지 않으면 안될 것이기 때문이다.

reg. br. 137, 138

(ii) 공동체에서의 생활

은둔해서 사는 생활에서 우리가 갖는 권세들은 무익한 것이 되고, 우리가 결여하고 있는 권세는 보충될 수 없다. …

은둔해서 사는 생활의 유일한 목적은 개인의 필요에 도움이 된다는 것이다. 그러나 이것은 분명히 사랑의 법과는 상반된다. … 공동체에서 살고 있는 많은 사람들은 많은 명령들을 쉽게 수행할 수 있다. 그런데 그것이 은둔자에게는, 하나를 수행하면 다른 것을 수행할 수 없기 때문에, 불가능한 것이다. 예를 들어서, 우리가 환자를 방문할 때, 우리는 나그네를 대접할 수 없다.[122] … 주의 명령들을 수행하면서 사는 생산적인 삶보다 무력하고 비생산적인 삶을 더 좋아하여 선택할 사람이 누구인가? … 우리는 '우리 중 각자이고, 서로의 지체들'[123]이다. 그러나 만약 우리가 성령 안에서 결합하여 한 몸으로 되지 못하고, 각 개인이 하나님을 합당하게 찬양하는 방법으로 공동체의 복지에 도움이 되지 않고 자기성취라는 사적인 욕망을 만족시키려고 은둔생활을 선택한다면, 이렇게 분리되고 나뉜다면, 어떻게 우리는 지체들의 상호 관계와 봉사, 그리고 우리의 머리인 그리스도에게 복종을 유지하겠는가? 우리의 삶이 이렇게 나뉜다면, 어떻게 우리는 '영광받는 자와 함께 기뻐하고, 혹은 고통받는 자와 함께 고통을 받을'[124] 수 있겠는가?

개인이 자기의 이웃에게 무슨 일이 일어나고 있는 지를 아는 것은 거의 불가능하다. 그러므로, 어떤 사람도 영적인 은사들을 모두 받을 수 없다. … 공동체 생활에서, 개인의 사적인 은사들은 동료들의 공동 재산이 된다 … 한 사람 안에서 활동하는 성령의 사역은 한 번에 나머지 모든 사람에게 확장된다.…만일 어떤 사람이 자신이 겸손하다는 것을 보여줄 사람이 아무도 없다면, 그는 겸손함을 보일 수 있는 기회가 얼마나 있을 것인가? 다른 사람들과 교제가 끊어지면, 어떻게 동정할 기회가 있겠는가? 자기의 희망에 반대하는 자가 아무도 없다면, 어떻게 인내를 연습하겠는가? … 주님은 제자들의 발을 씻어 주었다. 당신은 누구의 발을 씻어주기를 원하는가? 당신은 누구를 돌봐 줄 것인가? … 형제들이 공동체 안에서 함께 살 때, 균형잡힌 훈련 과정과 주의 명령들을 실천하는 과정과, 운동 연습을 위한 공간이 있다. 그리고 그것의 목적은 하나님의 영광이다 … [마 5: 16.]   *reg. fus.* 7

(iii) 노동규칙

우리의 주 예수 그리스도는, "일꾼은 먹을 자격이 있다"[25]라고 말하고 (그는 모든 사람이 예외없이 먹을 자격이 있다고 말하지 않았다), 그 사도는 "빈궁한 자에게 구제할 것이 있기 위하여 제 손으로 수고하여 선한 일을 이루라"[126]고 명령한다. 그러므로 확실히 정력적으로 일하는 것이 우리의 의무이다. 왜냐하면 우리는 경건의 목적을 게으름에 대한 변명이나 열심히 일하지 않는 장치로 삼아서는 안되기 때문이다. … 그런 방식으로 사는 삶은 단지 그것이 '몸을 치기'[127] 때문일 뿐만 아니라, 그것이 이웃에게 사랑을 보일 수 있는 기회를 주어서, 우리를 통하여 하나님이 궁핍한 가운데 있는 형제들에게 생활 필수품들을 공급할 수 있기 때문이다. … 그 사도는 분명히 일하지 않는 자는 먹어서는 안된다고 명한다.[128] 매일의 음식은 모든 사람에게 필수품이다. 마찬가지로 모든 사람은 될 수 있는 대로 잘 일해야 한다 … 어떤 사람들은 기도와 찬양을 이용하여, 일을 면제받을 구실로 삼는다. 그러나 우리는, 전도서에 "범사에 기한이 있다"[129]는 말과 같이, 각각의 일은 거기에 맞는 시간이 있다는 것을 기억해야 한다. 하지만 모든 시간은 다른 많은 것들에게와 마찬가지로 기도와 찬송하기에 적합하다. 그래서 우리의 손은 일하기에 바쁘면서도, 가능한 한 … 혹은 그렇지 못하더라도, 우리의 마음으로, 일할 수 있도록 손에 힘을 주시고 우리의 기술을 이해할 수 있는 두뇌의 영리함을 주신 하나님께 감사하면서, 우리의 입으로 그분을 찬양한다. … 그리고 우리 손의 일이 하나님을 기쁘게 하는 목적을 향하도록 기도한다.

reg. fus. 37

(iv) 기도 시간

하지만, 우리는 '언제나'[130] 감사하라고 요구받았기 때문에, 다음과 같이 … 규정된 기도시간을 소홀히 해서는 안된다.

〔Prime〕(조과)

우선, 동틀 때, 영혼과 마음의 첫 활동들이 하나님께 바쳐지도록, 그리고 우리는 하나님에 대한 생각으로 기뻐질 때까지 우리의 생각 속으로 다른 관심이 들어오지 않도록 기도한다. … 〔시 88:13; 시 5:2, 3〕

〔Terce〕(삼시경)

그 다음 3시에 우리는 일어나서 기도해야 하고, 동료들이 그들의 다양한 직업에 따라 흩어지게 될지라도, 그들을 모아야 한다. 3시에 성령이 사도들에게 준 것을 기억하면서, 우리는 모두 모여 함께 예배를 드려서 우리도 또한 축성받을 가치가 있도록 해야 한다. … 그리고 나서 우리는 우리의 일을 재개한다. 만일 어떤 사람들이 일의 특성이나 지역성 때문에 모이기에는 너무 멀리 있다는 것을 알게 되면, 그들은 그들이 있는 곳에서 틀림없이 일반적인 의식들을 수행해야 할 엄격한 의무가 있다. 왜냐하면 '두세 사람이 모인 곳에…' 라는 말 때문이다〔마 28:20.〕

〔Sext〕(육시경)

"저녁과 아침과 정오에, 나는 말하고, 선포하고, 그리고 그는 나의 목소리를 들으리라"[131]라고 말한 성인들의 모범을 따라서, 6시에 하는 기도는 필수적이라고 우리는 결정했다. 그리고 동시에 시편 90편은 우리가 '역경과 대낮의 악마'¹³²⁾로부터 옮기어질 수 있다고 말한다.

　　　〔None〕(구시경)
　　9시는 필수적으로 기도할 시간이라고 사도들 자신이 우리에게 명했는데, 사도행전에서 베드로와 요한이 제 9시 기도시간에 성전에 올라갔다고 우리는 배웠다.¹³³⁾

　　　〔Vespers〕(저녁기도)
　　낮이 끝나면 낮동안 우리가 받은 것과 우리가 성취한 것들에 대해 감사해야 할 시간이 온다. 그리고 그때가 되면 우리의 잘못들, 자발적이거나 비자발적인 비행들을 고백하고, 말로나 행위로나 마음으로나 우리에게 알려지지 않은 자들을 위해 기도하면서, 우리의 기도들을 통하여 모두에게 하나님의 자비를 내려 달라고 구한다. 과거를 회고하는 것은 비슷한 잘못에 다시 빠지지 않도록 하는 데 큰 도움이 된다. 그러므로 "자리에 누워 심중에 말하고 잠잠하라"¹³⁴⁾는 말이 있다.

　　　〔Compline〕(끝기도)
　　그리고 나서 다시 밤이 시작되면 우리의 나머지가 범죄와 공상들로부터 해방되도록 해달라고 할 기도시간이 오고¹³⁵⁾, 우리는 다시 시편 90편을 암송하지 않으면 안된다.

　　　〔Nocturns〕(밤기도)
　　바울과 실라는 의무적인 기도시간으로 한밤중에 기도한 선례를 남겼다.… 〔행 16:25; 또한 시 119:62.〕

　　　〔Lauds〕(아침기도)
　　그리고 다시 우리는 '동트기를 기대하면서'¹³⁶⁾ 동트기 전에 기도하기 위해서 일어나야 한다. 그래서 하루동안 잠자리에서 잠에 붙들리지 않는다 …
　　이 시간들 중 어떤 시간도 하나님과 그리스도의 영광을 정규적으로 지켜보면서 살기로 결정한 자들은 소홀히 할 수 없다. 그리고 단조로우면 영혼이 지치고 집중이 안되지만, 각 시간의 찬양과 형식이 다르고 변화가 있으면, 영혼의 소망이 새로워지고 집중력이 회복되는 경향이 있기 때문에, 정기적인 시간에 하는 기도들과 시편들은 다양하고 변화가 있는 것이 유익하다고 생각

한다. *reg. fus.* 37

제3장 주(註)

1) τῶν πεφυλαγμένων δογμάτων καί κηρυγμάτων·바질은 교리들과 암묵적으로 수용된 의식들인 δόγματα 와, 공적인 정의들과 규정된 의식인 κηρύγματα 사이에 사사로운 차이가 있는 것처럼 보이는 것을 주목한다.
2) 즉, 지금은 신자들에게 계시된, 하나님의 비밀스런 계획; 고전 2:7.
3) 즉, 분명히, 축성(consecration)이다:그래서 성 바질의 성찬식(Liturgy)은, '이 선물들을 축복하시고, 거룩하게 하사 드리내소서' 라는 기도를 포함한다.
4) 축성하기 전의 *Sursum corda* 와 *Sanctus:* 그 후에 성령이 임재하기를 기원하는 봉헌과 기도(Epiclesis).
5) ιδία ύποτασις. 6)ούσία ένυποστατός. 7) 창 1:31. 8) 잠 1:12 참조.
9) 롬 5:19 참조. 10) p.68 각주10 참조. 11) *homoiousios*
12) *homoousios;*   13) 360년. 14) p.24 참조.
15) 268년 안디옥에서 열렸던 회의. 16) ύπόστάσεις. 17) πρόσωπα.
18) 요 14:11 참조. 19) 요 14:28 참조. 20) 요 14:28. 21) 요 1:14.
22) 시 8:5; 히 2:7, 9. 23) 사 53:2, 3. 24) 눅 15:4 참조.
25) 눅 10:30 참조. 26) 마 24:36. 27) 요 1:3. 28) 눅 18:19.
29) 마 11:27. 30) 고전 1:24. 31) 롬 8:3. 32) 벧전 2:22.
33) 고전 15:22, 24 참조. 34) 시 49:7. 35) 롬 3:25. 36) 고전 6:20.
37) 요 14:17 ; 요 15:26 ; 시 51:10 ; 시 50(51):14 38) 요 4:24.
39) 요 16:13; 고전 13:2; 마 13:11; 고전 12:4; 빌 3:20; 히 12:22; 롬 14:17; 요 14:23 등; 요일 3:2; 벧후 1:4 참조.
40) 유노미우스(Eunomius)와 다른 '이체론자들'(Anoemoians)에 의하여.
41) 행 5:29. 42) 마 28:19. 43) 롬 13:2 참조. 44) 시 32 (33):6.
45) 고후 5:17. 46) 마 28:19. 47) 시 103(104):29. 48) 창 3:19 참조.
49) 시 103 (104):30. 50) 고전 2:10, 11. 51) 엡 6:17.
52) 시 117 (118):16. 53) 눅 11:20; 마 12:28. 54) 마 28:19.
55) 마 12:31 참조. 56) 롬 8:2 참조; 요 6:63; 롬 15:16 참조.
57) 히 1:3. 58) 히 1:3. 59) 창 26:15 참조.
60) 아리우스의 신경, ἦν ὅτε οὐκ ἦν. 61) 요 4:14. 62) 렘 2:13.
63) 사 44:6〔LXX〕.
64) εἰς τὸ θεῖον Πνεῦμα τὸ ἅγιον·다른 문서에는 εἰς τὸν θεόν '하나님, 성령'으로 나타난다:그러나 바질은 성령에게 '하나님'을 직접 적용하는 것을 피했던 것 같다: 그는 *de sp.sanct.*에서 그것을 피한다.
65) 욥 1:1-3. 66) 고전 12:11. 67) 골 1:17. 68) 롬 8:9; 고전 2:12.
69) 시 118 (119):131, '내가 헐떡였나이다' 참조. 70) p.133 각주90 참조.

71) 요 4:24. 　72) 롬 8:9, 10. 　73) 시 32 (33):6. 　74) 욥 33:4.
75) 사 48:16. 　76) 시 139:7. 　77) 요 1:12. 　78) 롬 8:15.
79) 고전 12:4-6. 　80) 고전 12:11.
81) 고전 11:12:라오디게아의 조지(George of Laodicea)에 의해 아들에게 적용되었다: "그는 '만물이 하나님에게서 났다'라는 의미에서, 하나님에게서 왔다고 말해질 수 있다."
82) 시 33:6.
83) 요 2:1.παρακλητός 는 여기에서 흠정역 성서(A.V.)와 개정역 성서(R.V.)의 '변호자'(advocate)가 된다:성령에 대해 사용될 때는 '위로자'(comforter)가 된다.
84) 마 11:27; 고전 12:3.
85) 노바티안을 따르는 자들은 약 250년경 로마에서 엄격주의의 분열을 주도했다:그 분열은 2세기 이상 동안 여러 곳에서 존속했다.
86) 특별히 몬타누스(Montanus)와 프리스길라(Priscilla)와 같은 예언자들이 특별한 영감을 받았다고 주장하는 (2세기 후반기의) 묵시론적 열광주의자들의 한 파인 몬타누스주의자들(Montanists): '페푸자파'(Pepuzenes)는 프리지아의 페푸자(Pepuza in Phrygia) 출신자들인데, 몬타누스에 의하면, 그곳은 천상의 예루살렘이 도래할 곳이라고 했다.
87) 알렉산드리아의 디오니시우스(약 264년경 사망)는 이단적이고 교회분열적인 세례의 타당성을 수용하는 데 있어서, 키프리아누스(Cyprian)와 충돌했고, 로마의 스테펜(Stephen)과 일치했다.
88) 많은 영지주의자들처럼, 빛-어둠, 영-물질의 이원론을 가르친 페르시아의 마니(Manes)(3세기)의 추종자들:그들은 이단이라기보다는 경쟁적인 종교였다.
89) 영지주의자 발렌티누스(2세기)의 추종자들인데, 발렌티누스는 '이상' 세계와 '현상' 세계 사이에 '에온들'(aeons)을 정교한 체계로 삽입하고, 인간 예수를 통하여 '에온'인 그리스도가 가져다 준 '영지'(지식)를 통한 구속을 가르쳤다.
90) 마르키온(약 150)은 구약의 창조주(Demiurge)와, 예수에 의해 계시된 사랑의 하나님과 대조했다:이 이단은 3세기 이후에 수가 많거나 영향력이 있지는 않았지만, 소그룹들은 계속 있었다.
91) 247-58년의 카르타고(Carthage)의 감독으로, 그는 이교적이고 교회분열적인 세례를 타당성이 없는 것으로 거부했다.
92) 230-68년의 가이사랴의 감독으로서, 그는 스테펜(Stephen)과 적대하는 키프리아누스를 옹호하였다.
93) 다양한 금욕적인 그룹들에 붙여진 이름.
94) 성찬식 때 포도주 대신 물을 사용한 종파로서, 또한 'Aquarians'라고도 불리었다.
95) 이 새로운 제도들의 성격은 알려지지 않았다.
96) 이 형제들에 대하여 알려진 것은 아무 것도 없다.
97) 딤후 1:13 참조. 　98) 즉, 세례의 식문.
99) 성령이 아버지와 아들과 동등하다는 것을 부인하는 자들.

100) 요 6:57.   101) 요 6:54.   102) 시 48 (49):6.
103) 사 13:9(LXX), "주의 날은 돌이킬 수 없이 임하여 … 전 세계를 황폐케 만든다."
104) 마 5:8.   105) 눅 17:21.   106) 고전 13:12.
107) 고전 15:54 참조.   108) 히 12:14 참조.   109) 시 17(18):33.
110) 저자 미상.   111) 마 18:10.   112) 히 5:2.
113) 행 2:28; 시 15 (16):11 참조.   114) 요 14:16.   115) 시 33:1.
116) 아우구스티누스는 이와 똑같은 점을 주장한다:p.249 참조.
117) 마 24:51.   118) 시 6:6(LXX) 참조.
119) 그러나 ep.199.22는 4년으로 규정하고 있다.
120) 마 5:32.   121) 요 6:38.   122) 마 25:35 참조.   123) 롬 12:5.
124) 롬 12:15 참조.   125) 눅 10:7.   126) 엡 4:28 참조.
127) 고전 9:27.   128) 살후 3:10 참조.   129) 전 3:1.   130) 시 34:1.
131) 시 54 (55):17.   132) 시 90 (91):6.   133) 행 3:1 참조.
134) 시 4:4 (LXX).
135) 참조: 끝기도 때 부르는 라틴 찬송가: Procul recedant somnia/et noctium phantasmata./hostemque nostrum comprime/ne polluantur corpora.
136) 시 118 (119):148.

제4장

나지안주스의 그레고리

1. 권위

(a) 성서

[그레고리는 이교 문학의 표면적인 매력에 관하여 말하고 있다.]
한편, 우리는 성서의 사소한 것들에서조차 성령의 신중한 사역을 발견한다. 그리고 성서의 매우 중요하지 않은 이야기들조차 어떤 진지한 목적 없이 기록자에 의해 주의깊게 쓰여졌다고는 결코 인정하지 않을 것이다(그렇다면 그것은 공손하지 못할 것이다). 사실상, 그것들은 그 필요성이 생긴다면, 비슷한 상황 속에서 우리의 판단을 인도해 줄 경고들과 교훈들을 우리에게 주기 위해 기록되었다. 그래서 우리는 이전의 모범들을 따름으로써 그것들을 규칙들과 병행표(parallels)로 사용하여, 피해야 할 것과 선택해야 할 것이 무엇인지 알 수 있다. *or.* 2. 105

(b) 전통

[그레고리는 아폴리나리우스와 그의 추종자들에게 반박하는 글을 쓰면서, 왜 어떤 사람들은 교리에 새로운 것을 도입하려고 하는지를 질문한다.] 우리의 신앙은, 여기에서 그리고 먼 곳에서 위험하고 안전하게, 성문화된 형식과 비성문화된 형식으로 선언되어 왔다. 그런데 왜 다른 사람들은 평화스럽

게 있는 반면, 어떤 사람들은 그런 개혁을 하려고 하는가? *ep.* 101. 1

2. 인간의 상태

(a) 은혜와 자유

"이 말을 받을 수 있는 자는 모든 사람이 아니라, 그것이 주어진 사람이 받을 수 있다."[1] 당신이 '그것이 주어진' 이라는 말을 들을 때 어떤 이교적인 개념에 굴복하지 말라. 다양한 종류의 본성들, 즉, 지상적인, 영적인, 중간 적인 본성[2]을 도입하지 말라. 왜냐하면 어떤 사람들은 불가피하게 지옥에 갈 운명적인 본성을 지녔고, 다른 사람들은 구원받도록 운명지어진 본성을 지녔 고, 다른 사람들은 그들의 상태가 그들 자신의 선택으로 선으로나 악으로 가 게 운명지어진 본성을 지녔다고 생각할 정도로 완고한 사람들이 있기 때문이 다. 이제 나는 어떤 사람들은 다른 사람들보다 더 자연스러운 성향이 있다는 것을 인정한다. 그러나 단순한 성향은 사람들을 완전하게 해주기에는 불충분 하다는 것을 주장한다. 부싯돌이 강철로 그어질 때 부싯돌에서 불이 켜지는 것처럼, 이것을 생기게 하는 것은 신중한 선택이다.

'그것이 주어진 자에게' 라는 말을 들을 때, 당신은 '부름받고 그 부름에 응답하는 자들에게 주어진다' 라는 말을 덧붙여야 한다. "그것은 인간의 결정 이나 인간의 행위의 문제가 아니라 하나님의 자비의 문제이다"[3]라는 말을 들 을 때도 똑같이 덧붙여 이해하기를 바란다. 자신들의 덕행으로 우쭐해져서 자신들을 전적으로 신용하고 지혜를 주고 선한 것을 모두 공급해 주는 창조 주를 신용하지 않는 자들이 있다. 그리고 그것은 우리가 올바르게 바란다면, 혹은 오히려 어떤 의미에서 하나님의 행위이며 하나님의 친절한 선물인 옳은 것을 바로 선택한다면, 하나님의 도움이 필요해진다는 이 구절에서 바울이 그들에게 가르치고 있는 이유이다. 우리의 구원은 하나님으로부터 오는 것임 에 틀림없다. 그러나 그것은 또한 우리에게 달려있다. 그러므로 바울은, "그 것은 인간이 결정할 일이 아니며"(즉, 인간의 결정으로만 되는 것이 아니며), "(오직) 행위로만 된 것도 아니지만, 하나님의 자비로 된 것"이라고 말한다. 그리하여 그는 의지의 작용이 하나님으로부터 오기 때문에, 하나님께 모든 것을 돌린다. 당신이 아무리 열심히 달릴지라도 그리고 아무리 열심히 싸울지라도 면류관을 주는 그분이 필요하다.[4]

〔예수님이 야고보와 요한의 어머니의 요청에 응답했을 때.〕 "내 좌우편에 앉히는 것은 나에게 속한 것이 아니라, 그 자리는 그것이 주어진 자들의 것이다."[5] 이것은 인간이 통제하는 원리인 마음에는 가치가 없다는 것을 의미하는가? 근면, 혹은 이성, 혹은 철학에는 가치가 없다는 말인가? 금식은 헛된 것인가? 그리고 철야기도, 맨땅에서 자는 것, 넘쳐흐르는 눈물은 어떠한가? 그 모든 것들이 쓸모없는 것들인가? 모든 것이 운명에 의한 선택에 달려있는가? 그래서 '어머니의 복중에서부터'[6] 예레미야는 축성되고 다른 사람들은 거부되었는가?

나는 여기에 어떤 터무니없는 이론이 도입될까 두렵다. 즉 영혼은 다른 곳에서 살다가 이생의 육신에 결부되었다. 그리고 다른 곳에서의 이러한 삶의 결과로 어떤 사람들은 예언의 은사를 받고, 한편 이전에 악한 삶을 살았던 사람들은 저주받았다는 터무니없는 이론이 도입될까 걱정스럽다. 이러한 가설은 어리석은 것이고 교회의 가르침과 모순된다. 다른 사람들로 하여금 그러한 학설들을 가지고 놀게 하라. 우리는 그러한 놀이들을 불안한 것으로 간주한다. 이곳에서 또한, '그것이 주어진 자에게' 라는 말 다음에, '가치있는 자들'이라는 말을 이해해야 한다. 그리고 그들의 가치는 그들이 아버지로부터 받은 것일 뿐만 아니라 그들 자신들이 기여한 것에 기인한다.

or. 37. 13, 14, 15

(b) 창조와 타락

〔천사들—비물질적인 지성들의 창조. 그리고 감각으로 감지되는 물질 세계의 창조.〕

이렇게 구별되는 정신과 감각[7]은 그들 자신의 경계 안에 자신들을 보존하고, 자신들 안에서 창조적인 위대한 말씀을 증거하며, 침묵 속에 있는 위대한 사역을 찬양하며, 그것을 모든 사람들이 듣도록 선포한다.[8] 그 둘이 섞이지도 않고 이들 상반되는 것들의 혼합도 없는데, 이것은 자연들의 창조에 더 큰 지혜가 있고 더 관대함이 있음을 나타낸다. 모든 선의 부요함은 아직 드러나지 않았다. 이것은 장인-말씀(Craftsman-Word)이 나타내 보이기로 결정한 것이었고, 그는 둘(불가시적인 본성과 가시적인 본성을 의미한다) 가운데서 형성된 유일한 생물체를 산출했다. 즉 그는 사람을 만들었다. 그는 이미 존재하는 물질에서 몸을 취했고 그 속에 자신에게서 취한 생기를 (그것을 [성서의] 말씀은 지적인 영혼과 하나님의 형상[9]으로 알고 있는데) 불어넣었다. 이 사람을 그는 제2의 세계의 종족으로, 소우주로 땅 위에 세웠다. 다른 종류의 천사는 가시적인 피조물을 완전히 전수받은, 그러나 지적인 세계에 관해서는 단지 신참자인, 혼합된 본성의 경배자로 세웠다. 그는 땅 위에서 만물의 왕이었으나 하늘에 종속된 존재여서, 지상적이고 천상적이며, 일시적이지만 영원한 존재이고, 가시적인 질서와 지성적인 질서에 모두 속하고, 똑같은 존재 속에서 영적이고 육적인 존재가 결합하여 위대함과 비천함 사이의 중간에 있다. 영적이라 함은 하나님의 은혜 때문이고, 육적이라 함은 먼지로부터 일어났기 때문이다. 영혼은 인내하고 그의 은인을 영화롭게 하고, 육신은 견디며, 견딤으로써 그의 위대함이 그에게 야망을 갖게 할 때 상기되고 겸손해질 수 있게 한다. 이리하여 그는 이 세상에서 하나님의 섭리 아래 있는 생물체로서, 한편으로는 다른 상태로 변천하는 과정에 있고, (이 것은 그 신비의 극치인데[10]) 자연스럽게 하나님께 향하는 경향이 있는 이성에 의해 신격화되어 가는 과정에 있다.

　이 인간에게 하나님은 자유의지의 선물을 수여하여, 선한 것들이 그 종자들(seeds)[11]을 공급해준 자에게만큼 선택한 자에게 속할 수 있도록 했다. 그리고 그는 인간을 낙원에 두었는데, 그 낙원이 무엇이었든지간에, 영원한 식물들의, 즉 아마도 보다 더 단순하고 보다 더 많이 진보한, 신적인 관념들의 재배자로서 인간을 낙원에 두었다. 그는 벌거벗은 몸으로 단순하고 원시적인 방법으로 생활했으며 어떤 외피도 없었고 방어하지도 않았다. 그것은 최초로 창조된 사람에게 적합한 상태였다. 그리고 하나님은 그에게 율법을 주어 그의 자유의지를 연습할 재료가 되게 했다. 이 율법은 그가 열매를 따 먹을 수 있는 나무들과 그가 금해야 하는 나무에 대해 말하는 명령이었다. 후자는 선악과(Tree of Knowledge)였다. 그것은 본래 악한 의도로 심기운 것도 아니고 질투로 금지된 것도 아니었다. 하나님의 적들은 그들의 중상을 이런 방향으로 돌려서는 안되었기 때문에 뱀에게서 그 구실을 취했다. 그것은 만일 적당한 때에 먹으면, 선의 근원이 되도록 심기워졌다. 왜냐하면, 내가 그것을 상술하는 바와 같이, 이 나무는 인격의 발전에서 진보 단계에 도달한 사람들이 오르기에만 안전한, 명상(Contemplation)이다. 그것은 식욕이 그들의 발전을 능가하는 자들을 위한 음식이 아니다. 그것은 바로 어른의 음식이 아직 우유를 먹어야 하는 아직 약한 자들에게 적당하지 않은 것과 같다. 그러나 악마의 적의와 무례하게 여자를 속임을 통하여 아담은 타락했다. 그녀는 유순하기 때문에 유혹받기 쉬웠고, 그녀의 권유하는 힘 때문에 그녀의 남편을 연루시켰다. (아아 나의 연약함 때문에! 나의 첫번째 조상의 그 약함을 공유하기 때문에.) 그는 그에게 주어진 계명을 잊어버렸고 그에게 쓴 맛을 봄으로써 정복했다. 그리고 곧장 그는, 자기의 약함 때문에, 생명나무로부터, 낙원으로부터, 그리고 하나님으로부터 추방당하고, 가죽옷을, 즉 아마도 죽을 운명이고 반역적인 더 두꺼운 육신을 입었을 것이다. 이것은 처음에 부끄러움을 지각하게 되어 하나님으로부터 숨었다. 여기에서조차 어떤 은혜를 입는다. 즉 죽음과 죄를 줄이는 은혜를 받아서 악은 영원하지 못할 것이다.

 이렇게 해서 형벌은 자비의 행위인 것으로 판명된다. 왜냐하면, 내가 확신하기에, 이것이 하나님이 처벌하는 방법이기 때문이다.   *or.* 45. 8, 9

 (c) '아담 안에서'

 하늘은 모든 사람의 공통적인 소유물이고, 그들 주변에 있는 태양과 달도 그러하다 … 그리고 하나이면서 똑같은 땅도 모두에게 공통적이다. 우리의 어머니이며 우리의 무덤인 땅으로부터 우리는 취해졌고 거기로 우리는 돌아갈 것이다. 아무도 다른 사람보다 그것을 더 많이 가질 수 없다. 이것들보다 더 중요한 것은, 율법서와 예언서, 그리고 그리스도의 고난조차 공통으로 가지고 있다는 것인데, 그리스도의 고난을 통하여 우리는 재형성되었다. 모든 사람은 예외없이, 똑같은 아담을 공유하고 뱀에 의해 오도되고 죄로 죽음에 이르렀다. 우리는 모두 천상의 아담을 통하여 회복되어 구원받았고, 불명예의 나무를 통하여 생명나무로 되돌아 갔고, 거기에서부터 우리는 타락했다.   *or.* 33. 9

(d) 원죄와 유아세례

하나님은 나를 신으로 만들지는 않았지만 나의 본성을 이 길이나 저 길을 가꿀 수 있도록 형성하였기 때문에, 그는 나를 도울 수 있다. 그리하여 그는 세례반(font)에서 은혜를 준다. 왜냐하면 옛날 히브리인들이 이집트의 장자가 죽었을 때, 문설주에 피를 발라 깨끗하여 파괴자를 피했기 때문이다. 그와 마찬가지로 우리의 수호자인 하나님이 우리에게 세반(洗磐, laver)의 인을 찍어 준다. 그것이, 티없는 어린아이들에게는, 아무것도 아니지만 하나의 인이다. 그러나 그것이 어른들에게는 인이며 치유의 약이다.
                                              poem. dogm. 8. 85

어떤 사람들은 그들의 어린 나이 때문에 혹은 완전히 본의 아닌 어떤 사건 때문에 세례를 받을 수 없었다. … 내가 생각하기에, 그들은 정의로운 심판자의 손으로, 영광도 징벌도 받지 못할 것이다. 한편 그들은 인을 받지 못한 반면, 징벌이 없고, 이 결핍을 본의 아니게 자초했기 때문이다. 그러나 처벌받을 만하지 않은 자가 명예로워질 가치가 있다는 것도 아니고, 명예로워질 가치가 없는 자가 처벌받을 만하다는 것은 아니다.   *or.* 40. 23

3. 그리스도의 신분

아들의 복종

[고전 15:25은 아들이 열등하다는 아리우스주의 교리를 지지하기 위하여 유노미우스가 사용한 구절이다.]

나에게서 저주를 제거하는 자는 나 때문에 저주라 불리었다. 세상의 죄를 속량한 자는 죄라 불리었다.[12] 그리고 그는 새로운 아담이 되어서 옛 아담을 대신했다. 똑같은 방법으로 그는 전체의 머리이므로, 나의 불순종을 자기 자신의 것으로 삼는다. 내가 하나님을 부인함에 의해 그리고 나의 고통 때문에 내가 불순종하고 반역적인 한, 그리스도도 또한 나에 관하여 불순종적이라는 말을 듣는다. 그러나 그가 모든 것들을 복종시켰을 때 … 그때 그는 나를 구원의 상태에 있게 함으로써, 실현에 자신을 복종시킨다.

내가 보기에, 이것이, 아버지의 뜻을 실현하는 것이 그리스도의 복종이다. 아들은 아버지에게 복종하고, 아버지는 아들에게 복종한다. 아들은 행동하고, 아버지는 승인한다. 이런 식으로 사물을 복종시킨 그는 복종된 것을 하나님께 바치며 우리의 상황을 자기의 것으로 삼는다. 그러한 것은 "나의 하나님, 나의 하나님, 나를 보소서, 어찌하여 나를 버리시나이까?"[13]라는 울부짖음의 의미인 것처럼 보인다. 그 자신은 아버지에 의해서도 그 자신의 신성(마치 신성이 고난을 두려워해서 스스로 고통받는 자로부터 떨어져나간 것처럼 어떤 사람들이 생각하는 바와 같이)에 의해서도 버림받지 않았다.

왜냐하면 도대체 누가 그를 억지로 태어나게 하거나 십자가에 오르게 했는가? 내가 말한 대로, 그는 자신 안에 우리의 상황을 재연한다. 왜냐하면 이전에 버림받고 경시된 것은 바로 우리이지만, 우리는 지금 고난받을 수 없는 분의 고난에 의해 가까워지고 구원받았기 때문이다. 마찬가지로, 그가 시편[14]에 있는 말을 할 때에, 그는 우리의 어리석음과 우리의 죄악을 자신이 취하고 있는 것이다. 왜냐하면 시편 21편은 분명히 그리스도를 언급하고 있기 때문이다.

그가 경험한 것, '외침'과 '눈물'과 '탄원', '그의 외침이 들린 바 된 것' '경외함'[15]의 결과로서 복종을 배웠다는 사실은 똑같은 문제와 관련된다. 이것은 놀랍게도 우리의 유익을 위하여 구성된 극적인 재연이다. 왜냐하면, 말씀으로서의 그는 복종적이지도 않고 불복종적이지도 않기 때문이다. 그러한 용어는 오직 신하들과 부하들에만 적용되는 것이다. '복종적인'이라는 말은 예의바른 자들에게 적용되고, '불복종적인'이라는 말은 처벌받을 만한 자들에게 적용된다.

그러나 그의 '종의 형체'[16]에 관해서는, 그가 내려와서 자기의 동료-종들의 일원이 되고 자기 자신의 것이 아닌 형체를 취하여, 나와 나에게 속한 것들을 자신이 떠맡고, 그럼으로써 불이 왁스를 다 태워버리거나, 태양이 땅의 안개를 걷어가는 것처럼, 자신 안에서 죄악을 태워버리고, 나는 이 혼합에 의하여 그에게 속한 것을 공유할 수 있게 되었다. 그러므로 그는 행위에 있어서 경의를 표하여 순종하고, 자기의 '고통의 결과로 복종을 경험했다'.[17] 왜냐하면 우리가 실천하지 않는 한 우리에게 충분하지 않은 것은 복종의 경향이 충분하지 않은 것과 같기 때문이며, 경향은 행위에 의해 증명되기 때문이다 … 이렇게 그리스도는 우리의 경험을 직접 알고 우리가 견뎌야만 하는 것과 함께 우리의 연약함을 고려한다. … 왜냐하면 만일 숨기는 커튼 때문에, 이생의 어둠 속에서 비취는 빛이 그 어둠에 의해 핍박받았다면[19](그 어둠은 악한 것으로, 사탄을 뜻한다고 생각한다), 약함 가운데 있는 인간의 어두움에 어떤 핍박이 올 것인가?…

회복의 시간에 '하나님은 모든 것 안에서 모든 것이 될 것이다'. 이것은 대화재에서 구해낸 그슬린 나무가 다시 회복되는 것처럼, 단지 그에게로 다시 흡수된 아들과 함께 있는 아버지를 의미하는 것이 아니다(왜냐하면 사벨리우스주의자들[20]이 이 본문을 자신들의 파멸에 사용하지 않기를 희망하기 때문이다). 그것은 완전한 신성을 의미하고, 우리 자신 안에 하나님에 대한 어떤 것도 거의 가지지 못한 채, 우리의 동작과 고통 때문에 우리가 지금 존재하는 것처럼 더 이상 우리가 복수로 존재하지 않을 때에 관하여 말해주고 있는 것이다. 그러나 우리는 완전히 거룩해져서, 하나님만, 오직 하나님만 받아들일 수 있을 것이다. 이것이 우리가 나아가는 완전한 경지이다 … 〔골 3:11.〕

or. 30. 5, 6

4. 그리스도의 위격

(a) 그리스도의 두 본성들

〔요 14:28의 "아버지는 더 크시다"와 요 20:17의 "나의 하나님과 너의 하나님".〕

그는 말씀의 하나님이 아니라, 사람들에게 보여진 자의 하나님이라 불릴 수 있었을 것이다. 어떻게 그는 자신이 순수하게 하나님인 자의 하나님이 될 수 있었는가? 똑같은 방법으로 그는 보여진 자의 아버지가 아니라, 말씀의 아버지이다. 이렇게 그리스도의 두 본성에 관하여〔하나님에 대한〕하나의 칭호는 적절하게 적용되고, 다른 하나의 칭호는 부적절하게 적용된다. 우리에 관하여도 똑같으나, 그와 반대이다. 왜냐하면 그는 우리의 하나님이라 적절하게 명명되지만, 아버지라 명명되기에는 부적절하기 때문이다.[21] 이것은 이교도들의 오류, 즉 이름들을 결합하여 (두 본성의) 혼합 때문에 이름이 교환되는 오류를 야기시키는 것이다. 이것은 본성들이 따로따로 생각될 때, 명명법의 특징이 개념들의 특징과 부합한다는 사실에 의해 보여진다. 바울이 어떻게 말하는지를 주목하라. "우리 주 예수 그리스도의 하나님, 영광의 아버지."[22] 그리스도의 하나님, 그러나 영광의 하나님이다.[23] 비록 둘이 하나의 전체를 구성할지라도, 그것은 본성의 단일성에 의한 것이 아니라 그 두 본성들의 연합에 의한 것이다. 무엇이 더 분명할 수 있을까?   *or.* 30. 8

그는 존재했었고, 그는 되어진다. 그는 시간을 초월하여 존재했고, 그는 시간에 종속되었다. 그는 불가시적인 존재였지만 그는 가시적으로 된다. "그는 처음에 있었고, 하나님과 함께 있었으며, 그는 하나님이었다."[24] '있었다' (was)라는 말은 강조하기 위하여 세 번 반복된다. 그는 과거의 자기를 버리고, 과거에 자기의 모습이 아니었던 것을 취했다. 그는 둘로 되지 않았으나, 자신이 두 요소들로 이루어진 단일체가 되도록 허용했다. 왜냐하면 취한 것과 취해진 것은 신성으로 결합되기 때문이다. 그 두 본성들은 단일체로 연합된다. 그리고 두 아들들이 있는 것이 아니다. 왜냐하면 우리는 본성들의 혼

합에 대하여 실수해서는 안되기 때문이다.   *or*. 37. 2

    그는 자기의 모습을, 인간의 본성, 육신과 영의 상반되는 두 가지로 이루어진 단일체인 인간의 본성을 지닌, 하나님으로 만들었다.[25] 그는 육신을 신성하게 했고, 영은 이미 신성하게 되었다. 오 기묘한 혼합! 오 불가사의한 혼합! 존재하는 그가 존재하게 된다. 신성과 총체적인 육신 사이에 가교를 놓은 지성적인 영혼의 중재를 통하여 창조되지 않은 자가 창조되고, 제한받을 수 없는 존재가 제한받는다. 부요한 자가 빈곤해진다. 내 육신의 빈궁함을 그 자신이 취하여, 나는 그의 신성의 부요함을 받을 수 있다. 충만한 자가 비워진다. 그는 잠시동안 자기 자신의 영광을 비워서[26], 나는 그의 충만함을 공유할 수 있다.[27] 선이 얼마나 풍성한가![28] 나와 관련된 이것은 얼마나 신비로운가![29] 나는 신적인 이미지를 공유했고 나는 그것을 지속하지 못했다. 그는 그 이미지를 구원하고 그 육신에 영원성을 부여할 수 있기 위하여 나의 육신을 공유한다. 그는 우리와 함께 첫번째보다 훨씬 더 놀라운 두번째 교제를 하기 시작한다. 그때 그는 영예를 나누어 주고, 이제 그는 굴욕을 분배해 준다. 후자는 더 거룩한 행동이고, 사려깊은 사람들은 그것이 더 숭고하다는 것을 알게 될 것이다.   *or*. 38. 13

    그때에는 불가사의한 일들이 많이 있었다. 즉 십자가에 못박힌 하나님, 희미해졌다가 다시 빛나는 태양(왜냐하면 피조물들은 그들의 창조주의 고통을 공유해야 했기 때문이다), 찢어진 휘장, 그의 옆구리에서 쏟아지는 피와 물(후자는 그가 인간이었다는 것을 보여주고, 전자는 그가 인간 이상이었다는 것을 보여준다), 지진, 깨어진 바위들, 최종적이고 일반적인 부활을 믿는 신앙을 강화시키기 위해 일어나는 죽은 자들, 묘소에서 일어난 이적, 그리고 그후에 일어난 기적들. 누가 가치있게 찬양할 수 있는가? 그러나 이것들 중 어떤 것도 경이로운 나의 구원과 비교될 수 없다. 피 몇 방울이 전 세계를 새롭게 하고, 인류를 위하여 응유(凝乳)가 우유를 위해 존재하는 것, 즉 모든 사람들을 단일체로 묶고 단단히 결합시킬 재료가 되었다.   *or*. 45. 39

이 사람들[즉, 아폴리나리우스의 추종자들]은 다른 사람들을 속이거나 자신들이 속아서, '주님의 사람'(the Man of the Lord)[30](더 진실되게 주님이며 하나님인 분에 대한 호칭으로 사용하기 위해)은 인간적인 지성[31]이 없었다고 생각해서는 안된다. 왜냐하면 우리는 그 인성을 신성과 구분하지 않기 때문이다. 우리는 그가 한 분이며 똑같은 분이라고 가르친다. 이전에 그는 사람이 아니었고, 만세 전에 몸이나 육체적인 어떤 것과도 관계되지 않은 성자 하나님이었다. 그러나 결국 그는 또한 인간이 되어, 우리를 구원하기 위해 인성을 입었다. 육신으로는 고통받을 수 있고, 신성으로는 고통받을 수 없다. 육신에 제한되었지만 영으로는 제한받지 않는다. 땅에 있고 동시에 하늘에 있다. 가시적인 세계에 속하면서 또한 동시에 존재의 분명한 질서에 속해 있다. 이해할 수 있으며 동시에 이해할 수 없다. 그래서 그는 죄에 빠졌기 때문에, 인간은 총괄적으로, 완전한 인간이며 동시에 하나님인 분에 의하여 새로이 형성될 수 있다.

성 마리아가 하나님의 어머니라고 인정하지 않는 자는 누구든지 신성과 접촉이 없다. 마찬가지로, 신성은 인간의 기능이 없기 때문에, 그리고 인성은 정상적인 잉태 과정을 따르기 때문에, 그리스도가 동정녀 안에서 단번에 신성과 인성으로 형성되지 않고, 통로를 통과하는 것처럼 동정녀를 통과했다고 말하는 자는 누구든지 하나님으로부터 멀리 있다. 만일 어떤 사람이 인간적인 존재가 먼저 형성되고 그리고 나서 신성이 잇따랐다고 말한다면, 그는 비난받게 된다. 이것은 하나님의 탄생이 아니고 탄생의 무효일 것이다. 만일 어떤 사람이 두 아들을 도입하여, 하나는 하나님 아버지에게서 나왔고, 다른 하나는 그의 어머니에게서 나와, 똑같은 하나가 아니라고 한다면, 그는 올바로 믿는 자들에게 약속된 '양자들'[32]에 도달하지 못한다. 참으로 신성과 인성(인성은 영혼과 육체로 이루어졌다)의 두 본성들이 있다. 그러나 두 아들들 혹은 두 하나님들은 없다. 또한 바울이 인성에 내적인 요소와 외적인 요소가 있다는 방식으로 말할지라도[33], 이생에서 우리는 두 인성을 가지지 않는다.

요약하면 다음과 같다. 구세주를 구성하는 두 가지 분리된 요소들이 있으나(보이지 않는 것은 보이는 것들과 동일하지 않고, 또한 영원한 것은 일시적인 것과 동일하지 않다), 두 가지 분리된 존재들은 없는데, 분명히 없다. 두 요소들은 섞여서 하나로 되는데, 신성은 인성을 떠맡고, 인성은 신성을 받아들인다. 나는 두 요소들을 말하지만, 두 존재들을 말하지는 않는다. 한편 삼위일체에서는 그 반대가 옳다. 왜냐하면 여기에는 구별되는 존재들이 있어서 우리는 위격들을 혼동하지 않을 수 있기 때문이다. 그러나 셋이 하나이고 신성에 대해서는 같기 때문에 분리된 요소들은 없다. 만일 신성이 인성에 결합되지 않고, 영원한 결합 대신에, 그리고 본질에 관여하는[34] 대신에, 예언자 안에서처럼, 신성이 은혜로 그의 안에서 작용한다고 말한다면, 그런 사람은 자기 안에 하나님의 그런 사역이 없는 사람이다. 사실상 그는 상반되는 영감으로 채워진 자이다. …

　　인간 정신을 결여한 인간 존재에 자기의 소망을 두는 자는 누구든지 자신이 참으로 지각이 없는 자이고, 완전한 구원을 받을 자격이 없다. 왜냐하면 취해지지 않은 것은 치유될 수 없기 때문이다[35] 구원받는 것은 하나님과 결합되는 것이다. 만일 그것이 타락한 아담의 반이었다면, 반이 취해지고 구원받을 것이다. 그러나 그것이 타락한 아담 전체였다면, 그것은 탄생한 자의 전체에 결합되고 완전한 구원을 얻게 된다. 그렇다면 그들로 하여금 우리의 이 완전한 구원을 시기하지도 못하게 하고, 구세주를 단지 인간의 대표자로, 뼈와 근육으로만 입히게 하지 말라. 만일 그의 인성이 인간의 영혼[36]을 결여했다면, 그것은 아리우스주의자들이 주장하는 것인데, 육체에 생명을 주는 것은 육체의 경험을 공유해야만 한다는 근거로, 그들은 그 결과 고난을 신성에 돌릴 수 있다. 만일 그의 인성이 영혼을 가졌다면, 그렇다면 그것은 비이성적이거나 비지성적인 것이었을 것이다. 만일 비이성적이라면, 어떻게 참된 인간일 수 있겠는가? 왜냐하면 인간은 지성 없는 동물이 아니기 때문이다. 그렇다면 인성의 외모, 즉 외관이 있었던 반면, 영혼은 말 혹은 황소의 영혼이었고, 혹은 지성 없는 짐승들의 영혼이었다는 말이 될 것이다. 그것은 구원받는 것일 것이고, 나는 기뻐하는 반면 다른 존재는 영예를 받았기 때문에, 나는 진리에 의해 속았다는 말이 될 것이다. 만일 그것이 지성적인 영혼이었다면, 인성은 인간적인 정신을 결여하지 않았고, 우리의 적대자들은 정말로 이렇게 분별없는 태도를 중지해야만 한다. …

아폴리나리우스같이 선한 선생, 당신은 나의 마음을 경멸하여, 하나님을 육신에 결부시킬 수 있는데, 이것이 단지 결부시킬 수 있는 가능한 양식이라는 이유에서 그러하다. 당신은 나를 '인간을 경배'(anthropolatry)한다고 비난한다. 그러나 당신은 '육신을 경배'(sarcolatry)한다는 비난을 자초한다. 당신의 이론은 '중간 담을 허무는'[37] 것이다. 그렇다면 그 문제에 대한 나의 설명은, 학습이나 철학에 대한 매우 작은 요구를 가진 인간에 대한 설명은 무엇인가? 나는 정신이 정신과 섞여서 더 가깝고 더 동질이 된다고 생각한다. 그리고 이렇게 신성과 인성은 신성과 총체적인 육신 사이에 있는 마음의 중재를 통하여 결합된다고 생각한다. *ep*. 101. 4-7, 10

그들에게, 인간이 되는 데 있어서, 그들이 좋아하는 구절을 이용하기 위하여, 그가 육신이 된다는 데 있어서, 그의 목적이 무엇인지를 알아보자. 만일 그 목적이 그렇지 않으면 제한받지 않는 하나님이 제한받아야 하고, 그가 커튼 아래에서처럼 육체를 입은 인간들 사이로 돌아다녀야 한다는 것이라면, 그렇다면 그것은 교묘한 거짓이고, 그들이 재연하는 미묘한 연극이다(그가 불타는 덤불처럼, 그리고 초기에 인간의 형태로 나타난 것처럼, 다른 방법들로 인간들과 접촉하는 것이 사실상 가능하다는 것은 말할 필요가 없다). 그러나 만일 그의 목적이 같은 것으로 같은 것을 축성함에 의해 우리 죄악의 저주를 제거하는 것이었다면, 그렇다면, 육신의 저주 때문에 육신을 입을 필요가 있었고, 영혼의 저주 때문에 영혼을 입을 필요가 있었던 것처럼, 그는 똑같은 이유 때문에 마음을 가질 필요가 있음에 틀림없다. 아담의 마음은 단지 죄에 말려들었을 뿐만 아니라 그것은 (의사들이 질병에 대해 말하는 것처럼) 먼저 영향받았다. 왜냐하면 명령을 받은 것이 그것을 지키지 못했기 때문이다. 그리고 이렇게 실패하는 가운데 그것은 감히 범죄했다. 그리고 범죄한 것은 구원받을 필요가 매우 많은 상태에 있다. 그리고 구원을 필요로 하는 것은 또한 취해진 것이다. 그러므로 마음은 취해진 것이다.

ep. 101. 11

(b) 그리스도의 인성과 의지

〔성서에서부터 나온 유노미우스의 논증들 중〕 7번째 논증: "내가 하늘로서 내려온 것은 내 뜻을 행하려 함이 아니요 나를 보내신 이의 뜻을 행하려 함이니라."[38] 만일 이 말이 내려온 자가 한 말이 아니라면, 그 표현은 인성으로부터 오는 형태를 취했다고, 즉 그렇게 간주된 구세주로부터 오지 않았으나(왜냐하면 그의 의지는 전적으로 신격화되었기 때문에, 그것은 최소한 하나님에게 대립된 정도로 있을 수 없었기 때문이다), 인간으로 간주된 그로부터 왔다고, 우리는 말했을 것이다. 왜냐하면 인간의 의지는 완전히 신적인 의지에 따르지만, 흔히 그런 것처럼, 신적인 의지와 싸우고 씨름하기 때문이다. 이것은 "아버지여, 만일 하실만 하시거든 이 잔을 내게서 지나가게 하옵소서. 그러나 나의 원대로 마옵시고 아버지의 원대로 하옵소서'[39]라는 말에 대한 해석이다. 구세주로 간주된 그가 그것이 가능한지 여부를 알지 못한다는 것, 혹은 그의 의지가 하나님의 의지를 저항했다는 것은 생각할 수 없는 일이다. 그러나 논증 중에 있는 그 말은 인성을 취한 그에게서 왔고, 취해진 본성에서 온 것이 아니다. 그러므로 우리의 대답은 그 말은 아들이 아버지의 의지와는 다르게 자기 자신의 의지를 가졌다는 것을 함축하지 않고, 그가 의지를 가지지 않았다는 것을 함축한다는 것이다. 그래서 그 말의 의미는 '나의 의지는 당신의 의지와 다르지 않으니 나의 의지대로 하지 말고, 우리의 신성이 하나인 것처럼 우리의 의지는 하나이니, 당신과 나에게 공통적인 의지를 수행하라' 는 것일 것이다.

그런 주장들이 많이 있는데, 그것들은 형태가 모호하고, 언급된 것이 존재한다는 것을 주장하지는 않지만 부정하고 있다. 예를 들어, '이는 그가 양을 정하여 성령을 주지 않기 때문이다.'[40] 주는 것과 양을 측정하는 것이 모두 부인된다. 하나님은 하나님에 의해 측정되지 않는다. '나의 죄도 아니고 나의 사악함도 아니다.'[41] 이것은 죄의 존재를 부인하고, 그것을 주장하지 않는다. '우리가 행한 의로운 행위 때문이 아니다'[42]—우리는 그것들을 행하지 않았다. 한 구절에 대한 이러한 해석은 다음과 같은 견지에서 볼 때 분명히 옳다. 아버지의 의지는 무엇을 위한 것일까? 아들을 믿는 자는 누구든지 구원을 받고 최종적인 부활에, 아니 회복에 이를 것이다. 그런데, 이것이 아버지의 뜻이고, 그러나 아들의 뜻은 고려하지 않은 것인가? 아들은 복음을 마지못해 가져오는가? 사람들이 그를 믿는 것은 그의 뜻에 상반되는 것인가? 누가 이것을 신용하겠는가? 그러므로 "네가 듣는 말은 아들의 말이 아니라 아버지의 말이다"라는 말은 똑같은 의미를 지니고 있다.　　　*or.* 30. 12

　　내 생각으로는, 그는 본질 면에서 아버지와 동일하기 때문에 아들이라 불린다. 그리고 이외에도, 그는 아버지로부터 나온다. 그가 '독생자'라고 불리는 것은, 오직 한 아버지의 독생자이며 오직 한 아들이라는 의미에서가 아니라, 육체적인 아들들의 탄생과 구별되는 유일한 방법으로 탄생했다는 의미에서 그런 것이다. 그는 '말씀'이라고 불리는데, 이것은 아버지에 대한 그의 관계가 마음에 대한 말씀의 관계이기 때문이다.…또 definiendum에 대한 정의의 관계를 말할 수도 있을 것이다. 왜냐하면 말씀(logos)도 또한 이 의미를 지니고 있기 때문이다. (그것을) '이해한 자'(즉 '본 자')는 '아들은 아버지를 이해했다'[43]라는 말을 의미하는 것이다. 아들은 아버지의 본성을 간결하고도 분명하게 나타낸다.…그리고 이 호칭에 대한 다른 이유는 사물들 안에 내재해 있다고 제시하는 것이 옳을 수도 있다. 왜냐하면 존재하는 것은 무엇이든지 기본요소로서 로고스[44]를 가지고 있기 때문이다.

　　〔성육신한 주님에 대한 칭호들 — 사람의 아들, 그리스도, 목자, 대제사장 등.〕

　　아들에 대한 칭호들이 있다. 그것들을 개설해 보라. 어느 정도 신성에 적합하게 높여진 칭호들과 동정심을 지닌 그의 육체적인 존재를 언급하는 칭호들이 있다. 혹은 신성에 적합한 태도를 전부 지켜서, 우리를 위하여 위로부터 내려온 자 때문에 당신이 아래에서부터 올라감으로써 신성해지도록 하라. 만물 안에서, 그리고 만물 앞에서, 이 본문을 붙들라, 그리하면 높여지거나 비천한 칭호들에 관하여 길을 잃지 않을 것이다. '예수 그리스도는 어제나 오늘이나' 육체적인 형체로 있다. 그러나 영적인 존재로도 '영원히 마찬가지이다'[45]   *or.* 30. 20

(c) 그리스도의 인간적인 무지

〔성서에서부터 시작된 유노미우스의 논증들 중〕 10번째 논증은 그리스도의 무지에 관한 것이다. "아버지 외에는 아무도 그 날과 그 때를 알지 못하나니, 아들조차 모른다"[46] 그러나 어떻게 그는 어떤 것을 모를 수 있단 말인가? 즉, 그는 지혜이며, 세상의 창조주이고, 만물을 완성하고, 만물을 재창조하며, 존재하는 모든 것의 목적이 되는 자가 어떤 것을 모를 수 있냐는 말이다. … 보이는 것들을 보이지 않는 것들과 구별한다면, 하나님으로서 그가 아는 것은 분명하지 않지만, 그는 인간으로서 무지하다고 고백하는 것인가?

'아들'이라는 칭호는 조건 없이, 누구의 아들인지 상술하지 않고 절대적으로 사용된다는 사실로 보아 이런 해석을 할 수 있다. 그래서 우리는 무지가 신성에 속하는 것이 아니라 인성에 속하는 것으로 생각하기 때문에, 무지에 더 존중하는 의미를 부여한다.

만일 이 주장이 견실하다면, 우리는 그것을 신뢰하고 더 이상 질문하지 않을 것이다. 만일 그렇지 않다면, 또 하나의 설명은, 아들이 가진 그 밖의 것처럼, 가장 중요한 것들에 대한 지식은 아버지를 영화롭게 하기 위한 원천에 속하는 것으로 생각하는 것이다. 그 구절을 이렇게 읽는 데 있어서 우리 학자들[47]중 아무도 따르지 않았던 사람조차, 아들의 지식이 아버지의 지식에 의존할 때까지를 제외하고는 아들조차 그 날과 그 때를 알지 못한다는 것을 어느 정도까지는 알 것 같다. 이것으로부터 우리가 추측해야 하는 것은 무엇인가? 아들은 아버지가 알기 때문에 아는 것이 확실하다. 왜냐하면 아무도 시원적인 존재로부터가 아니면 이런 지식을 받을 수 없을 것이기 때문이다.
                                                                    or. 30. 15

5. 그리스도의 사역

속죄

우리는 이제 일반적으로 간과되어 온 교리 사항을, 비록 그것이 나에게는 주의깊게 탐구해볼 가치가 있는 것처럼 보일지라도, 검토해봐야 한다. 문제는 이렇다. 우리를 위해 흘린 피가 누구에게 제공되었으며, 우리 하나님, 우리의 제사장, 우리의 희생자의 이 값지고 영광스러운 피는 왜 제공되었는가? 우리는 악마에게 붙잡힌 포로였다. 왜냐하면 우리는 '죄의 노예로 팔렸고'[48], 우리의 약함은 우리의 쾌락을 위해 우리가 치른 대가이기 때문이다. 속전은 보통 포획자에게만 지불되는 것이다. 그래서 문제가 있다. 속전은 누구에게 제공되었고, 왜 제공되었나? 악마에게? 얼마나 모욕적인가! 만일 단순히 도둑이 하나님으로부터 속전을 받은 것이 아니라 속전은 하나님 자신이라고 생각한다면, 그의 독단적인 권세 행위를 위한 지불이 과다해서 그것은 그가 우리를 풀어주는 것을 분명히 정당화시켰다!

만일 그것이 아버지에게 지불되었다면, 우선 왜일까? 우리는 그에게 포로로 잡힌 적이 없었다. 두번째로, 왜 독생자의 피가 아버지에게 기쁨이 되었을까? 왜냐하면 이삭이 아버지에 의해 바쳐졌을 때, 이삭조차 그는 받지 않았고, 이성적인 희생물을 대신하도록 어린 양을 대체물로 주었기 때문이다. 아버지가 제물을 요구하거나 필요했기 때문이 아니라, 이것은 신적인 계획의 일부이기 때문에, 즉 인간이 하나님의 인성에 의해 거룩해져야 하고, 그 결과 그는 그 폭군을 힘으로 정복함으로써 우리를 구하고, 분명히 만물을 넘겨주는[49] 아버지의 영광을 위해 이 신적인 계획[50]을 수행한 아들의 중재를 통하여, 그는 우리를 자신에게로 데려갈 수 있으므로, 아버지가 희생제물을 받았다는 것은 분명하지 않다. 우리는 그리스도에 관하여 그만큼 많이 말해 왔다. 경건한 침묵으로 간과되어야만 하는 것들이 더 많이 있다. 뱀에게 물린 상처에 대한 치유책으로 매달린 놋뱀[51]은 우리를 위하여 고난받는 그리스도의 모형이 아니라 병행물(antitype)[52]이었다. 그리고 그것을 보는 자들을 구했는데, 그것이 살아있는 것으로 믿어졌기 때문이 아니라, 그것이 죽었기 때문이다. 그리고 그것이 멸절할 만한 것을 만날 때 그것은 그 종속 권세들을 죽음에 이르게 한다. 그리고 우리는 적합한 묘비명으로 무엇을 인용할 수 있을까? 그것은 이렇다. "사망아 너의 쏘는 것이 어디 있느냐? 사망아 너의 승리가 어디 있느냐?"[53] 너는 십자가 옆에 놓여지고, 생명을 주는 자에 의해 죽음에 이르렀다. 너는 죽어서, 움직임이 없고, 둔하고, 그리고 (뱀처럼 되기 위하여) 너는 기둥 높이 매달렸다.   *or.* 45. 22

6. 성령

(a) 성령의 신성

신학에 관심있었고 그리스도인에 가까워졌던 희랍 사상가들은 성령에 대해 어렴풋이 느꼈으나, 그들은 칭호에 관하여는 달라서, '보편자의 마음'[54], '우리 바깥의 마음'[55]과 같은 이름들로 불렀다. 우리 지식계급의 어떤 멤버들은 성령을 '활동'이라 생각하고, 다른 사람들은 '피조물'이라고 생각한다. 다른 사람들은 그를 하나님으로 생각하지만, 전하는 바에 따르면, 다른 사람들은 성서가 그 문제에 대해 분명히 계시하지 않는다는 이유로, 성서에 대한 경외심을 통하여 결단하지 못한다. 그 결과는 그들이 성령을 경외하지도 않고 그를 모욕하지도 않지만, 그에 관하여 일종의 중립적인 입장을, 오히려 멸시할만한 입장을 채택하고 있는 것이다. 나아가, 그를 신적인 존재로 생각하는 자들 중에서 어떤 사람들은 생각으로 그를 경외하지만 더 나아가지 못한다. 다른 사람들은 입술로만 그를 경외할 정도까지 간다. 훨씬 더 영리한 사람들은 신성을 측량한다[56]고 들었다. 그들은 우리가 세 존재들로 이루어진 하나의 결합체를 가지고 있다는 것을 인정하지만, 그들은 그 세 존재들 사이에 차이를 두는데, 첫째되는 것은 본질과 능력에 있어서 제한받지 않고, 둘째되는 것은 능력에서 제한받지 않으나 본질에서는 제한받고, 셋째되는 것은 본질과 능력 모두에서 제한받는 것이라고 한다. 이 점에 있어서 그들은 데미우르고스(Demiurge), 동료(Fellow-worker), 그리고 섬기는 자(Minister)라는 이름들을 사용하는 자들[57]을 다른 형태로 모방하고, 그 이름

들의 상대적인 서열과 영예가 그것들이 나타내는 실재들 속에 차등이 있음을
암시하고 있다고 생각하고 있다.   or. 31. 5

(b) 성령의 발출(Procession)

〔성령반대론자들(Pneumatomachi)[58]은 만일 성령이 아버지에게서 났으면 아들이 둘이 있는 것이라고 주장했다. 또한 그들은 만일 성령이 아들에게서 났으면 성령은 아버지의 손자라고 했다.〕

우리는 비출생과 출생 사이의 중간을 허용하지 않는, 당신들의 딜레마를 인정하지 않는다. 그러므로 당신들의 인상적인 딜레마가 사라지면, 당신들의 '형제들'과 '손자들'은 당장 사라진다. … 당신들은 '발출하는' 것에 어떤 지위를 부여할 것인지 나에게 말해 달라. 왜냐하면 이것은 분명히 당신들의 딜레마로부터 벗어날 수 있게 해주고, 그것은 당신들의 기준을 초월하는 신학자로부터, 사실상 우리의 구세주 자신으로부터 나오기 때문이다. 그외에, 당신들의 '세번째 성서'(Third Testament)를 적합하게 하기 위하여, 당신들은 당신들의 복음서에서 '아버지로부터 발출하는 성령'이라는 말을 제거했다.

그는 그런 근원에서 발출한다는 의미에서, 피조물이 아니다. 그는 태어나지 않는다는 점에서 아들이 아니다. 그의 신분이 비출생과 출생 사이의 중간에 있다는 점에서 그는 하나님이다. 이리하여 그는 당신들의 정교한 이론들에서 벗어나고, 하나님으로 계시되어 당신들의 딜레마들에는 너무 강한 존재이다. 그렇다면 '발출'이란 무엇인가? 만일 당신들이 아버지의 '비출생'(ingeneracy)을 설명하려 한다면, 아들의 '출생'과 성령의 '발출'에 대해 과학적으로 설명해 주겠다. 그리하여 우리 둘 다 하나님의 신비를 뚫어지게 보며 열중하자. 누가 그런 일들을 꼬치꼬치 파고 들 수 있을 것인가? 우리는 우리 코 앞에 무엇이 있는지 이해할 수 없다. 우리는 바닷가의 모래를, 빗방울을, 끝없는 시간의 날들을 헤아릴 수 없다. 더군다나 우리는 하나님의 깊이에 침투할 수 없고, 형용할 수 없고 우리 이성의 능력을 초월하는 그의 본성에 대해 설명할 수 없다.

"그렇다면 어떤 점에서 성령은 아들의 수준에 이르지 못할까? 왜냐하면 만일 그가 모자라지 않았다면, 그는 아들이 되었을 것이기 때문이다." 그는 '모자라지' 않다. 하나님 안에는 부족함이 없다. 그러나 말하자면, 그들이 존재하게 되는 데 있어서 차이점과 그들의 상호 관계에 있어서의 차이점은 그들의 칭호의 차이점에서 기인한다. 왜냐하면 아들은 아버지가 되기에 '모자라지' 않기 때문이다. 아들 신분은 결핍이 아니다. 그러나 그것은 그가 아버지와 동일하다는 것을 의미하는 것도 아니다. 그렇지 않다면 아버지는 아들이 되기에 '모자랄' 것이다. 왜냐하면 아버지는 아들이 아니기 때문이다. 그러한 관계들은 어느 면으로 보아도 결핍을 수반하지 않고, 본질에 있어서 어떤 열등함을 수반하지 않는다. '비출생', '출생', '발출'은 그들이 각각 아버지, 아들, 성령이라는 것을 선포하고, 그 결과 그 세 위격들의 구별이 혼동 없이, 하나의 본성과 신성의 지위 안에서 보존될 수 있다. 왜냐하면 아버지가 아니기 때문이다(오직 한 분 아버지만 있다). 그러나 그는 아버지가 존재하는 전부이다. 성령은 하나님으로부터 오기 때문에 아들이 아니다(한 아들만이 있다). 그러나 그는 아들이 존재하는 전부이다. 셋은 신성 안에서 하나이고, 하나는 위격적인 특징들 안에서 셋이다. 이리하여 우리는 사벨리우스적인 단일성 개념과 최근에 삼위일체 안에서 그릇되게 구별하는 교리를 피한다.

"뭐라구? 그래서 당신들은 성령이 하나님이라고 생각한다고?" 분명히 그렇다. "그와 같이 당신들은 참으로 그가 하나님과 동일 본질이라고 생각하는가?" 만일 그가 하나님이라면 그렇다. "그런데, 동일한 근원에서 온 두 본질들이 있어서, 하나는 아들이고, 다른 하나는 아들이 아니라는 것을 나에게 보여달라. 그들이 동일본질이라는 것을 나에게 보여달라. 그러면 나는 그들 각자가 신이라는 것을 인정할 것이다." 만일 당신들이 나에게 한 종류의 신 이상이 있다는 것과 하나의 신성 이상이 있다는 것을 보여달라. 그러면 나는 당신들에게 이와 똑같은 당신들의 삼위일체, 칭호들, 실재들[59]을 보여주겠다.

아담은 무엇이었는가? "하나님의 피조물(handiwork)이었다." 하와는 무엇이었는가? "그 피조물에게서 취해진 일부분이었다." 셋(Seth)은 무엇이었는가? "그 둘의 자손이었다." 당신들에게 그 피조물, 일부분, 그리고 자손은 똑같은 본성을 가진 것처럼 보이는가? "분명히 그렇다." 그들은 동일본질이다. 그렇지 않은가? "확실히 그들은 그렇다." 그렇다면 이것은 다른 양태들로 존재하게 되는 존재들이 똑같은 본질을 지닐 수 있다는 인정이다. 이것을 말함에 있어 나는 신성에 피조물, 혹은 일부분의 개념, 혹은 다른 물리적인 개념을 신성에 문자적으로 적용하고 있는 것이 아니다(나는 어떤 흠잡기 좋아하는 비평가가 이 점을 이용하게 하지 않을 것이다). 나는 단순히 그러한 예들을 고차적인 실재들에 대한 우리의 개념들을 관찰하기 위한 일종의 무대로서 사용하고 있을 뿐이다. 우리의 사변들이 오류의 혼합 없이 온전한 진리에 도달하는 것은 아주 불가능하다 …

우리에게는 한 종류의 신성밖에 없기 때문에 한 분 하나님밖에 없다. 단 하나의 근원에서 나오는 존재들은 그 근원에 다시 속하는 것으로 생각되는데, 비록 우리가 셋으로 존재하는 그들을 믿을지라도 그렇다. 왜냐하면 그것은 하나가 다른 것보다 더 신적이고 다른 것은 덜 신적인 경우가 아니기 때문이다. 또한 하나가 먼저고 다른 것이 이차적인 것이라는 것도 아니다. 의지의 단절이 없고, 능력의 나님이 없다. 또한 신성 안에서는 각 개체들의 구별되는 어떤 특징도 보여질 수 없다. 간단히 말하면, 위격들은 나뉘어 있으나, 신성은 각 개체 안에서 온전하고 나뉘지 않는다. 세 개의 태양들이 각자에게 결합되어 하나의 혼합된 빛을 내는 것과 같다. 이리하여 우리가 신성, 첫번째 원인, 그리고 군주정체를 바라볼 때, 그것은 우리가 상상하는 하나이다. 그러나 신성이 존재하고, 첫번째 원인에서 나와 거기서부터 그들의 존재를 무시간적으로 그리고 똑같은 영예를 지니고 나오는 존재들을 볼 때, 우리가 경배하는 세 대상들이 있다.

그러나 그들은 다음과 같이 말할지 모른다. 희랍인들은 보다 더 심오한 그들의 철학자들의 가르침에 따라 하나의 신성에 대해 말하고 있지 않다. 그런데 우리는 전 인류를 구성하는 단 하나의 인성에 대해서 말하고 있는가? 그럼에도 불구하고 하나의 신이 아닌 많은 신들이 있다. 그와 똑같은 방법으로 많은 사람들이 있지 않은가? 그렇다. 그러나 이 경우에 보편적인 본성은 단지 개념적인 단일성을 가지고 있는 것이다. 한편 개체들은 시간에 있어서, 경험에 있어서, 그리고 수용성에 있어서 서로로부터 널리 분리되어 있다. 그리고 우리는 여러 요소들로 된 존재들일 뿐만 아니라, 각자에게 그리고 우리 자신들에게 상반되어, 단 하루 동안조차 완전히 똑같이 남아있지 못하고, 더군다나 우리 일생 동안은 더욱 그렇지 못하다. *or.* 31. 8-11, 14, 15

7. 삼위일체

(a) 세 위격들: 하나의 신성

우리는 희랍의 다신론을 피하기 위하여 세 개의 근원들을 가정하지 않는다. 또한 우리는 유대인의 하나님처럼 좁고, 질투가 있고, 무력한 의미에서 하나인 하나님을 믿는 것도 아니다. 또한 우리는 아들을 아버지로부터 산출하고 그리고 나서 그를 분해해서 다시 아버지에게로 돌아가게 하는 이론처럼, 신성을 자기-소모적인 것으로 만들어서 단일성을 보존하는 것도 아니다. 또한 마치 신성이 이 파생된 존재들이 거역할까 두려워하는 것처럼, 혹은 마치 신성이 피조세계에서 불가능한 것을 하지 않는 것처럼, 우리 시대의 보다 더 영리한 자들이 결정하는 것과 같이, 두번째와 세번째 위격들의 본성을 낮추고 그들을 신성으로부터 제거함으로써 그렇게 하지도 않는다. 우리는 아들을 비출생했다고 말하지 않는다. 왜냐하면 아버지는 한 분만이 있기 때문이다. 우리는 성령을 아들이라고 말하지 않는다. 왜냐하면 독생자는 한 분만이 있기 때문이다. 그래서 위격들은 신성 안에서 그들의 특이성을 가지는데, 하나는 아들 신분으로, 다른 하나는 아들 신분이 아닌, 발출한 것으로의 특이성을 가진다.… 아버지, 아들, 그리고 성령은 공통적으로, 피조되지 않고, 신적인 존재이다. 아들과 성령은 공통적으로, 아버지에게서 나온다. 아버지에게 독특한 것은 그의 비출생인데, 아들을 낳고, 성령을 보낸다. …

단일체[Monad]는 삼위일체[Triad]로 예배받고, 삼위일체[Triad]는 단일체[Monad]로 예배받는다는 것을 아는 것으로 만족하라.   *or.* 25. 16, 17

하나님에 관한 가장 오래된 세 견해들은 무신론(혹은 무정부 상태), 다신론(혹은 다두(多頭)정치), 그리고 일신론(혹은 군주정체)이다. 희랍의 후손들은 처음 두 견해를 가지고 놀았다. 그들로 하여금 자기들의 게임을 하도록 내버려 두자. 왜냐하면 무정부는 무질서이고, 다두정치는 당파적인 분열을 내포하고, 그러므로 무정부와 무질서이기 때문이다. 이들 둘은 똑같은 방향, 즉 무질서로 이끈다. 그리고 무질서는 분열로 이끈다. 왜냐하면 무질서는 분열의 전조이기 때문이다. 우리가 머리숙여 받는 것은 일신론이다. 그러나 단 하나의 위격에 제한된 일신론은 아니다. 왜냐하면 하나의 실재는 그 자체에 반대하여 나뉘어져서 다수가 될 수 있기 때문이다. 우리에게 일신론은 본성의 동등성, 의지의 조화, 활동의 동일성에 의해 형성되며, 일자(One)에서 유래하는 존재들이 일자와 동시 출생하고, 피조된 존재들 사이에서 불가능한 단일체이며, 그래서 그들은 숫자적으로 구분되는 한편 본질[ousia]에 있어서 단절이 없다. 본래의 단일체는 이원성으로 활동하고 삼위일체로서의 최종 형태에 도달한다. 그래서 이런 식으로 우리는 아버지, 아들, 그리고 성령을 가진다. 아버지는 낳는 자이며 발출하는 자이다. 그러나 이것은 그가 변화를 겪거나 일시적인 연속이나 어떤 물리적인 관계가 있다는 것을 의미하지 않는다. 왜냐하면 완전히 물질적인 어떤 암시들을 피할 정도로 적용될 수 있는 다른 용어들을 알지 못하기 때문이다.

"언제 이것이 발생했는가?" 그러한 행동들은 시간을 초월한다. 그러나, 만일 유치하게 말해야 한다면, 그들은 아버지의 존재와 동시에 발생한다. '언제 아버지는 존재하게 되었는가?' 그가 존재하지 않았던 때는 없었다.[60] 아들과 성령에 대해서도 마찬가지이다. 나에게 다시 물어보라. 그러면 대답하겠다. '언제 아들은 태어났는가?' 아버지가 태어나지 않았을 때이다. '언제 성령이 생겼는가?' 아들이 생기지 않았으나, 무시간적으로 우리가 이해할 수 없는 방법으로 생겼다. 우리가 무시간성을 설명하는 데 있어서 일시성의 암시를 피하려 하면, 우리는 죄절된다. 왜냐하면 '언제'(when)와 '전'(before), 그리고 '원래'(originally)라는 말들은, 우리가 아무리 애쓸지라도, 일시적인 함축성을 제거할 수 없기 때문이다.

우리가 할 수 있는 유일한 것은 초시간적인 실재들과 같은 기간, 즉 시간이 측정되는 것과 같이 태양이나 다른 종류의 움직임의 과정에 의해 측정되거나 나뉘지 않는 기간을 나타내는 것으로서의 영원성을 취하는 것이다. 만일 그러한 존재들이 영원히 공존한다면, 그들은 똑같이 시작이 없어야 하지 않을까? 비록 그들은 첫번째 존재보다 후에 존재하는 것은 아닐지라도, 그에게서 유래한다. '시작 없는' 이라는 말은 '영원한' 이라는 말을 함축한다. 그렇다. 그러나 이 존재들이 그들의 기원으로서 아버지에게 속하는 것이라는 것을 안다면, '영원한' 이라는 말은 반드시 '시작이 없는' 이라는 말을 함축할 필요는 없다. 이런 식으로 그들은 원인에 관해서는 시작이 없는 것이 아니다. 그러나 분명히 어떤 원인이 시간 속에서 그것의 결과들보다 반드시 앞서야 할 필요는 없다. 왜냐하면 태양은 햇빛보다 먼저 있는 것은 아니다. 그러나 (비록 당신들이 이 개념을 단순한 마음들을 쫓기 위한 요령으로 사용할지라도) 그들은 시간의 관점에서 보면, 어떤 의미에서 시작이 없다. 왜냐하면 시간이 그들로부터 생기므로, 그들은 시간에 종속되지 않기 때문이다.

or. 29. 2

(b) 전문 용어들—본질(Substance), 본성(Nature), 위격(Person),

휘포스타시스(Hypostasis, 위격)

"나의 양들은 나를 따른다."… 그들은 … 사벨리우스가 세 존재들 속에 있는 하나라고 정의하는 대신에[61], 셋을 하나로 축소시킬 때, 그와 그의 '융해'(나는 차라리 그것을 '흡수작용' 이라고 부르고 싶다)의 '분석'에서 벗어날 것이다. 그들은 아리우스와, 그리고 다양한 본성을 지닌 그의 종속자들과, 신성을 탄생하지 않은 자에게 제한하는 유대교의 형태와, 지상의 그리스도가 마리아에게서 그의 기원을 취했다고 하는 포티누스(Photinus)[62]에게서 벗어날 것이다. 그러나 그들은 하나의 신성으로 된 아버지, 아들, 그리고 성령을 경배할 것이다. 그들에게 아버지는 하나님이고, 아들도 하나님이며, 성령(만일 당신들이 이에 화를 내지 않는다면)도 하나님이다. 그들은 지성적이고 완전하며 그들 자신이 개체적으로 존재하며 숫자적으로 구분되지만 신성 안에서는 구분되지 않는, 세 위격으로 나타난[63] 하나의 본성을 예배한다.

or. 33. 16

삼위일체의 상호관계들과 성질들에 대한 지식은 삼위일체 자체에, 그리고 삼위일체가 그것을 이미 계시했거나 나중에 계시할 정결한 마음을 가진 자들에게 맡기는 것으로 만족할 문제이다. 우리 자신들을 위해, 시작이 없는 존재에 의해, 발출에 의해 우리에게 알려진 똑같은 하나의 본성이 있어서, (어떤 유비도 진리에 이를 수 없기 때문에, 작은 것들이 초월적인 실재들을 암시하는 것처럼, 감각적인 세상에 있는 사물들이 지성적인 질서 속에서 실재들을 재연할 수 있는 한) 우리의 마음, 언어, 그리고 영에 대답하고 있는 것을 우리는 안다.… 각 실재(Entity)는 따로 간주될 때, 마음이 분리될 수 없는 것들을 분리할 때, 하나님이다. 활동과 본성이 동일하다는 이유로 함께 생각될 때, 셋은 하나님이다. *or.* 23. 11

하나님은 구별되는 속성들, 혹은 휘포스타시스들[hypostases], 혹은, 당신들이 좋다면, 위격들[prosopa]에 관해서는 셋이다. 왜냐하면 우리는 그 칭호들이 똑같은 개념으로 인도하는 한, 그 칭호들에 관하여 논쟁하지 않을 것이기 때문이다. 그는 본질, 즉 신성의 범주에 관해서는 하나이다. 신성은, 말하자면, 차이점들이 없이 구별되고, 그 차이점들을 폐지하지 않고 하나로 결합된다. 신성은 셋 안에서 하나이고, 셋은 하나이다. 신성은 셋으로 존재한다. 혹은, 좀더 정확하게 말한다면, 신성은 셋이다. 우리는 위격들 사이의 어떤 우월이나 열등의 개념을 피해야 한다. 혹은 우리는 연합을 혼동으로 변질시켜서도 안되고, 차이점을 본성들의 차이로 변질시켜서도 안된다. 우리는 사벨리우스의 동일시와 아리우스의 차별화로부터 똑같이 떨어져 있어야 한다. 그것들은 정반대되지만, 똑같이 불경한 오류들이다. *or.* 39. 11

(c) 출생과 비출생

"우리에게는 한 분 아버지 하나님이 있고, 그에게서 만물이 나온다. 그리고 한 분 성자 하나님이 있는데, 그를 통하여 만물이 왔고"[4], 한 분 성령이 있는데, "그 안에 만물이 있다." '그로부터'(from whom), '그를 통하여'(through whom), '그 안에'(in whom)라는 구절들은 본성들 안에서 단절시키지 않지만(만일 그들이 그렇다면, 전치사들이 교환될 수 없고, 혹은 호칭들의 순서가 바뀔 수 없을 것이다), 그것들은 혼동되지 않는 하나의 본질 안에 있는 위격적인 구별들을 나타낸다. 이것은, 만일 "만물이 그에게서 나오고, 그로 말미암고, 그를 위하여 있다. 그에게 영원히 영광이 있으리로다. 아멘."[65]라고 그 사도가 말한 구절에 좀더 주의를 기울인다면, 그들이 다른 장소에서 결합된다는 사실로 보아 명백해진다. 아버지는 아버지로서, 시작이 없는데, 왜냐하면 그는 이끌어내지지 않았기 때문이다. 아들은 아들로서, 그가 아버지로부터 나온다는 점에서 볼 때, 시작이 없지 않다. 그러나 만일 일시적인 시작에 대해 생각한다면, 그렇다면 아들은 시작이 없다. 왜냐하면 시간을 만든 자는 시간에 종속되지 않기 때문이다. 성령은 참으로 거룩한 영으로서, 아버지로부터 발출했는데, 아들과는 다른 방법으로 출생에 의해서가 아니라 (만일 명확성을 위하여 새로운 용어들을 만들어야 한다면) 발출에 의해서 나왔다. *or.* 39. 12

시작이 없는 것, 그리고 처음인 것, 그리고 시작과 함께 있는 것, 이것들은 한 분 하나님이다. 시작이 없는 것의 본성은 시작의 결여도 아니고, 출생의 결여도 아니다. 왜냐하면 실재물의 본성은 결코 존재하지 않는 것으로 구성되지 않으나, 존재하는 것으로 구성되기 때문이다. 또한 그것은 존재하는 것을 가정함으로써 정의되고, 존재하지 않는 것을 제거함으로써 정의되는 것이 아니다. 시작은 그것이 시작이라는 것에 의하여, 시작이 아닌 것으로부터 분리되지 않는다. 왜냐하면 시작은 전자의 본성이 아니며, 후자의 본성이 시작의 결여도 아니기 때문이다. 이런 것들은 본성의 속성들이지 본성 자체는 아니다. 그리고 시작이 없는 것과 함께 있고, 시작이 있는 것들과 함께 있는 것은, 그것들의 존재 이상의 것이 아니다. 그러나 시작이 없는 것은 아버지라는 이름을 가지고, 시작이 있는 것은 아들의 이름을 가지며, 시작이 있는 것과 함께 있는 것은 성령이라 불린다. 그러나 이들 셋은 똑같은 본질, 즉 신성을 가지고 있다. 아버지는 단일체의 근본 요소이다. 왜냐하면 그에게서 다른 둘은 그들의 존재를 이끌어내기 때문이며, 그 안에서 그들은 융해될 정도로가 아니라, 긴밀하게 결합될 정도로 일치되기 때문이다. 시간 속에서, 혹은 의지 속에서, 혹은 권능 속에서 분리가 없다. 이들 요소들은 우리 사람들을 복수가 되게 하고, 각 개체를 자신과 그리고 다른 개체와 다투게 한다. 그러나 단일체는 단 하나의 본성을 가지고 그들의 본질적인 존재가 동일한 자들에게 당연히 속한다. *or.* 42. 15

8. 성례

(a) 세례

(i) 다섯 종류의 세례

모세는 세례받았으나 물로만 받았다. 그리고 그 전에는 구름과 바다로 받았다.[66] 그러나 바울이 판단한 것과 같이, 이것은 비유적인 것이다. 바다는 물을 나타내고, 구름은 성령을 나타낸다. 만나는 생명의 떡을 나타내고, 음료는 신적인 음료를 나타낸다. 요한도 세례를 받았으나 그는 단지 유대적인 세례를 계속한 것이 아니다. 왜냐하면 그는 물로 세례주기만 한 것이 아니라, 회개를 위해 세례를 주었기 때문이다. 하지만, 그것은 아직 완전히 영적인 것은 아니었다. 왜냐하면 그는 '성령으로'라는 말을 덧붙이지 않았기 때문이다. 예수도 또한 세례를 주었으나, '성령'으로 주었다. 이것은 세례의 완성이다. 그리고(만일 내가 지나가면서 다소 대담한 말을 할 수 있다면) 하나님이 당신들을 신격화시키는 것의 근원이 되어야만 한다. 나는 또한 세번째의 세례를 아는데, 그 세례는 순교와 피에 의한 세례이다. 그 세례는 그리스도 자신이 받은 것이며, 다른 종류의 세례들보다 숭배되어야 하는데, 그것은 그 후에 일어난 오점들에 의해 더럽혀지지 않기 때문이다. 또한 다섯번째 종류의 세례가 있는데, 눈물의 세례가 그것이다.…[즉 므낫세의 회개, 니느웨 백성, 성전의 세리, 가나안 여자[67)]. *or.* 39. 17

(ii) 유아세례

당신들은 유아가 있는가? 사악함이 기회를 포착하지 못하게 하라. 그로 하여금 유아기부터 축성받게 하고, 그의 어린 나이에 성령에 의해 성별받게 하라. 어린이의 본성이 약하기 때문에 그 증표를 두려워하는가? 당신은 얼마나 소심한 어머니인가! 당신의 신앙이 얼마나 약한가! 한나는 사무엘이 태어나기 전에 하나님께 바쳤고 제사장 옷을 입혀서 키웠다.[68)] 왜냐하면 그녀는 인간적인 두려움이 없었으나 하나님을 믿었기 때문이다. 당신은 마법이나 마력이 있을 필요가 없다. 이런 것들을 가지고 악마는 들어오고, 이런 보잘 것 없는 것들을 가지고 하나님께 돌려야 할 영광을 훔친다. 당신의 아이에게 권세있고 아름다운 삼위일체의 부적을 주어라. *or.* 40. 17

손실이나 은혜를 느낄 수 없는 유아들에 대해서는 어떻게 생각하는가? 그들에게도 세례를 줄 수 있을까? 절박한 위험이 있다면 분명히 줄 수 있다. 봉인되어 입문되지 않은 채 죽는 것보다 그것을 의식하지 않은 채 축성받는 것이 더 낫다. 그리고 어느 정도 세례의 인을 미리 나타낸 할례가 아직 비이성적인 유아들에게 8일째 되는 날에 집행되었다는 사실로 보아, 이 의식에 대한 정당성을 찾는다. 마찬가지로, 문설주에 바르는 것이 비록 무의식적인 대상들에게 적용되었을지라도 장자들을 보호했다. 다른 경우에는, 그들은 어느 정도 영적인 이해를 할 수 있고 대답할 수 있는 나이인 3세 정도까지 기다려야 한다는 것이 나의 판단이다. 설사 그들이 완전히 이해할 수 없고, 그들의 인격과 마음이 형성과정에 있을지라도 말이다. 그러므로 우리는 완전히 입문하는 위대한 신비에 의하여 그들의 영혼과 육체를 축성해야 한다. 어린이들은 자기들의 이성이 완전히 개발되고 신적인 관계 속에서 가르침 받자마자 자기들의 행동에 대해 대답할 수 있기 시작한다. 그들은 그들의 어린 나이에서 유래하는 무지의 죄들에 대해 대답할 수 없다. 그러나 너무 급하게 우리를 습격하는 위험들 때문에, 그리고 너무 강해서 인간적인 도움을 받을 수 없기 때문에, 어린이들이 세례의 씻음에 의해 강화되는 것이 여러 가지를 고려해볼 때 더 유익하다.   or. 40. 28

(b) 성찬식

(i) 실재론

이것은 그 지팡이〔출 12:11의 유월절 때 '손에 든 지팡이'〕와 그것의 우의적인 의미에 관한 나의 견해이다. 의지할 지팡이와 목자의 지팡이('양'을 깨우쳐주는 가르침의 지팡이)가 있다. 당신이 하나님의 피와 그의 고난과 죽음에 대해 들을 때 전혀 넘어지지 않도록, 그리고 당신이 하나님의 옹호자가 되어야 할 때 하나님을 버리고 변덕스럽게 방황하지 않도록, 율법이 이제 당신을 위해 지시하는 것은 의지할 지팡이다. 만일 생명을 갈망한다면, 당신은 부끄러움 없이, 망설이지 말고, 그 살을 먹고 그 피를 마셔야 한다. 육신에 관한 말을 불신하지 말고, 또한 그 고난[69]에 관한 가르침에 의해 방해받지도 말라.   or. 45. 19

(ii) 성찬의 회상과 종말론

비록 옛 율법 아래에서보다는 더 직접적일지라도(왜냐하면 율법의 유월절은 가장 분명하지 않은 종류의 표상이었기 때문이다), 우리는 아직도 표상에 의해 유월절에 참여할 수 있다. 좀더 나중에, 말씀이 지금 우리에게 어느 정도까지만 보여준 것을 계시하고 가르치면서, '아버지의 왕국에서 우리와 함께 그것을 새롭게 마실 때'[70], 우리는 완전하고 순수하게 참여할 것이다. 왜냐하면 지금 이해되는 것은 언제나 새로운 무엇이기 때문이다. 그러나 마시는 것의 완전한 의미와 그것을 완전히 즐기는 것을 배우는 것은 우리의 할 일이고, 자기 제자들에게 가르치고 전달하는 것은 그의 일이기 때문이다. 왜냐하면 그 가르침은 우리의 음식이고, 그 음식을 주는 자의 가르침[71]이기 때문이다. 그러나, 와서, 문자적으로가 아니라, 복음의 영으로, 불완전하고 일시적으로가 아니라, 완전하고 영원히, 그 율법[72]에 참여하자. 지상의 예루살렘이 아니라 천상의 어머니-도시[73]를, 지금 적군들에게 짓밟힌 예루살렘이 아니라,[74] 천사들에 의해 영화롭게 되는 예루살렘을 우리의 수도로 삼자. '뿔과 굽이 있는'[75] 송아지와 어린양을 희생제물로 드리지 말고, 천상의 제단에서 하늘의 춤을 추며[76], 하나님께 찬양의 제사[77]를 드리자. 첫번째 휘장을 당기고 두번째 휘장에 다가가서 지성소를 들여다 보자. 나는 그보다 더 나아갈 것이다. 우리 자신을 하나님께 제물로 드리자. 혹은 계속해서, 매일 우리 자신과 우리의 모든 활동을 제물로 드리자. 그 말씀을 위하여 모든 것을 받아들이자. 우리의 고난에 의해 그의 고난을 본받자. 피 흘림에 의해 그가 흘린 피를 영화롭게 하자. 십자가에 오르기를 준비하고 소원하자. 못들은 비록 지독하게 비참할지라도 부드럽다. 그리스도와 함께, 그리고 그리스도를 위하여 고난받는 것은 다른 사람들과 즐거워하는 것보다 더 바람직하다.

부활의 축전을 열어 축하하자. 베드로와 요한이 한 것처럼 성묘로 서둘러 가자.[78] 그가 저승(Hades)에 내려갈 때, 그와 함께 내려가고, 그리스도가 거기에서 또한 계시하는 신비들을 배우자. 그리고 그의 이중 하강의 계획과 의도가 무엇인지, 그가 나타남에 의해 모두를 구원하려는 것인지 혹은 거기에서도 그는 단지 믿는 자들만을 구하려는 것인지를 배우자.

그가 하늘로 올라갈 때, 그와 함께 올라가라. 그를 호위하는 천사들과, 혹은 그를 영접하는 자들과 결합하라. 문들이 들려지도록[79], 그리고 더 올려지도록 명령하여, 그의 고난[80]의 결과로서 고양된 자를 그들이 영접할 수 있게 하라. *or.* 45. 23, 24

(iii) 천상적인 실재들

나는 또 하나의 제단을 알고 있는데, 이 세상에서 보이는 제단들은 단지 그것의 표상들이며, 그 제단은 어떤 도끼나 손이 올라가지 않았고, 철소리도 들리지 않았으며, 어떤 장인이나 숙련된 예술가의 작품도 아니다.[81] 그것은 모두 마음의 작품이며, 거기에 올라가는 것은 묵상에 의해서이다. 내가 서게 될 곳은 바로 이 제단에서이고, 그 위에서 내가 받아들일 만한 제물들을, 희생, 봉헌물과 번제물을 드릴 것이다. 실재가 그림자보다 더 좋은 것처럼 그것들은 지금 바쳐진 것들보다 더 좋다. 나에게는 다윗도 이 제단에 관하여 철학적으로 말하고 있었던 것처럼 보인다. 그는 "나의 영적인 젊음을 기쁘게 해준 하나님의 제단에 나아가리라."[82]라고 말했다.   *or.* 26. 16

(iv) 성찬의 일부를 남겨두기

[그레고리의 누이인 고르고니아(Gorgonia)가 치명적으로 아팠다.] 그녀는 그녀의 고통에 대한 어떤 치료책을 발견했는가? 여기에 그녀의 비밀이 있다. 그녀는 고통이 경감될 희망을 잃고, 모든 인류의 구원자에게 호소했다. 그녀는 그녀의 상태가 약간 완화된 동안 밤이 가기를 기다렸다가, 믿음으로 제단 앞에 무릎꿇고, 그 제단에서 영광받는 그에게 모든 종류의 소원기도를 하며 큰 소리로 부르짖으며, 그의 모든 행위들이 실행됐을 때마다 그것들을 그에게 상기시켰다(왜냐하면 그녀는 구약과 신약의 섭리에 대한 이야기들에 매우 정통했었기 때문이다). 그리고 나서 마침내 그녀는 감히 공손하고 고결한 뻔뻔스러운 행동을 하여, 그리스도의 겉옷 가지를 만짐에 의해 혈루를 멎게 한 여인을 흉내냈다.[83] 그녀는 무엇을 했는가? 그녀는 제단에 머리를 숙이고, 언젠가 그리스도의 발을 씻은 자처럼, 다시 한 번 크게 소리지르며, 많은 눈물을 흘렸고, 그녀는 건강이 회복될 때까지 떠나지 않겠다고 위협했다. 그리고 나서 그녀는 그녀가 지니고 있었던 이 약, 즉 그녀가 손에 간직한 귀중한 그렇게 많은 몸과 피의 대형들(antitypes)[84]을 그녀의 눈물과 섞어서, 그녀의 온 몸에 발랐다. 그리고 기적 중의 기적은, 그녀는 자기가 치유되었다는 것을 당장 인식하고는, 몸과 영혼과 마음이 가벼워져서 떠났다. 그리고 그녀가 소망한 것을 그 소망에 대한 상으로 받았고, 영혼의 강함 때문에 육신의 강함을 얻었다. 이상한 이야기이지만 정말로 진실이다.

    or. 8 [*or. funebris in laudent sororis*]. 18

(v) 성찬의 희생

[배교자 율리우스(Julian)[85]]는 자기의 손을 신성하지 않게 하고, 그리스도의 고난과 그의 신성 안에서 우리가 그와 교제하는 것에 의해 피 없는

제물로부터 자기의 손을 살균한다. 그는 동물들을 죽이고 바쳐서 자기의 궁전들을 세우고, 악한 고문들을 채용하여 악한 통치를 확립하였다.　　*or*. 4. 52

〔제사장 기능들을 행하는 것을 피하기 위하여 그가 도망간 것을 옹호하며〕 하나님이고 희생제물이며 대제사장인, 자신을 산 제물과 신성한 것으로 하나님께 바치고 받아들여질 수 있는 이성적인 봉사를 드러내고[86] 찬양의 제사와[87] 통회하는 마음[88] (모든 것을 주는 그가 우리에게 요구한 유일한 제사)을 하나님께 바친 위대한 자에게 아무도 자격이 없다는 것을 나는 안다. 그렇다면 어떻게 나는 대담하게도 그에게 외적인 희생제사, 즉 위대한 성찬의 상징을 바치겠는가?[89] 어떻게 나는 내가 거룩한 일들로 나의 손을 신성하게 할 때까지, 제사장이라는 이름과 모양을 입을 수 있었겠는가?　　*or*. 2. 95

나는 마침내 지독한 질병에서 회복되었고, 나의 건강을 회복하게 해준 자인 당신에게 급히 편지한다.

왜냐하면 제사장의 혀는, 주님에 대해 정직하게 말하기 때문에, 병자들을 일으켜 건강하게 하기 때문이다. 그러므로 당신이 제사장직을 수행할 때 훨씬 더 큰 것을 행하라. 당신이 부활제물[90]을 붙잡는 것처럼, 내 죄의 큰 짐에서 나를 구하라. … 당신의 말에 의해 말씀을 초래할 때, 당신의 목소리를 검으로 사용하여, 피를 뽑아내지 못하는 일격으로 주님의 몸과 피를 절단할 때, 주저하지 말고 나를 위해 기도하고, 나의 대사가 되라.　　*ep*. 171

9. 종규(Discipline)

세례 후의 사죄

나는 이 '눈물의 회개'[91]를 진지하게 받아들인다. 왜냐하면 나는 나 자신이 불안정한 본성을 지닌 변하기 쉬운 피조물인 한 인간이라고 고백하고, 그 세례를 준 자를 예배하고, 자비와 교환으로 자비를 보이며 다른 사람들에게 그것을 주기 때문이다. 왜냐하면 나는 나 자신이 '약함에 둘러싸이고'[92] 내가 주는 대로 받을 것[93]이기 때문이다. 이름에서는 순수하나 행위에 있어서는 순수하지 않은, 너희 바리새인들아, 무슨 율법을 제정하는가? 당신들은 바리새주의와 똑같은 타락으로 가득찬 가르침들인, 노바투스[94]의 가르침들을 우리에게 거침없이 말하고 있다. 회개를 인정하지 않는가? 슬픔의 소리에 어떤 기회를 주지 않는가? 자비의 눈물을 한 방울도 흘리지 않는가? 나는 당신이 당신 자신과 똑같은 재판관을 만나지 않기를 희망한다! '우리의 약함을 지니고 우리의 질병을 가져간'[95], '의인을 부르러 오지 않고 죄인을 불러 회개시키러 온'[96], '제사보다 더 자비를 원한'[97], '일흔번씩 일곱 번'[98] 용서하는, 예수의 친절을 존경하지 않는가?

　당신이 위에서 온 율법들을 인류에게 강요하고, 절망을 불어넣음으로써 그 교정 가능성을 제거할 때, 당신의 거만한 태도가 순수이고 교만이 아니라면, 그것은 축하할 일일 것이다. 사죄의 희망 없는 정죄는 교정 없는 정죄만큼 나쁘다. 후자는 통치를 느슨하게 하고, 전자는 그들을 질식시킬 정도로 너무 단단히 조인다. 나에게 당신의 순수를 보여 달라, 그러면 나는 당신의 자신감을 허용하겠다. 사실 나는 당신 자신이 종기 덩어리이면서 치료를 금지할까 두렵다. 당신은 다윗의 참회[99]가 예언의 선물을 보존해 주었는데, 그의 참회를 인정하지 않는가? 혹은 우리 구세주가 고난을 받을 때 베드로가 인간의 약함에 굴복한 후,[100] 그가 참회한 것을 인정하지 않는가? 그런데, 예수님은 그를 받아들이고, 삼중 질문과 삼중 고백[101]에 의해 그를 치유했다. 자기의 피를 흘림으로써 온전해진[102]자도 인정하지 않는가? 당신의 오만한 어리석음은 이런 부족함을 채우지 못한다. 또한 고린도에 있는 범죄자도 그렇지 못하다. 그러나 바울은 그가 어떤 사람의 개혁을 보았을 때, '그가 너무 많은 근심에 삼키우지 않도록'[103], 지나친 비난으로 좌절되지 않도록, 그에게 사랑을 보이는 것을 찬성했다'.

　그러나 이런 것들은 세례받은 이후의 죄들이 아니라고, 당신은 말한다. 당신이 주장하는 증거는 무엇인가? 당신의 주장을 확립하거나 비난을 그만두거나 하라. 혹은 만일 어떤 의심이 있다면, 친절로 그것을 유리하게 해석하게 하라. 그러나 노바투스는 핍박받는 자들을 받아들이지 않았다고, 당신이 말한다. 만일 그가 진정으로 회개하지 않았던 자들을 거절했다면, 그렇다면 그는 옳았다. 나 자신은 회개하지 않거나, 부적당한 회개를 하는 자들을, 그리고 그들의 범죄를 개심으로 평형을 이루지 않는 자들을 받아들이지 않는다. 그리고 내가 고해자들을 받아들일 때는 그들에게 적당한 지위를 부여한다. 그러나 만일 노바투스가 눈물로 야위게 된 자들을 거절했다면, 그렇다면 나는 그의 행동을 흉내내지 않는다. 왜 그의 무자비함이 나의 선례가 되어야 하는가? 그는 제2의 우상[104]인 탐욕을 처벌하지 않았다. 그러나 그는 자신이 살과 피로 만들어지지 않은 것처럼, 성적인 부도덕성을 가혹하게 비난했다. 이것에 대해서는 무슨 말을 하겠는가? 나의 주장이 당신을 설득하고 있는가? 자 와서 여기 우리 편에, 인간의 편에 서라. 우리 함께 주님을 찬미하자.[105]} 당신들 중 아무도 아무리 그의 자신감이 클지라도, "나를 건드리지 마라, 왜냐하면 나는 순수하기 때문이다[106], 그리고 누가 나만큼 선한가?"라고 감히 말하지 말라. 당신의 도덕적인 위엄을 공유하자! 확신하지 못하는가? 그렇다면 우리는 당신을 위해 울 것이다. 그러면 매우 잘 될 것이다. 만일 그들이 원한다면, 그들로 하여금 그리스도의 길인 우리의 길을 따르게 하라. 만일 그렇지 않다면, 그들로 하여금 그들의 길로 가게 하라. 아마도 다른 생명 안에서 그들은 불세례를 받을 것이다.　　　　　　　　　　　*or*. 39. 18, 19

10. 종말론

(a) 심판

그때 그리스도는 아버지의 영광 중에 다시 와서, 하나님을 죽음에 이르게 한 자들에게 자기의 몸을 보일 것이다. 그때 부활이 오고, 영혼과 몸을 재결합하여 합성적인 존재가 될 것이다. 그때 존재하는 모든 것의 파멸, 최종적인 죽음이 온다. 두려운 심판이 따른다. 그런데 무엇이 심판인가? 그것은 각 사람이 자기의 양심 안에서 느끼는 무게, 혹은 가벼움, 그리고 율법을 거스리는 자기의 생명이 무거운 짐이 되는 것이다. 내가 생각하기에, 행복은 잘 사는 것이다. 그리고 무엇이 천국인가? 하나님을 보고, 천사들과 함께 하나님을 찬양하는 것이다. 그러나 악한 자들을 위하여 어둠은 하나님으로부터 떨어져나갈 것이다. 그리고 '벌레'와 '불'은 육체적인 고통이라는 파멸을 상징한다. *poem. mor.* 34. 149 ff

당신은 생명의 책과 구원받지 못한 자들에 대한 책에 대해 들었을 것이다. 이 땅에서의 각자의 삶의 상벌에 따라, 우리 모두는 등록되거나, 혹은 이미 기록되었을 것이다. 거기에서 부는 이점이 없고, 여기서와 같이, 호의나 미움 혹은 어떤 다른 영향에 의해, 정의가 오염되지도 않는다. 우리는 모두 하나님의 손가락에 의해 그 책에 기록되었고, 그 책은 계시의 날에 열릴 것이다. *or.* 19. 15

(b) 하늘

"사람이 무엇이관대 주께서 저를 생각하십니까?"[107] 나에 대하여 새롭게 계시된 이것은 무엇인가? 나는 작으나 크며, 비천하나 높여졌고, 죽을 운명이지만 영원하며, 땅 위에 있지만 하늘에 있다. 내가 이생과 결합되어 있기 때문에 속성들 중 한 짝이 나에게 속하고, 하나님과의 교제 때문에 속성들 중 다른 짝이 나에게 속해 있다. 전자는 나의 육신과 관련되고, 후자는 나의 영혼과 관련된다. 나는 그리스도와 함께 장사되고 죽은 자들로부터 그리스도와 함께 일어나야 한다. 나는 그리스도와 공동 상속인이고, 하나님의 아들이 되어 나 자신도 신격화될 것임에 틀림없다. *or.* 7. 23

[가이사랴의 바질에 대한 추도사로부터]

바질이여, 당신은 또한 내가 이생을 떠날 때 당신의 처소[108]로 나를 영접하여, 우리 함께 살고 거룩하고 복된 삼위일체를 좀더 직접적으로 그리고 완전하게 볼 수 있게 하겠지요. 그것을 여기 지상에서 우리는 받았으나 순식간에 지나가 버렸습니다. 그리하여 우리의 소망이 결실하고, 우리가 싸운 싸움들과 우리가 저항한 공격들에 대한 상을 받을 것입니다. *or.* 43. 82

(c) 처벌

〔빛과 불을 언급하는 갖가지 성경 구절들〕

　　그리스도가 '땅에 던지러 온'[109] 정화시키는 불을 나는 안다. 그리고 그리스도 자신이 우의적으로 불이라고 말해진다. 이 불은 비천한 물질과 악한 성향들을 태울 수 있다. 그리고 그리스도는 그것이 매우 빠르게 불붙기를 원한다. 왜냐하면 그가 우리를 돕기 위하여 타고있는 석탄을 우리에게 주므로, 자기의 자비로운 사역을 앞당기기를 원하기 때문이다. 나는 또한 정화시키는 것이 아니라 처벌하는 불을 알고 있다. 모든 죄인들에게 쏟아내린, '유황과 폭풍우'[110]가 섞인 소돔의 불이든지, 혹은 '마귀와 그 사자들을 위해 준비된'[111] 것이든지, 혹은 '주의 면전에 가서 사방에 있는 그의 원수들을 태워버릴'[112] 불이 있다. 그리고 훨씬 더 두려운 불이 있는데, 그것은 잠자지 않는 벌레와 결합되어 발견되는데, 꺼지지 않는 불이며, 죄인들을 벌주기 위한 영원한 불이다[113] 만일 여기서조차 더 온화한 불을 전제하기보다, 응징하는 그와 함께 지냄에 있어서 더 많은 해석을 좋아하지 않는다면, 그 모든 불들은 전멸시킬 힘을 가지고 있다.　　　　　　　　　　　　　　　or. 40. 36

제4장 주(註)

1) 마 19:11.
2) 영지주의자 발렌티누스(2세기)는 인류를 세 부류로 나누었다:완전 구원을 보증받은 'pneumatici'(영적인 인간), 돌이킬 수 없도록 운명지어진 'hylici'(물질적인 인간), 그리고 선한 일로 인하여 2등급의 구속을 얻을 수 있는 'psychici'(동물적인 인간).
3) 롬 9:16.　4) Cf. 딤후 4:7 f.　5) 마 20:21, 23.　6) 렘 1:5.
7) 즉, 지적인 창조물(천사들)과 물질적인 세계.
8) Cf.시 19:3, 4.　9) 지혜서 7:22f.; 창 1:27.
10) 즉, 이제 계시된, 하나님의 숨겨진 목적의 성취.
11) 선의 잠재력들.　12) 갈 3:13; 고후 5:21.
13) 시 21 (22):1; 마 27:46.
14) 시 21 (22):2. "… 나의 죄악들(transgressions)에 대한 말들은 나의 구원과

거리가 멀다: 3.나의 하나님, 내가 낮에 부르짖어도 당신은 듣지 않으시나이다:그리고 밤에도 부르짖으나 나의 어리석음을 (당신은 듣지 않으시나이다)."
15) 히 5:7, 8.   16) 빌 2:7.   17) 히 5:7, 8.
18) 즉, 그의 신성을 가리고 있는 육신.   19) 요 1:5.
20) 사벨리우스와 그의 추종자들은 아들과 성령에 하나님의 사역의 연속적인 양식들이라고 가르쳤다.
21) '나의 하나님과 너의 하나님'이라는 말에서 '하나님'은 인간 그리스도에게 적절하게 적용되고, 우리에게도 적용되지만, 하나님 그리스도에게는 부적절하게 적용된다: '아버지'는 하나님 그리스도에게 적용되는 것이 적절하고 인간 그리스도에게 적용되면 부적절하다.
22) 엡 1:17.
23) 주석적으로 보면 공상적이고 신학적으로 보면 애매하다.
24) 요 1:1.
25) 여기에서 '영'(Spirit) = 신성(deity):요 4:24. 참조.
26) 히 2:9.   27) 요 1:16.   28) 롬 2:4.
29) 하나님의 비밀스런 목적의 계시.
30) 최초로 아타나시우스에게서 그리고 아타나시우스의 저서들에서 발견된 칭호.
31) Cf. p.22f.   32) 엡 1:5.
33) 그가 '속'사람과 '겉'사람에 대해 말할 때: 고후 4:16; 엡 3:16.
34) κατ' οὐσίαν συνῆφθαί τε καὶ συνάπτεσθαι.
35) τὸ ἀπρόσληπτον, ἀθεράπευτον.
36) 즉, ψυχή, 생기를 불어 넣는 요소.   37) 엡 2:14.   38) 요 6:38.
39) Cf.마 26:39; 눅 22:42.   40) 요 3:34.   41) 시 58:4 (59:3).
42) 단 9:18과 결합된 딛 3:5.   43) 요 14:9.
44) '이성' 혹은 '율법'이라는 의미로.   45) 히 13:8.   46) 마 24:36.
47) Basil, in *ep.* 236.   48) 롬 7:14.   49) Cf.빌 2:11; 고후 15:24.
50) '경륜'(Economy).   51) 민 21:8; 요 3:14 참조.
52) 여기에서는 '대조물', '병행물'(parallel)의 뜻으로 쓰였다:기둥 위의 (죽은) 놋뱀은 다른 뱀들에게 죽음을 가져왔다:그리고 십자가 위에서의 그리스도의 죽음은 다른 사람들에게 생명을 가져다 주었다.
53) 고전 15:55.
54) 의심할 여지 없이, 실제적인 구절은 아닐지라도 그 생각을 가진 플라톤을 인용했다:이것은 현존하는 어떤 저서에서 발견된 것 같지는 않을지라도, 신플라톤학파에 의해 잘 사용되어 왔다.
55) 이것은 아리스토텔레스의 *de Gen. An.* 2:3에 나타난다.
56) 그 관련사항은 알려지지 않았다.
57) 아리우스주의자들로 추정됨.
58) Cf. p.8 f.
59) '동일본질'은 하나님의 단일성의 결과에서 나오는 것이다:유노미우스는, 위격들 사이에 본성의 차이점들이 있다고 주장함으로써, 삼신론을 암시하고 있다:

60) 아들에 대하여 아리우스주의자들이 사용한 그 구절의 부정문은, '그가 존재하지 않았던 때가 있었다' ἦν ὅ τε οὐκ ἦν이다.
61) ἐν τρισὶν ὑφεστῶσιν, ὑπόστασις (위격)이 파생된 동사.
62) 344-51의 시르마움(Sirmium)의 감독:현존하는 그의 저서는 아무 것도 없으나, 그는 분명히 일종의 사벨리우스주의를 가르쳤다: '포티니우스주의자들'은 381년 콘스탄티노플 공의회에서 정죄받았다.
63) ἐν τρισὶν ἰδιότησιν. 64) 고전 8:6. 65) 롬 11:36.
66) Cf.고전 10:2. 67) 대하 23:15; 욘 3:5; 눅 18:13; 마 15:22ff.
68) 삼상 1:11 ff. 69) Cf.요 6:41-66; 마 16:21f. 70) 마 26:29.
71) Cf. 요 6:63. 72) 즉 유월절에 관한 율법. 73) 갈 4:25 f.참조.
74) 눅 21:20 참조. 75) 시 69:31. 76) 시 149:3, 150:4 참조.
77) 시 50:14. 78) 요 20:17 참조. 79) 시 24:7. 80) 빌 2:8 f.참조.
81) 왕상 6:7 참조.
82) 시 42(43):4.그러나 70인역(LXX)에는 '영적인'이라는 말이 없다.
83) 마 9:20.
84) 즉 상징들.그 용어는 분명하지 않으나, 고르고니아가 제단 위에 보존된 성찬을 취했다는 것이 나타난다.
85) 율리아누스(332-63)는 361년 황제가 되었다.그는 제국 전체에 걸쳐서 개혁된 이교를 재건하려고 했다:그는 아테네에서 나지안주스의 그레고리의 학우였다.
86) 롬 12:1. 87) 시 50:14. 88) 시 51:17.
89) 즉, 그리스도의 희생을 재연하는 것.
90) 아마도 부활절 성찬식.
91) 즉, 회개와 사죄.
92) 히 5:2. 93) 마 7:2 참조.
94) 세례받은 범죄자들을 다루는 데 있어서 엄격주의를 옹호했던 자들의, 특히 박해받게 된 자들의, 3세기에 널리 퍼졌던 교회분열은, 카르타고의 노바투스에 의해 선동된, (희랍 작가들에 의해 노바투스라 불리운) 로마의 노바투스주의자에 의해 인도되었다.
95) 사 53:4. 96) 눅 5:32. 97) 호 6:6; 마 9:13, 12:7.
98) 마 18:22. 99) 삼하 12:13 참조. 100) 마 26:69-75 참조.
101) 요 21:15-17 참조. 102) 즉, '완전히 입문한', 히 2:10 참조.
103) 고전 5:6; 고후 2:7, 8 참조. 104) 엡 5:5 참조.
105) 시 34:3 참조. 106) 사 65:5, 요 20:17 참조. 107) 시 8:4.
108) 눅 16:9 참조. 109) 눅 12:49. 110) 창 19:24 참조.
111) 마 25:41. 112) 시 97:3. 113) 사 64:24; 마 9:44 등 참조.

제5장

닛사의 그레고리

1. 인간

(a) 창조와 타락

만일 전 세계의 존재가 말씀의 능력에 달려있다면, 우리는 불가피하게 세계의 여러 부분들의 유일한 원인은 말씀 자체라고 생각하지 않을 수 없는데, 그를 통하여 사물들에 대한 계획이 생겼다. 만일 누군가가 그를 말씀, 혹은 지혜, 혹은 권능, 혹은 하나님, 혹은 어떤 다른 높여지고 영화롭게 된 이름이라고 부르기를 원한다면, 우리는 그와 다투지 않을 것이다. 왜냐하면 그 주체를 묘사하기 위해 밝혀지는 용어나 이름이 무엇이든지, 존재한 모든 것을 유지하고, 존재하게 될 모든 것을 예언하는 하나는 그 표현들에 의해 지시되는데, 즉 영원한 능력의 하나님, 존재하는 만물의 창조자, 존재하지 않는 것의 발견자라는 표현으로 나타난다.

그러므로 이 하나님의 말씀(혹은 지혜, 혹은 권능)은 논리적인 주장에 의해 인간의 본성을 만든 자로 보여지는데, 그는 인간을 창조할 필연성에 의해 강요된 것이 아니라, 무한한 사랑을 통하여 그러한 존재의 원인을 만든 것이다. 왜냐하면 그의 빛이 보여지지 않을 수 없고, 그의 영광이 증인이 없을 수 없고, 그의 선이 즐겨지지 않을 수 없을 것이기 때문이다. 혹은 신성에 속하는 것으로 보여지는 다른 모든 것들이 게을러서, 아무와도 그들을 공유하고 즐기지 않을 수 없기 때문이다. 그러므로 만일 인간이 하나님의 선한 것들을 공유하기 위한 이러한 목적을 위해 존재하게 되었다면, 그는 불가피하게 그러한 선들을 즐길 수 있는 능력을 지닌 채 창조되었음에 틀림없다. 그 눈은 와서 자연스럽게 그 속에 심겨진 광선에 의하여 빛에 참여하며, 그것의 내적인 수용력을 통하여 그것과 비슷한 것을 끌어당긴다.

똑같은 방법으로 신같은 것들과 유사한 어떤 것은 인성과 섞여서, 이런 유사성에 의해 그것과 동질인 것을 향한 충동을 가질 것이라는 것은 필연적이다. 물이나 공기가 그들의 환경으로 할당된, 비이성적인 피조물들은 그들의 삶의 방법에 적용된 체질이 주어져서, 그들 신체의 독특한 구성 때문에, 어떤 종류는 공기 속에서, 다른 종류는 물 속에서 각각 자기 자신과 동질적이고 유사한 요소를 발견함에 틀림없다. 마찬가지로, 하나님의 선한 것들을 즐기기 위해 존재하게 된 인간이 자신의 본성 속에 그가 공유할 수 있는 것과 동류인 어떤 것을 가졌음에 틀림없다. 그러므로 그는 생명과 이성과 지혜와 하나님께 적합한 자질들을 갖추어서, 그 결과 그것들 각각을 통하여 그는 그와 동질인 것을 얻으려는 욕구가 있다.

신성에 속하는 선한 것들 중의 하나는 영원성이기 때문에, 우리 본성의 구성은 이 속성을 빼앗겨서는 안되지만, 그러나 영원한 요소를 포함하고 있어서, 그의 내적인 수용력에 의해 인간은 초월적인 것을 인식하고 신의 영원성을 얻으려는 욕구에 사로잡혀야 한다는 것은 절대적으로 필연적인 것이었다. 창조 이야기는 사실상 이것을 실증했는데, 포괄적인 표현으로, 인간은 '하나님의 형상을 따라'[1] 존재하게 되었다는 한 구절로 실증했다. 왜냐하면 '형상을 따라'인 '유사성' 속에서 우리는 신성의 특징이 요약된 것을 얻기 때문이다.

그리고 모세가 이들 특징들에 대해 설명하는 모든 것이, 역사적인 기록에 의해, 똑같은 가르침에 속한다. 왜냐하면 그는 우리에게 이야기 형식으로 교리들을 주었기 때문이다. 낙원과 진기한 과일들이 있는데, 그것들을 먹었다면 맛본 자들의 식욕을 만족시켜줄 것은 없지만, 그들에게 지식과 영생을 주었을 것이다. 이것은 인간에 대한 이전의 관찰들과, 즉 우리의 인성은 처음에 선했고 선에 둘러싸여 있었다는 것과 완벽한 조화를 이룬다. 그러나 현재의 사물들의 상태를 관찰하고 우리의 주장의 허위를 보일 수 있다고 생각하는 사람은 누구나, 인간은 지금 그러한 상태로 보이지 않고 거의 정반대의 상태로 보인다고 반박할 수도 있다. '영혼 속 어디에 이 신같은 요소가 있으며, 고통 없는 몸의 자유가 있으며, 그 영생이 있는가? 인간의 생명은 순간적인 것이며, 그는 고통에 종속되어 죽도록 운명지어졌고, 몸과 영혼 속에서 모든 종류의 고통을 받을 수 있다'.…그러나 인간의 생명이 지금 비정상적인 상태에 있다는 사실은 그가 동시에 선에 둘러싸여 존재하게 된 것이 아니라는 타당한 증거가 될 수 없다. 왜냐하면 인간은 하나님의 작품으로, 하나님이 자기의 선 때문에 이 피조물을 존재하게 했기 때문에, 아무도 자기가 악에 둘러싸인 자기의 창조주에 의해 존재하게 되었다고 그럴듯하게 상상할 수 있는 사람은 아무도 없는데, 선이 그의 구성 요인이기 때문이다.…

그 자신의 유일한 선에 참여하도록 인간을 만들고, 그의 모본성의 모든 자질을 통하여 동류에 상응하는 동류의 운동에 의해 그의 충동이 돌려지도록 하기 위하여, 그의 본성을 모든 종류의 아름다운 성질을 받아들일 수 있는 수용력으로 갖춰 준 그분은, 결코 그 가장 고귀하고 가장 값진 선을, 즉 자유와 자유의지(self-determination)라는 선물을 그에게서 빼앗지 않을 것이다. 왜냐하면 만일 필연성이 어떤 점에서 인간의 생명을 지배했다면, 그 '형상'은 유사성의 부족에 의해 그것의 원형으로부터 멀어질 것이기 때문에, 그 점에서 그것은 왜곡되었을 것이기 때문이다. 어떤 종류의 필연성에 정복되고 노예가 된 어떤 본성이 왕의 본성의 '형상'이라 불릴 수 있었을까? 확실히 모든 점에서 신성을 닮은 것은 불가피하게 그 본성 안에 자유의지의 근본 요소를 소유하여, 선에의 참여가 덕의 상이 될 것임에 틀림없다.

그렇다면 어떻게, 전 범위에 걸친 우수한 자질들로 영광받아왔던 그가 선한 것들을 악한 것들과 바꿨다고, 의문을 가질 수가 있을까? 존재하게 된 어떤 악도 신적인 의지에 그 기원을 갖지 않는다. 확실히, 악은 만일 그것이 하나님을 창조주와 아버지라고 주장할 수 있었다면 비난받지 않았을 것이다. 악은 어떤 점에서 보면 내부로부터 생기고, 영혼이 선에서 후퇴할 때 의지

속에서 일어난다. 보는 것은 자연스러운 활동인 반면, 보이지 않는 것은 그 자연스러운 활동의 상실이다. 덕과 악 사이에는 비슷한 대립이 있다. 왜냐하면 악의 기원을 선의 결여로 밖에는 생각할 수 없기 때문이다. 빛이 제거되면 어둠이 잇따른다. 한편 빛은 현존하고 어둠은 존재하지 않는다. 마찬가지로, 선이 그 본성 속에 있는 한, 악은 자신의 권리로 존재하지 못한다. … 현존하는 악에 대한 책임은 하나님이 아니다. 왜냐하면 그는 당신의 본성을 억제되지 않고 자유롭도록 만들었기 때문이다. 그 책임은 보다 좋은 것들보다 보다 악한 것들을 선택한 비뚤어진 의지에 있다.　　　　*or. cat.* 5

(b) 육체적이고 도덕적인 악

최대의 슬픔은 몸의 파멸을 생각하고, 우리들의 이생이 죽음으로 파멸되어야 한다는 것을 잔인한 것으로 간주하고, 죽음에 의한 우리 존재의 멸절이 가장 악하다고 주장하는 자들이 느끼는 것이다. 그렇다면 그로 하여금 이 우울한 사태를 통하여 신의 자비가 충만한 것을 주목하게 하라. 생명에 참여하는 자들은 생명의 기분좋은 특성들을 즐기기 때문에 가질 가치가 있다는 것을 안다. 고뇌 속에서 살아가는 어떤 사람은 고통 속에서 존재하는 것보다 존재하지 않는 것이 훨씬 더 좋다고 판단한다. 그렇다면 우리를 살도록 해준 그가, 우리가 행복하게 살아야 되는 것과 다른 목적을 꾀하고 있는지 시험해 보자.

그런데, 우리는 자유의지를 행사함에 의해 악과 교제하고, 꿀로 달콤하게 된 해로운 본질과 같은 쾌락에 빠짐으로써 악을 우리의 본성과 섞고, 그러므로 우리는 우리의 생각이 고통과 떨어진 자유와 연합하는 행복으로부터 멀리 이탈했다. 이 이유 때문에 인간은 죽어서 토기와 같은 땅으로 돌아가서, 그가 획득한 타락은 분리되어 나갈 수 있고 부활에 의하여 그의 원형으로 재형성될 수 있게 되었다. 이것은 모세가 역사적인 이야기로 가장하여, 비밀스러운 형식으로 우리 앞에 보여준 가르침의 종류이다. 그러나 숨겨진 용어는 분명한 가르침을 전해준다. 첫번째 인간들이 금지되었던 것에 연루되어 그들의 원래의 행복이 벗겨졌을 때, 주님은 자기가 처음으로 창조한 존재들을 가죽 옷으로 입혔다고, 그는 우리에게 말한다.

　　내가 보기에, 모세는 그러한 가죽들을 문자적인 의미로 이해하려고 하는 것 같지 않다.[2] 그들에게 옷을 만들어주기 위해 어떤 종류의 동물들을 죽여서 가죽을 벗겼는가? 아니 오히려, 가죽은 동물과 분리되었을 때는 언제나 죽어있기 때문에, 그 의미는 우리의 악의 치료자가 그의 예견 가운데, 인간이 타락 후에 그에게 죽을 수 있는 능력을 부여했다는 것이라고 확신한다. 그리고 그 능력은 짐승의 특성이었으나, 영원히 지속되도록 의도되지는 않았다. 왜냐하면 옷은 우리에게 걸쳐지는 외적인 것들 중의 하나이기 때문이다. 그것은 잠시동안 몸의 필요를 위해 도움이 되는 것이고, 우리의 자연스러운 자질의 부분이 아니다. 그러므로 짐승으로부터 취해진 죽어야 할 운명은 조정에 의해, 불멸하도록 창조된 본성 위에 입혀진 것이다. 그것은 외부를 덮고 내부를 덮지 못한다. 그것은 인간 안에 있는 지각적인 요소에 애착을 갖는다. 그것은 실제적인 하나님의 형상에 집착하지 않는다. 그러나 그 지각력이 있는 요소는 단지 용해되지만 소멸되지는 않는다. 왜냐하면 소멸은 비존재로 넘어가는 것인 반면, 용해는 그 구성요소를 취한 흙이라는 기본적인 재료들로 다시 흩어지는 것이기 때문이다 … [우리 본성의 지각적인 부분은 용해되어, 이질적인 본질이 제거되어 원래의 아름다운 모습으로 재형성된다.]

　　영혼과 몸은 모두 사악한 속성들 속에 참여함에 의해 함께 결합되기 때문에, 몸의 죽음과 영혼의 죽음 사이에는 또한 유비가 있다. 육신의 경우에 우리는 지각이 있는 생명의 분리를 죽음이라고 부르며, 영혼에 관하여는 실제적인 생명의 분리를 죽음이라 부른다. … 용해라는 죽음은 영혼에 영향을 줄 수 없다. 왜냐하면 합성되지 않은 것이 어떻게 용해될 수 있겠는가? 그러나 죄가 영혼 속에 일으킨 오점들은 어떤 치료에 의해 제거되어야만 한다. 그러므로 덕이라는 약은 이생에서 그러한 결점들을 치유하기 위해 적용되어 왔다. 만일 영혼이 치유되지 않은 채 남아있어야 한다면 치료법은 그 후의 생명 속에 저장되어 왔다 … [수술과 같은 치료법은 고통을 수반한다]. … 이와 같이 만일 어떤 사람이 우주를 지배하는 자의 지혜의 궁극적인 목적을 꾀한다면, 그는 비이성적이고 소심하여 인간의 창조주를 악의 창시자로 부르면서, 그는 무엇이 일어나려고 하는지에 대해 무지하거나 인간을 미래에 대해 완전히 알도록 창조함으로써 그는 악의 충동에 사로잡혔다고 주장할 것이다. 그러나 그는 무엇이 일어날 것인지를 알았고 실제로 일어난 것을 향한 충동을 막지 않았다. … 무엇이 더 좋은 과정이 될 수 있었을까? 그는 이 미래의 존재가 선으로부터 벗어날 것이라는 것을 예견했기 때문에, 인간의 본성을 존재하게 하지 않는 것이었을까? 혹은 회개에 의해 그가 병들게 되었을 때조차 회개에 의해 그를 은혜의 원상태로 돌아가게 하고 회복시키는 것일까?

그러나 인간 본성의 불안정성의 필연적인 결과인 신체적인 고통 때문에 하나님을 악의 창조자라고 부르는 것, 혹은 우리에게 고통을 주는 것에 대한 책임이 그에게 있다고 생각되지 않도록 하기 위해, 그를 인간의 창조주로 간주하기를 거부하는 것, 그것은 선과 악을 단지 감각의 기초 위에서 판단하는 자들에 의해 보여진 극단적인 소심성이다. 그들은 고유한 선만이 신체적인 감각과 결합되지 않다는 것과, 실제적인 악만이 참된 선으로부터 멀어진다는 것을 이해하지 못한다 …

원래의 은혜의 상태로 인간을 되돌리는 것은 누구의 일이었는가? 타락한 자들을 회복시키고 잃은 자들을 되돌아 오게하고, 방황하는 자들을 손으로 이끌어주는 것에 누가 관심을 가졌는가? 처음에 생명을 준 자만이 그것이 소실되었을 때 그것을 회복시킬 능력과 권리를 가졌다.

인간의 탄생, 유아로부터 성숙할 때까지의 성장, 먹는 것, 마시는 것, 피로, 잠, 슬픔, 눈물, 그릇된 고소, 재판소, 십자가, 죽음, 매장, 이 모든 것들은 계시에 포함되고, 더 소심한 자들의 신앙을 둔하게 하여, 결국 그들은 그 전조 때문에 그 결과를 거부한다. 왜냐하면 그들은 죽음의 부적절한 환경들 때문에, 부활을 신성과 일치하는 것으로 인정하지 않을 것이기 때문이다. 나는 총체적인 육신으로부터 약간 우리의 논증을 제거함으로써 시작하고, 본래 선한 것과 그 반대인 것을 생각하고, 그것들 각자가 인지되는 특징들은 무엇인가를 묻는 것이 필수적이라 생각한다. 왜냐하면 그것에 관하여 신중하게 생각한 자는 아무도, 하나가, 그리고 하나만이, 본질적으로 불명예스럽고, 그리고 그것은 도덕적인 악이며, 한편 도덕적인 악에서 자유로운 것은 어떤 종류의 불명예에도 낯선 것이라는 주장을 논박할 사람은 아무도 없을 것이라고 생각하기 때문이다. 불명예의 혼합물을 갖지 않은 것은 확실히 선으로 분류된다. 그리고 참으로 선한 것은 그 반대의 혼합물을 가지고 있지 않다. 선의 범주에서 발견되는 것이 무엇이든지 그것은 하나님의 성품과 일치한다. … 만일 그의 생명과 죽음의 환경이 도덕적인 악에서 자유하다면 … 도덕적으로 선한 것은 하나님의 성품과 일치하지 않는다고 단조롭게 주장하는 자들의 어리석음을 단지 애처롭게 여길 수 있다.   *or. cat.* 8. 9

2. 그리스도의 위격

(a) 내재와 성육신

신성이 우리의 본성을 입고 탄생했다면, 그것은 개념들이 너무 제한받지 않는 자들에게 이상한 새로움으로, 그 자체를 이성적으로 드러내지는 않았을 것이다. 왜냐하면 누가, 사물들의 전체적인 계획을 개관하면서, 신성을 옷입고, 그것을 인식하며, 그 안에서 존재하는 모든 것 속에 신성이 있다는 것을 믿지 않을 정도로 그렇게 유치한가? 왜냐하면 스스로 있는 자(Him-Who-Is)[3]에게 의존해 있다면, 스스로 있는 자 안에 존재하지 않는 것은 아무것도 존재할 수 없기 때문이다. 그렇다면 만일 만물이 신성 안에 있고 신성이 만물 안에 있다면, 하나님은 지금조차 인류 바깥에 존재하지 않는다고 믿으므로, 하나님이 인성을 입고 태어난 것에 대하여 우리에게 말해주는 계시 속에 드러난 신적인 계획[4]에 왜 사람들은 당황하는가? 왜냐하면 하나님이 우리 안에 임재하는 그 기적이 그의 성육신의 기적과 똑같지는 않을지라도, 여전히 그때와 같이 지금 우리 안에 그가 존재한다는 것을 우리는 똑같이 인정한다. 이제 그는 존재 속에 있는 본성을 유지하는 것으로서 우리와 함께 합쳐졌다. 그리고 나서 우리의 본성이, 이렇게 신성과 혼합됨에 의하여, 그 자체가 신성이 되고 죽음에서 구조되고 적의 왕이 닿지 않는 곳에 있게 되도록 하기 위하여, 그는 우리의 본성과 섞여졌다. 왜냐하면 그리스도가 죽음에서 돌아옴으로써 죽을 인류를 위하여 영원한 생명으로 돌아가는 시작이 되었기 때문이다.　　　　　　　　　　　　　　　　　　　　　　　　　*or. cat.* 25

그가 한 여인에게서 태어난 것은 그가 자신 안에 있는 것처럼, 자기의 신성에 관하여 그런 것이 아니다. 창조 전부터 존재하는 그는 육체로 탄생함을 입은 것이지 그의 존재를 받은 것이 아니다. 성령은 아들 자신의 권세가 들어갈 수 있는 길을 준비했다. 아들은 특별한 '거처'를 준비하기 위하여 어떤 신체적인 재료를 필요로 하지 않았으나, 지혜에 대해 말해지는 바와 같이, 그는 인성과 섞여짐에 의해, '자신을 집으로 만들어'[5], 동정녀로부터 나온 '먼지' 인간 속으로 들어갔다.　　　　　　　　　　　*antirr.* 9

(b) 하나님-육신: 하나님-사람

아폴리나리우스는 젖먹이는 것, 아기옷을 감싸는 것 … 성장, 피로 … [수난에 대한 상술] 장사, 무덤, 돌 등의 원인을 어떻게 돌리나? 어떻게 이러한 것들이 하나님과 일치하는가? 왜냐하면 만일 그의 '육신을 입은 하나님'은 그가 마리아로부터 태어난 결과로서 가시화되었기 때문이며, 나타난 것은 신성이고 신성은 그 모든 것을 경험하며, 신성은 젖먹여지고 … 피곤하고, 잠자고, 슬퍼하기 때문이다. … 신성이 무화과 나무로 달려가고, 그 나무가 언제 열매를 맺을지 모른다. 신성이 그 때와 시간을 모른다. 신성이 매질당하고, 묶이고, 희롱당하고, 못질 당하고, 피를 흘리고, 시체가 되고, 장사되어 새로운 무덤에 놓인다. … 하나님에게 버림받았다고 누가 울었는가? 만일 그것이 아버지와 아들의 한 신성이었다면, 누가 버렸는가? … [그 신성이 똑같은 것이 아니라고 말한다면, 그것은 아리우스주의일 것이다.] 그러나 그는 고통과 겸손을 드러내는 그러한 말들과 경험들을 인성에 돌리지 않을 수 없다. 그는 신성이 인간적인 고난과 결합될 때조차 변할 수 없고 고통받을 수 없다는 것을 인정하지 않을 수 없다.　　　　　　　　*antirr.* 24

아폴리나리우스는, "희랍인들과 유대인들은 한 여인에게서 태어난 하나님에 대하여 들으려 하지 않기 때문에 믿기를 단호히 거절한다"라고 말한다. 왜 그는 그의 탄생에 대해 말할 때, 비록 육신에서 난 것은 의문의 여지없이 육신일지라도, 주님이 한 곳에서 말하는 것처럼, 말없이 육신을 간과하는가? 그러므로 그는 말한다: "그러나 하나님은 오래 전에 육신을 받았고, 결과적으로 한 여자라는 도구에 의해 태어났고, 인성을 떠맡은 필연적인 결과로서 죽음을 경험했다." 이러한 주장에 의해 그는 참된 인성을 인정하지 않고, 인간으로서 고통에 종속시키지만, 인성에 참여하는 것으로 말하지 않는다. 왜냐하면 어떻게 흙으로 만들어지지 않은 것으로 말해지는 것이 인간이 될 수 있는가? 왜냐하면 성서는, 인성은 아담에게서 기원되고, 그는 처음에 흙으로부터 존재하게 되었다고 말하기 때문이다. 그것은 누가가 '요셉의 아들로 간주된' 자의 족보를 작성함에 있어서, 그의 조상들을 통하여 그의 후손의 기원을 차례차례 거슬러 올라가면서, '아담의 자손'[6]이라고 끝내는 이유이다. 그러므로 인류에게서 태어나지 않은 자는 확실히 사람이 아니라 어떤 다른 종류의 존재이다. 그렇다면 만일 이 '육신을 받은 하나님'이 인류와 실제로 결합하지 않았으므로 인간도 아니고, 비육신적이지도 않기 때문에 하나님도 아니라면, 그는 무엇일까? …

[그리스도의 예표로서 불수레를 탄 엘리야] 불은 본래 위로 향하는 경향이 있으나, 신적인 능력에 의해 그것은 땅으로 내려온다. 그리고 엘리야는 하늘의 불길에 쌓였을 때 높은 곳에서 들림받았는데[7], 그 불길은 그 후 본성적으로 윗쪽으로 향하는 움직임을 급히 되찾았다. 같은 방법으로 물질이나 형태가 없는, 지고한 자의 능력이 동정녀를 통하여 받는 위격(hypostasis)을 입고 종의 형체를 받고, 그것을 그것의 신적이고 불멸의 본성으로 변형시키면서, 그것을 그 자체의 장대함의 상태에 이르게 했다. *antirr.* 25

[나지안주스의 그레고리도 아폴리나리우스가 선재하는 천상적인 육신을 가르쳤다(즉, ep. 101. 6에서)고 비난했다. 아폴리나리우스는 분개하여 그런 공상을 부인했다. "우리는 구세주의 육신이 하늘로부터 내려왔다고 주장

하지도 않고, 그의 육신이 하나님과 동일본질이라고 주장하지도 않는다. 그러나 그것은 신성과 결합되어 하나의 위격을 이룬다는 점에서 하나님이다"(fr. 164. Lietzmann).]

(c) 두 본성들: 속성간의 교류('Communicatio idiomatum')

아폴리나리우스는 우리의 주장을 그릇되게 묘사하여, 독생자 하나님이 언제나 그리스도인 것은 아니었다라고 우리가 주장한다고 말해서는 안된다. 그리스도는 섭리[8]의 때만이 아니라, 그 후에도 언제나 존재했다. 왜냐하면 인성은 동정녀에게서 태어나기 전에는 존재하지 않았고, 또한 그 육신은 하늘에 오른 후에, 그 자체의 속성들을 지니고 남아있지 않기 때문이다. "만일 우리가 그리스도를 육신으로 알았다면, 우리는 아직 그를 이런 방법으로 알지 못한다."[9] 왜냐하면 하나님이 육신으로 나타났기 때문에 육신은 계속해서 존재하지 못하기 때문이다. 인간의 본성은 변화에 종속되어 있는 반면, 신성은 불변한다. 그러므로 신성은 모든 변화에 직면하여 움직이지 않고 남아있고, 변하여 나빠지지도 않는다(왜냐하면 그것은 타락을 허용하지도 않고, 개량될 수도 없기 때문이다). 반면 그리스도 안에 있는 인성은 변화를 겪어 더 나아지는데, 멸망하기 쉬운 것에서부터 불멸하는 것으로 … 단명에서 영원으로, 육체적인 것으로부터 비육체적인 것으로, 신체적인 형상의 한계로부터 자유로워진다.

고난받은 자는 바로 인간이며 하나님이 아니라고 우리가 말한다고, 그들은 주장한다. 그들로 하여금 우리가 말하는 것을 듣게 하라. 우리는 신성이 고난받은 자 안에 있었다고 확언한다. 그리고 우리는 그 고난받을 수 없는 본성은 고난받을 수 있게 되었다는 것을 부인한다. 인성은 지성적인 영혼이 몸과 결합함으로써 그 본체를 취한다. … 일반적인 사람의 경우에, 영혼과 몸으로 이루어진 인간이 형성된 결과로, 물질에 어떤 생명을 주는 힘에 대하여 우리는 생각한다. 동정녀 탄생의 경우에 지고한 자의 힘은 더럽혀지지 않은 몸 속에 비물질적으로 심겨지고, 동정녀의 순수성을 육신을 위한 재료로 취하여, 그것을, 인간의 형체로가 아니라, 하나님의 모습을 따라 창조된 …

참으로 새로운 인간인 자를 형성하기 위하여 동정녀의 몸을 드린 것으로, 사용했다. 그 신적인 능력은 이 복합적인 모든 본성을 통하여 동등하게 퍼져서, 그 결과 어떤 부분도 신성을 공유하지 않는 부분이 없게 되었다. 두 부분 안에서(즉, 몸과 영혼 안에서) 그 두 요소들(신성과 인성)은 적당히 연합하고 조화를 이뤘다.…신성은 상응하는 정도에 따라 몸과 영혼 모두 속에 심겨지고 둘에 연합되었다.　　　　　　　　　　　　　　*antirr*. 53. 54

　　그가 고난을 받아들인 몸은, 신성과 결합되어, 혼합을 통하여 그것을 떠맡은 본성과 동일하게 되었다. … 인간을 사랑하는 그의 신적인 계획의 성취로 우리의 비천한 본성 속에 떠맡은 것이 무엇이든지 그것은 또한 신적이고 영원한 것으로 변한다고 우리는 믿는다. 〔행 2:36, "하나님은 너희가 십자가에 못 박은 이 예수를 주와 그리스도가 되게 하셨느니라."〕 이 성서 구절은 두 가지의 것들, 즉 유대인의 손에 고난받는 것, 하나님으로부터 오는 영광이 한 위격에 발생했다고 주장한다. 그것은 한 위격이 고난받고 다른 위격이 고양됨으로써 영광받았다는 것을 의미하지 않는다. 그 사도는 다음과 같이, 즉 '하나님의 오른손으로 올려지다'라고 말함으로써 그의 의미를 더 분명하게 해준다. 누가 올려졌는가? … 하나님은 지고한 자이기 때문에 확실히 올려질 필요가 없다. 그러므로 그는 그 인성이 올려졌다고 말함에 틀림없다. 그리고 그것은 주와 그리스도가 됨으로써 올려졌다. 그리고 이것은 수난 후에 일어났다.…십자가에 못박혔던 그의 비천한 본성은 … 무한하고 제한이 없는 선의 본성과 결합에 의해, 더 이상 그 자체의 속성의 한계에 제한된 채 남아있지 않고, 하나님의 오른손으로 신적인 요소와 함께 들어올림 받았고, 종 대신에 주가 되었고, 신하 대신에 왕 그리스도[10]가 되었고, 비천한 자 대신에 지고한 자가 되었고, 인간 대신에 하나님이 되었다 …
　　　　　　　　　　　　　　　　　　　　　　　　　　c. Eunom. 5. 5

　　우리는 생각 속에서 육신에 의해 신적인 계획[11]에서 일하는 것과 저절로 생각되어진 신적인 능력을 구분한다 … 육신은 신성으로 변형될 때까지는 신성과 일치되지 않는다. 그 결과 속성들 중의 한 짝은 말씀 하나님에게 적합하고, 다른 한 짝은 '종의 형체'[12]에 적합한 것은 당연하다. … 고난의 결과로 '높이 올려진' 그는 실제로 주와 그리스도인 그와 함께 연합함을 통하여 주와 그리스도가 되었다. 우리가 가르침받은 것을 통하여, 신성은 언제나 동일하고 모순되지 않지만 육신은 본질적으로 이성과 촉각이 파악하는 것이라는 것을 알고서, 우리는 이렇게 말한다. 그러나 그것은 신성과 결합되었을 때 더 이상 그 자체의 본성적인 속성들의 한계 안에 머물지 않지만, 우세하고 초월적인 수준으로 올려진다. 그러나 육신과 신성의 다른 속성들에 대한 우리의 관념은 이들 각자를 따로 묵상하는 한 혼동되지 않는다. 예를 들면, "말씀은 오래 전부터 존재했으나 육신은 이 마지막 때에 존재하게 되었다"라는 말이 있다. 어떤 사람은 이 말을 완전히 바꾸지 못하고, 그 육신은 현세 이전의 것이라고 말하거나, 혹은 그 말씀은 최근에 존재하게 된 것이라고 말할 수 있을 것이다. 육신은 본성적으로 수동적이지만 말씀은 능동적이다. 육신은 우주를 창조할 수 없으나, 신성의 능력은 고통을 받을 수 없다. …

나사로(Lazarus)를 일으킨 것은 인성이 아니다. 그를 위해 우는 것은 무감각한 능력이 아니다. … 고난의 타격들은, 자기 안에 주님이 있는 종에게 속하지만, 영광은 종에 의해 가려진 주님에게 속한다는 것이 확실하다. 그 결과 결합관계 때문에 각 본성의 속성들은 둘에게 공통적이 되고, 주님은 종의 채찍자국들을 자신에게 취하는 반면, 종은 그 주님의 영광에 의해 영화롭게 된다. 그러므로 십자가는 '영광의 주'[13]의 십자가라고 말해지고, '모든 입은 예수 그리스도가 주님이라고 시인한다'[14]…

신성은 인성 안에 들어오기 위해 '자기를 비우고'[15] 인성은 신성과의 결합을 통하여 신적이 됨으로써 새로워진다. … 흔히 나무 표면 밑에 감추어져 있는 불이, 그 나무를 보거나 만지기조차 하는 자들의 감각에 의해 관찰되지 않으나, 그것이 불붙어 불꽃이 될 때는 명백해지는 것처럼, 그렇게 … 그는 '영광의 주'이기 때문에 인간이 부끄럽게 생각하는 것에 대해 아무것도 생각하지 않고, 말하자면, 그의 죽음에 의해 신적인 계획을 수행함에 있어서 그의 육적인 본성 밑에 있는 그의 생명의 잔화는, 그 자신의 신성의 능력에 의해 다시 타서 불꽃이 되어, 죽음에 이르렀던 것을 생명으로 따뜻하게 하며, 우리 본성의 제한된 첫 열매를 그의 신적인 능력의 무한성 속으로 쏟아 붓는다. 이렇게하여 그는 그것을 과거의 자신이 되도록 하며, 종의 형체를 주가 되게 하며, 마리아의 인간적인 아들을 그리스도가 되게 하며, 약함을 통하여 십자가에 못박힌 그를 생명과 능력이 되게 하며, 말씀 하나님께 속하는 것으로 공손하게 생각된 모든 것을 또한 말씀이 떠맡은 것 안에 있게 한다. 그 결과 그러한 속성들은 더 이상 구별과 나뉨에 의해 각 속성 안에 있는 것처럼 되지 않는다. 오히려 신성은 인성보다 우세하기 때문에, 멸망하기 쉬운 본성은 신성으로 함께 결합됨에 의해 재창조되는 것 같다. 그리고 이렇게 하여 그것은 신성의 능력에 참여하는 것이다. 그것은 마치 바다 속에 섞인 식초[16] 방울이 그런 혼합에 의해 바닷물로 변하는 것과 같은데, 그 액체의 본성이 우세한 요소의 무한성 속에서 남아있지 않기 때문이다 … 약함 때문에 십자가에 못박힌 것은, 그 안에 거하는 그의 우세한 능력을 통하여, 사실상 그 거주자가 존재하는 것과 칭호, 즉 그리스도와 주님이 되었다.

c. Eunom. 5. 5

우리는 우리의 구원이 단순한 한 인간 때문이라고 생각하지 않는다. 또한 죽을 수 없는 신성이 고난을 받고 죽을 여지가 있다고 인정하지도 않는다. 그러나 '태초에 있었던 말씀이 하나님이었다' 라는 것과 그 후에 '육신이 된 말씀' 은 '땅에 나타나고 사람들과 교제하면서 살았다.'[17]는 것을 선포하는 영감받은 발언들을 우리는 확실히 믿어야 한다. 그러므로 우리는 그 영감받은 발언과 일치하는 그러한 사상들을 우리의 신앙 속으로 받아들여야 한다. 그가 빛, 능력, 의, 생명, 그리고 진리이며, "그를 통하여 전 우주가 만들어졌다"[18]라는 말을 들을 때, 우리는 그러한 모든 진술들을 믿을 가치가 있는 것으로 여기고, 그것들을 하나님인 말씀에 속하는 것으로 생각한다. 그러나 고통, 잠, 궁핍, 고통, 속박, 손톱, 창, 피와 상처, 장사와 무덤, 그리고 이런 종류의 다른 것들에 대해서 들을 때, 비록 이런 것들이 다소 위에 언급된 형용어구들과 모순될지라도, 그럼에도 불구하고 우리는 그것들을 믿어지는 것들로, 그리고 말씀과 함께 우리의 신앙의 부분으로 받아들이는 육신에 관하여 참된 것으로 받아들인다. 육신에 고유한 속성들을 '태초에 있었던' 말씀 속에 존재하는 것으로 간주하는 것은 불가능하다. 신성의 속성들을 육신에 존재하는 것으로 생각하는 것도 마찬가지로 허용할 수 없는 것이다. 그러므로, 주님에 관한 복음의 가르침이 신성과 천한 속성들과 일치하는 장엄한 요소들의 혼합을 나타내기 때문에, 우리는 각각의 특유한 개념을 우리의 오성에 계시되어온 본성들 중 하나에 혹은 다른 것에 끼워넣는다. 그리고 인간적인 요소를 인성에 돌리고, 장엄한 요소를 신성에 돌린다. 하나님으로서의 아들은 전적으로 무감각하고 부패하지 않는다고 주장한다. 그리고 그의 고통이 복음서에서 언급될 때, 그는 고난을 받을 수 있는 그의 인성에 의해 고통을 받았다고 주장한다. 왜냐하면 신성은 확실히 그것을 둘러싸고 있는 몸에 의해 인간의 구원을 성취했기 때문이다. 그 결과 고난은 몸에 속했고, 그러나 성취는 하나님의 사역이었다. …

　인성은 그가 그것을 취함으로써 영광받고, 신성은 이 겸손한 행위에 의해 스스로를 겸손하게 했으나, 인간적인 요소를 고통에 위임하고, 반면 신적인 능력을 통하여 고난받은 요소의 부활을 성취했다. 이리하여 죽음의 경험은 인성[the man]이 그와 결합했기 때문에 우리의 수동적인 본성에 참여한 그에게 돌려진다. 한편 신성과 일치하는 장엄한 호칭들은 인성[the man]에 내려왔다. 그 결과 십자가 위에 드러난 그는, 그의 신성이 비천한 요소와 합쳐졌고 그 호칭들의 은혜가 신적인 이름으로부터 인간적인 이름으로 이동되었기 때문에 '영광의 주'라고 불리었다.…

　말씀 하나님은 비천한 것을 높였고, 인간적인 이름을 가진 그에게 모든 이름들 위에 뛰어난 이름을 부여했다. 이리하여 인간적인 작음과 신적인 거대함의 형언할 수 없는 혼합과 결합이 발생했다. 그것에 의하여 장엄한 신적인 이름들조차 인성에 올바르게 적용되었고, 신성은 반대로 인간적인 이름들에 의해 불리었다. 왜냐하면 모든 이름들보다 뛰어난 이름을 가지고, 예수라는 인간적인 이름 아래 모든 피조물에 의해서 역시 경배받는 자는 바로 똑같은 위격이기 때문이다. "예수의 이름에 모두가 무릎 꿇고 절할 것이며 … 그

리고 모든 입술이 예수를 주라 시인할 것이다."[19]　　　c. Eunom. 6. 1, 2, 4

(d) 두 의지들

["내 뜻대로 마옵시고 아버지의 뜻대로 되기를 원하나이다." 눅 22:42.] 인간적인 약함에 속하는 고통에 직면했을 때 두려워하는 것이며 … 신적인 계획과 신적인 능력에 속하는 신적인 계획의 성취로 그 고통을 인내하는 것이다. 신적인 의지와 인간적인 의지 사이에는 차이가 있고, 우리의 고난을 자신의 것이 되게 한 자는, 자신의 인성으로부터 하는 것처럼, 인성의 약함에 어울리는 말들을 한다. 그러나 그는 인간의 구원을 위하여, 하나님에게 가치있는, 높여진 뜻이 인간의 뜻보다 우세하기를 원하기 때문에 두번째 말을 덧붙였다. '나의 뜻대로 마시고'라는 말 속에서, 그는 그의 인성을 가리켰다. '그러나 당신의'라는 부언 속에서, 그는 그의 신성이 아버지의 신성과 결합되어 있음을 나타냈다. 그리고 본성을 공유하기 때문에, 그 신성 안에서는 의지의 차이가 없다.　　　　　　　　　　　　　　　　　　　antirr. 32

3. 그리스도의 사역

(a) 악마로부터의 구속

자기가 입에 물고 가지고 가고 있던 음식이 물 속에 비친 그림자를 본 개에 대한 이교 우화가 있다. 그는 자기의 입을 크게 벌려 그림자를 삼켜버리려 하다가 실제 음식을 떨어뜨렸다. 그리고 그는 배고파졌다. 이런 식으로, 인간의 마음은 속임받아 실제로 선한 것에 대한 욕망을 빼앗겼고 존재하지 않는 것으로 마음이 돌려졌고, 사악함을 옹호하고 꾸며내는 자의 설득을 받아 선을 그와 반대되는 것과 혼란시키게 되었다. 왜냐하면 만일 선의 그릇된 모습이 미끼같이 악의 갈고리 위에 흩어지지 않았다면, 그의 책략은 무력해졌을 것이기 때문이다. 그러한 것이 인간의 곤궁한 상태였다. 그는 자발적으로 자기의 생명의 적에게 복종하게 되었다. 한편, 하나님에 대한 우리의 개념과 일치하는 선, 지혜, 정의, 능력 … 등과 같은 속성들을 조사해 보라. 선하게, 그는 타락한 인간을 불쌍히 여긴다. 지혜롭게, 그는 그가 회복될 방법을 잘 안다. 그리고 정의의 결단은 지혜의 결단임에 틀림없다. 왜냐하면 참된 정의는 어리석음과 결합될 수 없기 때문이다.

    이런 사정 속에서, 어떻게 하나님의 정의가 나타났을까? 우리를 동요시킨 자에 대항하는 전제적인 권능을 사용하지 않으면서.… 그들의 자유를 돈을 받고 판 자들은 그들을 산 자들의 노예들이다 … 그리고 만일 누구든지 그렇게 원한다면, 노예제도 때문에 사람을 사는 것이 완전히 합법적일지라도, 구입자에게 폭력을 사용하는 것은 불법이다. 똑같은 원리로 … 정당한 회복방법이 자기의 선으로 속박에서 우리를 건진 자에 의해 고안되어야만 한다는 것은 필수적인 것이었다. 그 방법은 이와 같은 것인데, 그 노예와 교환으로 주인이 소유하려고 하는 어떤 몸값이라도 그 주인에게 넘겨주는 것이다. … 악해지려는 경향의 기원[사탄 속에서]과 기초와, 말하자면 다른 모든 악의 어머니는, 그에게 병이었던 권력에 대한 사랑이었다. 그렇다면 그는 그의 소유물과 교환으로, 물론 더 높고 더 좋은 것을 제외하고, 무엇을 받으려 하고, 그 결과 거래를 통하여 이익을 봄으로써 그는 자기의 우쭐해진 자만심에 더 큰 만족을 줄 수 있을까? …

    [그리스도의 기적적인 탄생과 그의 이적들 속에 나타난] 권능을 보고서, 적은 자기가 소유한 것과 교환으로 그에게 이익을 줄 제안된 거래계약을 자기 안에서 인정했다. 그러므로 죽음의 감옥에 갇힌 자들과 교환의 속전으로 그를 선택했다. 그러나 정체를 드러낸 하나님의 모습을 바라보는 것은 그의 능력을 벗어나는 것이었다. 그는 단지 악을 통하여 옛날에 정복한 육체적 본성의 일부분을 그리스도 안에서 볼 것이다. 그것은 신성이 육신을 입고 가려져서, 사탄이 비슷하고 동질적인 것을 보고 두려움 없이 초월적인 권능에 접근하게 한 이유였다. 그는 단지 그의 이적들 안에서 점점 더 조용히 빛난 권능을 볼 수 있었고, 그가 본 것은 그에게 두려움보다는 욕망의 대상이었던 것이다. 이런 식으로 당신은 어떻게 선이 정의와 결합되며, 지혜가 포함되는지를 본다. 왜냐하면 신적인 권능이 인간의 몸으로 싸임으로써 다가가기 쉽

게 되어, 우리를 위한 신적인 계획이 신성의 현시로 일으켜진 두려움에 의해 좌절되지 않도록 한 계획 안에서, 당신은 선, 지혜, 그리고 정의의 실증을 갖고 있기 때문이다. 그가 인간을 구하기로 선택한 것은 그의 선의 증거이다. 포로를 속량하는 것을 교환의 일로 삼는 것은 그의 정의를 나타낸다. 한편 그의 탁월한 지혜는 어떤 것이 그가 이해할 수 없는 적에게 접근하기 쉽게 되는 계획에 의해 증명된다.

우리와의 교환이 그것을 구했던 자에 의해 쉽게 받아들여질 수 있도록 하기 위해, 신성은 인성의 베일 아래 감취었고, 그 결과 탐욕스런 물고기에게 그런 것처럼, 신성의 갈고리는 육신이라는 미끼와 함께 삼켜질 수 있었다.
or. cat. 21-24

['마귀의 속임'이라는 개념은 이레나이우스(Irenaeus), 오리겐(Origen), 암브로시우스(Ambrose), 아우구스티누스(Augustine)(pp. 180 f; 222를 보라), 대 레오(Leo the Great), 대 그레고리(Gregory the Great)에게서 나타난다. 나지안주스의 그레고리는 그것을 비난한다(p. 150를 보라). 낚싯바늘과 미끼의 비유는 아퀼레이아의 루피누스(Rufinus of Aquileia)(약 400년)의 자유로운 번역으로 서방에서 친숙해졌고, 대 그레고리(moral. 33.7.3)에 의해 재현되었다.]

(b) 화해

["나를 만지지 말라.…"(요 20:17)라고 막달라 마리아에게 한 말씀에 관하여.] 우리의 생명은 하나님으로부터 멀어졌고, 그것의 높고 천상적인 곳[20]으로의 복귀는 그 자체로 도움받지 않은 계획으로는 불가능했다. 이 이유 때문에, 그 사도가 말한 것처럼, '죄를 알지 못하는 자가 죄있는 것으로 되고', 우리의 저주를 자신의 것으로 삼음으로써 우리를 저주에서 자유롭게 해주고, 우리와 하나님 사이에 있었던 적의를 흡수하여 (그 사도의 말로 하면) '자기 자신의 위격 안에서 그 적의를 도말했다.'[21] 참으로 그 적의는 죄였다. 그리하여, 그 자신의 위격을 통하여 과거의 우리가 됨에 의해 그는 다시 인성을 하나님께 결합시켰다. 왜냐하면 순수를 통하여 그는 '신성의 완전한 충

만이 육체적인 형태 안에 거하는'[22] '하나님의 모습을 따라 창조된 새로운 인간'을, 우리의 본성을 지닌 아버지와 가장 가까운 관계 속으로 들어가게 했기 때문이다. 그리고 자신과 함께 그는 그의 인간적인 몸을 공유하고 그와 유사한 모든 본성을 똑같은 은혜의 상태로 가져왔다. 그리고 이 여인이라는 매개를 통하여 그는 이 복음을 그 제자들에게 뿐만이 아니라 또한 현재까지 말씀의 제자들이 된 모든 자들에게도 선포한다. 복음은 인간이 더 이상 버림 받은 자가 아니며, 또한 하나님의 나라로부터 축출된 자도 아니라는 것이다. 그러나 총체적인 인성이 그 첫 열매들과 함께 거룩하게 된다는 점에서, 다시 아들이며 하나님의 신하이다.[23]

그는, "볼찌어다, 나와 하나님이 내게 주신 자녀들이라"[24]라고 말한다. 우리를 위하여 살과 피를 공유한 그는 당신을 취하여 당신의 벗어난 곳으로 다시 데려다 주고 당신이 죄 때문에 단지 살과 피가 되었다. 그래서 우리가 반역으로 이탈했던 그는 우리의 아버지와 하나님이 되었다. 그러므로 〔"나의 아버지이며 너희의 아버지이고, 나의 하나님이며 너희의 하나님"〕이라는 말 속에서 주님은 이 은혜의 복음을 선포한다. 그 말들은 아들의 굴욕에 대한 증거가 아니라, 그것들은 하나님과의 화해의 복음이다. 왜냐하면 그리스도의 인성 속에서 발생한 것은 믿는 모든 사람들이 공유하는 은혜이기 때문이다. … 이 은혜가 한 여인의 매개로 계시되었다는 사실은 우리가 해석한 것과 일치한다.

"여자가 꾀임을 보아 죄에 빠졌음이니라"[25]라고 그 사도는 말한다. 그녀의 불순종에 의하여 그녀는 하나님으로부터의 반역을 이끌었다. 그리고 이것은 여인이 부활의 첫 목격자가 되어, 그녀가 부활을 믿음으로써 그녀의 죄의 결과인 재앙을 만회할 수 있게 된 이유이다. 그녀가 처음에 그녀 자신을 뱀의 제안들의 조장자와 지지자가 되게 함으로써 악의 시작과 그 결과를 인간의 삶 속에 들여온 것처럼, 그렇게 배반자 뱀을 죽인 자의 말씀을 제자들에게 전달함에 의해 그녀는 죽음에 대한 첫번째 선포가 정당하게 무효화되게 한 믿음에서 남자들에게 지도자가 되었다.　　　　　　　　　　*c. Eunom.* 12. 1

(c) 회복

〔사탄의 속임은 신적인 정의와 지혜에 상반되는 것으로 생각될 수 있다.〕 그러나 정의의 본질적인 특성은 각자에게 그의 상벌에 따라서 주는 것이다. 정의의 특성은 정의를 왜곡하는 것이 아니고, 동시에 인류를 사랑하는 선한 목적을 정의의 결의와 분류시키는 것도 아니지만, 그 둘을 능숙하게 결합시키는 것이다. 정의에 관해서는, 상응한 보상을 돌려주는 것이며, 선에 관해서는, 인류를 위한 사랑의 목적으로부터 분리하지 않는 것이다. 그렇다면 이 두 특성들이 발생한 것 속에서 구별될 수 없는지 여부를 관찰해 보자. 상응한 보상은, 그것에 의해 속이는 자는 스스로 속는데, 정의를 나타낸다. 그 거래의 목적은 그것을 수행한 자의 선을 증언한다. 바로 심겨진 씨앗의 종류에 따라 땅이 그 생산물을 돌려주는 것과 같이, 원인과 시작에 책임이 있는 모든 사람에게 속하는 것은 무엇이든지 그에게 할당하는 것은 정의의 속성이다. 상당한 보상을 주는 방법으로 사랑의 더 좋은 목적에서 실패하지 않는 것은 지혜의 속성이다.

고의적인 살인자가 음식에 약을 섞을 수 있다. 의사도 고의적인 희생자를 치료하기 위해서 그렇게 할 수 있다. 전자의 경우에 그것은 독약이고, 후자의 경우는 해독제이다. 그리고 치료방법은 자비로운 목적을 망치지 않는다. 두 경우에 약은 음식과 섞인다. 그러나 다른 의도를 주목하고, 한 사람은 찬양하며 다른 사람에게는 분개한다. 후자의 경우에 속인 자는, 정의의 요구에 따라서, 자기 자신의 자유로운 선택으로 자기가 심은 씨앗들이 돌려주는 것을 받는다. 왜냐하면 그는 쾌락의 미끼로 인간을 속였고 그에게 인간을 건네줌으로써 그 자신이 속았기 때문이다. 그러나 그 행위의 목적은 그것의 성격을 바꾸고 그것을 선하게 만든다. 전자는 인간성을 파괴하려는 목적으로 속였고, 동시에 정의롭고 선하며 지혜로운 후자는 파멸된 자를 구원하기 위해 속임수라는 책략을 채택한 것이다.

이것은 파멸된 자들에게 이익을 줄 뿐만 아니라 또한 우리를 파멸시킨 자에게도 이익을 준다. 왜냐하면 죽음이 생명에로, 어둠이 빛에로, 부패가 비부패로 이렇게 접근하는 결과는, 무로 스러지는 보다 나쁜 요소들이 사라지는 것이고, 이러한 악으로부터 깨끗해진 자에게 구원을 가져다 주는 것이다. 열등한 재료가 금과 섞여있을 때 정련사들은 이질적이고 무가치한 물질을 제거하고 가치있는 금속을 그것의 자연스러운 광택으로 회복시키는 것처럼 … 신적인 능력의 접근은 불처럼 작용해서 비본성적인 함유물을 사라지게 하며, 비록 분리가 고통스러울지라도 정화시켜서 그 성질에 이익을 준다. 이렇게 적 자신조차 만일 그가 주어진 복을 인지하게 되면, 그 행위가 정의롭고 유익하다고 논쟁하지 않을 것이다. 수술을 받거나 부식제로 치료받는 자들이 그 수술의 고통으로 통증을 느낄 때 의사들에게 화를 낸다. 그러나 만일 건강이 회복되고, 고통이 지나가면, 그다음 그들은 그 치료를 해준 자들에게 고마워한다.

　같은 방법으로, 지루한 과정 후에 인성과 섞여서 그것과 성장한 악이 추방될 때, 그리고 지금 악 위에 누워있는 자들의 원래의 상태로 회복이 발생할 때, 그때는 전혀 정화가 필요하지 않은 자들로부터처럼 정화과정에서 응징받은 자들부터 뿐만 아니라, 모든 피조물로부터 감사의 합창이 나올 것이다. 그러한 것은 성육신이라는 큰 신비에 의해 주어진 은혜이다. 인성과 섞여서, 탄생, 양육, 성장과 같은 우리 본성의 모든 뚜렷한 특징들을 공유하고, 그는 인간을 악으로부터 자유케 하고 악의 고안자 자신조차 치유하면서, 전술한 그 모든 결과들을 일으켰다. 왜냐하면 질병의 제거는, 아무리 고통스러울지라도, 병약함을 치유한 것이기 때문이다. 　　　　　*or. cat.* 26

　(d) 인간의 응답

　만일 누군가가 그 치료를 적용한 후에조차 인간의 생활은 그의 오류들로 조화되지 않는다는 이유 때문에 우리의 주장을 논쟁하려고 생각한다면, 비슷한 경험으로부터 오는 예로써 진리로 그를 인도하자. 뱀의 경우를 예로 들어보자. 그것은 머리에 치명적인 타격을 받을 수도 있지만, 뒤에서 나선처럼 돌돌말은 것은 머리와 함께 생명이 곧바로 박탈당하지 않는다. 머리는 죽지만, 꼬리부분은 그 자신의 정신에 의해 계속 살아있고, 생명의 움직임은 없어지지 않는다. 마찬가지로, 우리는 치명적으로 강타당했으나, 여전히 그 잔

여물로 인간의 생명을 괴롭히고 있는 것을 볼 수 있다. 계시의 가르침에 반대하는 이 불평을 포기하면서, 우리의 적들은 믿음은 전 인류에게 퍼져있지 않다는 것을 고소의 근거로 삼는다. 그들은 다음과 같이 질문한다. "왜 은총은 모든 인류에게 오지 않았는가? 어떤 사람들은 그 말에 집착하지만, 개종하지 않고 남아있는 부분은 작지 않다. 하나님은 자기의 은혜를 아낌없이 모두에게 부여할 의지가 결여되어 있는 것일까? 혹은 그는 아주 능력이 결여한 것일까?" …

　　자, 만일 우리의 주장에서 믿음이 운명적으로 인간에게 분배되어, 어떤 사람들은 부름받고 나머지 사람들은 그 부르심을 공유하지 못하는 것이 하나님의 뜻이었다는 입장을 우리가 채택했다면, 우리의 계시와 충돌하는 이러한 비난을 가져오는 경우가 될 것이다. 그러나 그 부르심은 서열, 나이, 혹은 인종의 구별없이, 똑같은 보행으로 모두에게 왔다. 왜냐하면 그것은, 처음에 복음을 선포하기 시작하면서, 그 말을 받은 자들은 신적인 영감에 의해 모든 민족들의 언어를 말할 수 있었고, 그 결과 아무도 그 가르침의 축복을 공유하지 못하는 사람이 없었던 이유이기 때문이다. 그렇다면 어떻게 그 말이 모든 사람들을 지배하게 되지 못했다 해서 누군가가 이성적으로 하나님을 비난할 수 있는가? 왜냐하면 전 우주를 통제하는 그는, 그가 영광 속에서 인간을 품고 있는 그 넘치는 영광 때문에, 어떤 것을 우리의 통제 아래 있도록 허락했는데, 그것 위에서 각 개인은 홀로 통치자이다. 이것은 노예의 처지가 될 수 없는 자유의지인데, 그것은 우리의 사고의 자유 속에 거하는 자기 결정의 능력이 있다. 그러므로 그 비난은 더 정의롭게 믿음에 집착하지 않은 자들에게 옮겨져야 한다 …

　　그러나 그들은 까다로운 응답에 당황해하지 않는다. 그들은 만일 하나님이 원했다면, 그는 전력을 기울여서 복음을 받아들이는 데에 완고한 자들을 억지로 끌고갈 힘을 가졌을 것이라고 말한다. 그러나 그들의 자유의지는 어디에 있었는가? 공적을 쌓을 어떤 여지가 있겠는가? 도덕적인 성공에 대해 칭찬해 줄 어떤 여지가 있겠는가?　　　　　　　　　　*or. cat.* 30. 31

(e) 십자가의 의미

〔또 하나의 반대: 그리스도의 죽음은 볼품없고 불필요한 것이었다. 그리고 특히 십자가형이 그렇다. 그러나 죽음이 없었다면 인성은 불완전할 것이다.〕 그러나 계시를 온전하고 정확하게 이해한 자는 죽음이 탄생의 필연적인 결과로 뒤따른 것이라기보다는 오히려 죽기 위해서 탄생이 받아들여졌다고 더 정당화시키면서 말할 것이다. 왜냐하면 영원히 존재하는 그가 육체적인 탄생에 종속되지 않은 것은 그가 살고 싶어했기 때문이 아니라, 우리를 죽음으로부터 생명으로 되돌리기 위해서였기 때문이다. 게다가 필수적인 것은 우리의 본성 전체가 죽음으로부터 생명의 회복으로 올라가는 것이기 때문에, 그는 말하자면 쓰러진 몸에 손을 펼치고, 우리의 죽은 시체에 구부려서 우리의 죽을 운명의 상태와 접촉할 정도로, 그리고 자기의 몸에 의해, 자기의 권세를 통하여 자신과 함께 인간 전체를 일으킴으로써 인성에 부활의 기원을 부여할 정도로, 죽음에 가까이 왔다. 왜냐하면 신성을 받고[26] 부활을 통하여 신성과 함께 일으킴받은 그 인성은 다름아닌 집단적인 인성[27]에서 왔기 때문이다. 그러므로, 우리 인체 안에서 감각기관들을 지닌 자의 활동이 특별한 멤버와 결합된 전체적인 체계에 의해 공통으로 느껴지는 감각을 전달하는 것처럼, 전 인류가 마치 하나의 생물체인 것처럼 한 멤버의 부활이 전 인류에 밀어닥친다. 그리고 그것은 인류의 계속성과 유대성 때문에 일부로부터 전체에게까지 분배된다. 그렇다면 똑바로 서있는 자가 넘어진 자를 일으키기 위해 그에게 구부렸다는 계시 가운데서 우리가 가르침받은 것 속에 있는 가능성의 한계를 넘어서는 어떤 것이 있는가?

십자가는 신비 해석에 정통한 자들에게 알려진 또 하나의 의미가 있다. 그러나 다음은 우리에게 내려온 전통적인 가르침이다. 복음서에 있는 모든 말들과 사건들은 고차적이고 신적인 의미를 지니고, 그 속에 이런 종류의 것이 아닌 것은 아무것도 없으며, 그러한 말이나 행동이 인간적인 수준에서 발생하는 곳에서, 신성과 인성의 완전한 섞임을 드러내지 못하는 것은 아무것도 없는데, 한편 그 비밀스러운 의미는 신적인 요소를 나타낸다. 당연히 이 특별한 경우에 우리는 한쪽 면은 주목하면서 다른 쪽은 무시하는 행위를 해서는 안될 것이다. 우리는 죽음이라는 사실로 인간적인 요소를 주목해야 하고, 반면 그 죽음의 방법으로 신성을 보도록 관심을 기울여야 한다.

만물에 침투하고 모든 부분에 있는 자연적인 전 존재 구석구석까지 확장하는 것이 신성의 특징이다. 왜냐하면 한 사물은 존재로 남아있지 않는다면 그것은 계속해서 존재하지 못할 것이며, 신성은 적절히 그리고 본래 존재하는 것이기 때문이다. 그리고 존재하는 것들의 계속성 때문에 우리는 이 신성이 존재하는 모든 것 속에 있다는 것을 믿지 않을 수 없다. 그것은 우리가 십자가에서 배우는 것이다. 그것은 네 부분으로 나뉘어져서, 중앙에서부터 나온 네 개의 돌출부가 있는데, 그 중앙에서 전체의 모양이 모인다. 이것은, 자기의 죽음에 의해 구속계획[28]을 성취할 때, 운명지어진 시간에 뻗쳐진 그는, 모든 것들을 자신에게 묶어서 존재하는 것들의 다양한 본성들을 조화롭고 일치하는 단일체로 모으는 자라는 것을, 우리에게 가르쳐 준다. 왜냐하면 존재하는 모든 것 속에는 위에 있는 것, 혹은 밑에 있는 것이라는 개념이 있거나, 그밖의 다른 생각인 반대편에 있는 경계로 가기 때문이다. 이런 식으로 만일 당신이 하늘 위의, 혹은 땅 밑의, 혹은 반대쪽에 있는 우주의 경계의 구조를 생각한다면, 모든 곳에서 당신의 생각은 신성에 의해 선행되고 만나지는데, 그 신성은 홀로 모든 곳에서 존재하는 모든 것 안에서 관찰되며 만물을 함께 존재하도록 떠받친다. …

대 바울은 에베소서를 시작할 때 십자가의 광경부터 시작하고, 무엇이 '깊이와 높이와 넓이와 길이'[29]인지를 알게 하기 위해, 그의 가르침을 통해, 그 권능을 그들에게 불어넣는다. 왜냐하면 그는 적당한 호칭에 의해 십자가의 각 돌출부에 이름붙이고 있기 때문이다. 위의 부분을 그는 '높이'라 부르고, 낮은 부분을 '깊이'로, 양쪽에 뻗친 부분들을 '넓이와 길이'라 부른다. 그리고 내가 볼 때, 빌립보 사람들에게 "하늘에 있는 자들과 땅에 있는 자들과 땅 아래 있는 자들로 모든 무릎을 예수의 이름에 꿇게 하시고"[30]라고 말했을 때, 다른 페이지에서 그는 이러한 사상을 훨씬 더 명백하게 한다. 이 페이지에서 그는 하늘에 있는 것들과 땅 아래 있는 것들 사이에 존재하는 모든 것을 묘사하기 위하여 '땅 위에'라는 구절을 사용함으로써, 하나의 명칭 속에 중앙의 십자가들보를 내포하고 있다. 이것이 십자가 형상으로 우리에게 계시된 교훈이다. *or. cat.* 32

〔아타나시우스(de inc. 25), 이레나이우스(5. 17·4), 그리고 아우구스티누스(de doctr. christ. 2. 4)에 비슷한 해석들이 있다.〕

4. 성령

신성에서 아버지와 아들과 동등함

〔성령의 신성을 부인하는 자들[31]〕은 이 칭호〔즉, 하나님의〕는 본성을 가리키고, 성령의 본성은 아버지와 아들과 공유하지 않으며, 따라서 성령은 공통적인 이름을 공유하지 않는다고 주장한다. 그렇다면 그들은 무슨 수단에 의해 그들이 본성의 다양성을 인정하였는지를 보여야 한다. 그런데 만일 신성이 있는 그대로 관찰될 수 있다면, 그리고 직접적인 관찰에 의해 무엇이 그것에 적합한지와 무엇이 이질적인지를 발견할 수 있다면, 그렇다면 우리는 우리가 질문하는 주제를 파악하기 위한 논증이나 다른 증거가 필요하지 않을 것이다. 그러나 신성은 그 주제를 그렇게 파악하기에는 너무 높다. 그리고 우리의 지식의 범위를 넘어서는 것들에 대해서 우리는 가능성의 근거 위에서 추론한다. 그러므로 우리는 그 활동의 증거에 의해 인도된 신성을 살피지 않으면 안된다. 그리하여, 만일 우리가 아버지, 아들, 그리고 성령의 활동들이 서로 다르다는 것을 안다면, 행동들의 다양성으로부터, 그 활동들의 뒤에 있는 본성들이 다르다고 추측할 것이다. 또한 본성에서 구별되는 것들이 그들의 행동의 형태에서 결합한다는 것은 불가능하다. 불은 얼지 않으며, 얼음은 따뜻하지 않다. 본성들의 차이점은 그것들에서 비롯되는 활동들의 차이점으로 이끈다. 만일 그렇다면 우리는 아버지, 아들, 그리고 성령의 활동이 하나이며 같다는 것을 보고, 어느 면에서도 차이점이나 다양성이 없음을 보이고, 그리고 나서 이 활동의 동일성에서 우리는 반드시 본성의 단일성을 추론할

수 있다.

아버지, 아들, 그리고 성령은 똑같이 거룩하게 하고, 기운내게 하고, 조명하고, 위로하고, 이밖에 모든 것을 똑같이 한다. 아무도 복음서에서 구세주가 자기의 제자들에 대하여, "당신의 이름으로 저들을 거룩하게 하사"[32]라고, 아버지에게 말하는 것을 들을 때, 특별하고 배타적인 축성의 능력을 성령의 활동에 돌리지 않는다. 똑같은 방법으로 다른 모든 활동들은 아버지와 아들과 성령에게 똑같이 가치있는 모든 사람들 안에서 실행된다.

[바질] *ep.* 189. 6, 7
〔일반적으로 닛사의 그레고리의 것이라고 생각된다.〕

누가는 '주의 나라가 임하다'라는 구절의 의미는 성령의 도움을 간청하는 것이라는 것을 명백히 한다. 왜냐하면 그의 복음서에서, '주의 나라가 임하다'라는 곳에서, 그는 "성령이 우리에게 임하사 우리를 정결하게 하옵시며"[33]라고 말했기 때문이다. 이 점을 고려한다면, 이들은 성령에 반대하여 무엇을 말하려는 것일까? 어떻게 그들은 왕권의 위엄을 노예의 비천함으로 변형시키려고 궁리할 수 있을까? 왜냐하면 누가가 '성령'에 대해 말하는 곳에서 마태는 '나라'라는 말을 사용하기 때문이다. 그렇다면 어떻게 하나님의 적들은 이렇게 묘사된 것을 종속적인 피조물의 수준까지 격하시킬 수 있을까? 이것은 지배자의 상태로부터 신하의 상태로까지 끌어내리는 것일 것이다. 창조물이라는 것은 노예 신분을 의미하고, 그리고 노예라는 것은 왕의 신분이 아니다. 그러나 성령은 왕의 신분이다. …

"성령이 임하사, 우리를 정결하게 하소서." 그 복음서의 그 말은, 죄를 깨끗이 하고 용서하는 것은 성령의 특별한 능력이며 활동이라는 것을 증명한다. 이 증언은 성령의 신성에 대한 명확한 단언을 전하는 것이다. 그 사도는 독생자에 관하여 아주 똑같은 말을 하고 있는데, "그는 우리의 죄를 정결케 하는 일을 하고 아버지의 위엄의 오른편에 앉았다."[34]라고 말했다. 이런 식으로 성령의 활동은 그리스도의 활동과 일치한다. 그리고 활동의 동일성은 불가피하게 본성의 동일성을 암시한다. … 아들은 본성에서 아버지와 동일하고, 성령의 활동들은 성령이 본성에서 아들과 동일하다는 증거이다. 그것은 불가피하게 본성에 있어서 성 삼위일체의 단일성에 대한 증거가 된다.

de or. dom. 3

성령이 아버지와 아들과 동일한 신분을 지녔고, 그 결과 경건이 사상으로나 이름으로 신성에 돌릴 수 있는 어떤 속성에서 그들 사이의 차이점이 없다는 것을 우리는 인정한다. 우리는 성서에 따라, 위격적인 본체[hypostasis]에 관하여, 그의 특별한 속성들을 지닌 것으로 관찰된다는 점만 제외하고는, 성령이 참으로 하나님으로부터 왔고, 그리스도의 영이라는 것을 인정한다. 그는 비출생된 것이 아니기 때문에 아버지와 혼동될 수 없다. 또한 그는 독생자가 아니기 때문에 아들과 혼동될 수도 없다. 이런 식으로 그는 정해진 속성들에 의해 구별되지만, 다른 모든 점에서 그는 그들과 분리될 수 없다.

c. Maced. 2

우리의 적대자들은 성령은 주님에 의해 제자들에게 주어졌으므로 순서에 있어서 세번째이며, 그래서 완전한 신성이라는 우리의 개념과 동떨어졌다는 주장을 자기방위로 사용할 수 없다. 은혜로운 행위에는 감소나 변경이 없다. 숫자적인 순서가 본성에서 어떤 감소나 변경을 지시한다고 생각하다니 얼마나 어리석은가! 그것은 마치 인간이 구별된 불꽃이 타고 있는 세 개의 횃불을 볼 수 있고(그 불꽃은 첫번째 횃불에 의해 두번째로 전달되었다고 가정한다), 그리고 첫번째 불꽃이 다른 것들보다 더 많은 열을 가지고 있다고 주장할 수 있고, … 세번째 것은 비록 타서 불처럼 빛나고 모든 면에서 불과 같을지라도, 그것은 전혀 불이라고 말해질 수 없다는 것과 같다.

c. Maced. 6

5. 성 삼위일체

(a) 로고스와 성령

우리의 교리의 범위를 넘어서는 자들조차 로고스 없는 신성에 대해서는 생각하지 않는다. … 그런데 인간의 말[logos]은 똑같은 용어로 표시된다. 그리하여 인간적인 활동들의 유비로 하나님의 말씀에 의해 의미되는 것을 이해한다고 말하는 자는 누구든지, 발언[logos]이 말하는 자의 본성에 상응한다는 것을 믿을 수 없기 때문에, 보다 고차적인 개념으로 인도받을 것이다. 왜냐하면 인간적인 정황에서 관찰할 수 있는 일종의 권능과 생명과 지혜가 있기 때문이다. 그러나 아무도 그와 똑같은 용어들을 사용하면서, 하나님께 돌려진 생명, 권능, 지혜 등이 인간적인 것과 같은 종류의 것이라고는 생각하지 않을 것이다. 그러한 말들의 의미는 우리 인간의 본성의 낮은 수준까지 일정한 비율로 내려왔다. 우리의 본성은 파멸될 수 있고 약하다. 그러므로 우리의 생명은 덧없는 것이며, 우리의 권세는 허울 뿐이고, 우리의 말[logos]은 안정감이 없다. 그러나 우리가 초월적인 본성을 언급할 때, 그것에 관하여 말해지는 모든 것은 묵상된 대상의 위대함 때문에 그 수준까지 높여진다. 이리하여, 비록 우리가 하나님의 말씀에 대하여 말할지라도, 그것은 단순한 언어행위로 그것의 실존[hypostasis]을 가지는 것으로, 그리고 나서 우리의 발언이 그러한 것처럼 비존재 속으로 들어가는 것으로 간주되지는 않을 것이다. 우리의 본성이 파괴되도록 운명지어져 있는 것처럼, 우리의 말[logos]도 그렇다. 그러나 불멸하고 영원히 존재하는 본성은 영원하고 실존적인 말[logos]을 가지고 있다. …

세상은 선하고 그것이 함유하고 있는 모든 것은 지혜롭고 솜씨좋게 배치되어 있는 것으로 보인다. 참으로 만물은 말씀의 작품들인데, 그 말씀은 하나님의 말씀이기 때문에 살아있고 실존하며, 살아있기 때문에 의지로 결정하며, 또한 그 말씀은 자기의 의지를 수행할 권능를 가지고 있으며, 완전히 선하고 지혜로운 것을 바라며, 우수함을 나타내는 그 밖의 모든 것을 바란다. … 그러므로 이 말씀은 그 말씀이 자기의 말씀인 자와 구별된다. 왜냐하면 여기에서 우리는, 어떤 의미에서, 그 말씀의 아버지는 불가피하게 그 말씀과 함께 함축되기 때문에, 상대적인 용어를 가지기 때문이다. 왜냐하면 말은 누구의 말로 있지 않고는 존재할 수 없을 것이기 때문이다. …

인간적인 정황에서 우리는 말이 마음에서 온다고 말하는데, 그 말은 마음과 완전히 일치하지도 않고 그것과 전혀 다르지도 않다. 왜냐하면 말은 마음에서부터 온 것으로서 구별되지만, 그것은 마음 자체를 나타내기 때문에 다른 것으로 생각될 수 없기 때문이다. 그것은 본질상 마음과 일치하지만 분리된 주체로서 구별된다. 마찬가지로 하나님의 말씀은 자기실존이라는 이유 때문에 하나님과 구별되지만, 하나님께 속하는 것으로 간주되는 속성들을 그 자체 속에서 나타냄으로써 그것은 똑같은 속성을 지니는 것으로 인정되는 자와 본질상 동일하다.…

이런 식으로 우리는 인간 본성이라는 실재로부터 높이 떨어짐으로써 초월적인 본성을 지닌 말씀을 인식했다. 똑같은 방법으로 우리는 우리 인성 속에 있는, 묘사할 수 없는 성령의 능력을 닮은 것과 그림자와의 유사점을 관찰함으로써 성령의 개념을 파악하게 될 것이다. 우리 안에서 영〔breath〕은 공기를 흡입하는데, 그 공기는 다른 본성을 지닌 것이며, … 말을 할 경우에는 그 말의 의미를 표현하는 소리가 된다. 신성의 경우에 성령〔breath〕의 존재는 종교적인 믿음으로 간주되었다. … 그러나 우리의 호흡의 경우와 같이, 낯선 어떤 것이 하나님 안으로 유입된 것같이 외부에서 들어와 그 안에서 성령〔breath〕이 된다고 생각하는 것은 불경한 것이다. 우리는 하나님의 말씀에 대해 들을 때마다 … 의지적으로, 언제나 활동하며, 전능하게, 본질적으로 자존하는 것으로 생각한다. 똑같은 방법으로 우리는 말씀을 수반하며 그것의 활동성을 드러내는 하나님의 영이 있다는 것을 배울 때마다, 우리는 그것이 단순한 호흡을 내쉬는 것이라고 생각하지 않고, … 그러나 타고난 권리로 자존하는 것으로 간주된, 참된 존재를 지닌[35] 능력으로, 그럼에도 불구하고 그것이 존재하는 하나님으로부터 분리될 수도 없고, 그것이 수반하는 하나님의 말씀으로부터도 분리될 수 없는, 능력으로 생각한다. 또한 성령은 무로 용해되지 않고, 의지를 지니고, 자동적이며, 능동적인 하나님의 말씀같이, 개체적인 존재가 언제나 선을 선택하는 것처럼 존재하며, 모든 목적을 수행하기 위한 의지에 상응하는 능력이다. *or cat* 1. 2

(b) 단일성과 차이점

이와 같이 신비의 깊이를 주의해서 조사하는 사람은, 신(神)인식론을 어느 정도 제한적으로 자기의 영혼으로 비밀리에 파악한다. 그럼에도 불구하고 그는 표현할 수 없이 심오한 신비를 말로 분명하게 나타낼 수 없다. 그는 어떻게 똑같은 것이 수를 허용하면서 숫자적인 설명을 벗어나고, 차이점들을 허용하는 것으로 파악되고, 단일체로 파악되며, 개체적인 실존으로 구별되고 기질[hypokeimenon][36]에서 나누어지지 않는지를 설명할 수 없다. 왜냐하면 실존에서 성령과 말씀은 별개이고, 또 말씀과 성령이 속하는 것도 별개이기 때문이다. 그러나 당신이 이러한 차이점들을 생각할 때, 본성의 단일성은 여전히 구분을 허용하지 않는다. 그래서 군주정체는 구별에 의해 다른 신성들로 나누어지지 않는다.

그런데 이 진술은 유대교적인 교리와 일치하지 않는다. 그러나 진리는 두 개념들 사이의 중간에서 기인하고, 그들 각자로부터 유용한 것을 받으면서 그 두 이단들을 폐지시킨다. 유대교적인 교리는, 말씀을 받아들이고 성령을 믿음으로써 폐지되고, 그리스 학자들의 다신론적인 오류는 본성의 단일성이 가정된 다신론을 취소하기 때문에 무효화된다. 한편, 유대교적인 개념에서, 본성의 단일성이 얻어지고, 그리스적인 학설에서는 단지 실존들의 구별이 얻어짐에 틀림없다. 양쪽편에 있는 불경한 관념에 대한 교정책이 충족된다. 왜냐하면 삼위일체의 수는 말하자면 단일성에 관해 오류에 빠져있는 자들에 대한 교정이며, 한편 단일성에 대한 단언은 그들의 믿음이 신성들의 복수성 사이에 분산되어 있는 자들에 대한 교정이기 때문이다.   *or. cat.* 3

[하나님의 본성은 불가해적이어서, 우리는 단지 그의 속성들과 기능들 중 약간만을 알 수 있다.] '신성'이라는 말은 본성이라기보다는 활동을 나타낸다. 많은 사람들이 같은 일에 함께 참여할 때 그들은 헤아림 받고 복수로 말해진다. 그러나, 세 개의 위격들[hypostases]이 '신성'으로 표현된 의미로부터 분리될 수 없을지라도, 한 분 하나님과 하나의 신성처럼, 신성은 단수로 말해진다.

많은 사람들이 똑같은 활동에 종사하고 있을 때조차 그들 각자는, 똑같은 직업에 참여하는 자들과 함께 개별적인 활동에 참여하지 않고, 자기가 지정받은 업무를 한다고 말함으로써 이러한 사실을 설명한다면, 그것은 이성적인 일일 것이다. 예를 들어, 많은 연설자들이 있지만, 그들은 똑같은 것을 추구하기 때문에, 똑같은 이름이 다른 경우들에 참여하는 그들의 활동에 주어진다. 그러므로 같은 일에 종사할 때 사람들의 구별된 활동 때문에, 그들 각자는 자기의 특별한 목적을 실현하는, 자기의 구별된 활동영역에서 자기의 동료들과 구별되므로, 그들은 마땅히 복수로 말해진다. 그러나 신성의 경우에는 그렇지 않다. 우리는 아버지가 홀로 아들이 협력하지 않는 무엇인가를 행한다는 것을 듣지 못했고, 또한 아들이 성령과 떨어져서 고립된 어떤 활동을 한다고 듣지도 못했다. 하나님으로부터 창조물까지 확장되는 모든 활동들은 그들이 우리의 생각에 주어진 다른 방법들에 따라서, 다른 이름들로 묘사된다. 그러나 그러한 모든 활동은 아버지에게서 기인하고, 아들을 통하여 계속되며, 성령 안에서 실현된다. 이러한 이유 때문에, 개체 속에 있는 각자의 에너지는 분리되지 않고 나뉘어지지 않으므로, 그 활동의 이름은 중개자들의 복수성 속에서 쪼개지지 않는다. 우리를 위한 섭리에 관계되는 것이거나, 혹은 전 우주의 통치나 질서에 관계된 것이든지, 무슨 일이 발생할지라도 그것은 셋의 활동을 통하여 발생한다. 그러나 발생하는 것은 세 가지가 아니다.

나의 견해로는, '신성'을 활동에 대한 이름으로 생각하는 것은 잘못이라고 반대 주장하는 자들과 논쟁할 절대적인 필요성은 없다. 우리는 신성이 제한되지 않고 불가해적인 것이라고 믿기 때문에, 우리는 그것을 파악할 수 없지만, 신성이 모든 면에서 무한하다고 생각될 수 있다고 간주한다. 그리고 절대적으로 무한한 것은, 어떤 면에서 제한받고 다른 면에서는 제한받는 것이 아니다. 무한성은 어떤 종류의 제한도 벗어난다. 제한이 없는 것은 확실히 이름으로 제한되지 않는다. 그러므로, 우리의 관념 속에서 신성의 무한성에 대한 일관성을 확보하기 위해, 신성은 모든 이름을 초월한다고 주장한다. 그러나 '신성'은 이름이다. 이리하여 똑같은 것은 동시에 이름이면서 모든 이름을 초월하는 것으로 간주될 수 없다.

만일 '신성'의 의미는 본성이지, 활동이 아니라고 주장하는 것이 우리의 적수들을 기쁘게 하는 일이라면, 우리는 어법이 신성이라는 이름을 복수성을 나타내기 위해 그릇되게 적용한다는, 우리의 본래의 주장으로 돌아갈 것이다. 왜냐하면, 엄격한 논법으로, 본성은 더 많거나 더 적은 수의 실례들에서 관찰될 때 증거하거나 감소하지 않기 때문이다. … 금은 여러 가지 모양으로 잘려질지라도, 하나이며 하나로서 말해진다고 확언한다. 그러나 많은 동전들에 대하여 말하고, 금의 본성이 동전의 수에 의해 증가되었다는 것을 발견하지 못한다. 이런 식으로 우리는 금이 보다 큰 크기로 있거나, 평판이나 동전으로 있는 것을 발견할 때, 우리는 '많은'(much) 금이라는 표현을 쓰지만, '많은 금들'(many golds)이라는 표현은 쓰지 않는다. … 그러므로, 금 화폐들이 많이 있을지라도, 금은 하나인 것 같이, 우리는 베드로, 야고보, 그리고 요한과 같은 인성의 개별적인 많은 예들이 있다. 그러나 그들 안에 있는 인간[인성]은 하나이다. … 그러나 '사람들'이라는 복수를 사용하면서도 …, 성서는 신중하게 '하나님'이라는 단어를 단수로만 사용하여, 신적인 본질을 지닌 다른 본성들에 관한 개념을 도입하지 못하도록 경계한다.

그러나 본성의 차이를 인정하지 않음으로써 위격들[hypostases]의 혼동을 초래한다는 이유 때문에, 만일 어떤 사람이 우리의 주장을 트집잡는다면, 우리는 그 비난에 대해 이렇게 대답할 것이다. 한편으로 본성의 불변하는 속성을 인정하면서, 우리는 원인과 야기된 것에 관하여는 차이점을 부인하지 않는다. 그리고 우리가 어떤 것이 다른 것과 구별되는 것이라고 생각하는 것은 이 점에서만 그렇다. 즉, 하나는 원인이고, 다른 하나는 그 원인에서 유래한다는 믿음에 의해서 그렇다. 그리고 또 그 원인에서 유래된 것 속에 있는 그 이상의 차이점을 생각한다. 왜냐하면 하나는 첫번째 원인으로부터 직접 유래되고, 다른 것은 이렇게 직접적으로 유래된 것을 통하여 유래되기 때문이다. 그 결과 독생자의 신분은 논의할 필요도 없이 아들에 소속되며, 한편 성령은 명백히 아버지로부터 유래된다. 아들의 중재는 독생자로서의 그의 특징을 보호하고, 본성이라는 방법으로 성령의 아버지에 대한 관계를 방해하지 않는다. 그러나 '원인'과 '원인된' 것에 관해 말함에 있어서, 우리는 본성의 차이를 지적하려 하지 않고, 그러나 존재의 방식에서 차이가 있다는 것을 지적할 뿐이다. *quod non sunt tres dei*

(c) 위격들의 동등성

〔유노미우스는 성령의 종속은 항상 세번째로 언급되는 그의 존재에 의해 보여진다고 주장한다.〕 우리는 이런 종류의 철학에 대해 결코 들어본 적이 없는데, 그것은 일종의 순서 때문에 두번째나 세번째로 언급된 것을 열등하고 종속적인 지위로 격하시킨다. 그러나 이것은, 위격들의 계수에 있어서 전통적인 순서는 지위와 본성의 우월성과 열등성에 대한 증거라고 주장함에 있어서, 그가 원하는 것이다. 사실상 그는 잇따른 순서가 본성의 차이를 나타내는 것이라는 것을 주장하는 것이다. 이런 공상의 근원은 명확하지 않고, 그를 이런 공상에 빠지게 한 추리의 설득력도 없다. 수적인 순서는 본성의 다양성을 산출하지 않는다. 계수되는 사물들은 그것들이 계수되든 되지 않든 똑같은 본성으로 남아있다. 수는 사물들의 양을 나타내는 것이다. 그리고 그것은 가치에 있어서 본질상 열등한 것들을 두번째로 돌리지 않으나, 그것은 계수자들을 언급함에 있어서 수적으로 지시된 대상들의 순서를 만들어낸다. '바울(Paul)과 실바누스(Silvanus)와 디모데(Timothy)' ― 여기에는 말하는 사람 편에서 특별한 의도에 대한 참조로서 세 사람들에 대한 언급이 있다. 바울 다음에 있는 실바누스의 위치가, 그가 한 인간과 다른 어떤 것이라는 것을 지시하는가? 디모데는 세번째로 위치한다. 그러므로, 그는 이러한 순서로 언급되었다 해서, 다른 본성을 지닌 종류에 속한다고 간주되는가? 전혀 그렇지 않다. 그들 각각은 이렇게 계수되기 전과 후에, 인간이다. 그러나 한 번의 발언으로 셋 모두를 언급하는 것이 불가능하기 때문에, 우리의 어법은 마음에 드는 순서로 각각을 따로 언급하는 것이지만, 연결사에 의해 그 이름들을 결합시키는 것이다. 그리고 내가 생각하는 대로, 이러한 이름들의 결합에 의해 그 셋 사이에 존재하는 목적의 조화를 지시하는 것이다.

c. Eunom. 1. 16

〔우주의 기본적인 구분은 분명한 것(혹은 지성적인) 수준의 존재와 감각계 사이에 있다. '감각적인' 세계는 양과 다른 감각적인 속성들에 의해 구별되는 것들로 구성된다.〕 그러나 알기 쉬운(혹은 지성적인) 존재의 영역에서 (나는 창조된 '알기 쉬운' 세계라는 말을 쓰고 있다), 감각계에서 발견되는 차별의 원리는 없고, 다른 방법은 우월성과 열등성을 인지하기 위해 발견된다. 왜냐하면 모든 선을 공급하는 원천과 기원과 근원은 창조되지 않은 영역에 존재하는 것으로 간주되기 때문이다. 그리고 모든 지성적인 창조물은 고차적인 수준의 존재가 그것과 교제하기 때문에 원형적인 선을 지향하는 경향이 있다. 그리고 이 지성적인 창조물은 그것과 교제하며, 그것이 고차적인 수준의 존재에 참여하는 정도에 따라, 필연적으로 그것에 참여한다. 그러나 이 참여에는 정도들이 다른데, 책임있는 선택의 자유를 행사하는 것에 따라 다르다.

그리고 지성적인 피조물의 영역에서 각 멤버의 우월성과 열등성은 첫번째 선을 향한 이러한 경향에 따라 판정된다. 왜냐하면 지성적인 영역에 있는 피조물의 부분은 선과 그 반대의 것 사이에 있는 일종의 경계선에 위치하며, 그 결과 그 자체의 선택의 대상 쪽으로 기우는 그것의 의미에 의하여, 어느 한편을 수용할 수 있다. 이것이 성서의 가르침이다. 이런 식으로 우리는 악을 떠나 선에 접근한 정도에 따라 우월성의 정도를 말할 수 있다. 한편, 창조되지 않은 본성은 획득된 것으로서의 선을 소유하지 않고, 또한 어떤 우월한 선에 참여함을 통하여 그것 자체 속으로 받아들이지도 않기 때문에, 창조되지 않은 본성은 어떤 차이점들이 제거된다. 그것은 본질상 본성적으로 선하고 그래서 그렇게 간주된다. 그것은 우리의 적들에 의해 인정되는 것처럼, 선, 단순, 균일성, 비합성물의 근원이다. 그러나 그것은 그 자체의 내적인 차이점이 있고, 그 자신의 본성의 장엄성과 일치한다. 그러나 이러한 차이점은, 유노미우스가 생각하는 것처럼, 더 크고 더 작은 문제이다.

성 삼위일체 신앙에 어떤 선의 결여 개념을 허용하는 것은 불가피하게 그와 반대되는 속성이 부족한 것 안에서 어떤 혼합이 있다는 개념을 도입하는 것이다. 그리고 독생자에 관한 경우나 성령에 관한 경우에, 그러한 가정은 불경스러운 것이다. 우리는 이 창조되지 않은 본성을 지고하게 완전하고 무한하게 우수한 것이라고 생각하지만, 그것은 자체 속에 각 위격들에 속하는 특별한 속성들 때문에 분명한 차이점들을 함유하고 있다. 그것은 모든 위격들에 의해 공유되는 비창조성이라는 속성에 의해 불가역성의 특징을 지닌다. 그러나 그것은 각 위격의 분리되고 구별되는 특성 때문에 구별된다.

각 위격들에서 관찰되는 개체적인 특성은 분명하고 예리하게 그들을 서로로부터 나눈다. 예를 들어, 아버지는 창조되지 않고 출생되지 않은 분이라고 인정된다. 그는 창조되지도 않았고 탄생하지도 않았다. 이 비창조성은 그가 아들과 성령과 함께 공통적으로 지니는 속성이다. 그러나 아버지 신분과 같이, 비출생은 다른 위격들 안에서 발견되지 않는, 그의 특별하고 비공유적 속성이다. 아들은 그의 비창조성 안에서 아버지와 성령에게 연결되어 있다. 독생자라는 그의 신분과 이름에서 그는 지고의 신이나 성령에게 속하지 않는, 유일한 특성을 지닌다. 성령은 비창조성이라는 공통적인 속성에 의해 아버지와 아들에게 결합되었으나, 그는 그의 자신의 특별한 특징들에 의해 그들과 구별된다. 그의 가장 개인적인 특징과 특성은 비출생이나 독생하는 속성을 보이는 데 있는 것이 아닌데, 그것들 각각을 우리는 아버지와 아들을 특징짓는 것으로 관찰했다. 그는 단순히 존재하고, 비출생하거나 독생하지 않는다. 그리고 이것은 다른 위격들에 대한 구별과 특성을 구성하는 것이다. 그는 창조되지 않음에 의해 아버지에게 연결되고, 아버지가 아니라는 사실에 의해 분리된다. 비창조성이라는 끈에 의해 아들과 결합되고, 지고한 하나님으로부터 자기의 존재가 유래된다는 것에 의해, 그는 아버지의 독생자가 아니라는, 그리고 아들 자신을 통해 나타났다는 구별에 의해 분리된다. 한편, 피조된 세계는 아들을 통하여 존재하게 되었기 때문에, 성령이 계시된 아들을 통해 존재하므로 피조계와 공통되는 어떤 것을 가지고 있다는 사상을 경계해야만 한다. 그러므로 성령은 바꾸어질 수 없고 변화될 수 없음에 의해 그리고 자신 바깥에 있는 어떤 선에 의지하지 않는다는 사실에 의해 창조와 구별된다.

c. Eunom. 1. 22

〔공간과 시간은 창조와 함께 시작한다.〕 이 낮은 세계에 사용될 때, 우리의 바쁘고 지나치게 활동하는 지성은 시간의 간격들로 구별되는 것들 사이에서 선후를 언제나 구별한다. 그러나 어떻게 우리는 이러한 것을 '만세 전에', 창조되지 않은 존재에 적용시킬 생각을 할 수 있을까? 아버지, 아들, 그리고 성령이라는 놀라운 이름들을 지니는 놀라운 실재들이 존재하는 것으로 생각되는 것은 바로 이 창조되지 않은 영역에서이다. 왜냐하면 거기에서 우리는 시작이 없고, 출생되지 않은 언제나 아버지인, 아버지에 대해 생각할 수 있기 때문이다. 그리고 그와 함께, 어떤 구별의 간격이 없는 아들에 대한 관념이 오며, 그 아들을 통하여 그리고 그와 함께 나누어질 수 없이 결합되어 있는 성령은, 공허하고 실재하지 않는 틈에 대한 사상이 삽입되지 않고 존재하는 것으로 생각된다. 그는 존재에 있어서 아들 다음이 아닌데, 이것은 마치 독생자가 성령 없이 존재하는 것으로 생각될 수조차 없는 것과 같다. 성령은 그의 존재를, 지고한 신으로부터 이끌어내는데, 거기서부터 독생한 빛의 존재가 온다. 그리고 그것을 통하여 참된 빛 성령은 비추고, 시간의 간격이나 본성의 다양성에 의해서 아버지와 아들로부터 나누어지지 않는다. '만세 전에' 존재하는 영역에는 간격들이 없으며, 또한 어떤 존재의 차이점들도 없다. … 아들의 출생은 시간 안에서가 아닌 것은 창조가 시간 전에 된 것이 아닌 것과 같다. 어떤 분리도 허용하지 않는 존재의 순서 속으로 구별을 도입하고, 모든 존재의 창조자가 존재하지 않았음에도 불구하고[37] 시간이 있다고 주장함으로써 우주의 창조적인 원인 속으로 시간의 간격을 삽입하는 것은 전적으로 잘못된 것이다. *c. Eunom*. 1. 26

하나이며 동일한 아버지의 위격〔prosopon〕이 있으며, 그로부터 아들이 출생하고 성령이 발출한다. 그는 그에 의해 야기된 그 인격들의 원인이다. 그래서 그는 그들과 함께 공존하기 때문에, 우리는 당연히 한 분 하나님이라고 단언한다. 왜냐하면 신성의 위격들은 시간, 장소, 의지, 점유, 활동 혹은 인간에게서 관찰되는 구별점들인 이런 종류의 어떤 속성들에 있어서 서로로부터 나뉘어지지 않기 때문이다. 여기에서 유일한 차이점은 아버지는 아버지이고 아들이 아니라는 것이며, 아들은 아들이고 아버지가 아니라는 것이다. 마찬가지로 성령은 아버지도 아니고 아들도 아니라는 것이다.

de comm. not.

6. 성례

(a) 세례

(i) 부활의 상징

물 속으로 들어가서 세 번 침례하는 것은 또 하나의 신비[38]를 의미한다. 우리의 구원 방법은, 인간과의 교제를 확립하고 유효한 행동에 의해 인간에게 생명을 가져다 준, 따라서 그가 취하고 영화롭게 한 육신에 의해 그것에 관련되고 유사한 모든 것이 구원받을 수 있도록 한 자의 행위에 의한 것처럼, 가르침의 방법에 의한 교훈의 결과로도 유효해지지 않았다. 그러므로 추종자에 의해 행해진 것 안에 그 지도자와 밀접하고 유사한 점이 있도록 어떤 수단이 고안되어야 하는 것이 불가피했다. … 우리 구원의 선장의 경우에 우리는 무엇을 보는가? 삼일 동안 죽은 상태였다가 그 후 다시 생명의 상태가 되었다. 그러므로 이것을 닮은 어떤 것이 우리를 위해 고안되어야 한다. … 우리를 생명으로 인도하는 자의 죽음이 땅 밑으로 장사됨을 포함하기 때문에 … 우리에 관한 한 죽음의 모방은 그것과 밀접한 요소인 물 속에서 재연된다. 하늘에서 내려온 사람[39]은, 땅 속에 놓인 후 죽음의 상태를 취했다가, 삼일째 되는 날 생명으로 돌아왔다. 그래서 그의 육신의 본성 때문에 그에게 연결되고 그의 눈을 똑같은 승리(그리고 이것으로 내가 의미하는 것은 생명인 완성이다)에 고정시키는 모든 사람은 자기에게 흙 대신 물을 쏟게 하고, 이리하여 이 요소에 세 번 굴복함에 의해, 삼일 후에 도달한 부활의 은총을 재연한다. … 우리 구원의 지도자의 경우에 죽음에 대한 신적인 목적은 완전히 달성되었다[즉 본성이 그것의 최초의 순수함으로 회복된 것]. …

그러나 그의 추종자들의 경우에 그들의 본성은 똑같이 완전한 모방을 할 수 없지만, 그것이 할 수 있는 한 많이 받을 수 있고, 한편 나머지는 미래를 위해 보존된다. 그렇다면, 무엇 안에서 이 모방이 지속될까? 우리의 본성에 섞인 악의 전멸을 수행하는 것 속에서이다. 이것은 물로 표현된 굴욕의 이미지에 의해 전달된 의미이다. 하지만, 완전한 전멸은 아니다. 그러나 일종의 악의 계속성을 깨뜨리는 것으로, 악의 제거를 수행하기 위해 두 가지, 즉 범죄자의 회개와 그리스도의 죽음의 모방이 동시에 일어난다. … 우리가 물에 의해, 부활의 은총을 예행연습을 하여, 우리가 물로 세례받는 것처럼 죽음에서 다시 일어나는 것이 쉽다는 것을 인식할 수 있는 것이 필요하다. 그런데 우리의 일상생활에 관련되는 일들에는, 비록 그 시작이 끝과 비교해볼 때 중요한 것처럼 보이지 않을지라도, 어떤 결과의 성취에 본질적인 것으로 우선권을 취하는 어떤 것들이 있다. … 마찬가지로, 위대한 부활은 세례에서, 그것의 시작과 원인을 가지고 있다. …

　　내가 말하는 것은, 세례반(laver)에 의한 중생 없이는 인간이 부활의 상태에 있는 것은 불가능하다는 것이다. 나는 여기에서 우리의 합성된 존재의 개조나 재개를 언급하고 있는 것이 아니다. 왜냐하면 우리의 본성은 이것에 어쨌든 도달해야 하는데, 그것이 세례반의 은총을 받았거나 아니면 입문하지 않고 남아있는지, 그렇게 임명받은 자의 신적인 계획에 따라 자연법의 강요로 도달해야 하기 때문이다. 나는 오히려 모든 부끄러움이 제거된, 축복되고 신적인 상태로의 회복을 언급하고 있다. 왜냐하면 부활을 통하여 존재로 복귀하는 자는 모두 똑같은 종류의 생명으로 복귀하는 것이 아니기 때문이다. 정결함 받은 자들과 정결함을 필요로 하는 자들 사이에는 커다란 차이가 있다. 세례반에 의해 이생에서 먼저 정화된 자는 그들에게 적합한 상태로 회복된다. 그리고 그 순수에 적합한 상태는 고난이 없는 자유의 상태이고, 그리고 행복은 고난 없는 이 자유에 있다는 것은 논의할 여지가 없다. 그러나 오염으로부터 정화되지 못하고, 세례수를 받지 못하고 신적인 능력을 간구받지 못하고, 회개에 의해 개선되지 않아, 고난을 받게 되는 자들은, 그들에게 적합한 장소에 있어야 한다는 것은 전적으로 필연적이다. 불순물이 섞인 금에게 적합한 장소는 용광로이다. 따라서 그들 안에 섞여 있는 악은 오랜 세월

동안에 서서히 없어질 수 있고 그들의 본성은 하나님께 순수해져 회복될 수 있다. 물에서처럼, 불에는 세척력이 있다. 세례수에 의해 불결한 악을 씻어내는 자들은 다른 종류의 정화가 필요하지 않다. 이런 종류의 정화를 받지 못한 자들은 불로 깨끗해져야만 한다.　　　　　　　　　　*or. cat.* 35

(ii) 중생과 응답

만일 우리가 전과 똑같은 상태로 지속한다면, 중생을 통해 오는 우리 생명의 변화는 변화가 아닐 것이다. … 인성은 본래 세례의 결과로서의 어떤 변화도 허용하지 않는다. 또한 이성도, 지성도, 지식의 기능도, 인성의 다른 특별한 속성들도 변화를 겪지 않는다. 만일, 우리 본성의 이러한 속성들 중의 어느 것이 바꾸어지지 않는다면, 참으로 변화는 악화시키는 것일 것이다. 만일 '위에서부터의 탄생'[40]이 인간의 본성을 개조하는 것이라면, 우리는 중생의 은총이 완전에 이르도록 하기 위해서는 어떤 변화가 일어나야 하는지를 물어야 한다. 분명히 더 좋은 것을 위한 변화는 우리 본성의 악한 생각들이 근절될 때 잇따르는 것이다. … 우리는 더 좋은 사람들이 되고 더 좋은 상태로 변화되었다. … 만일 입문한 후의 생명이 입문되지 않은 생명과 똑같은 속성을 지닌다면, 그렇다면, 주제넘은 말이겠지만, 주저하지 않고 말하겠다. 그런 사람들의 경우에 물은 단순한 물이다. 왜냐하면 성령의 은총은 어떤 방법으로 발생하는지를 보여주지 않기 대문이다. … 누구에게든지 태어난 어린이는 그의 부모와 완전히 비슷하다. 만일 당신이 하나님을 받고 하나님의 자녀가 되었다면[41], 당신을 낳은 아버지를 당신 안에 드러내라.　　*or. cat.* 40

(iii) 물과 성령

세례는 죄의 정화, 죄의 사면, 회복과 중생의 원인이다. 중생에 의하여 당신은 눈으로 관찰된 것이 아닌, 생각으로 인지된 중생을 이해해야만 한다. … 우리는 옛 사람을 어린이로 변화시키지 않고 … 우리는, 죄의 흔적이 있고 악한 습관으로 나이먹은 자를, 왕의 은총에 의해, 아기의 순결한 상태로 돌아가게 한다. 왜냐하면 신생아가 비난과 형벌에서 자유로운 것과 같이, 중생한 어린이는 왕의 시혜에 의해 책임으로부터 해방되었기 때문에 대답할 부담이 없기 때문이다. 이런 시혜를 베푸는 것은 물이 아니라(왜냐하면 그렇다면 그것은 모든 피조물보다 높아질 것이기 때문이다), 성례전적으로 우리에게 자유를 주는 성령의 개입과 하나님의 명령이다. 그러나 물은 정화의 외적인 상징을 주므로 행사할 부분이 있다. 왜냐하면 우리의 몸이 먼지와 진흙으로 더럽혀질 때 물로 씻음으로써 깨끗이 하는 것은 우리의 할 일이기 때문이다. 그러므로 우리는 성례전적인 행동에서도 물을 사용하여, 감각으로 인지된 것에 의해, 신체적인 청결함이 아닌 눈부신 깨끗함을 나타낸다.

이제 인내하여, 세례의 세례반을 더 조사하자. 그 원천으로서 성서부터 시작하자. "물과 성령으로 나지 않으면, 그는 하나님의 나라에 들어갈 수 없다."[42] 왜 두 가지 것들이 언급되었는가? 왜 세례를 수행하는 데 성령만이 홀로 필수적이라고 간주되지 않는가? 우리가 매우 잘 아는 것처럼, 인간은 단순하지 않고 합성적인 존재다. 그러므로 이 이중적이고 결합된 존재를 치유하기 위해, 그의 이중적인 본성을 닮고 거기에 적합한 약이 처방되었다. 가시적인 신체에는 감각적인 물을, 불가시적인 영혼에는 우리가 묘사할 수 없는 모양으로 오는, 믿음으로 간구된, 보이지 않는 성령이 배정된다. "성령은 원하는 곳에서 숨쉬고 당신은 그의 목소리를 듣는다. 그러나 그가 어디에서 오고 어디로 가는지 알지 못한다."[43] 그는 세례받은 몸과 세례주는 물을 축복한다. 그러므로 신적인 세례반을 경멸하지 말고, 물을 사용하기 때문에, 보편적인 것으로 경시하지도 말라. 왜냐하면 활동하고 있는 힘은 강력하고, 그것에 의하여 성취되는 결과는 놀랍기 때문이다.

우리가 지금 서 있는 거룩한 제단은 그 자체로는 보통의 돌판이고, 우리의 벽들이 지어지고 우리의 포장도로가 장식되는 다른 석판들과 어떤 점에서도 다르지 않다. 그러나 그것은 하나님의 의식을 위하여 축성되었고 축복을 받았기 때문에, 그것은 거룩한 테이블, 오염되지 않은 제단으로서, 더 이상 모든 사람들의 손으로 만져지지 않고, 단지 제사장들과 존경받는 자들에 의해서만 만져진다. 그리고 우선, 빵은 보편적인 빵이지만, 성례전적인 행위로 그것을 축성하면, 그것은 그리스도의 몸이라 불리고 그렇게 된다. 성례의 기름인 포도주도 그러하다. 축성 전에는 보잘 것 없는 것들일지라도, 성령에 의해 축성된 후에, 그들 각각은 특별한 효력을 지닌다. 게다가, 말씀의 동일한 능력은 제사장으로 하여금 존경받고 영화롭게 하고, 축복으로 주어진 새로운 속성에 의해 일반 대중과의 일치점에서 단절된다. 어제 그는 군중의 한 사람이었고, 백성 중의 하나였다. 그러나 그는 갑자기 지도자, 장(長), 종교 선생, 신비의 성찬식의 안내자가 된다. 그리고 그는 몸으로나 형체로나 어떤 방법으로든 변하지 않고 이러한 기능들을 수행한다. 그는 전과 똑같은 외모를 지속한다. 그러나 그는 불가시적인 능력과 은총에 의해 보이지 않은 영혼에 관해서는 고차적인 상태로 변했다.

주님이 명령한 말씀들은 무엇인가? '아버지와 아들과 성령의 이름으로 그들에게 세례를 주는 것'[44]이다. 왜 아버지의 이름으로 주는가? 그는 만물의 제일원인이기 때문이다. 왜 아들의 이름으로 주는가? 그는 창조의 대리인이기 때문이다. 왜 성령의 이름으로 주는가? 그는 모든 것을 완전에 이르게 하는 그의 능력이기 때문이다. 그러므로 우리는 거룩해지기 위해 아버지 앞에 무릎꿇는다. 우리는 이와 똑같은 이유 때문에 아들에게 무릎꿇는다. 우리는 사실상 그리고 이름으로 현재의 그가 될 수 있도록 성령에게 무릎꿇는다. 마치 아버지는 보다 높은 정도로, 아들은 낮은 정도로, 성령은 그만큼 더 낮은 정도로 축성하는 것처럼, 축성에는 차이가 없다. 그렇다면 당신은 세 분으로부터 같은 하나의 은총을 받으면서도, 왜 세 위격들을 다른 본성들을 지닌 것으로 노출시키고, 서로에게 다른, 세 하나님들을 만들어 내는가?

in bapt. Chr.

(b) 성찬

〔영혼은 세례를 받을 때 하나님에게 연합된다. 몸은 성찬에 의해 죄악에 대한 해독제, 즉 우리의 몸을 동화하여 변화시키는 그리스도의 영원한 몸을 받는다.〕 어떻게 그리스도의 몸이 생명을 전 인류에게, 즉 모든 사람 사이에 나누어질지라도, 그 자체는 감소하지 않고, 믿음이 있는 모든 사람들에게 줄 수 있는가? … 모든 몸의 실존은 음식물에 달려있다 … 그리고 하나님의 말

씀은 우리와 같은 몸으로 왔을 때 인성과 연합하고 인성에 대한 어떤 다른 구조를 고안해내지 않았다. 떡인 음식과 음료에 의해 몸의 실존을 유지하면서, 자기의 몸의 계속성을 그가 보장한 것은 바로 통상적이고 적합한 수단에 의해서였다. 이제 우리의 경우에, 어떤 사람이 떡을 볼 때 그는 인간의 몸을 보고 있다고, 누군가 말할 수 있다. 왜냐하면 떡이 몸 안으로 들어가면 그것은 몸이 되기 때문이다. 마찬가지로 하나님의 말씀의 경우에, 신성을 받은 몸은, 그것이 떡의 형식의 음식물에 참여했을 때, 말하자면 그 떡과 동일하다. 왜냐하면 음식물은 몸의 본성적인 속성으로 변하며, … 몸은 하나님의 말씀이 거함으로써 신성의 위엄으로 변하기 때문이다. 왜냐하면 몸은 사실상 떡이지만, 육신 안에 '임시로 거하는'[45] 말씀의 내주로 축성되었기 때문이다. 비슷한 결과가 이제 그 몸으로 변화한 떡이 신적인 잠재력으로 변화한 것과 똑같은 원인으로부터 발생한다. 그 경우에 말씀의 은총은 그 몸을 거룩하게 했고, 그의 실존은 떡으로부터 유래되었다. 이 경우에 떡은, 그 사도가 말했듯이, '하나님의 말씀과 기도에 의해 축성된다.'[46] 그것은 먹는 자연스러운 과정을 통하여 떡이 말씀의 몸이 되는 문제가 아니다. 오히려 그것은 말씀을 통하여 즉시 몸으로 변화하는 것인데, 그것은 마치 말씀 자신이, "이것은 나의 몸이다"[47]라고 말한 것과 같다 … 현현된 하나님은 죽게 되어 있는 본성과 자신을 섞었는데, 그것은 신성을 공유함으로써 인성이 그 안에서 함께 거룩해질 수 있도록 하기 위함이었다. 그의 은혜로운 신적인 계획[48]에 의해, 떡과 포도주로 구성된 몸이라는 수단으로 신자들에게 자기를 심고, 자신을 신자들의 몸과 함께 섞음으로써, 인간도 또한 그 영원성과의 결합에 의해 영원성을 공유할 수 있도록 하는 것은 이러한 목적을 위한 것이다. 그는 그러한 은총들을 축성에 의해, 즉 가시적인 것들의 본성을 영원한 몸으로 '요소 변화를 일으킴' (transelementing)[49]으로써 준다. *or. cat.* 37

7. 종말론

부활. 영혼과 몸의 재연합

　영혼은 그것과 함께 거하는 몸을 향한 애정을 갖는 자연스러운 경향이 있다. 그러므로 그것은 이러한 혼합에 의하여, 그것에 속하는 몸을 인식할 성향을 지녔는데, 그것은 마치, 그들 사이에 있는 유사성이 혼동되지 않은 채 남아있는 방법에 의하여, 어떤 흔적들이 선천적으로 찍혀지는 것과 같은데, 이렇게 구별되는 흔적들에 의해 특징지어진다. 이제 영혼이 그것과 함께 연결되고 그것에 속하는 것을 다시 자신에게로 끌어당기므로, 일종의 신비로운 자연스러운 이끌림에 의해 서로에게 끌려지는 관계된 것들이 함께 모이는 것을 막으려는 신적인 능력에 얼마나 어려움이 주어졌는가? 영혼 안에 여전히 우리의 복합된 본성의 징표들이, 영혼이 파멸된 후에조차, 남아있다는 사실은, 음부(Hades)⁵⁰⁾ 이야기에 의해 증명된다. 왜냐하면 비록 몸들이 무덤에 묻힐지라도, 어떤 육체적인 신분증명 수단은 여전히 영혼들에 결부되어 있으며, 그것에 의해 나사로(Lazarus)는 인지되고 부자도 알려졌기 때문이다.

　그래서 우리의 몸이 다시 일어날 때 공동체(common stock)로부터 개체로 복귀할 것이라는 믿음에 있을 법하지 않은 것은 아무것도 없다. 이것은 특별히 인성을 신중하게 시험해보려는 어려움을 가진 자에게 분명해질 것이다. 왜냐하면 우리의 존재는 유동과 변화에 종속된 것은 아니기 때문이다. 만일 그것이 본래부터 전혀 안정성이 없다면 그것은 전적으로 파악할 수 없는 것이 될 것이다. 좀더 정확하게 설명한다면, 우리의 성분들 중 그 부분은 안정되고, 한편 그 나머지는 변화의 과정을 겪을 것이다. 몸은 증가와 감소로 변한다 … 하나님과 닮은 영혼에 결부된 것은 바로, 우리의 구성 요소 안에서 안정되고 불변화하는 요소들이고, 변화, 유동과 개조에 종속된 부분이 아니다. 형체들의 차이점들은 특별한 종류의 결합들의 산물들이고, 이 결합은 단순히 요소들의 혼합이다(그리고 요소들에 의해 우리가 의미하는 바는, 우주를 구성하는 기본적인 원료들을 준비하고, 인간의 구성을 가능하게 한다는 것이다). 그 형체는 영혼 안에 인장을 찍은 것처럼 남아있다. 그리고 불가피하게 이 도장으로 인이 박힌 것들은 영혼에 의해 인지되지 않는 법이 없다. 사실상, 총괄적인 회복의 때에 영혼은 불가피하게 그 형체의 인장에 상응하는 것은 무엇이든지 자신에게 돌려받는다. 그리고 분명하게 처음에 그 형체로 도장찍힌 것들 모두는 그렇게 상응할 것이다. 이리하여 개체에 적당하게 속하는 것은 공동체(common stock)로부터 그것으로 복귀한다는 생각에는 믿기 어려운 것이 아무것도 없다. <i>hom. opif.</i> 27

〔고전 15:35-49에서〕 그 사도의 주장은 모든 면에서 부활에 관한 우리의 개념과 일치하고, 부활은 우리의 본성을 원시상태로 재구성하는 것에 지나지 않는다는, 그것에 대한 우리의 정의에 포함된 것과 똑같은 개념을 드러내는 것같이 보인다. 왜냐하면 성서로부터 우리는, 첫번째 우주창조설에서, 땅은 푸른 식물을 내었고, 이 식물에서 씨앗이 생산되었으며, 그리고 그것이 땅에 뿌려졌을 때, 이것으로부터 처음과 똑같은 형체가 생겼다는 것을 배웠다. 그런데 영감받은 그 사도는 이것은 또한 부활시에도 발생하는 것이라고 말한다. 이리하여 우리는 그로부터 인성은 훨씬 고귀한 상태로 변화할 뿐만 아니라, 또한 우리가 희망할 수 있는 것은 바로 이것, 즉 인성이 원시의 상태로 복귀하는 것이라는 것을 배운다. 최초의 과정은 씨앗에서 이삭으로 되는 과정이 아니라, 이삭에서 씨가 되는 과정이었으며, 그때부터 이삭은 씨앗에서부터 성장했다.

이 직유에 나타나는 행사의 질서는, 부활을 통하여 우리를 위해 나올 모든 행복은 은혜의 원상태로 복귀하는 것일 것이라는 것을 분명하게 보여주고 있다. 원래 우리도, 어떤 의미에서, 완전한 이삭이었으나 죄라는 염열(炎熱)에 의해 시들었다. 그리고 그 후 죽음에 의해 우리가 파멸되자 땅이 우리를 받아들였다. 그러나 부활의 봄에 그 이삭은 우리의 몸이라는 벗겨진 낟알을 다시 이삭으로 나타내 보이며, 키 크고, 화려하고, 곧게 서서, 하늘만큼 높이 닿아, 그리고 줄기와 꺼끄러기(beard)를 위해 썩지 않을 것과 다른 신적인 모든 속성들로 장식될 것이다. 왜냐하면 "이 썩을 것은 썩지 않을 것을 입어야 하기 때문이다"[51] 그리고 이 '썩지 않을 것'과 '영광'과 '명예'와 '권능'52) 등은 명백하게 구별되는 신성의 표시들로서, 전에 하나님의 형상으로 창조되었던 자의 속성이며, 이제 장래의 소망이 되었다. 첫번째 이삭은 첫번째 사람인 아담이었다. 그러나 악의 출현으로 인성은 다수로 나누어졌다. 그리고 이삭에서 익은 곡식으로 나타나는 것처럼, 각 개인은 이삭의 아름다움이 벗겨지고 흙과 섞였다. 그러나 부활할 때 우리는 그 원시의 아름다움으로 다시 태어나, 원래의 이삭 대신에 추수밭의 무수히 많은 곡식이 될 것이다.

de anim. et res.

제5장 주(註)

1) 창 1:26f. 참조.
2) 랍비풍의 주석에서 유래된 이 우의적인 해석은 알렉산드리아의 클레멘트와 오리겐에 의해서도 제시되었다.
3) 출 3:14 참조.
4) '경륜'(economy). 하나님이 '자기의 가족을 관리하는 것'(성서적인 용어는 '섭리'이다)으로, 그것에 의해 그는 세상에서 자기의 목적을 실현한다: 그 용어는 특별히 그리스도의 성육신과 관련하여 사용된다.
5) 잠 9:1. 6) 눅 3:23, 38. 7) 왕하 2:11.
8) 경륜(economy); p.179 참조. 9) 고후 5:16.
10) '기름부음 받은 왕.' 11) p.179 참조.
12) 빌 2:7, 9. 13) 고전 2:8. 14) 빌 2:11. 15) 빌 2:7.
16) 이 직유는 *antirr*. 42에서 사용되는데, 거기에서 고후 5:4이 "죽을 것이 생명에게 삼킨 바 되었다"라고 인용된다.
17) 요 1:1, 14; 바룩 3:37(지혜에 관하여 말함).
18) 요 1:4; 고전 1:24, 30; 골 3:4; 요 14:6; 요 1:3.
19) 빌 2:11. 20) 엡 1:20; 2:6.
21) 고후 5:21; 갈 3:13; 엡 2:16.
22) 엡 4:24; 골 2:9. 23) 롬 11:16 참조. 24) 히 2:13 [사 8:18].
25) 딤전 2:14. 26) θεοδόχος ἄνθρωπος. 27) ἡμετέρου φυράματος.
28) '경륜', p.179 참조. 29) 엡 3:18. 30) 빌 2:10.
31) 성령반대론자들(Pneumatomachi)로서, 세바스테의 유스타티우스(Eustathius)의 지도 아래 있었다. 그들은 흔히 360년에 열렸던 아리우스주의적인 콘스탄티노플 공의회에 의해 면직되었던, 콘스탄티노플의 반아리우스주의(semi-Arian) 감독 마케도니우스 이름을 따라 마케도니우스주의자들이라고 불린다.
32) 요 17:17.

33) 눅 11:2. 이 말이 주요 사본에서는 발견되지 않지만, 후기의 두 개의 초서체 사본에서는 나타나는데, 투린의 막시무스(fl.c.420)에 의해 인용되었다.
34) 히 1:3.
35) οὐσιώδης, '본질의'.
36) 그 용어는 스토아 철학자들이 감지할 수 있는 모습의 '기반이 되는' 실재를 묘사하기 위해 사용되었다: 그러므로 그것은 ουούσία 와 동의어가 된다.
37) ἦν ὅτε οὐκ ἦν, "그가 존재하지 않았던 때가 있었다"라는 말은 아리우스적인 표어로서, 아들을 언급하는 것이다.
38) 즉, 외적인 의식으로 전달된 내적인 가르침.
39) 요 3:13; 고전 15:47 참조.   40) 요 3:3 참조.   41) 요 1:12 참조.
42) 요 3:3. 43) 요 3:8. 44) 마 28:19. 45) 요 1:14.
46) 딤전 4:5. 47) 마 26:26 등. 48) '경륜'. 49) μεταστοιχειώσας.
50) 눅 16:23-31 참조. 51) 고전 15:53. 52) 고전 15:41-3 참조.

제6장

몹수에스티아의 데오도루스

그리스도에 관한 교리

(a) 그리스도의 영혼

아리우스와 유노미우스의 제자들은, 그리스도가 육신만 취하고 영혼은 취하지 않았다고 말한다. 즉 그들은 신성이 영혼을 대신했다고 말한다.[1] 그들은, 신성이 본래의 권세를 사양하면서 자신을 육신 안에 감금시키고 육신이 존재해 나가는데 필요한 기능들을 수행함으로써 영혼의 행위들을 수행했다고 할 정도로까지 독생자의 신성을 깎아내렸다. 결과적으로, 만약에 신성이 영혼을 대신했다면, 그는 배고품이나 갈증을 느끼지 않았을 것이다. 또 그는 피곤해지거나 음식을 필요로 하지도 않았을 것이다. 왜냐하면 이런 모든 경험들은 육신의 연약함으로 인해서 육신에 나타나는 것들이기 때문이며, 또 영혼은 이런 육신의 필요들을 만족시켜줄 능력이 없기 때문이다.

독생자는 육신뿐만 아니라 영원불멸의 그리고 이성적인 영혼의 형체를 취해야만 했다. 그가 폐지해야만 했던 것은 육신의 죽음뿐만 아니라, 또한 영혼의 죽음이기도 했다. 그리고 그것은 죄이다. … 죽음의 원인인 죄가 제거되어야 한다는 것, 그래서 결과적으로 죽음이 죄의 제거와 함께 폐지되도록 할 필요가 있었다.

죄에 대한 성향이 영혼의 의지에 그 기원을 두고 있다는 것은 분명하다.

cat. hom. 5. 9, 10, 11

그러므로, 우리 주님이 영혼을 취하여서 그 영혼이 먼저 죄로부터 구원을 받도록 하고, 그리고 하나님의 은총에 의해서 영생을 얻도록 하는 것은 필요한 일이었다.
cat. hom. 5. 14

우리의 성 교부들은 다음과 같이 말했다: 그분이 육신의 형체를 취한 완전한 인간이며 그리고 그분 안에 말씀 하나님이 거주한다는 것을 우리로 하여금 믿게 하기 위해서 '그분은 육신을 입으사 인간이 되셨다.' 그리고 '그분이 하늘로부터 내려온 것은 인간과 인간의 구원을 위한 것이기 때문에, 그분은 죽을 수밖에 없는 육신과 이성적인 영혼으로 구성되어 있는 인성에 속하는 모든 것 안에서 완전하였다. … 그분은 죄를 지은 후에 사형선고를 받은 아담과 같은 인간의 형체를 취했으며, 이와 같이 우리와 같은 피조물이 됨으로써 죄가 우리들로부터 폐지되고 죽임이 무효화되게 하였다.
cat. hom. 5. 17

(b) 두 본성들

그분은 단지 하나님만은 아니다. 그렇다고 그분은 또한 단지 인간만도 아니다. 그분은 정말로 본성에 있어서 하나님이고 동시에 인간이다. 그분은 형체를 취한 말씀 하나님이다. 그리고 그분은 형체가 취해진 인간이다. '하나님의 형상을 취하고 계신' 그분이 '종의 형체'[2]를 취하셨다. 그러나 종의 형체는 하나님의 형상은 아니다. 하나님의 형상 속에서 그분은 본성상 하나님인 분이며, 그분은 종의 형체를 취했다. 반면에 종의 형체는 본성상 인간이며, 그 형체는 우리의 구원을 위해서 취해진 것이다. 형체를 취한 분은 형체가 취해진 자와 같지 않다. 형체를 취한 분은 하나님이며, 반면에 형체가 취해진 자는 인간이다. 형체를 취한 분은 본성상 하나님 아버지와 같은 분이다. 왜냐하면 그분은 '하나님과 함께 계신 하나님'이기 때문이다.[3] … 그러나 인간으로서 형체가 취해진 그분은 본성상 다윗 그리고 아브라함과 같으시다. 그리고 그분은 아브라함과 다윗의 아들이며, 그들의 자손이다. 따라서 그분은 다윗의 주님이며, 동시에 다윗의 아들이다.[4]   *at. hom.* 8. 1

(c) 위격의 단일성

우리는 성서로부터 본성간의 차이점을 알게된다. … 형체를 취한 본성은 신성이며, 그것은 우리를 위해서 모든 것을 행한다. 반면에 다른 본성은 인성으로서, 그것은 만물의 원인이 되며, 우리 모두를 위해서 형언할 수 없고 영원히 분리될 수 없는 단일체의 형체로 그것에 결합된 그분에 의해서 취해진 형체이다.   *cat. hom.* 8. 10

우리는 그 분리될 수 없는 결합에 대한 지식을 굳게 가지고 있어야만 한다. 결코 한 순간이라도 종의 형체가 그 종의 형체를 입고 있는 신성으로부터 분리될 수 없다. 본성들의 구분이 그 완전한 결합을 폐기하지 않는다. 또한 동시에 그 완전한 결합이 구분을 파괴시키지도 못한다. 그 본성들은 그들의 존재 가운데서 구분된 상태로 남아있으며, 그들의 결합은 필수적인 것으로 남아있다. 왜냐하면 형체가 취해진 것이 명예와 영광 가운데서 형체를 취한 자와 결합되어 있기 때문이다.   *cat. hom.* 8. 13

우리가 두 개의 본성에 대해서 이야기한다는 사실이 우리가 두 주님, 혹은 두 아들에 대해서 이야기하도록 강요되어지고 있다는 것을 의미하지는 않는다. 이것은 완전히 말도 안되는 어리석은 일일 것이다. 어떤 것들이 한 측면에서는 두 개이고, 또 다른 측면에서는 하나일 때, 그것들을 하나로 만드는 그들의 결합이 본성들의 구분을 폐기하지는 않으며, 또한 그 구분이 그들의 결합을 막지도 않는다.   *cat. hom.* 8. 14

〔Les Homelies Catechetiques de Theodore de Mopsuestia, tr. Raymond Tonneau and Robert Devreesse, Biblioteca Apostolica Vaticana, 1949의 시리아역 본문(p. 17 참조)으로부터〕

하나님이 사도들 안에 거한다고 할 때, 혹은 보다 일반적으로, 의인들 안에 거한다고 할 때, 그분은 의인들 안에서 즐거움을 누리신다는 의미에서, '덕에 있어서 뛰어난 자들' 안에서 기뻐한다는 의미에서 그들 안에 거하고 있다.[5] 그러나 우리는 그분이 그리스도 안에 이런 식으로 거하고 계신다고 말하지 않는다. (우리는 그럴 정도로까지 미치지는 않았을 것이다.) 그분은 아들 안에서처럼 거한다. 그분은 그분이 '매우 기뻐했던'[6] 것이 바로 이런 방법이었기 때문에 그 안에 거하였다. '아들 안에서처럼' 거한다는 것이 무엇을 의미하는가? 우리가 의미하는 것은 다음과 같다. 즉 그분이 자신의 거주지를 거기에 두었을 때, 그분은 자신이 형체를 취한 그에게 자신을 완전히 결합시켰으며, 그 형체가 취해진 자가 내주하시는 아들이 공유하고 있는 모든 명예를 그분 자신과 함께 공유할 수 있도록 고안했다. 그래서 그 결과는 결합으로 인한 한 위격[prosopon]이며, 권위의 공유이다. 그분은 취해진 형체를 통해서 만물 가운데서 일하며, 따라서 그를 통하여서 그리고 그의 오심을 통하여서 전 세계의 심판과 재판을 달성한다. 한편으로 우리는 본성의 차이로 인한 구분에 의해서 형체를 취한 자와 취해진 형체간의 차이점을 인식하고 있다. *de inc.* 7

우리가 그 본성을 구분할 때, 우리는 말씀 하나님의 본성과 인격을 완전한 것으로서 말하고 있는 것이다. 우리는 비인격적인 위격[hypostasis]에 대해서는 말할 수 없다. 그와 유사하게, 우리는 그 사람의 본성과 인격을 완전한 것으로서 말하고 있는 것이다. 그러나 우리가 그 결합[synapheia]에 대해서 고려할 때, 우리는 '한 인격'에 대해서 이야기하고 있는 것이다. *de inc.* 8

"마리아가 인간을 낳은 것이냐, 혹은 신을 낳은 것이냐?"라는 질문에 대해서, 우리는 "둘다"라는 대답을 해야만 한다. 그녀는 물리적인 의미에 있어서 전자에 해당되며, 암시적인 의미에 있어서 후자에 해당된다. 본성적인 차원, 즉 그녀의 태 안에 있었고 그 태로부터 태어난 자가 인간이었다는 점에서 그녀는 인간을 낳은 자이다. 그리고 본성적으로 그 안에 한정되어 있었던 것이 아니라, 의지의 행위에 의해서 태어난 그 인간 안에 하나님이 있었다는 점을 미루어 볼 때, 그녀는 하나님을 낳은 자가 된다.　　　　*de inc.* 15

신적인 애호[7]에 의한 이 결합의 방식은 그 본성들이 혼동되지 않았다는 것을 확실케 해주며, 분리되지 않는 두 인격의 단일성을, 그리고 의지와 활동에 수반되는 권위, 그리고 주 되심과 더불어 의지와 활동의 단일성을 명시해 준다.　　　　*ep. ad Domnum*

제6장 주(註)

1) p.22 참조.　2) 빌 2:6.　3) 요 1:1.　4) 마 22:45 참조.
5) 시 16:3.　6) 마 3:17.
7) εὐδοκία, '나는 매우 기쁘다'로 번역되는 동사의 명사형.

제7장

요한 크리소스톰

1. 인간의 상태

(a) 원죄

"한 사람의 잘못으로 인해서 많은 사람들이 죄인들이 되었다." 아담이 죄를 짓고서 죽을 수밖에 없는 운명이 되었을 때, 그의 자손들 역시 죽을 수밖에 없게 되었다는 것은 있을 수 있는 일이다. 그러나 그렇다고 해서 어떻게 그의 불순종으로 인해서 다른 모든 사람들이 죄인이 된다고 추론할 수 있는가? 왜냐하면 만약에 어떤 사람이 그 자신의 책임으로 인해서 죄인이 되지 않았다면, 그는 처벌을 받아야 할 이유가 없는 것으로 밝혀질 것이기 때문이다. 그렇다면, 여기서 '죄인들'이 의미하는 바가 무엇인가? 그것은 처벌을 받아야 할 책임이 있는 사람들, 즉 죽도록 운명지워진 사람들을 의미한다고 나는 생각한다.…
　　　　　　　　　　　　　　　　hom. 10 in Rom. [on Rom 5. 19]

어떤 한 사람이 다른 사람으로 인해서 처벌을 받아야만 한다는 것은 대부분의 사람들에게 있어서 비합리적인 것으로 보인다. 한 사람이 의로운 일을 행했기 때문에 모든 사람들이 의롭게 된다는 것이 더 합리적일 것이며, 하나님에게 더 적합하다.　　　　hom. 16 in Rom. [on Rom 11. 10]

우리는 어린아이들이 어떤 죄를 짓는 잘못을 범하지 않았음에도 불구하고, 그들에게 세례를 준다.   *ad neoph.*

〔이 글로부터 에클라눔의 율리안은, 크리소스톰이 원죄를 믿지 않았다고 결론을 내렸다. 아우구스티누스는 죄들(복수형)이란 개인적 죄들을 의미하는 것이라고 주장했으며, 원죄에 대한 만족할 만한 교리를 발견한 문구들을 인용했다.

(C. Julianum 1. 21 f.)〕

(b) 은총

하나님은 당신의 크신 관용을 보여주시기 위해서 우리가 그분에게 드리는 기회들을 기다리신다. 그렇다면 이제 우리들은 게으름으로 인해서 우리들 자신에게서 그분의 선물을 제거하는 일이 없도록 하자. 그 대신 덕을 향한 길을 향하여 출발하도록 열심을 가지고 서두르자. 그래서 우리가 위로부터 오는 도움을 얻어 우리의 목적지에 도달할 수 있도록 말이다. 왜냐하면 만약 우리가 위로부터 오는 중요한 영향의 이익을 즐기지 않는다면, 정말로 선한 어떤 것도 할 수 없기 때문이다.   *hom. 25 in Gen.* 1

(c) 자유 의지

우리의 선택은, 언제는 이랬다가 또 언제는 저랬다가 하면서 굉장한 변이성을 보인다. 그것은 악에 대한 성향을 지니고 있다. … 은총은, 우리의 선택의 자유를 해하지 않을 정도로 우리의 의지를 기다리지 않는다. 그러나 우리가 선택할 때, 그것은 우리에게 큰 도움을 준다. … 하나님은 우리를 부른다. 그러나 그분은 우리가 우리 스스로의 의지와 선택에 의해서 그에게로 오기를 기다린다. 그리고 우리가 그에게로 갈 때, 그분은 우리에게 그분이 베풀 수 있는 모든 종류의 도움을 베푼다.

hom. 12 in Heb. [*on Heb.* 7. 2, 3]

2. 그리스도의 위격

(a) 아버지와 함께 영원히 공존함

어떤 사람은 다음과 같이 질문할지도 모른다. "어떻게 그리스도가 아버지보다 더 어리지도 않으면서 아들이 될 수 있는가? 왜냐하면 어디로부터 출생한 모든 것은 반드시 그것의 기원보다는 시기적으로 늦어야 하기 때문이다." 이에 대해서 우리는 다음과 같이 대답할 수 있다. 즉 그런 주장은 인간적인 상황을 가정하고 있는 것이라고. … 그러나 우리는 하나님의 본성에 대해서 논하고 있다. … 태양의 광선이 태양 자체의 본질로부터 나오는 것인가 혹은 어떤 다른 곳으로부터 나오는 것인가? 상식적인 사람이라면 그것이 태양의 본질로부터 나오는 것임을 인정할 수밖에 없다. 그러나 비록 그 광선이 태양으로부터 나온다 해도, 우리는 그 광선이 그 태양 본질보다 시간적으로 더 나중의 것이라고는 말할 수 없다. 왜냐하면 태양은 광선이 없이는 결코 나타난 적이 없기 때문이다. … 그렇다면 당신은 왜 이것이 불가시적이고 형언할 수 없는 것의 경우에도 똑같이 적용될 수 있다고 믿지 않는가?…이것이 바로 바울이 그를 광채라고 부른 이유이다.[1] 그렇게 함으로써 그는 그리스도의 기원적 존재와 영원한 공존성을 보여주고 있는 것이다. 더 나아가서, 모든 세대와 모든 시간의 척도가 그에 의해서 창조되지 않았는가? … 그러므로 아들과 아버지 사이에는 어떤 시간적 간격도 없다. 이와 같이 본다면, 아들은 '후'일 수가 없으며, 영원히 공존하는 것이다. 왜냐하면 '전'과 '후'는 시간을 암시하는 개념들이기 때문이다. … *hom. 4 in Jo.* 1

(b) 말씀과 육신의 결합

결합과 연결에 의해서 말씀 하나님과 육신은 단일체이다. 여기에는 어떤 본질들의 혼동이나 폐지도 없으며, 다만 말로써는 형용할 수 없으며 이해할 수 없는 결합만이 있을 뿐이다. *hom. 11 in Jo.* 2

"그는 자기를 아무것도 아닌 것으로까지 완전히 비우셨다"[2]는 말씀을 통해서 당신은 어떤 변화나 형상의 변화, 혹은 어떤 종류의 것이든 폐지를 가정해서는 안된다. 그는 예전의 그분의 본성을 그대로 가지고 계시면서, 동시에 예전에 갖고 있지 않던 모습을 취했다. 그는 비록 육신이 되었으나, 하나님으로 남아 있었다. 이런 면에서 그는 말씀이었다. 그의 육신 가운데서 그는 인간과 같았다. 따라서 '인간과 같은 모습을 가지고 있었다.' 그러나 그의 본성은 변하지 않았다. 거기에 어떤 혼동도 없었다. … '그가 … 되었다.' '그가 … 모습을 취했다'라는 문구들이 '신성'을 지배하기 위해서 사용된 적은 결코 없다. … 오히려 '인간성'을 지배하기 위해서 사용되었다. 그는 인간이 '되셨다.' 그리고 그는 인간의 '모습을 취하셨다'. 그러나 그는 항상 하나님이었다. 우리는 어떤 혼동도 만들어서는 안되며, 또한 분리를 인정해서도 안된다. 한 하나님. 하나님의 아들인 한 그리스도. 그러나 내가 '한'이라고 말할 때, 나는 결합을 말하는 것이지 혼동을 말하는 것이 아니다. 한 본성이 다른 본성으로 변화되는 것이 아니라, 다른 본성과 결합되는 것이다. *hom. 7 in Phil.* [*on Phil.* 2. 7]

(c) 그리스도의 인성적인 경험

"나는〔그리스도〕 인간의 모습을 취하였다. 그러나 그 인간됨은 항상 신적 활동과 섞여져 있었다. 나는 때로는 인간처럼, 때로는 하나님처럼 행동해 왔다. 그렇게 함으로써 나는 나의 〔인간적〕 본성을 보여주고 있으며, 그리고 동시에 성육신으로 신앙을 붙들고 있다.[3] 그리고 보다 천한 것들은 인간의 본성으로, 그리고 보다 고귀한 것들은 하나님의 본성으로 간주되어져야 한다고 가르친다. 그리고 이런 행위들의 불평등한 혼합에 의해서 본성들의 불평등한 결합을 설명한다. 인성적인 경험들에 대한 통제에 의해서 나는 나의 고통들이 스스로 선택한 것이었음을 보였다. 하나님으로서, 나는 본성을 한정시켰으며, 사십일간의 금식을 감내했다. 인간으로서, 나는 배고팠고, 피곤했다. 하나님으로서, 나는 바다의 요동을 잠잠케 했으며, 인간으로서, 나는 마귀에 의해서 시험을 받았다. 하나님으로서, 나는 마귀를 쫓아내었다. 인간으

로서 나는 인간을 대신하여 고통을 당하고자 한다." *in quatrid. Laz.* 1

그러므로 "만일 할만하시거든 이 잔을 내게서 지나가게 하옵소서" 그리고, "그러나 나의 원대로 마옵시고 아버지의 원대로 하옵소서"[4]라고 말함으로써, 그는 그가 죽음을 두려워하는 육신으로 정말로 옷입고 있음을 명시하고 있다. 왜냐하면 죽음을 두려워하는 것과, 두려워하면서 죽음으로부터 몸을 움츠리는 것이 육신의 특징이기 때문이다. 그리고 그렇게 그는 때때로 그의 육신에서 그 자신의 활동을 제거시키고 빼앗긴 채로 있게 했는데, 그것은 그렇게함으로써 육신의 연약함을 보여주어 사람들로 하여금 그의 육신적 본성을 믿는 것을 도와주고자 했기 때문이다. 반면에 그는 때때로 이런 연약함을 숨겼는데, 그것은 사람들이 그가 단순한 사람만은 아니었다는 것을 알도록 하기 위함이었다. … 하나님으로서, 그는 미래를 미리 아셨다. 인간으로서, 그는 마음의 고통을 겪으셨다. *in eos qui ad syn.* 6

3. 그리스도의 사역

(a) 패배당한 악마

"이제 이 세계에 대한 심판이 있도다. 이제 이 세상의 임금이 쫓겨 나리라."

이것은 마치 그가 이렇게 말하는 것 같다: "심판이 있으리라. 그리고 정의가 행해지리라. 어떻게 그것이 이루어질까? 사탄이 첫번째 사람을 죽음으로 몰아넣었도다. 왜냐하면 그 사람은 죄를 지었기 때문이다. 그리고 그것이 바로 '죄로 말미암아 사망이 왔나니' 라는 말씀을 의미한다.[5] 그러나 내 안에서 그는 죄를 발견하지 못했다. 그렇다면 그는 왜 나를 공격했는가, 그리고 나를 사망에게 넘겨주었는가? 왜 그는 유다의 마음 속에 나를 죽음으로 몰아넣을 결심을 불러넣었는가?" 이제 내게 하나님이 그렇게 정하셨던 것이라고 말하지 말라. 왜냐하면 하나님의 계획의 성취는 사탄에게 속한 것이 아니라 하나님 자신의 지혜에 속한 것이기 때문이다. 악마가 다루는 방법에 대해서 관찰해 보자. 그렇다면 어떻게 '세상이 내 안에서 심판을 받을 수 있겠는가?' 그것은 마치 사탄이 회기 중에 있는 법정에서 조사받고 있는 것과 같다. "좋아. 당신은 그들이 죄가 있음을 알았기 때문에 그들 모두를 사형에 처했다. 그러나 당신은 왜 그리스도를 사형에 처했는가? 네가 정의롭지 못하게 처신했다는 것이 분명하지 않은가? 그러므로 모든 세상이 그를 통하여서 죄사함을 받으리라."

내가 이것을 한 예를 통해서 설명해 보겠다. 자신의 권력 수중에 들어온 모든 사람들을 그 선례가 없는 고통으로 괴롭히는 광폭한 독재자에 대해서 상상해 보라. 만약 그가 왕, 혹은 왕의 아들을 맞이하여서 그를 정의롭지 못하게 죽였다면, 그의 죽음은 다른 사람들에게 대해서까지 사면을 확장할 수 있게 될 것이다. 혹은 자신의 빚을 수거해 들이고 있는 어떤 사람에 대해서 가정해 보자. 그는 그의 채무자들을 때리고 그들을 감옥에 처 넣었다. 그리고 나서 똑같은 광기를 가지고 그가 그에게 전혀 빚을 지고 있지 않은 사람을 투옥시키는 것에 대해서 가정해 보자. 그런 사람은 그가 채무자들에게 행했던 것에 대한 벌을 내릴 것이다. 왜냐하면 그 죄없는 자가 그를 파멸로 이끌 것이기 때문이다. 이것이 바로 독생자에 대한 경우이다. 사탄은 그가 뻔뻔스럽게도 그리스도에게 행했던 것에 대한 결과로서, 그가 너에게 행한 그 일로 인해서 처벌받을 것이다.　　　　　*hom. 67 in Jo. 2 [on John 12. 31]*

(b) 구속

우리는 처벌로부터 자유롭게 되었다. 모든 사악함들을 멀리 던져버렸다. 우리는 위로부터 다시 태어났다. 우리의 옛 인간적 본성은 땅에 묻혔고, 그리고 우리는 다시 소생했다. 우리는 다시 이름지어졌고, 신성하게 되었으며, 양자들로 택함을 받았다. 우리는 의롭다 칭함을 받았으며, 독생자의 형제들이 되었으며, 그와 더불어 공동 상속자가 되었고, 같은 몸을 소유하게 되었다. 우리는 그의 육신으로서 간주되었다. 그리고 그를 머리로 하는 하나의 몸에 결합되었다. 이것이 바로 바울이 우리가 우리의 상처를 치료하기에 적절한 약품뿐만 아니라 건강과 미, 명예, 영광, 그리고 우리의 본성을 훨씬 넘어서는 지위까지 받았다는 것을 보여주면서 '은총의 풍성함'[6]이라고 칭했던 것이다. 이 각각의 것들은 그 자체만으로서도 죽음을 파괴할 수 있는 것들이었을 것이다. 그런데 이 모든 것들이 함께 결합하게 되면, 그러면 죽음은 완전히 폐기된다. 그리고 그것의 흔적이나 그림자도 남지 않는다 … 왜냐하면 그리스도가 우리가 당연히 당해야 할 죽음을 훨씬 넘어서는 것에 대한 값을 치렀기 때문이다. 마치 끝없는 대양이 단 하나의 물방울을 능가하는 것만큼이나 차이가 나게 말이다.   *hom.* 10 *in Rom.*

(c) 희생

"이와 같이 그리스도도 단번에 드리신 바 되셨고."[7] 누구에 의해서? 물론, 그 스스로에 의해서. 여기서 작가는 그가 제사장이었을 뿐만 아니라, 또한 희생제물이었음을 보여준다. 그리고 그는 그의 드리신 바 된 것에 대한 이유를 제시한다. "많은 사람들의 죄를 담당하시려고 단번에 드리신 바 되셨고." 왜 '모든 사람들'이 아니라 '많은 사람들'인가? 왜냐하면 모든 사람들이 믿었던 것은 아니기 때문이다. 그는 그 자신으로서는 정말로 모든 사람들을 구원하기 위해서 모든 사람들을 위해서 죽었다. 왜냐하면 그의 죽음은 모든 사람들의 죽음과 맞먹는 것이었기 때문이었다.   *hom.* 17 *in Heb.*

4. 성찬

(a) 축성

그리스도는 지금도 또한 현존한다. [마지막 만찬의] 식탁을 꾸몄던 그분은 지금도 또한 이 식탁을 꾸미고 계시는 분이다. 성찬식의 빵과 포도주를 그리스도의 몸과 피가 되게 하는 것은 우리를 위해서 십자가에 못박히셨던 그리스도 자신이지, 인간이 아니다. 성직자는 원래의 의식을 거행하면서 서 있다. 그리고 필요한 말들을 한다. 그러나 능력과 은총은 하나님으로부터 온다. 그는 "이것은 나의 몸이다."라고 말한다. 이 진술은 그 빵과 포도주를 변화시킨다[8] 그리고 일단 떨어진 "생육하고 번성하라"는 명령이 모든 시대를 통하여서 확장되어 나가고, 하나의 인성에 재생산의 능력을 준 것과 같이, 일단 발언된 "이것은 나의 몸이라"라는 진술은 그때로부터 지금까지, 심지어는 그리스도의 강림 때까지 교회 안의 모든 식탁에서 이루어지는 희생을 완전하게 만든다. *de prod. Jud.* 1. 6

최후의 만찬에서 이것을 행하셨던 그분은 지금도 이것을 거행하는 자들과 똑같다. 우리는 사제들로서 자리한다. [빵과 포도주를] 축성하고 변화시키는[9] 자는 바로 그분이다. *hom.* 82 *in Mat.*

(b) 에피클레시스(Epiclesis, 임재의 기원)

사제가 그의 두 손을 하늘을 향해 뻗치고 식탁 앞에 서서, 성령이 오셔서 빵과 포도주를 건드려 주시기를 간구할 때, 그 때는 무거운 침묵과 깊은 정적이 흐른다. 성령이 그의 은총을 주실 때, 그가 내려오실 때, 그가 빵과 포도주를 건드리실 때, 당신이 어린 양의 희생이 완성된 것을 볼 때, 그 때 당신은 광포함과 폭동, 다툼 혹은 학대에 몰입하게 되는가? *de coemet.* 3

(c) 한번의 희생

우리는 그의 죽음을 기념하면서 매일 제사를 드린다. 이것은 많은 희생이 아니라 한번의 희생이다. 그렇다면 왜? 왜냐하면 그것은 단 한번 드려졌기 때문이다. 이런 면에서 그것은 거룩한 자들 중 거룩한 분께 드려진 희생을 닮았다. 이 [유대식] 희생은 그 희생의[그리스도의] 한 유형이다. 우리는 항상 같은 사람을 드린다 … 같은 성체(oblation)를. 그러므로 그것은 한 희생이다. … 같은 징표에 의해서, 많은 장소에서의 희생의 드림은 물론 많은 그리스도가 계신다는 것을 의미하는 것은 아니다. 그리스도는 이 장소에서나 저 장소에서나 어느 곳에서나 완전한 한 분이며, 한 몸이다 … 그리고 따라서 한 희생이다. 우리의 대제사장은 우리의 깨끗해짐을 위해서 희생제물을 바치신 그분이다. 우리는 이제 그 때 드려졌던 것을 드린다. 다함이 없는 제물을 …. 우리는 같은 희생제물을 드린다. 혹은 차라리 우리는 그 희생제물을 기념하고 있다. *hom. 17 in Heb.* 3

우리는 하늘에서 우리의 희생물, 우리의 제사장, 우리의 희생제물을 가지고 있다. 그렇다면 우리는 그 제단에서 드려질 수 있는 그런 희생제물을 드리도록 하자 … '우리의 드릴 예배,'[10] '영을 통해서,' 영혼을 통한 봉헌물: 온유, 중용, 인내, 참음, 겸손, 그리고 그와 같은 것들, 그리고 물리적인 이동수단과 특정한 장소들에 독립해 있는 것들을 드리자.
hom. 11 in Heb. 2

(d) 성찬식을 통한 현존

동방의 세 박사들은 이 몸이 심지어 말구유에 놓여져 있음에도 불구하고 이 몸에 경배를 드렸다. 이 이방의 외국인들은 집과 조국을 떠나 먼 여정에 올랐고, 와서 두려워하며 크게 떨면서 그에게 경배를 했다. 우리는 하늘의 시민들이다. 우리도 이 외국인들을 본받도록 하자. … 왜냐하면 당신은 그를 말구유에서가 아니라, 제단 위에서 보기 때문이다. 거기에는 그를 안고 있는 여인이 있는 것이 아니라, 그 앞에 서 있는 제사장이 있다. 성령이 그 떡과 포도주 위에 큰 자비를 가지고 내려오신다. *hom. 24 in I Cor.*

나는 주님의 피를 무가치하게 받아들이느니 차라리 나 자신의 삶을 포기하겠다. 나는 그렇게 경이로운 주님의 피를 잘못되게 받아들이느니 차라리 나 자신의 피를 쏟겠다. *hom. 82 in Matt.*

(e) 실재론

주님이 십자가 상에서 당하지 않았던 것[다리의 부러뜨림]을 그는 이제 당신에 대한 사랑 속에서 행한 희생을 통하여서 감내한다. 그는 모두 채워질 조각들로 부러뜨려지는 것을 자신에게 허락한다. … 성찬배 안에 있는 것은 그리스도의 옆구리에서부터 흘러나온 것과 같다. 떡은 무엇인가? 그리스도의 몸이다.   hom. 24 in I Cor.

우리는 주님을 바라보아야 할 뿐만 아니라, 우리는 그를 우리의 손 안에 취해서, 그를 먹고, 우리의 이로 그의 살을 깨물어 가장 밀접한 결합의 형체로 우리 자신을 그와 결합시켜야만 한다.   hom. 46 in Jo.

5. 제사장직

제사장의 직분은 지상에서 수행된다. 그러나 그것은 하늘의 일들 중에 자리한다. 그리고 그것은 충분한 이유를 지니고 있다. 왜냐하면 이 사역은 천사나 혹은 천사장, 혹은 어떤 창조된 능력에 의해서가 아니라 성령 자신에 의해서 설정된 것이기 때문이다. … 그는 여전히 육신 가운데 있는 인간들이 천사들의 행위를 모방해야 한다고 명령했다. 그러므로 제사장은 자신이 마치 하늘 그 자체에 있는 권세들 가운데 서 있는 것처럼 깨끗해야만 한다 … 당신이 거기서 희생제물로 드려진 주님을 볼 때, 그리고 제사장이 서서 기도드리는 것을 볼 때, 그리고 모든 것들이 귀중한 피에 의해서 빨갛게 되는 것을 볼 때, 당신은 여전히 당신이 지상에서 사람들 가운데 서 있다는 느낌이 드는가? 당신은 오히려 곧장 하늘로 이동해 간 것과 같은 느낌이 들지 않는가? … 엘리야가 수다한 사람들이 둘러싸고 있는 가운데 서 있고, 제물이 제단 위에 놓여져 있으며, 그리고 사방이 조용하고 완전한 정적에 쌓여져 있는 그 장면을 상상해 보아라. 그 예언자는 혼자 서서 기도를 드린다. 그리고 곧장 하늘로부터 제단 위로 불이 내려온다. 그리고 나서 장면을 현재 드려진 제물로 바꾸어 보아라. 그러면 당신은 경이를 보게 될 것이다. 아니 오히려 찬탄을 넘어서는 어떤 것을 보게 될 것이다. 왜냐하면 제사장이 거기에 서 있을 때, 그는 불이 아닌 성령이 내려 오도록 할 것이기 때문이다. 그의 긴 기도는 불이 하늘로부터 내려와서 빵과 포도주를 태워달라는 것이 아니라, 은총이 제물 위로 내려와서, 그 제물을 통하여 모든 사람들의 영혼이 불 속에서 단련되어온 은보다도 더 광채가 나도록 만들기 위해서 그 영혼들에 불을 붙여 주십사 하는 것에 대한 것이다. …

만약 당신이, 아직까지 살과 피로 옷입고 있는 어떤 사람이 그렇게 순수하고 축복받은 본성에 접근한다는 것이 얼마나 굉장한 일인가를 생각해 본다면, 당신은 쉽게 성령의 은총이 제사장들을 얼마나 높은 위엄으로 올려 놓았는지를 깨닫게 될 것이다. 왜냐하면 이러한 것들, 그리고 우리의 구속과 구원에 관련된 중요한 다른 것들이 성취되어진 것은 바로 이 제사장들에 의해서이기 때문이다. 왜냐하면 땅에 거주하고 있으면서 그들의 삶을 거기서 보내고 있는 사람들에게 하늘의 일들에 대한 책임이 주어졌기 때문이다. 그들은 하나님이 천사들이나 천사장들에게도 주지 않은 권세를 받았다. 왜냐하면 "무엇이든지 너희가 땅에서 매면 하늘에서도 매일 것이요 …"〔마 18:18〕라는 말씀이 천사들이나 천사장들에게는 이야기되어지지 않았기 때문이다. 지상의 통치자들은 맬 권세를 가지고 있다. 그러나 그들은 단지 육체만을 맨다. 이 매임은 영혼에게까지 미친다. 그리고 하늘에까지 이른다. 왜냐하면 제사장들이 지상에서 행하는 것을 하나님이 저 높은 곳에서 확고히 하시기 때문이다. 주님이 종들의 결정을 거의 승인한다. 그들에게 주어진 것은 바로 다름 아닌 하늘의 권세이다. "만약 네가 사람의 죄를 용서한다면, 그들은 용서를 받은 것이다 …"〔요 20:23〕. "어떻게 거기에 더 큰 권세가 있을 수 있겠는가?" "아버지가 모든 심판을 다 아들에게 맡기셨으니".[11] 그리고 여기서 나는 이 아들이 제사장들의 손에 그 모든 것을 주시는 것을 본다.

de sacerd. 3, 4

제7장 주(註)

1) 히 1:3.   2) 빌 2:7.   3) '경륜'; p.179 참조.   4) 마 26:39
5) 롬 5:12.   6) 롬 5:17.   7) 히 9:28.   8) μεταρρυθμιζεί
9) μετασκενάξει   10) 롬 12:1.   11) 요 5:22.

제8장

암브로시우스

1. 인간과 죄

(a) 원의(Original Righteousness)

아담이 낙원에 있었을 때, 그는 천상적인 존재였다.

in Ps. 118. 15, 36

그는 최고로 행복했었으며, 천상의 공기를 마시면서, 이러한 삶의 근심이나 권태로움을 전혀 알지 못했다. *in Ps.* 118. 4, 5

그는 하나님의 시야 가운데 있었다. 그는 낙원에서 번성했다. 그는 하늘의 은총으로 인해서 눈부시게 빛났다. 그는 하나님과 함께 이야기를 나누었다. *in Ps.* 43. 75

(b) 원죄 — '종자적인 동일성'(Seminal identity)

우리 모두는 첫번째 사람 안에서 죄를 지었다. 그리고 본성적인 유산에 의해서 죄의 유산이 한 사람으로부터 모든 사람 안으로 이전되어져 왔다 … 아담이 우리들 각자의 안에 있었다. 왜냐하면 한 사람을 통해서 죄가 모든 사람에게로 전해졌기 때문에, 그 안에서 인간의 본성[condicio humana]이

죄를 지었기 때문이다.   *apol. Dav.* 2. 12, 71

아담은 존재했었다. 그리고 그 안에서 우리 모두가 존재했었다. 아담은 멸망했다. 그리고 그 안에서 우리 모두가 멸망했다.   *in ev. Luc.* 7. 234

나는 아담 안에서 타락했다. 나는 아담 안에서 낙원으로부터 추방당했다. 나는 아담 안에서 죽었다. 만약 하나님이 나를 발견한 곳이 바로 아담 안에서가 아니라면, 어떻게 하나님이 나를 상기하실 수 있겠는가? 그러므로 나는 내가 아담 안에서 죄에 묶이게 되고, 죽음의 빚을 지게 된 것처럼, 그리스도 안에서 의롭게 된다.   *de excess. frat. Sat.* 2. 6

(c) 유전된 죄

우리가 태어나기 전에, 우리는 전염에 의해서 더럽혀진다. 우리가 빛을 즐기기 전에, 우리는 우리의 출생의 상처를 얻게 된다. 우리는 '죄 중에 잉태'[1]되었다. (이 죄가 우리의 죄인지 혹은 부모의 죄인지는 분명하게 진술되어 있지 않다.). 그리고 우리 각자의 모친은 '죄 중에서' 우리를 낳는다. 그러나 여기서 모친이 출산을 하는 것이 그녀 자신의 죄 중에서인지, 혹은 태어나는 어린이에게 이미 어떤 죄가 있는 것인지는 명확하게 표현되어 있지 않다. 아마도 두 경우가 다 의미되어져 있는 것일 것이다. 잉태는 죄에 의해서 더럽혀진다. 왜냐하면 부모가 그 타락을 피할 수는 없기 때문이다. 그리고 심지어 하루밖에 안된 어린이라 할지라도 그 어린이에게 죄가 없지는 않기 때문이다.   *apol. Dav.* 1. 76

만약에 낙원에 살면서 하나님과 이야기 했던 그 첫번째 사람이, 비록 더럽혀지지 않은 땅으로부터 창조되었음에도 불구하고 그렇게 쉽게 타락할 수 있었다면 … 우리의 육신이 죄를 범한 한 후세의 저주에 의해서 운명지워지지 않았던 때에, 죄와 수치에 의해서 아직 오염되지 않았다면, 그렇다면 인류가 계속적인 세대들을 통해서 타락해왔을 때, 죄를 향한 그 미끄러운 길이

그 이후로 얼마나 훨씬 더 쉽게 인류에게 곤두박질하는 전락을 가져왔겠는가. *ep.* 45. 13

베드로는 깨끗했다. 그러나 그는 발을 씻을 필요가 있었다. 왜냐하면 그는 첫번째 사람으로부터, 뱀이 그의 발을 걸려 넘어지게 하고는 그로 하여금 명령을 어기도록 설득한 그 때 시작된 그 죄를 물려받았기 때문이다. 그러므로 유전된 죄가 제거되도록 그의 발은 씻겨진다. 왜냐하면 우리의 개인적 죄들은 세례에 의해서 제거되기 때문이다. *de myst.* 32

"이미 목욕한 자는 발밖에 씻을 필요가 없느니라."[2] 왜 그런가? 왜냐하면 세례 안에서 모든 죄가 씻김을 받기 때문이다. 그리고 죄는 떠난다. 그러나 아담은 악마에 의해서 걸려 넘어지게 되었기 때문에, 그리고 그의 발들은 독에 의해서 물들었기 때문에, 당신은 악마가 공격했던 그 부분에 첨가적인 성화의 수비가 주어질 수 있도록 당신의 발들을 씻는다. 그래서 이후로는 악마가 당신의 발을 걸려 넘어지게 할 수 없도록 말이다. 당신은 뱀의 독을 씻어내기 위해서 당신의 발들을 씻는다. *de sacr.* 3. 7

2. 그리스도의 위격

(a) 두 본성들

성경이 말하고 있는 것과 같이 하나님의 나라는 설득적인 논쟁에 있는 것이 아니라 능력의 명백한 명시에 놓여져 있는 것이므로, 단어들에 대한 쓸모없는 논쟁에 대해서는 끝내도록 하자.[3] 신성과 육신의 차이점을 관찰해 보도록 하자. 이 둘 가운데서 말씀하시는 분은 하나이고 같으신 하나님의 아들이다. 왜냐하면 이 두 본성들은 하나이며 같은 주체 안에 현존해 있기 때문이다. 그러나 비록 말씀하시는 분이 같은 사람이라 할지라도, 그는 같은 방식으로 말씀하시지는 않는다. 그 안에서 당신은 어느 때는 하나님의 영광을,

어느 때는 인간적인 감정을 볼 것이다.　　　　　　　　　　*de. fid.* 2. 77

　　내가 위해서 말한 것과 같이, 성경이 당신으로 하여금 신성의 본질과 육신의 본질 둘 다를 이해할 수 있도록 그리스도 안에 두 본성을 제시했을 때, 그것은 이곳에서 [즉, 요 1:30, "내 뒤에 오는 사람이 있는데, 나보다 앞선 것은 그가 나보다 먼저 계심이라"] 육신으로 시작한다. 왜냐하면 성경 안에는 어떤 일관된 규칙도 없기 때문이다. 때때로 우리는 그리스도의 신성으로부터 시작해서 그의 성육신의 신비[sacramenta]로 내려간다. 그리고 우리는 신성의 영광으로 올라간다. … 여기서 작가는 주님의 육화로부터 시작을 하고, 그리고 그는 그의 신성에 관해서 계속 이야기한다. 인간적이고 신적인 요소들을 혼동하는 그런 방법으로서가 아니라, 그 둘을 구분하는 방법으로 말이다.　　　　　　　　　　　　　　　　　　　　　　　*de. fid.* 3. 65

　　(b) 속성간의 교류('Communicatio Idiomatum')

　　우리가 "영광의 주가 십자가에 못박혔도다"[4]라는 말씀을 읽을 때, 우리는 그가 십자가에 못박혔다는 것을 영광의 차원에서 상상해서는 안된다. 영광의 주님인 예수 그리스도가 십자가에 못박혔다고 이야기되어지는 것은 그가 하나님이면서 동시에 사람이기 때문이다(그의 신성으로 인하여서 하나님이며, 육신을 취하였기 때문에 인간이다.). 왜냐하면, 그가 인간과 신의 이 두 본성을 다 취한 이래로 그는 인간의 본성 가운데서 그의 고통을 당하셨는데, 이것은 구분이 없이 고통을 당한 그가 '영광의 주로' 불리어지고, 그리고 하늘로부터 내려온 그가 성경의 표현대로 '인자'로 불리어질 수 있도록 하기 위한 것이다.　　　　　　　　　　　　　　　　　　　　*de fid.* 2. 58

　　(c) 그리스도 안에 있는 인간적인 영혼

　　그러므로 나는 몇몇 사람들이 어떤 근거하에서 한 영혼이 주 예수님에 의해서 취해지지 않았다고 가정하는지 묻고 싶다. 이런 가정은 그리스도가 인간적 관능을 가짐으로 인해서 타락하지나 않을까 하는 두려움 때문인가?

육신의 욕망이 마음의 법과 싸우고 있다는 것은 분명히 이야기되어졌다.[5] 그러나 이것을 말한 저자는 그리스도가 육신의 법에 의해서 죄의 굴레 속으로 빠지게 될 수도 있었을 것이라는 가정을 하고 있는 것이 전혀 아니다. 사실, 그는 정말로 그가 인간적 연약함으로 인해서 곤궁에 처했을 때, 그가 그리스도에 의해서 도움을 받을 수 있다고 믿었다. 그는 다음과 같이 말한다. "오호라 나는 곤고한 사람이로다! 이 사망의 몸에서 누가 나를 건져 내랴? 우리 주 예수 그리스도로 말미암아 하나님께 감사하리로다."[6] … 그가 육신을 취하셨을 때, 그것은 그가 성육신의 완전함과 충만함을 취했다는 것을 또한 의미한다. 왜냐하면 그리스도에게는 불완전함이란 없었기 때문이다. 그리고 그는 육신에 생명을 가져오기 위해서 육신을 취하였고, 한 영혼을 취하였다. 그러나 그가 취한 것은 완전하고, 이성적이고, 그리고 인간적인 영혼이었다. 그 자신이 "내가 잠을 자기 위하여 나의 영혼을 눕히노라."라고 말할 때, 그가 한 영혼을 취했다는 것을 누가 부인할 수 있겠는가.

de inc. dom. sacr. 64-6

말씀 하나님은 그 자신의 것이었던 육체 가운데, 이해의 능력을 가지고 있는 이성적 영혼의 자리를 차지한 것이 아니다. 말씀 하나님은 이해할 수 있는 능력을 지닌 이성적인 영혼을 그 자신 위에 취하였다. 우리들의 것과 똑같은 본질을 지닌 인간의 영혼을 취한 것이다. 그는 우리들의 육신과 똑같은 본질로 된, 우리들의 것과 같은 육신을 취하셨다. 그는 정말로 완벽한 인간이었으나 죄로 인하여서 전혀 물들어 있지 않았다.

de inc. dom. sacr. 76

3. 그리스도의 사역

(a) 죄없는 희생물(Victim)

예수는 아담을 해방시키기 위해서 올무로 다가갔다. 그는 사라져버린 것을 자유롭게 하기 위해서 왔다. 우리는 모두 수고하며 일한다. 어느 누구도 다른 사람을 구원할 수는 없다. 왜냐하면 어느 누구도 자기 자신을 구원할 수 없기 때문이다. 필요한 것은 대대로 이어지는 인간의 죄에 의해서 야기된 굴레에 묶여있지 않은 자이다. 탐욕에 의해서 사로잡혀 있지 않거나, 혹은 속임수에 의해서 노예가 되어있지 않은 자이다. 예수님만이 홀로 바로 그런 분이다. 왜냐하면 그가 자신을 이 육신의 굴레 속에 가두었을 때도, 그는 사로잡히지도, 올무에 걸리지도 않았다. 오히려 그는 그 굴레들을 깨고 그것들을 풀었다. 그리고 그 덫을 통해 내다보면서, 그리고 수고로운 고생을 벗어나면서, 그는 교회 또한 굴레들에 의해서 속박되는 것으로부터 어떻게 피할 수 있는지를 배우도록 교회를 그 자신에게로 불렀다. 그러나 사실, 그는 결코 굴레를 피하지 않았기 때문에, 그는 심지어 우리들을 위하여 죽기까지 복종했다. 그러나 그는 죽음의 노예가 되지는 않았다. 그는 "죽은 자들 가운데서 자유로웠다"[7] 즉 그는 죽음을 폐기할 수 있는 능력을 가지고 있었기 때문에, 자유로웠다. …
in Ps. 118. 6 22

속임을 당한 악마

[고전 2:7f.] "만일 그를 알았더면 영광의 주를 십자가에 못 박지 아니하였으리라." 즉, 그들은 주님의 죽음을 통해서 나의 구원을 결코 성취하지 못했을 것이다. 그러므로 그는 우리들을 위하여 권세들을 속였다. 그는 정복하기 위해서 속였다. 그는 시험을 받을 때, 질문을 받았을 때, 그가 하나님의 아들이라고 불렀을 때, 그가 어떤 경우에도 그 자신의 신성을 인정하지 않기 위해서 마귀를 속였다. 무엇보다도, 그는 '세상의 왕들'을 속였다. 왜냐하면 비록 마귀가 "네가 만일 하나님의 아들이어든 뛰어내리라"[8]고 말했을 때, 잠시동안 의심을 했을지라도, 마귀는 결국 그를 깨닫는데 성공하지 못했다. 그리고 "그로부터 떠났다." 귀신들은 그를 알아보았다. 왜냐하면 그들은 "하나님의 아들이여 우리와 당신이 무슨 상관이 있나이까?"[9]라고 말했기 때문이다 … 왜냐하면 귀신들의 악함은 심지어 숨겨진 것들일지라도 쉽게 파악하기 때문이다. 그러나 이 세상의 사사로운 것들에 골몰해 있는 자들은 신적

인 것들을 알 수가 없다. *exp. ev. Luc.* 2. 3

〔시 56:7: "그들이 나를 위해 파 놓은 구덩이에 스스로 빠졌나이다."〕 이 책략은, 우리 주 예수님이 육신을 취함으로써 마귀에게 시행되어졌어야 했다. 그리고 부패되고 약한 신체를 택함으로써 그랬어야 했다. 그래서 그 육신의 연약함으로 인하여서 십자가에 못박히도록 말이다.

exp. ev. Luc. 4. 12

주님의 굶주림은 속임수였는데, 마귀가 주의를 기울이며 더 큰 능력을 두려워하는 곳에서, 이런 굶주림의 모습에 의해서 우쭐하게 되어, 그가 마치 단순한 인간인 것처럼, 그를 시험하였던 것이다. 그리고 그것은 그리스도의 승리가 방해받지 않도록 하기 위한 속임수였다. *exp. ev. Luc.* 4. 16

(b) 빚의 지불

'채권자'[10]라는 호칭에 의해서 놀라지 말자. 우리가 전에는 성마른 채권자 아래 있었다. 그는 완전하게 돈을 돌려받을 수 없었고, 채무자가 죽어야만 만족을 느낄 수 있는 자였다. 주 예수님이 오셨다. 그는 우리가 빚더미에 의해서 묶여있는 것을 보셨다. 어느 누구도 순결한 유전을 가지고는 그의 빚을 갚을 수가 없었다. 나는 나 자신을 풀어 줄 어떤 것도 가질 수가 없었다. 그는 나에게 새로운 종류의 거래관계를 완료시켜 주었다. 나는 그것을 가지고 나의 채권자를 바꾸었다. 왜냐하면 나는 나의 빚을 갚을 어떤 수단도 가지고 있지 못했기 때문이다. 우리를 빚진 자로 만든 것은 본성이 아니라 죄이다. 우리는 우리의 죄들로 인해서 막중한 빚을 지게 되었다. 그래서 우리는 우리의 자유를 상실했다. 그리고 책임을 져야할 신세가 되었다. 왜냐하면 그는 그의 채권자의 돈이 어느 것이 되었든 그 돈을 받았던 채무자이기 때문이다. 죄는 마귀로부터 온다. 그 사악한 자(마귀)는 사실 그렇듯이, 그의 세습재산 안에 부를 가지고 있다. 그리스도의 부가 덕인 것과 같이, 죄들은 마귀의 부이다. 그는 상속받은 채무라는 무거운 죄에 의해서 인간을 영원히 사로잡았다. 그리고 그 채무는 원래 빚을 졌던 우리의 선조가 빚의 유산에 의해서 그의 후손들에게 전수해준 것이다. 주 예수님이 왔다. 그는 그 자신의 죽음을 우리 모두의 죽음을 위해서 제공하였다. 그는 우리 모두의 피를 위해서 그 자신의 피를 흘렸다. 그러므로 우리는 우리의 채권자를 바꾸었다. 우리는 빠져나온 것이 아니다. 아니 혹은, 빚은 남아있지만 이자는 취소되었다는 점에서 우리는 빠져나왔는지도 모른다. … 성경은 그가 '우리를 거스리고 우리를 대적하는 의문에 쓴 증서를 도말하고 제하여 버리사, 우리의 모든 죄를'[11] 아낌없이 사했다고 말한다.   *ep.* 41. 7, 8

4. 삼위일체

아버지와 아들의 단일성

아버지 안에 신성의 충만함이 있다. 아들 안에 신성의 충만함이 있다. 이것은 다양한 신성이 아니라 같은 것이다. 여기에는 어떤 혼동도 없다. 왜냐하면 그것은 하나이기 때문이다. 어떤 다양성도 없다. 왜냐하면 여기에는 어떤 차이도 없기 때문이다. 왜냐하면 성경이 말하고 있는 것과 같이 '믿는 무리가 한 마음과 한 뜻'[12]이 되었기 때문이다. "주와 합하는 자는 모두 한 영이니라."[13] 사도 바울이 말하기를 한 남자와 여자가 "한 육체가 된다"[14]고 했다. 우리 모든 사람들은 우리의 본성에 관한 한 하나의 본질로 되어져 있다. 성경은 인간에 대해서 인간이 비록 많기는 하지만 하나를 이룬다고 말한다.[15] 인성적인 위격과 신적인 위격 사이에 어떤 비교도 있을 수 없다. 그러므로 인간에게 그런 결합이 있을 수 있다면, 본질나 의지에 있어서 어떤 차이도 없는 신성 안에서의 아버지와 아들의 결합은 오죽하겠는가.

de fid. 1. 17-19

5. 세례의식

(i) '에바다'

그렇다면 우리는 토요일[즉, 부활절 전날]에 무엇을 했는가? 물론 '여는 의식'(opening)을 했다. 그런 여는 의식(opening)의 신비들[성례의 행위들]은 제사장이 당신의 귀와 코를 건드렸을 때 수행된다. 그것은 무엇을 의미하는가? 복음서에서 청각적으로나 음성적으로 장애인인 자가 우리 주 예수 그리스도에게 내보여졌을 때, 그는 그의 귀와 입을 만졌다. … 그리고 '열리라'[16]를 의미하는 히브리 단어인 '에바다'라고 말했다. 제사장이 당신의 귀를 만지는 이유는 그 귀들이 제사장이 하는 담론과 말씀을 향하여 열려지도록 하기 위한 것이었다.

(ii) 세례반에서의 도유식

우리는 세례반에 왔다. 당신은 들어왔다. 당신은 기름 부음을 받았다.… 레위인[즉, 부제]이 당신을 만났다. 그리고 한 장로[즉, 제사장]가 당신을 만났다. 당신은 막 이 세상의 경쟁에서 씨름을 하고자 하는 그리스도의 선수로서 기름 부음을 받았다.

(iii) 포기

그[17]는 당신에게 "당신은 마귀와 그의 일들을 버리겠습니까?"라고 물었다. 당신은 무엇이라고 대답했는가? "나는 버리겠습니다." "당신은 이 세상과 세상의 향락들을 버리겠습니까?" 당신은 무엇이라고 대답했는가? "나는 버리겠습니다." 당신이 말했던 것을 기억하라. 그리고 당신의 약정들을 당신의 마음으로부터 흘러 나가지 않도록 하라.   *de sacr.* 1. 2, ,4, 5

(iv) 물의 축복

… 세례의 관습적인 형체는 세례반이 가장 먼저 축성되어져야 한다고 규정한다. 그리고나서 세례를 받을 사람이 내려오게 된다. 제사장이 들어오자마자, 그는 포도주 위에서 마귀를 쫓는 의식을 행한다. 그리고 나서, 그는 세례반이 신성케 되고 영원한 삼위일체[18]의 현존이 거기에 임하기를 간구하고

기도한다. *de sacr.* 1. 18

　　제사장이 온다. 그리고 그는 세례반에서 기도를 드린다. 그는 아버지의 이름과 아들과 성령의 현존을 부른다. 그는 하늘의 용어들을 사용한다. 그 용어들은, 우리가 "아버지와 아들과 성령의 이름으로 세례를 받아야 한다."[19]고 말씀했던 그리스도의 용어들이기 때문에, 하늘의 것들이다.

de sacr. 2. 14

(v) 세례

　　당신은 세례반으로 온다. 당신은 그 곳으로 내려갔다. 당신은 대제사장을 바라 보았다. 당신은 세례반에서 레위인과 장로를 보았다.

de sacr. 2. 16

　　당신은 "당신은 전능한 하나님 아버지를 믿습니까?"라고 질문을 받는다. 당신은 "저는 믿습니다."라고 대답한다. 그리고 당신은 물에 잠긴다. 즉, 당신은 장사된다. 다시 당신은 "당신은 우리 주 예수 그리스도와 그의 십자가를 믿습니까?"라고 질문을 받는다. 당신은 "저는 믿습니다."라고 대답한다. 그리고 당신은 물에 잠긴다. 이로 인해서 당신은 "그리스도와 함께 묻혔다." [20] … 세번째로 당신은 "당신은 또한 성령을 믿습니까?"라는 질문은 받는다. 당신은 "저는 믿습니다."라고 대답한다. 그리고 당신은 세번째로 물에 잠긴다. 이렇게 함으로써 세 번의 고백이 당신의 이전의 삶의 타락을 무효화할 수 있도록 말이다.

de sacr. 2. 20

(vi) 도유

　　당신은 제사장에게로 왔다. 그가 당신에게 무슨 말을 했는가? "당신에게 물과 성령으로써 새로운 출생을 허락하시고, 그리고 당신과 당신의 죄들을 사한 전능한 하나님 아버지 바로 그분이 당신을 영원한 삶으로 기름붓노라." 당신이 무엇에로 기름부음을 받았는지 보라— '영원한 삶에로'이다.

　　당신은 머리 위에 기름 부음을 받았다. … 왜냐하면 지혜는 은총이 없이는 생명이 없기 때문이다. 그러나 그것이 은총을 받으면, 그것은 충만한 효

제8장 암브로시우스 243

과를 갖게 되기 시작한다.   *de sacr.* 2. 24

(vii) 발을 씻는 것

당신은 세례반에서 올라왔다. 그 다음에 어떤 일이 일어났는가? 제사장이 허리띠를 졸라맨다.(왜냐하면 비록 장로들 역시 그 일을 수행하긴 했지만, 그것은 제사장에 의해서 시작되었기 때문이다.) 그리고 당신의 발을 씻겨주었다. 우리는 로마 교회가 이런 관습을 가지고 있지 않다는 것을 잘 알고 있다 … 아마도 너무 많은 숫자 때문일 것이다 … 그러나 몇몇 사람들은 다음과 같이 말한다 … 이것이 성례때나, 세례시, 그리고 중생에 행해져서는 안된다고 말이다. … 그런 사람들은 다음과 같은 사실을 알아야만 한다. 즉 이것은 성례이며, 희생의 행위라는 것을. "내가 너를 씻기지 아니하면 네가 나와 상관이 없느니라."[21] 나는 다른 사람들을 비난하기 위해서가 아니라, 나 자신의 관례를 권하기 위해서 이 말을 한다. 일반적으로, 나는 로마 교회를 따르기를 원한다. 그러나 우리는 또한 식별력을 가지고 있다. 그리고 이런 이유로 인해서 우리는 다른 곳에서 존속되어 온 것을 존속할 수 있는 이점을 가지고 있다.   *de sacr.* 3. 4, 5

(viii) 영적 인장

그리고 나서 영적인 인장이 따른다. … 세례반에서의 의식이 있은 후에, 제사장의 간구에 의해서 성령이 당신 위에 '여호와의 신 곧 지혜와 총명의 신이요 모략과 재능의 신이요 지식과 여호와를 경외하는 신'[22]을 부어주실 때, '완전케 하는 것'이 일어날 일이 남아있다.   *de sacr.* 3. 8

6. 성찬

(a) 떡과 포도주의 '변형'

그는 덧붙였다. "내 살은 참된 양식이요 내 피는 참된 음료이기 때문이다."[23] 당신은 '살'과 '피'에 대해서 듣는다. 당신은 주님의 죽음에 대한 성례를 인식한다. … 이제 우리는 신성한 기도의 신비에 의해서 주님의 살과 피로 변화되는 성례를 행할 때마다, "주의 죽으심을 전하는 것이다."[24]

de sacr. 4. 125

(b) 상징

당신은 어떻게 그것이 하늘의 용어들에 의해서 신성하게 되는지를 알고 싶은가? 그런 용어들이 어떤 것인지를 들어보라. 제사장은 다음과 같이 말한다. "우리들을 위해서 이 제물들로 하여금 승인되고, 합리적이고, 받아들여질 만한 것들이 되게 하소서. 왜냐하면 이것은 우리 주 예수 그리스도의 살과 피에 대한 비유이기 때문입니다."

de sacr. 4. 21

무엇보다도 나는 당신에게 그리스도의 말씀에 대해서 이야기했다. 그분의 영향력은 정립된 종류의 성격을 변화시키고 바꾸는 것이다. 그리고 나서 그리스도의 말씀이 왔다. 즉 그가 그의 살을 먹으라고 주었고, 그의 피를 마시라고 주었다는. 그의 제자들은 이것을 참을 수가 없었다. 그래서 그들은 그로부터 떠났다. 단지 베드로만이 다음과 같이 말했다. "주의 영생의 말씀이 계시매 우리가 뉘게로 가오리이까?"[25] 그래서 다른 사람들이 진짜 피에 대한 공포 때문에 그들이 떠날 것이라고 말하는 것을 방지하기 위해서, 그리고 구원의 은총이 계속되도록 하기 위해서, 당신은 성례를 유사물의 형체로 받는다. 그러나 당신은 여전히 실재의 은총과 덕을 얻는다. 그는 말하기를 "나는 하늘로서 내려온 떡이라."[26]고 말한다. 그러나 그 살은 하늘로부터 내려오지 않았다. 즉, 그는 그 살을 동정녀로부터 지상에서 취했다. 그렇다면 어떻게 떡이 하늘로부터 내려왔는가—그것도 '살아있는 떡'이? 그 이유는 우리의 주 예수 그리스도는 신성과 육신을 다 공유하고 계시기 때문이다. 그리고 그 살을 받은 당신은 그 음식을 통해서 거의 신적인 본질에 참여한다.

de sacr. 6. 3, 4

(c) 기적

〔암브로시우스는 모세와 엘리사의 본성적인 기적들(nature-miracles)에 대해서 이야기 했다.〕 그러므로 우리는 은총이 본성보다 작용에 있어서 더 힘이 있다는 것을 관찰하게 된다. 그러나 우리가 예로 든 것은 단지 예언자의 축복의 은총이다. 그러나 만약 어떤 인간의 축복이 본성에 있어서의 변화를 야기시킬 힘이 있다면, 구원자인 주님의 바로 그 말씀이 작용하고 있는 신적인 축성에 대해서 우리는 무슨 말을 할 수 있겠는가? 왜냐하면 우리가 받는 성례는 그리스도의 말씀에 의해서 영향을 받기 때문이다. 만약 엘리야의 말이 하늘로부터 불을 내려오게 할 힘을 가지고 있다면,[27] 그리스도의 말씀이 떡과 포도주의 성질을 바꿀 힘을 가지고 있지 않겠는가? 당신은 우주의 창조에 관한 이야기에서 "저가 말씀하시매 이루었으며 명하시매 견고히 섰도다."[28]라는 말씀을 읽었을 것이다. 이와 같이 그리스도의 말씀은 무로부터 전에 존재하지 않았던 것을 만들 수 있다. 그렇다면 그리스도의 말씀이 존재하는 것들을 지금의 그것들이 아닌 것들로 바꿀 수는 없겠는가? 왜냐하면 어떤 사물에 원래적인 본성을 부여하는 것은 그 사물들의 본성을 바꾸는 것보다도 더 경이로운 일이기 때문이다.

우리는 왜 이렇게 논증을 사용해야만 하는가? 이제 적절한 예를 들어보도록 하자. 그리고 성육신의 신비들〔성례들〕들에 의해서 신비〔성례〕의 진리를 세워보도록 하자. 우리 주 예수님이 마리아로부터 태어났을 때, 그런 탄생이 정상적이고 본성적인 선례를 가지고 있었는가? 사물의 일반적인 질서에 따르면, 출생은 남자와 여자의 결합에 의해서 이루어진다. 그렇다면 동정녀 마리아가 본성적인 질서를 벗어나서 출산을 했다는 것이 분명해진다. 그리고 우리가 축성에 의해서 야기시킨 이 몸은 동정녀 마리아로부터 온 것이다. 왜 당신은, 우리 주 예수님이 본성적인 질서를 초월하여 동정녀에게서 태어나신 그리스도의 육신이라는 이 경우에 있어서 본성의 질서를 찾는가? 십자가에 못박히고 묻힌 것은 정말로 진짜 그리스도의 몸이었다. 그렇다면 분명히 성례는 그 육신의 성례이다. 주 예수님 자신이 "이것은 나의 몸이다."라고 선포한다. 하늘의 용어를 통한 축복 이전에 다른 어떤 성격〔alia species〕에 대한 것이 말해졌다. 축성 뒤에 그것은 '몸'이라고 지칭되었다〔significatur〕. 그는 스스로 그의 피에 대해 말한다. 축성 전에 그것은 다른 어떤 것으로서 이야기되어졌다. 축성 후에 그것은 '피'라고 이름지어졌다. 그리고 당신은 '아멘'이라고 대답한다. 즉 '그것은 진실입니다.'라고 대답한다. 입이 말하는 것을 내면에 있는 마음이 고백하도록 하라. 혀가 진술하는 것을 가슴이 느끼게 하라. *de myst.* 52-4

(d) 성례전적 희생

우리는 대제사장이 우리에게 다가오는 것을 보아왔다. 우리는 그가 우리를 위해서 그의 피를 드리는 것을 보고 들었다. 우리 제사장들은 따를 수 있을 뿐만 아니라, 따르고 있다. 그래서 우리가 사람들을 위해서 희생제물을 드릴 수 있도록 말이다. 비록 우리가 어떤 공적도 주장할 수는 없지만, 우리는 그 희생제물로 인해서 명예스럽게 될 것이다. 왜냐하면 비록 그리스도가 지금 가시적으로 드려지지는 않았을지라도, 그리스도의 몸이 드려질 때 바로 그 자신이 지상에서 드려지기 때문이다. 더 나아가서 그가 직접 우리 안에서 드린다는 것이 명백해진다. 왜냐하면 드려진 희생제물을 신성케하는 것은 바로 그의 말씀이기 때문이다. *in Ps.* 38. 25

여기에 그림자가 있고 상징이 있다; 저기에 실재가 있다; 율법 안에 있는 그림자; 복음 안에 있는 상징; 하늘에 있는 실재. 전에는 어린 양이 드려졌다. 그리고 소가 드려졌다. 이제는 그리스도가 드려진다. 그러나 그는 사람으로서 드려진다. 고통을 감수하면서 말이다. 그리고 그는 그 자신을 제사장으로서 드림으로써, 우리의 죄들을 용서한다. 여기서는 상징 안에서, 그가 우리를 위해서 아버지 앞에서 우리의 옹호자로서 중재하는 저기에서는 실재 속에서 그렇게 한다. *de off.* 1. 238

제8장 주(註)

1) 시 51:5 (50:7.).   2) 요 13:9:   3) 고전 2:4 참조: 4) 고전 2:8.
5) 롬 7:23 참조.   6) 롬 7:24 f.   7) 시 88:5.   8) 마 4:6.
9) 마 8:29.   10) 눅 7:41 참조.   11) 골 2:13 f.   12) 사 4:32.
13) 고전 6:17.   14) 고전 6:16; 엡 5:31; 창 2:24.
15) 사 17:26.   16) 막 7.
17) *de myst.* 3:8에 따르면, 그 질문들은 축성을 했던 감독에 의해서 이루어졌다.
18) *de myst.* 3:14은 십자가와 함께 물의 노래를 추가하고 있다.
19) 마 28:19.   20) 롬 6:4.   21) 요 13:8.   22) 사 11:2f. 참조.
23) 요 6:56.   24) 고전 11:26.   25) 요 6:68.   26) 요 6:41.
27) 왕상 18:38.   28) 시 33:9.

제9장

제롬

1. 성경

외경

〔정경: 모세 오경(창세기, 출애굽기, 레위기, 민수기, 신명기); 예언서: 여호수아, 사사기, 룻기, 사무엘(Kingdoms)(2), 열왕기(2), 이사야, 예레미야, 에스겔, 열 두 예언서들; 성문서(Hagiographa): 욥, 시편, 솔로몬(잠언, 전도서, 아가), 다니엘, 역대(2), 에스라(2), 에스더.〕

이 서언은, 이 목록에 속하지 않는 모든 것은 외경으로서 분류될 수 있도록, 우리가 히브리어에서 라틴어로 번역한 모든 책에 대한, 일종의 헬멧기능을 하는(helmeted)[1] 서언으로서 덧붙여질 수 있다. 그러므로 일반적으로 '솔로몬의' 것으로서 제목이 붙여지는 지혜서(Wisdom), 시락(Sirach)의 아들 예수의 책, 유딧서(Judith), 토빗서(Tobias〔sic〕), 그리고 목자서(Shepherd)[2]는 정경에 속하지 않는다. 나는 히브리어로 된 첫번째 마카베오서(Maccabees)를 발견했다. 두번째 마카베오서는 헬라어로 되어있다. 이것은 또한 그 문체를 통해서도 추론해 볼 수 있는 사실이다.

prolog, in Sam. et Mal.

시락의 아들 예수의 진짜 책과, 솔로몬의 지혜서라는 또 하나의 위서

(pseudepigraphic book)가 있다. 나는, 라틴어 번역물에 나타나 있는 것처럼, 첫번째 책이 집회서(Ecclesiasticus)가 아닌 '비유담'(Parables)이라는 제목명을 가지고 있는, 히브리어로 되어있는 것을 발견했다. … 두번째 것은 히브리어본에는 없다. 그리고 그 스타일은 그리스의 웅변술적인 냄새가 짙게 난다. 고대의 많은 작가들은 그것이 필로 유대우스(Philo Judaeus)의 작품이라고 주장한다.[3] 그러므로 교회가 유딧서와 토빗서(Tobit), 그리고 마카베오서들을 읽기는 하지만 그것들을 정경 안에 포함시키지 않는 것과 같이, 사람들의 교육을 위해서 교회가 이 두권의 책을 읽는 것이 허용되기는 하지만 교회교리의 권위를 뒷받침하기 위해서 읽어서는 안된다.

praef. in lib. Sal.

2. 인간

자유와 은총

시작하는 것은 우리의 몫이며, 그 시작을 완성시키는 것은 하나님의 몫이다.　　　　　　　　　　　　　　　　　　　　　　　　*c. Pel.* 3. 1

부르시는 것은 하나님의 일이다. 믿는 것은 인간의 일이다.
　　　　　　　　　　　　　　　　　　　　　　　　　in Isa. 49. 4

원하거나 혹은 거절하는 것은 우리의 일이다. 그러나 이런 능력은 단지 하나님의 자비에 의해서만 우리의 것이 된다.　　　　　　*ep.* 130. 12

그 구원자는 그의 고통 가운데서 천사에 의해서 강해졌다. 그러나 나의 친구 크리토불루스(Critobulus)는 하나님의 도움을 필요로 하지 않는다. 왜냐하면 그는 자유의지를 가지고 있기 때문이다. … 그는 말했다: "너희는 깨어 있을 수 없더냐? 시험에 들지 않게 깨어 있어 기도하라."[4] 당신에 의하면, 그는 다음과 같이 기도했어야 했을 것이다. '너희는 깨어 있을 수 없더냐? 일어나 저항하라. 왜냐하면 너희는 자유의지를 가지고 있으니까. 그리고 일단 너희가 하나님으로부터 이 능력을 받았으므로, 너희는 다른 사람들로부터 어떤 도움도 필요로 하지 않는다. 만약 당신이 이것을 한다면, 당신은 시험에 들지 않을 것이다.'   *c. Pel.* 2. 16

내가 처음에 말한 것과 같이, 죄를 짓느냐 혹은 짓지 않느냐, 그리고 의지가 자유로운 상태를 유지할 수 있도록 우리의 손을 선으로 혹은 악으로 뻗치느냐는 우리의 능력 안에 놓여져 있다. 그러나 이 자유는 상황과 형편에, 그리고 인간의 연약한 조건에 비례한다. 영원한 무죄는 하나님 한 분에게만, 그리고 육신이 된 말씀이며, 육신의 무능력과 죄들을 당하지 않았던 그 분에게만 해당되는 것이다. 나는 그 능력을 잠시동안만 가지고 있기 때문에, 당신은 나로 하여금 그 능력을 영원히 가지고 있도록 강요할 수 없다. 나는 금식하고, 잠을 자지 않고, 걷고, 읽고, 시편을 찬송하고, 앉고, 잘 수 있는 능력을 가지고 있다. 그러나 영원히 그렇게 할 수 있는가?   *c. Pal.* 1. 12

확실히 하나님은 단지 가능한 것들만을 명령하였다. 나는 그것을 인정한다. 그러나 우리 모두가 이런 가능성들을 성취할 수 있는 것은 아니다.
                                                                    c. Pal. 1. 23

3. 교회

(a) 로마 수위권

나는 그리스도를 제외하고는 어느 누구도 탁월한 지도자로서 따르지 않는다. 그래서 나는 당신의 지복, 즉 말하자면 베드로의 직권과 더불은 성찬에 참가한다. 나는 그리스도가 이 바위 위에 세워졌다는 것을 안다. 이 집 밖에서[5] 〔유월절〕 어린양을 먹는 자는 누구든지 다 불경하다. 노아의 방주 안에 있지 아니하는 자는 누구든지 다 홍수가 범람할 때 멸망할 것이다.

ep. 15 [*ad Damasum*[6)]]

(b) 감독직

마귀의 부추김에 의해서 야심이 종교 안에 들어오기 전, 그리고 사람들이 "나는 바울에게 속한다. 나는 아볼로에게 속한다. 나는 게바에게 속한다"[7)]라고 말하기 전, 장로는 감독과 같았기 때문에, 교회는 장로들의 지도 하에서 통치되어, 하나의 지체처럼 활동하였다. 그러나 각각의 장로들이, 자신이 세례를 준 사람이 그리스도에게가 아니라 오히려 자신에게 속한다고 생각하기 시작했을 때, 장로들 중 한 사람이 다른 사람들을 다스릴 수 있도록 선출되어져야만 하며, 교회분열의 종자들(seeds)이 제거될 수 있도록 교회를 위한 모든 책임이 그에게 위임되어져야 한다는 것이 온 교회에 선포되었다. [제롬은 빌립보서 1:1, 2; 사도행전 20:17, 28; 베드로전서 5:1, 2.을 인용하고 있다.].

in ep. ad Tit. 1. 1, 5

4. 성찬

하나의 '예표'(type)였던 유월절이 완성된 후, 그리고 그의 제자들과 함께 그가 어린양의 고기를 먹은 후, 그는 '사람의 마음을 기쁘게 하는'[8)] 떡을 취했고, 그리고 유월절의 참된 성찬으로 옮겼다. 그래서 지극히 높으신 하나님의 제사장인 멜기세덱이 떡과 포도주[9)]를 드리고, 그리하여 예표된 그를 드린 것처럼, 그리스도 자신은 실제적인 그의 몸과 피로 된 자신의 제물을 드려야 했다.

in Matt. 26. 26

그리스도의 피와 살은 두 가지 방법으로 이해되어져야 한다. 그 한 가지는 영적이고 신적인 살과 피이다. 그것에 대해서 그는 다음과 같이 말했다. "내 살은 참된 양식이요 내 피는 참된 음료로다." 그리고 "인자의 살을 먹지 아니하고 인자의 피를 마시지 아니하면 너희 속에 생명이 없느니라."[10)] 또 다른 하나는 십자가에 못박힌 살과, 군인의 창에 의해서 쏟아져 내린 피가 있다. 둘 간의 상응하는 구분점이 그의 성도들의 경우에 이루어져야만 한다. 즉 '하나님의 구원을 볼'[11] 살과, '하나님의 나라를 소유하지 못할'[12] 살과 피의 구분점 말이다. in Eph. 1. 7

5. 종말론

결국에는 없어지고, 비록 오랜 세월이 지난 이후일지라도 고통이 한계를 지니게 되기를 원하는 사람들은 다음과 같은 증거를 상기한다. "이방인의 충만한 수가 들어오고 나면, 그때, 온 이스라엘이 구원을 얻으리라."[13]… 우리는 마귀와 '그 마음에 이르기를 하나님이 없다'[14]라는 식으로 하나님을 부인하는 모든 자들과 불경한 자들을 위한 영원한 고통이 있으리라는 것을 믿는다.. 반면에 죄인들과 아직 그리스도인이면서 불경한 자들, 그리고 그 행위가 시험을 받고 불[15]로 정화되어져야만 하는 사람들의 경우, 우리는 심판관의 구형이 온건하며, 관대할 것이라고 생각한다. in Isa. 66. 24

많은 사람들이, 죄에 대한 대가로서 육체적인 처벌은 없을 것이며, 고통이 외적으로 적용되지는 않을 것이라고 말한다. 그리고 그게 아니라 죄 자체, 그리고 잘못된 행위에 대한 의식이 처벌의 역할을 할 것이라고 말한다. 그리고 그들은 마음 속에 있는 '벌레'는 '죽지 않으며'[16], 그리고 아픈 사람을 외적으로 괴롭히는 것이 아니라, 외부로부터의 어떤 고통도 가하지 않은 채 단지 그 육체를 사로잡아 처벌을 하는 '불'이 열병과 같이 마음 안에서 불붙게 된다고 말한다. 바울은 이런 설득적이긴 하지만 속임수적인 논쟁들을 '헛된 말'[17]이라고 불렀다. 그 말들은 매력적인 것처럼 보인다. 그리고 죄인들에 대해서는 마음을 위로해 주는 것인지도 모른다. 그러나 사실, 그들에게 잘못된 믿음을 줌으로써, 그 말은 그들을 더 확실하게 영원한 처벌로 이끌고 있다. in Eph. 3. 56

제9장 주(註)

1) 아마도 그 내용물들의 진정성을 방어하기 위해 준비된 것이기 때문에 그렇게 불리는 것 같다.
2) 이것은 2세기와 3세기에 특히 동방에서, 성경으로서 널리 받아들여졌었던 2세기의 작품인 헤르마스의 '목자서'이다: 시내산 사본(Codex Sinaiticus) 안에는 이것이 신약성서 뒤에 바나바(Barnabas)의 서신과 함께 포함되어져 있다. 이것은 무라토리 정경(Muratorian Canon)에 의해서 거부되었으며, 4세기 이후로는 동방에서 거의 언급되지 않았다.
3) 그는 알렉산드리아 출신으로, 약 20 B.C.부터 A.D.50경까지 살았던, 철학자이며 성서 주석가였다.
4) 마 26:41.   5) 출 12:46 참조.
6) 교황(366-84); 제롬에게 라틴어역 성서(Vulgata) 번역을 위임함.
7) 고전 1:12.   8) 시 104:15.   9) 창 14:18.   10) 요 6:56.
11) 사 52:10.   12) 고전 6:19.   13) 롬 11:29 f: 14) 시 13:1.
15) 고전 3:13 참조.   16) 막 9:48.   17) 엡 5:6.

제10장

히포의 아우구스티누스

1. 하나님

(a) 신의 통치

〔천국에서.〕 '영들〔바람들〕로 자기 사자들을 삼으며 화염으로 자기 종들을 삼고'[1], 말하자면 집과 성전에서처럼, 높고 거룩하고 비밀스러운 처소에서 주재하는 하나님의 의지는, 피조물들의 어떤 순서에 따른 움직임들에 의해, 즉 첫번째는 영적인 움직임, 그 후는 육적인 움직임들에 의해 만물을 통하여 거기서부터 확산된다. 그리고 하나님의 의지는 모든 것들을, 즉 영적이거나 육적인 것들, 이성적인 영들이나 비이성적인 영들, 하나님의 은혜를 통하여 선한 자들이나 그들 자신의 선택을 통해 악한 자들을, 그 의지의 변경될 수 없는 결정을 실행하기 위해 사용한다. 그러나 더 천하고 열등한 육체들이 어떤 질서 속에서 더 영묘하고 더 힘있는 것들에 의해 지배되는 것처럼, 모든 육체들은 생명의 영에 의해 지배되고, 비이성적인 생명의 영은 생명의 이성적인 영에 의해 지배된다. 그리고 변절자이며 죄인인 생명의 이성적인 영은 경건하고 의로운 생명의 이성적인 영에 의해 지배되며, 그 영은 하나님 자신에 의해 지배된다. 그래서 전 피조물은 창조주에 의해 통치되며, 그분으로부터, 그분에 의해, 그리고 그분 안에서 전 피조물은 기초되고 세워졌다. 그리하여 하나님의 의지는 모든 육적인 모습과 움직임들의 첫번째이며

지고한 원인이다. 왜냐하면 질서없는, 혹은 내적이고 불가시적이고 지성적인 것으로부터, 즉 그분의 상벌, 은총과 심판의 형언할 수 없는 정의에 따라, 이 거대하고 무한한 전 창조의 세계에서, 가장 지고한 왕궁으로부터 허용되지 않은, 가시적이고 감각적인 영역에서는 아무것도 일어나지 않기 때문이다. *de trin.* 3. 9

(b) 본질-실재(Substance-Essence)

하나님은 의심할 여지 없이 그리스도인들이 ousia라고 부르는 본질(substance), 혹은, 그보다 더 좋게 말한다면, 실재(essence)이다 … '실재'라는 말은 '존재한다'라는 뜻을 지닌 esse에서 유래된다. 그리고 그의 종 모세에게 "나는 스스로 있는 자"[2]라고 말한 자보다 누가 더 완전히 존재하는가? 다른 실재들, 혹은 본질들은 그들 안에서 어느 정도 변화하는 '우유성들'을 수용할 수 있다. 그러나 이런 종류의 '우유성'은 하나님에게 일어날 수 없다. 그러므로 하나의 변할 수 없는 본질, 혹은 실재, 즉 하나님이 있는데, 그에게 '존재'(그것으로부터 '실재'가 유래된다)는 가장 충분히 그리고 참으로 적용된다. 변하는 것은 무엇이든지 그것의 존재를 보존하지 못한다. 그리고 변할 수 있는 것은 무엇이든지, 비록 그것이 변하지 않을지라도, 과거의 그것이 되기를 그칠 수 있다. 그래서 변하지 않을 뿐만 아니라 전혀 변화를 수용할 수 없는 것만이 제한없이 가장 참된 의미로 '존재'(being)라는 칭호를 받을 만하다. *de trin.* 5. 3

하나님이 '실존한다'(subsisting)고 말하는 것이 옳은가? 실존은 우유성들(accidents)의 주체들(subjects)에게 돌리는 것이 올바른데, 그것은 색깔이나 형상이 몸의 속성인 것과 같다. 몸은 실존하고, 그러므로 실존이다. 그러나 속성들은 그것들의 바탕으로서 실존하는 몸에 결부된다 … 그것들은 실존들이 아니고 실존 **속에** 존재한다. 그리하여, 만일 그 특별한 색이나, 혹은 그 특별한 형상이 사라진다면, 그것들의 사라짐은, 그것의 존재가 특별한 형상이나 색을 보유하지 않는다 해서, 그 몸이 존재하기를 그친다는 것을 의미하는 것이 아니다. 그러므로 변할 수 있고 단순하지 않은 것은 마땅히 실존들이라고 묘사된다. 그런데, 만일 하나님이 실존하고 마땅히 본질이라고 묘사될 수 있다면, 그렇다면 어떤 속성 혹은 속성들이 그를 그들의 주체로 가지고, 그리고 어떤 영원한 속성들이 그에게 '위대한', '전능한', '선한', 그리고 하나님께 어울리게 적용될 수 있는 다른 속성들로서 적용될 수 있다는 것을 그의 존재가 수반하기 때문에, 그는 단순하지 않다. 그러나 하나님이 그의 선의 바탕이 된다는 것, 그의 선이 본질이 아니며 혹은 실재가 아니라는 것, 하나님은 그의 선이 아니지만 선은 주체에 대한 우연성으로서 그에게 관계된다는 것 등은 생각할 수 없는 일이다. 이리하여 '본질'이라는 칭호가 부적당하게 하나님에게 적용된다는 것이 명확하다. 그래서 보다 친숙한 이 용어는 '실재'(essence)로 해석되어야 한다. '실재'는 참되고 적당한 용어이다. 그러므로 아마도 그것은 하나님에게만 적용될 수 있을 것이다. 왜냐하면 하나님은 변할 수 없으므로, 그분만이 홀로 참되고 완전한 의미에서 존재하기 때문이다.

de trin. 7. 10

2. 인간-죄-은총

(a) 은총과 자유의지에 관한 펠라기우스(Pelagius)

"하나님의 은총에 의해 매시간, 매순간 뿐만 아니라 또한 우리의 모든 행동 속에서 '그리스도가 죄인들을 구하려고 이 세상에 왔는데', 그 은총을 생각으로나 언어로, 부인하는 자는 누구든지 파문한다. 이 은총을 파기하려고 하는 자들로 하여금 그들의 운명에 맞는 영벌을 받게 하라."

de grat. Chr. 1. 2

"우리는 하나님의 도움이 영원히 필요하다는 것을 부인하지 않으면서 자유의지를 주장한다."

de grat. Chr. 1. 36

"우리는 [인간의 행동에서] 세 요소들을 구별하고, 말하자면 고정된 순서로 그것들을 배치한다. 첫째로 힘[posse], 둘째로 의지[velle], 셋째로 실재[esse]이다. 힘은 본성 안에, 의지는 인간의 선택[arbitrium]에, 실재는 실현 속에 존재한다. 이들 중 첫째 것은 이 힘을 자기의 창조물들에게 주는 하나님에게만 속하고, 다른 두 가지는 인간의 선택에서 유래하기 때문에, 인간에게 속한다. 그러므로 인간의 칭찬은 그의 선한 의지와 그의 선한 활동에 있다. 아니 보다 정확히 말해서 그 선한 의지와 선한 활동의 가능성을 주고 언제나 그의 은총의 도움으로 그 가능성을 도와주는 것은 바로 인간과 하나님의 칭찬이다. 선한 것을 의지하고 그것을 실행할 수 있는 인간의 능력은 오직 하나님의 능력이다. 그것은 다른 두 요소들 없이 존재할 수 있을 것이다. 그러나 그것들은 그것 없이는 존재할 수 없을 것이다. 선한 의지를 갖거나 선한 행동을 하는 것은 나에게 열려있다. 그러나 나는 선의 가능성을 가지는 것을 피할 수 없다.…무엇이 선한지를 말하고 생각할 수 있는 우리의 능력은 이 능력을 우리에게 주고 또한 그것을 돕는 자로부터 온다. 그러나 올바른 행동, 말, 그리고 생각은 우리에게 달려 있다. 왜냐하면 그러한 기능들을 오용하는 것은 우리의 능력 안에 있기 때문이다.

de grat. Chr. 1. 5

"하나님은 우리의 마음의 눈을 열 때, 우리가 현재의 순간에 전적으로 흥미를 갖지 않도록 하기 위해 우리에게 미래를 보여줄 때, 악마의 올가미를 벗길 때, 다양하고 형언할 수 없는 하늘의 은총으로 우리를 가르칠 때, 그의 가르침과 계시들로 우리를 돕는다." *de grat. Chr.* 1. 8

"성령의 도움으로 신적인 은총을 받을 만하도록, 좀더 쉽게 악령을 물리치자."
"한편 우리는 우리 안에 죄를 저항할 정도로 매우 강하고 견고한 자유의지를, 창조주가 인간의 본성에 보편적으로 심은 자유의지를 갖고 있지만, 그의 측량할 수 없는 친절을 통하여, 매일의 도움에 의해 더 강해진다."

de grat. Chr. 1. 28, 29

"우리 안에 선천적인 악은 없고, 우리는 흠없이 태어났다. 그리고 인간 자신의 의지를 수행하기 전에는 하나님이 창조한 것 외에 그의 안에 있는 것은 아무것도 없다."
de grat. Chr. 2. 14

"인간은 그렇게 되기를 원한다면, 죄없이 존재할 수 있고, 하나님의 명령을 지킬 수 있다. … 그런데 우리는 사실상 전 생애를 통하여 범죄하지 않은 어떤 사람이 발견될 수 있다고 말하지 못한다. 그러나 그가 자기의 죄로부터 돌이켰을 때, 그 때 자기 자신의 노력과 하나님의 은총을 통하여 죄없을 수 있다. 자기의 죄 때문에 회심할 수 없게 되지는 않는다.
de gest. Pel. 20

"나는 은혜란 하나님에 의해 자유의지를 가진 채 창조된 그 상태를 말한다."
de gest. Pel. 22

"하나님은 자기의 이성적인 창조물에게 자발적으로 선을 행할 특권, 그리고 인간 안에 어느 쪽을 선택할 가능성을 심음으로써 자유선택의 능력을 주고 싶었다. 그래서 그 자신의 속성으로 그가 원하는 존재의 능력을 그에게 주었다. 따라서 그는 본성적으로 선하고 악할 수 있게 되었으며, 그 두 가지가 그의 능력 안에 있게 되었고, 자기의 의지를 전자나 후자 쪽으로 기울이게 되었다. … 우리는 순결하고, 인내하고, 자제력있었던 많은 철학자들에 대해 듣고 읽었다 … 우리는 참으로 우리 자신의 경험 속에서 그들을 안다. 그들은 세속적인 명예와 즐거움을 버렸고 지식만큼 정의를 사랑했다. 어디에서 하나님과 동떨어진 사람들이 하나님께 만족스러운 그러한 속성들을 획득할까? 어떻게 그들은 천성적인 선으로부터가 아니면 그러한 덕목들을 획득할까? … 만일 하나님 없는 사람들이 하나님이 그들에게 준 속성들을 보인다면, 그리스도인들은 그리스도를 통하여 그들의 본성과 생명이 더 좋은 상태가 되도록 훈련받고, 또한 그들은 신적인 은총의 도움으로 도움을 받기 때문에, 그들은 얼마나 좋은 속성들을 얻겠는가!

왜냐하면 우리의 영혼들 안에는 일종의 본성적인 신성(sanctity)이 있는데, 그것은 말하자면 우리 마음의 성채에서 주재하고 선과 악 사이에 판단을 하고 있다."
[*ep. ad. demetr.*[3)]]

(b) 인간의 처음 상태

(i) 불멸의 가능성

하나님은 죽을 수 없는 존재라는 의미에서 불멸한 어떤 존재들을 창조했다. 인간은 천부의 재능으로부터가 아니라, 생명나무로부터 그에게 주어진 능력인, 죽을 수 없는 존재라는, 다른 의미에서 불멸하게 창조되었다. 그는 범죄했을 때 생명나무로부터 분리되어, 그 결과 죽을 수 있었다. 그가 범죄하지 않았다면 그는 죽을 수 없었을 것이다. 그는 자기의 동물적인 몸이라는 자연스러운 상태 때문에 죽음을 면할 수 없었다. 그는 자기의 창조주의 관용을 통하여 불멸했다.
de Gen. ad. litt. 6. 36

(ii) 최초의 자유

첫번째 인간은 죄를 짓지 않고, 죽지 않고, 선을 버리지 않을 능력을 가졌다. … 이것은 죄짓지 않을 능력인, 의지의 최초의 자유였다. 궁극적인 자유는 훨씬 더 큰 자유로, 범죄할 수 없는 능력일 것이다. 처음에는 선을 버리지 않을 능력으로 견인의 능력이 있었다. 결국 선을 버릴 수 없는 능력으로 견인의 행복이 있을 것이다. … 첫번째 인간은, 견인해야 한다는 것을 보장해주지는 않지만, 자유의지를 행사함으로써 견인할 수 있는 것을 가능하게 해주는, 견인의 은사를 받았다.
de corr. et grat. 33, 34

하나님은 인간을 올바르게 만들었으므로 필연적으로 선한 의지를 지니게 만들었다. 그렇지 않다면, 그가 선한 의지를 갖지 않았다면, 그는 올바르지 않았을 것이다. 그러므로 인간은 하나님에 의해 선한 의지를 가지도록 창조되었으므로, 이 선한 의지는 하나님의 작품이다. 그의 모든 악한 행위들보다 앞섰던 최초의 악한 의지는 오히려 어떤 특별한 행동이라기보다는 하나님의 작품으로부터 자기 자신의 작품으로 타락한 것이었다.

de civ. Dei. 14. 11

(iii) 하나님의 형상

창조주의 이미지는, 영혼의 영원성 속에 심겨졌기 때문에, 인간의 이성적이거나 지성적인 영혼 안에서 발견될 수 있다. … 비록 이성이나 지성이 때때로 활동하지 않고, 때때로 그 자체를 작거나 때때로 크게 보일지라도, 인간의 영혼은 인성적이고 지성적일 수밖에 없다. 그러므로 만일 인간의 영혼이 이성과 지성을 사용하여 하나님을 파악하고 볼 수 있다는 점에서, 하나님의 형상을 따라 창조되었다면, 그렇다면 의심의 여지 없이 …, 비록 이 이미지가 존재하기를 거의 중단할 정도로 희미할지라도, 비록 그것이 어렴풋하고 왜곡될지라도 …, 그것은 결코 완전히 사라지지 않는다.   *de trin.* 14. 6

(c) 원죄

(i) 인간의 책임

어떤 사람 안에 악한 의지가 있을 때, 만일 그가 그렇게 원하지 않았다면 행해지지 않을 행위들이 행해진다. 이러한 행위들은 자발이고 필연적인 실패가 아니며, 결과적인 처벌은 정의로운 것이다. 왜냐하면 악은 우리의 타락을 불러일으키는 것들 속에 있는 것이 아니라 타락 자체에 있기 때문이다. 우리의 타락을 야기시키는 것들은 본질적으로 악한 것들이 아니다. 그러나 우리의 타락은 자연적인 질서를 반전시키는 것이기 때문에, 그것은 고차적인 수준에서 저급한 수준으로 옮겨가는 것이므로, 그것은 악하다. 탐욕은 돈에 속하는 잘못이 아니다. 그것은 부보다 월등히 더 좋은 것으로 간주되어야 하는 정의를 버리는, 부정하게 돈을 사랑하는 사람에게 속하는 것이다. … 교만은 힘의 근원이나 힘 자체에 속하는 것이 아니다. 그것은 자신의 힘을 그릇되게 사랑하는 영혼에 속하는 것으로, 고차적인 힘의 보다 더 정의로운 요구를 경시한다. 이리하여 만약 어떤 사람이 어떤 본성적인 선에 자기의 마음을 그릇되게 둔다면, 비록 그가 그것에 도달할지라도, 그 자신은 선에 도달함에 있어서 악해지고, 더 좋은 것을 빼앗겼기 때문에 비참해진다.

de civ. Dei 12. 8

(ii) 교만

최초의 인간들은 비밀스럽게 악해지기 시작했다. 그래서 그들은 공공연한 불순종으로 빠졌다. 왜냐하면 악한 의지가 앞서지 않았다면 그들은 어떤 악한 행동을 하게 되지 않았을 것이기 때문이다. 그리고 '교만은 모든 죄의 시작'[4]이므로, 교만 외의 무엇이 악한 의지의 시작일 수 있었을까? 그릇되게 높아지려고 하는 갈망 외에, 영혼이 생명의 근원으로서 관통해야 할 자를 버린다는 점에서 그릇되며, 말하자면 자신을 자신의 근원으로 만들 정도로 그릇된 그 갈망 외에 무엇이 교만이겠는가? 이것은 영혼이 자신을 너무 많이 사랑할 때, 그것이 자신보다 더 사랑해야 하는 불변하는 선을 버릴 때 생긴다.

이렇게 이탈하는 것은 자발적인데, 왜냐하면 만일 의지가 고차적이고 불변하는 선을 사랑함에 있어 견고하게 남아있다면, 그 선은 의지에게 그것을 볼 수 있는 빛과 그것을 사랑할 수 있는 따뜻함을 주었는데, 그것은 자기만족으로 돌리지 않았을 것이고, 그래서 그렇게 어두워지고 차가워지지 않았을 것이기 때문이다. 하와는 뱀을 믿지 않았을 것이고, 아담도 하나님의 명령보다 자기 부인의 소망을 더 좋아하지 않았을 것이다. … 범죄는 그들이 이미 악했었기 때문에 일어났다. 그 악한 과실은 부자연스럽게 의지의 부자연스러운 악을 통해 악하게 된 나무인, 악한 나무로부터만 올 수 있을 것이다. 이렇게 타락한 상태는 무에서 만들어진 본성에서만 일어날 것이다. 본성으로서의 그것의 존재는 하나님의 창조에 기인한다. 실패의 가능성은 무에서의 창조물에서 일어난다. 그러나 인간의 실패는 그가 완전히 무가 되는 것으로 끝나지 않는다. 그러나 자기 자신을 향한 경향은 그가 지고하게 존재하는 자에 집착할 때 그가 즐긴 존재의 상태로부터 타락하도록 이끈다. 자기 자신 안에, 즉 자기만족 안에 존재하기 위해 하나님을 버림에 의해, 그는 당장 무로 되지 않지만, 무로 향하여 나아간다.

de civ. Dei 14. 13

아담의 타락에 대한 슬픔은 그의 위치의 고귀함에 비례했다. 그의 본성은 만일 범죄하기를 거부했다면 영원해질 수 있는 그런 것이었다. 그의 본성은 육신이 영과 다투는 것을 보이지 않을 그런 것이었다. 그의 본성은 악과 대항하는 투쟁을 보일 그런 것이 아니었는데, 그것이 악에 항복했기 때문이 아니라 그의 안에 악이 없었기 때문이었다 … 하나님이 아담을 책망한 죄는 그가 삼갈 수 있었던 죄였으며 … 그는 다른 모든 사람들보다 그만큼 더 나은 자였기 때문에 다른 모든 사람들의 죄들보다 더 나쁜 죄였다. 그러므로 그의 죄 다음에 즉시 온 처벌은, 비록 죽음에서 자유로울 수 있는 것이 그의 능력 안에 있었을지라도, 죽어야 하는 것이 불가피할 정도로 가혹했다. … 그런데 그의 범죄가 발생했을 때 전인류는 '그의 허리에'[5] 있었다. 그러므로 신비롭고 강력한 유전이라는 자연법에 따라 그의 허리에 있다가 육신의 정욕을 통하여 이 세상에 온 자들은 그와 함께 유죄선고를 받았다. … 그리고 아담의 자손들은 죄의 감염에 의해 오염되었거나 사망의 법에 종속되었다. 비록 그들이 선이나 악이나 자발적인 행동을 할 수 없는 유아들일지라도, 자기 자신의 의지로 범죄한 그 안에 연루되었기 때문에, 그들은 죄와 사망의 형벌을 그에게서 이끌어낸다. 그리스도에게 연루된 자들이, 비록 그들이 그들 자신의 의지로 아무것도 행하지 않았을지라도, 그에게서 정의와 영원한 생명의 상을 받는다.

op. imp. c. Jul. 6. 22

율리안[6]은 다음과 같이 말했다. "만일 출생의 행위가 범죄하기 전 창조 시에 하나님의 의지로부터 유래하고, 반면 부모의 욕망이 악마에게서 유래한다면, 그렇다면 거룩은 분명히 탄생에 속할 것이고, 한편 죄는 출생의 행위에 결부된다. 이것은 아주 분명히 결혼을 정죄하는 것이다. 그러므로 그러한 개념은 교회의 가르침으로부터 제거되어야 하고, 우리는 참으로 '만물이 그로 말미암아 지은 바 되었으니 지은 것이 하나도 그가 없이는 된 것이 없느니라'[7]라는 말씀을 믿어야 한다." 이 주장은 악마가 인간 안에 실재하는 어떤 것의 창조에 책임이 있다고 우리가 단언하는 것을 가정하고 있다. 악마는 죄로서의 악을 조장했다. 악마는 본성의 일부분으로 악을 창조하지 않았다.

인간은 본성의 부분이다. 그래서 악마는 본성을 권유하여 그것을 타락시켰다. 상처를 입히는 것은 손발을 창조하는 것이 아니지만, 그것을 해치는 것이다. 그런데 우리 몸에 입혀진 상처들은 우리의 손발을 손상시키지만, 그들은 인간이 의로워지는 덕을 해치지는 않는다. 그러나 우리가 죄라고 부르는 그 상처는 올바르게 살아갈 가능성인, 바로 생명을 해친다. 그리고 악마에 의해 입혀진 상처는 인간의 일반적인 죄들보다 더 중대하고 더 깊다. 그러므로 첫번째 인간이 지은 그 큰 죄에 의해 우리의 본성은 타락되었고, 그 자체는 사악할 뿐만 아니라 죄인들을 산출하게 되었다. 그럼에도 불구하고 선한 삶을 살 수 있는 능력을 파괴시키는 그 병은 실제로 본성의 부분이 아니지만, 본성의 타락이다. 그것은 마치 신체적인 병약이 타락이고, 부모들의 신체적인 질병들이 흔히 있고, 비록 항상은 아닐지라도, 유전에 의해 전염되는 방법으로, 자녀들에게서 나타나는 것과 같다.

de nupt. et concup. 2. 57

(ii) 죄의 유전

이 논쟁이 제안되었다. "만일 죄인이 죄인을 낳고, 원죄의 유죄가 세례를 받음으로써 유아 안에서 제거되어야만 한다면, 그렇다면 당연히 의인들은 의로운 자손을 낳을 것이라는 결과가 된다." 그러나 그것은 효력이 없다. 왜냐하면 그것은, 인간이 자신의 의에 의하여 자손을 낳고, 자기 몸의 욕망이 강렬한 자극, 즉 증식의 목적에 맞도록 '마음의 법'[8)]에 의해 바뀌어진 '죄의 법' 때문이 아니라는 것을 가정하기 때문이다. 인간은 하나님의 자손들 가운데서 새로운 삶을 향하여 나아가고 있기 때문이 아니라, 여전히 이 세상의 자손들 중에서 옛 삶을 영위하고 있기 때문에 자손을 낳는다. 왜냐하면 '낳고 출생하는'[9)] 자들은 바로 이 세상의 자손들이기 때문이다. 그리고 '육으로 난 것은 육'[10)]이므로, 자녀들도 똑같은 종류이다. 그러나 의인들은 그들이 하나님의 자녀들이기 때문에 의롭다. 그리고 하나님의 자녀들로서 그들은 자신들이 육적으로가 아니라, 영적으로 태어났기 때문에, 육적인 방법으로 낳지 않는다.[11)]

de pecc. mer. 2. 11

(iii) '종자적인 동일성'(Seminal Identity)

그 사도는 다음과 같이 소리쳐 말했다. "한 사람으로 말미암아 죄가 세상에 들어오고 죄로 말미암아 사망이 왔나니 이와 같이 모든 사람이 죄를 지었으므로 사망이 모든 사람에게 이르렀느니라."[12] 그러므로 아담의 죄가 범죄하지 않은 자들을 해쳤다고 이성적으로 주장할 수 없을 것이다. 왜냐하면 성서는, "그 사람 안에서 모두가 죄를 지었다"라고 말하기 때문이다. 그리고 그 죄인들은, 마치 그들이 작은 어린이들에게 해를 입히지 않는 것처럼, 그 밖의 누군가에게 속한 것으로 말해지지 않는다. 아담의 본성이 함께 부여된 그들을 낳는 그 능력에 의해 모든 사람들은 이미 그와 결합되었기 때문에, 그 때 모든 사람들은 그 아담 안에서 죄를 지었던 것이다. 그러나 아담의 후손들이 그 때 그들 자신의 삶을 주도하고 있지 않았다는 점에서 그 죄인들은 다른 사람의 죄가 될 수 있다고 말해진다. 하지만 한 사람의 생명이 그의 후손이 될 모든 사람들을 포함한다. *de pecc. mer.* 3. 14

비록 유아들이 자유의지를 소유하지 못할지라도, 그들의 원죄를 자발적인 것이라고 부르는 데는 비논리성이 없다. 왜냐하면 그것은 첫번째 사람의 오용된 의지에서 유래하며, 말하자면 유전에 의해 그들의 것이 되기 때문이다. *retract* 1. 13, 5

(iv) 죄와 타락

"너희는 씻음과 거룩함을 받았다"[13]라고 그 사도가 말했을 때, 그는 더 나은 것을 위한 변화를 말했다. 더 나은 것은, 이생에서는 불가능한 정욕의 면제를 가져오는 것이 아니라, 그것에 복종하는 것으로부터의 자유로, 선한 생명에서 발생할 수 있는 것을 가져다 주는 것이다. … '만일 정욕이 악이라면 세례받은 사람은 그것을 면제받을 것이다'라고 생각하는 데서 크게 오류에 빠져있다. 세례받은 자는 모든 악이 아니라 죄를 면제받는 것이다. 보다 정확히 말한다면, 그는 모든 악이 아니라, 모든 악의 죄책을 면제받는 것이다. *c. Jul.* 6. 49

(d) 영혼의 기원

〔아우구스티누스는 북아프리카 밀레비스의 감독인 옵타투스(Optatus)에게 편지를 쓰고 있다.〕

당신은 유아들의 영혼들이 최초의 사악한 영혼으로부터 번식되었다고 믿지 않고, 그 사악한 육신에 감금될 때 신선하고 결백해진다고 믿기 때문에, 왜 혹은 어떻게 유아들의 영혼들이 사악해지는지, 그리고 그들 안에 없는 악행을 통하여 그들이 아담으로부터 그들의 정죄의 원인을 이끌어내지 않을 수 없는 것이 무엇인지를 깨닫지 못할지도 모른다. 그럼에도 불구하고 당신은 다른 견해에, 즉 그들의 영혼들이 첫번째 영혼으로부터 번식됨에 의해 내려왔다는 믿음에 너무 쉽게 설복당해서는 안된다. 그밖의 어떤 사람이, 당신이 발견하지 못한 것이 무엇인지를, 혹은 당신이 나중에 발견할 수 있을 것이라는 것을 알 수 있는 것도 당연하다. 왜냐하면 하나님이 첫번째 사람에게 준 하나의 영혼으로부터 영혼들이 번식되었다고 주장하고, 그들이 부모로부터 유래되었다고 말하는 자들은, 터툴리안의 관점에 집착할 수도 있다. 만일 그렇다면, 그들은 영혼들이 영적이지 않고 물질적이며 물질적인 종자들로부터 존재하게 되었다고 논쟁하는 것이다. 그리고 당신은 그것보다 더 잘못된 주장을 할 수 있었을까? 그러나 터툴리안이, 창조주 하나님은 스스로 다름 아닌 물질적인 분이라고 생각한 것을 깨달으면, 그러한 관념을 꿈꿨을 것이라는 것은 놀라운 일이 아니다.[14]

만일 이 광기가 그리스도인의 마음과 입술에서 추방된다면, 영혼은 육체가 아니라 영이지만 그럼에도 불구하고 부모들로부터 어린이들에게로 옮겨진다는 진리를 인정하는 자는, 모든 영혼들은 첫번째 인간이 자기 자신의 의지를 사용함으로 말미암아 저지른 원죄에 걸린다고, 참된 신앙이 선포하기 때문에, 어려움에 빠지지 않는다. 그 죄는 출생에 의해 그의 모든 후손에게 전달되고, 중생에 의해서 씻겨진다. 이것은 유아들의 영혼들에게조차 해당된다. 교회는 죄들을 가짜로 사면해주기 위해 그들에게 세례를 베푸는 것이 아니라, 참된 사면을 위해 세례를 주는 것이다. 만일 우리가 이 진술의 의미를 시험하고 논의하기 시작한다면 어려움이 생긴다. 만일 인간의 지성으로 어떻게 영혼이 부모의 영혼으로부터 어린이 안에 존재하게 되는지, 혹은 그 근원이 상실되지 않고, 등불이 등불로부터 불붙는 것과 같이, 그리고 하나의 불빛이 다른 것으로부터 생기는 것과 같이, 어린이에게 전달되는지를 이해할 수 있다는 것은 놀라운 일이다.

 여자가 임신하면, 영혼의 비물질적인 종자가 분리되고 비밀스러우며 보이지 않는 행로로 아버지로부터 어머니에게로 가는 것이든, 혹은(덜 신빙성이 있는데) 그것이 물질적인 종자 속에 감춰어져 있는 것이든 말이다. 그리고 종자가 임신 없이 보내질 때, 영혼의 종자가 태어나지 않는지의 문제가 생긴다. 혹은 그것은 즉시 그것의 근원으로 돌아갈까? 혹은 그것은 죽을까? 만일 그것이 죽는다면, 그렇다면 영혼의 종자는 죽을 운명인데 영혼 자체는 영원할까? 영혼이 지성을 개발할 때 의를 받는 것처럼, 그것이 발전된 삶의 단계에 도달하는 순간에 영원성을 받는 것인가?[15]   *ep.* 190. 14, 15

 〔아우구스티누스는 제롬에게 편지하고 있다.〕
 몇 년 전에 나는 「자유선택에 관하여」(*On Free Choice*)라는 몇 권의 책을 저술했다. 이것들은 발행부수가 많았고 이 당시의 많은 사람들이 소유하고 있었다. 거기에서 나는 영혼의 성육신에 관한 네 가지의 견해들을 주장했다. (1) 모든 영혼들은 첫번째 사람에게 주어진 영혼에서 생겼다. (2) 새로운 영은 각 개인을 위해 창조된다. (3) 어딘가에서 이미 존재하는 영혼들은 하나님에 의해 몸들 안으로 보내졌거나, 혹은 (4) 자유의지로 몸들 속으로 미끄러져 들어갔다. 나는 이러한 관점들을, 그 자체의 악한 원리를 갖춘 본성을 창조한다고 하나님을 비난하려는 자들―마니교도들을 말한다―에게 내 모든 힘을 다하여 반대하려는 나의 의도에 자유로운 방향을 주는 그런 방법으로, 다루어야 한다고 생각한다. … 나는 네 견해 중 어느 것을 채택해야 할지 난처하다. 그러나 어느 것이 채택되든 그것은 우리의 믿음과 충돌되어서는 안된다. 즉, 모든 영혼은, 작은 유아의 영혼조차, 죄의 속박으로부터 자유로워질 필요가 있고, 유일한 해방은 예수 그리스도, 십자가 위의 그리스도[16]를 통하여 온다고 우리가 확신하는 진리에 대한 믿음과 대립되어서는 안된다 …

〔제목은 분명히 '영혼창조론자'이다.〕 만일 출생 때 영혼들이 개별적으로 창조되고, 이 창조가 여전히 계속된다면, 어떻게 유아들은 그리스도의 성례에 의해 죄를 사면받을 필요가 있게 하는 어떤 죄를 그들 안에 가지고 있는가? 어떻게 그들은 죄된 육신이 유래되는 '아담 안에서' 죄지을 수 있는가? 반면 만일 그들이 죄짓지 않는다면, 그들이 아담에게서 유래된 죽을 유기체에 연루되어 그들이 교회의 도움을 받지 않고는 — 왜냐하면 세례의 은총의 도움을 얻는 것은 그들의 능력 안에 있지 않기 때문이다 — 유죄의 선고가 뒤따른다는 것을 생각하면, 그들을 다른 사람의 죄에 속박되게 하는 데 있어서 창조주의 정의는 어디에 있는가? 수천의 영혼들이 그리스도의 성례의 은혜를 받지 않고 죽어가는 어린이들의 몸을 떠난다. 만일 그들이 이전의 죄가 없는데도, 새롭게 창조되지 않는다면, 그들이 정죄받을 것이라는 것은 정당한가? 창조주가 그들을 창조하고 그들을 그 개체들에게 주어 그들에게 생명을 주었기 때문에, 그들이 각각 탄생할 때에 개체들에게 결부된 것이 창조주의 의지에 의한 것이었다면? 만일 창조주가 그들 각자는 그들 자신의 흠이 없음으로 인하여, 그리스도의 세례를 받지 않고 그 몸을 떠나기로 되어 있다는 것을 확실히 알고 있었다면? 우리는 하나님이 영혼들에게 억지로 죄있게 하거나 무죄한 자들을 벌준다고 말할 수 없다. 우리는 어린이들의 영혼들조차, 그리스도의 성례를 받지 않고 몸을 떠나는 영혼들은 정죄받을 수밖에 없다는 것을 부정할 수 없다. 제발 말해달라. 어떻게 모든 영혼들은 첫번째 사람의 한 영혼으로부터 존재하게 되지 않고, 그의 영혼이 그랬던 것처럼, 각 사람을 위하여 따로따로 창조된다는 것을 지지하는 그 견해가 옹호될 수 있는가?…〔아우구스티누스는 '영혼창조론'에 대한 어떤 반대들을 충족시킨다.〕

그러나 우리가 아이들의 형벌에 이르면, 나는 큰 당혹감으로 어리둥절해지고, 전혀 대답할 바를 알지 못한다. 나는 만일 그들이 그리스도의 은총의 성례를 받지 않고 몸으로부터 떠난다면 그들에게 불가피하게 떨어지는 정죄로부터 기인하는 형벌뿐만 아니라, 이생에서 우리 눈 앞에서 발생하여 우리에게 슬픔을 가져다 주는 고난도 언급하고 있다. … 이런 것들은 하나님이 알지 못하는 사이에 일어난다고 말거나, 그는 이러한 것들을 발생시키는 것을 저항할 힘이 없다고 말하거나, 그는 그것들을 부당하게 발생시키거나 허용한다고 말하는 것이 금지되었다. 우리가 복음서에서 귀신들이 원하는 목적을 위해 돼지들이 그들에게 넘겨진 것을 발견하는 것처럼[17], 비록 잘못된 것일지라도, 우리는 비이성적인 동물들이 더 탁월한 본성들의 목적에 맞도록 만들어진다고 말하는 것이 옳다. 우리는 이것을 인간에 대하여 올바르게 말할 수 있을까? 그렇게 혹독한 고통으로 벌받는 물리적인 유기체 안에 이성적인 영혼이 있다. 하나님은 선하다. 하나님은 정의롭다. 하나님은 전능하다. 완전히 미친 사람만이 이것을 의심할 수 있을 것이다. 그러므로 어린 아이들의 무서운 고난에 대한 매우 올바른 원인이 배정되어야만 한다. …

[아우구스티누스는 de lib. arb. 3. 23.에서 인용한다.] "어른들이 그들에게 소중한 아이들의 고통과 죽음에 의해 책망받을 때, 하나님은 그들을 바로잡는 데 있어서 선을 행사한다." 그 고통이 지나갔을 때, 그것이 그것이 일어난 자들에게 아무것도 아니라 해서, 왜 이것은 발생하면 안되는가? 한편 만일 그들 때문에 그것이 발생한 그들이 일시적인 재앙들에 의해 교정되고 더 나은 삶을 살기로 결심한다면, 그들은 더 좋은 사람들이 되거나, 혹은 그렇지 않으면 그들은 이생의 고통에 몰리어 영생을 갈구하기를 거절한다면, 그들이 미래의 심판에서 처벌될 때 핑계거리가 없을 것이다. 그리고 만일 어른들의 굳은 마음들이 아이들의 고통에 의해 부드럽게 된다면, 그들의 믿음이 일어난다면, 그리고 그들의 동정심이 평가받는다면, 하나님이 그의 심판의 비밀 속에 어린 아이들을 위해 저장한 얼마나 거대한 보상이 있는지 누가 알겠는가? 그들은 어떤 의로운 행동을 하지는 않았으나, 그들은 비록 죄를 짓지 않았을지라도 그러한 고난을 인내했다. …

그러나 가장 가혹한 고통을 겪은 후에 그리스도 공동체의 성례를 받지 않고 생명을 떠나 죽는 아이들에 관하여 응답되지 않는 한, 대답되었을 때, 의문은 감소될 수 없다. 그들의 고난에 더하여, 유죄선고가 그들을 위해 준비된 것을 생각하면, 무슨 보상이 그들을 위해 상상될 수 있을까? …

만일 영혼들이 탄생할 때 각 개인을 위해 창조된다면, 그들이 그리스도의 성례 없이 유아 때 죽는다 해도, 왜 그들은 정죄되는가? 왜냐하면 그들의 정죄는, 만일 그들이 이런 식으로 몸을 떠난다면, 성령에 의해, 그리고 거룩한 교회에 의해 평가받기 때문이다. 그러므로 창조에 관한 당신의 견해가 이러한 신앙의 근본적인 교의와 상충되지 않는다면 나는 그것을 받아들일 준비가 되어있다. 만일 그것이 상충된다면, 당신은 그것을 버려야만 한다.

ep. 166. 7, 10, 16, 18, 20, 25

〔아우구스티누스는 이 문제에 대하여 최종적인 입장에 결코 도달하지 못했다. 그가 임종하기 바로 직전에 그는 다음과 같이 썼다.〕 영혼의 기원에 관하여, 그것에 의해 영혼은 몸 안에 존재하게 되었는데, '인간이 생령으로 만들어졌을'[18] 때, 영혼이 최초로 창조된 한 사람에게서 유래하는지, 혹은 비슷한 창조의 독립된 행위가 각 개인에게 영혼을 주는지, 이것을 나는 그 때도 알지 못했고, 지금도 알지 못한다.   *retr.* 1. 1, 3

(e) 정욕

누군가 다음과 같이 질문한다면, 즉 "모든 죄를 사면받은 중생한 자 속에 이 육체의 정욕이 어떻게 남아있을까? 그가 잉태되는 것은 바로 이와 똑같은 정욕을 통해서이고, 그 이유로 세례받은 부모의 자손도 육체적으로 태어난다는 것을 생각하면 말이다." 혹은 "만일 정욕이 죄가 존재하지 않는 세례받은 부모 안에 존재할 수 있다면, 왜 정욕이 아이 안에 있는 죄일까"라고 질문한다면, 거기에 대한 대답은 다음과 같다. 육체의 정욕은 세례받을 때 폐기되어 존재하기를 중지하는 것이 아니라, 그것이 죄로 간주되지 않는 것이다. 그러나 비록 그것의 죄가 제거된다 하더라도, 겉사람이 '영원성을 입을'[19] 때, 우리의 '속사람'[20]이 날마다 점진적으로 새로워지는 것과 같이, 우리의 모든 약점이 치유될 때까지 격정 그 자체는 남아있다. 왜냐하면 그것은 신체적인 유기체나 영처럼, 본질과 같은 방식으로 남아있는 것이 아니기 때문이다. 그것은 신체적인 병과 같이, 일종의 혼란된 상태이다. …

어떤 죄들은 저질러지자마자 끝나지만, 그것들의 죄책은 남아있고, 용서

받지 않는 한 영원히 남아있다. 정욕의 죄책은 용서가 주어질 때 제거된다. 왜냐하면 죄로부터 자유로워지는 것은 죄책이 없어지는 것을 의미하기 때문이다. … 만일 죄로부터의 자유가 단지 죄를 중지하는 것을 의미한다면, 성서가 우리에게 이렇게 훈계하는 것으로 충분할 것이다. "나의 아들아, 죄를 지었느냐? 다시는 계속해서 죄를 짓지 말아라." 그러나 그것은 충분하지 않다. 그리고 성서는 계속 말한다. "그리고 네가 지은 이전의 죄들을 용서받도록 기도하라."[21] 이런 식으로 그것들은 용서받지 않는 한 남아있다. 그러나 그것들이 비록 행위로는 지나가 버릴지라도, 그것들이 죄책에 관하여 남아있는 경우가 아니면, 만일 그것들이 지나가 버린다면, 그것들은 어떻게 남아있을 수 있을까? 역으로, 어떤 죄가 죄책에 관해서는 지나가 버릴지라도, 행위로는 남아있을 수 있는 일도 발생할 수 있다. *de nupt. et. conc.* 1. 28, 29

(f) 자유와 은총

자유의지가 첫번째 사람의 죄의 결과로 인류에게서 사라졌다고 누군가 말할까? 자유가 죄를 통해 상실되었다는 것은 사실인데, 그 자유는 낙원에 존재했었고, 영원과 더불어 완전한 의의 자유이다. 그러므로 인성은 신적인 은총을 필요로 한다. 그리고 주님은 말했다. "만일 아들이 너희를 자유케 하면, 참으로 너희가 자유하리라."[22] 즉, 선하고 의로운 생명을 위한 자유이다. 자유의지가 죄인 안에서 없어지기는 커녕, 사람들이 범죄하는 것은 바로 자유의지를 통해서이며, 특히 죄짓는 것을 기뻐하고 자기들의 죄를 사랑하는 자들이 그러하며, 그들은 자기들을 기쁘게 하는 것을 하려고 결정한다. 그 사도는 다음과 같이 말했다. "너희가 죄의 종이었을 때는, 의에서 자유하였다."[23] 인간은 자유롭기 때문에 종이 되어 죄지을 수 있다는 것이 명백해지는 것에 주목하라. 인간을 의에서 자유롭게 하는 것은 바로 그들의 자유선택을 사용하는 것이다. 그들을 죄에서 자유하게 해주는 것은 오직 구세주의 은총뿐이다. 그 훌륭한 선생은 '… 의에서의 자유 … 죄에서 자유한 …'이라는 용어적인 구별을 한다. '의에서의 자유'는 '자유해진' 것이 아니지만, '죄로부터의 자유'도 아니라고 하여, 그것들이 자신들에게 공적을 돌리는 것을 막았다. 그는 "만일 아들이 너희를 자유케 하면[24]…"이라는 주님의 말씀과 관련하여, 신중하게 '자유해진'이라는 말을 한다. 사람의 아들들은 하나님의 아들이 되지 않으면 선한 삶을 살 수 없다. 그렇다면 어떻게 이 사람(에클라눔의 율리안)[25]은 선한 삶을 살 수 있는 능력을 인간의 자유의지에 돌리려 할 수 있을까? 이 능력은 오직 "우리 주 예수 그리스도를 통하여"[26], 하나님의 은총에 의해 주어진다. 그 복음서가 말하듯이, "그를 영접하는 모든 사람들에게 그는 하나님의 자녀가 되는 권세를 주셨다."[27]

c. duas. epp. Pel. 1, 5

(g) 멸망의 집단(The 'Mass of Perdition')

〔구약성서에는 의인들이 있었다는 펠라기우스의 논점에 반대하여〕만일 인간의 본성이 첫번째 아담 안에서 타락되지 않았다는 이유로, 어떤 시대에 인간의 본성이 의사로서의 두번째 아담을 필요로 하지 않는다고 어떤 사람이 주장한다면, 그는 믿음에 손상을 입히지 않으면서 불확정성이나 오류가 가능한 곳에서 어떤 문제에 관하여 오류가 있는 것이 아니라, 우리 기독교의 기초인 믿음 자체의 종규에 관하여 오류가 있기 때문에, 그는 그리스도의 은총에 대한 적으로 나타나는 것이다. 마치 고대 시대 인간의 본성이 악한 행동에 의해 아직 덜 타락한 것처럼, 그 인성을 찬양하는 우리의 적들은 얼마나 이상한가. 그 당시 인성이 매우 슬프고 견딜 수 없는 죄악 속에 빠져서, 얼마 뒤에 소돔이라는 작은 지역이 불로 멸망된 것과 같이, 하나님의 사람 한 명과, 그의 부인, 그리고 그들의 세 아들들과 세 며느리들만을 제외하고, 공정한 하나님의 심판에 의하여 전 세계가 홍수로 전멸되었다는 것을, 그들은 주목하지 않는다. 이렇게 "한 사람을 통하여 죄가 세상에 들어오고, 죄를 통하여 사망이 왔나니, 이와 같이 모든 사람이 그의 안에서 죄를 지었으므로, 사망이 모든 사람에게 이르렀느니라"[28] 한 순간부터, 전 집단적인 멸망을 파괴자가 소유하게 되었다. 따라서 아무도, 전혀 아무도, 구속자의 은혜로가 아니면, 그러한 상황에서 자유로워졌거나, 혹은 자유로워지고 있거나, 혹은 자유로워지지 못할 것이다.

de grat. Chr. 2. 34

(h) 선행하는 은총

"너의 길을 주께 보이고 그를 신뢰하라. 그러면 그 자신이 그것을 행하리라."[29] 이 말은 그들 자신이 그것을 한다는 어떤 사람들의 관념을 교정해 준다. 왜냐하면 '그 자신이 그것을 행하리라'라는 말 속에서 성서는 분명히 '우리 자신이 그것을 한다', 즉 '우리가 우리 자신을 의롭게 한다'라고 말하는 자들을 염두에 두었기 때문이다. 분명히 우리도 이런 것에서 능동적이다. 그러나 그것은 그의 행동과의 협동 속에 있다. 왜냐하면 '그의 자비가 우리보다 앞서기 때문이다.'[30] 주님의 자비가 우리보다 앞서기 때문에 우리는 치유될 수 있다. 그것이 뒤따를 것이므로 우리는 영화로워질 수 있다. 그것이 앞서므로 우리는 충실하게 살 수 있으며, 그것이 앞서므로 우리는 그와 함께 영원히 살 수 있는데, 왜냐하면 '그가 없이는 우리는 아무것도 할 수 없기'[31] 때문이다. … 이러한 말 속에서 우리는 자유의지를 멀리 치우지 않는다. 왜냐하면, 마치 그분 홀로 완전한 의를 충족시킬 수 있는 것처럼, 자기의 의지의 힘을 자랑하지 않고, 의지로 결정한 자, 그러나 겸손하게 의지로 결정한 자 외에 누가 이롭게 할 수 있겠는가? *de nat. et. grat.* 35, 16

(i) 유용한 은총(Grace Available)과 유효한 은총(Grace Effective)

첫번째 인간은 자신에게 자발적인 악을 금지할 은총을 가지고 있지 않았다. 그에게 있었던 은총은, 만일 그가 그 속에 계속 있기만 했다면, 그를 선해지게 할 수 있는 은총이었으며, 비록 그가 자유의지를 사용하여 그것을 버릴 수 있었을지라도, 그 은총 없이 그는 자유의지로조차 선해질 힘이 없었다. 이렇게 하나님은 그의 은총 없이 그가 존재하기를 원하지 않았고, 그는 이 은총을 그의 자유의지에 의존되도록 만들었다. 그런데 자유의지는 전능한 선에 의해 도움받지 않는다면, 악해질 수 있지만, 선해질 수는 없다. 그러나 만일 그 사람이 그의 자유의지를 사용하여 이 도움을 버리지 않았다면, 그는 언제나 선할 수 있었을 것이다. 그러나 그는 그것을 버렸고 그 자신도 버림받았다. 그 도움은 그가 원했으면 그것을 버릴 수 있었고, 만일 그가 그렇게 하기를 원하지 않았다면 계속해서 그 속에 있었을 그런 종류의 도움이었다.

그러한 것이 첫번째 은총으로 첫번째 아담에게 주어졌었다. 두번째 아담을 통해 오는 은총은 더욱 더 강력하다.

첫번째 은총은 만일 인간이 원하면 의를 가질 수 있도록 보장해 주는 것이었다. 두번째 은총은 더욱 강력하다. 왜냐하면 그것은 그가 원하도록, 그리고 그렇게 강력하게 원하도록, 그리고 '영을 거스리는 육체의 욕망'[32]을 영이 이기게 할 정도로 간절히 원하게 보장해 준다. 첫번째의 것은 작지 않은 은총이었다. 왜냐하면 그것은 자유의지의 힘을 보여주었기 때문이다. 그 도움이 제공되어서 그것 없이 의지는 선의 상태를 유지할 수 없었던 반면, 만일 그렇게 하기를 원했다면 그것은 이 도움을 버릴 수 있었을 것이다. 두번째 은총은 훨씬 더 커서 인간의 자유의 회복이 그것에 충분하지 않았고, 그것(자유의지)만으로는 사람으로 하여금, 만일 그가 그렇게 하기를 원할지라도, 선에 도달하게 하고 선을 지속하도록 하는 것이 그것에 충분하지 않았다. 그것은 또한 그가 그렇게 원하도록 보장해야만 했다.

더 큰 선물은 우리 주 예수 그리스도를 통하여 주어졌다. 하나님은, 비록 우리가 원해도 그것 없이는 계속해서 선을 유지할 수 없는 그러한 도움뿐만이 아니라, 우리를 원하게 만드는 그렇게 강력한 도움(assistance)을 우리에게 주기로 결정하였다. 선을 받아들이는 데 있어서, 그리고 그것에 끊임없이 지키는 데 있어서, 우리는 우리의 소망에 도달할 수 있는 것이 아니라 우리가 도달할 수 있는 것을 원할 수 있는 것이, 하나님의 이 은총을 통하여 이루어졌다.

두 종류의 도움이 구별될 수 있다. 그것이 없이는 무엇인가가 발생할 수 없는 것과, 그것에 의해 무엇인가가 발생할 수 있는 것이 그것이다. 우리는 음식물 없이는 살 수 없으나, 만일 사람이 죽기를 원한다면, 음식물의 공급은 생명을 보장해주지 못한다. … 첫번째 사람은 선한 상태로 창조되었다. 그리고 그러한 올바른 상태 속에서 그는 죄를 피할 수 있는, 죽음을 피할 수 있는, 그러한 선한 상태를 지속할 수 있는 가능성을 받았다. 그가 견인하도록 보장하기 위해 견인에 도움을 받은 것이 아니라, 그것이 없으면, 자유의지를 사용함에 의해, 견인할 수 없을 것이기 때문에 견인에 도움을 받았다.

그러나 하나님의 은총으로 하나님의 나라에 가도록 예정된 성도들에게 지금 주어진 것은 바로 이 견인에 대한 도움이 아니다. 그들에게 주어진 도움은 견인 그 자체이다. 그것은 그 선물이 없으면 그들이 계속해서 견인할 수 없는 것일 뿐만 아니라, 또한 이 선물 때문에 그들은 견인할 수밖에 없는 것이다. 왜냐하면 주님은 "나를 떠나서는 너희가 아무것도 할 수 없다"[33]라고만 말씀하신 것이 아니라, 또한 "너희가 나를 택하지 않고 내가 너희를 택했다"[34]라고 덧붙였기 때문이다.   *de corr. et. grat.* 31, 32, 34

(j) 협동하는 은총

그는 의지를 준비하고, 그리고 협동에 의해 자기가 자신의 작용으로 시작하는 것을 성취하게 한다. … 그 사도는 말하기를, "우리 속에 선한 일을 수행한 그가 그리스도의 날까지 이룰 줄을 내가 확신한다"[35]라고 했다. 그는 우리 없이 우리의 뜻을 수행하도록 영향을 미친다. 우리가 그 뜻과 행할 뜻을 가질 때, 그는 우리와 협동한다. 그러나 우리는 우리를 원하게 만드는 그의 작용과 우리가 원할 때 그의 협동 없이는 선의 선한 사역들을 수행할 힘이 없다. … 우리의 의지를 산출하는 데 있어 그의 작용에 관하여 성서는 다음과 같이 말한다. "우리의 의지에 영향을 미치는 것은 하나님의 작용이다."[36] 그리고 우리가 그 의지를 가지고 결과적으로 행할 때 그의 협동에 관하여는 다음과 같이 말한다. "하나님을 사랑하는 자들에게는 그의 협동으로 모든 것들이 선을 이룬다는 것을 우리는 안다."[37] 그리고 '모든 것들'이 의미하는 것은 무섭고 비참한 고난 외에 무엇이겠는가? 참으로 우리의 약함으로는 무거운, 그리스도의 짐은 우리의 사랑으로는 가벼워진다.[38] 왜냐하면 주님은 자기의 짐이, 베드로가 그리스도를 위하여 고난받았을 때의 그를 닮고, 그가 자기의 주님을 부인했을 때의 그를 닮지 않은 자들에게는 가볍다고 했기 때문이다.   *de grat. et. lib. arb.* 33

(k) 자유의지와 예정론

우리는 언제나 자유의지를 가지고 있지만, 그것이 언제나 선한 의지는 아니다. 왜냐하면 그것은 그 '의(義)로부터의 자유'이거나―그 후에 그것은 악해진다―그렇지 않으면 '그것이 의의 노예이기 때문에, 죄로부터의 자유' [39]―그 후에 그것은 선하다―이기 때문이다. 그러나 하나님의 은총은 언제나 선하다. 그리고 이 은총을 통하여 인간이 '선한 의지를 지닌 인간' [40]이며, 한편 그는 이전에는 악한 의지를 지닌 사람이었다. 이 은총을 통하여 또한 막 존재하게 된 선한 의지는 증가되고, 그것이 신적인 명령들을 강하고 완전하게 원했을 때, 그것이 원한 신적인 명령들을 실현할 수 있을 정도로 충분히 강해진다. *de grat. et. lib. arb.* 31

우리는 은총을 통하여 자유선택에서 모든 능력을 빼앗고 있는가? 적어도 그렇지는 않다. 우리는 사실상, 율법이 힘없이 만들어지지 않은 것처럼, 믿음에 의해 견고한 기초 위에 놓이는 견고한 기초 위에 자유의지를 두고 있다. 왜냐하면 율법은 자유선택에 의해서만 성취될 수 있기 때문이다. 그러나 율법을 통하여 죄가 자각되고, 신앙을 통하여 은총이 죄에 대항하여 싸우도록 얻어진다. 은총을 통하여 영혼이 죄의 혼란으로부터 치유되고, 영혼의 건강을 통하여 선택의 자유가 온다. 자유선택을 통하여 의를 기뻐하게 되고, 의를 기뻐함으로 인하여 율법이 성취된다. … 은총은 의지를 건강하게 하고, 그 의지에 의해 정의가 자유로이 사랑받을 수 있다. … 어떻게 비참한 사람들이 자유로워지기 전에 뻔뻔스럽게 자유의지를 자랑하는가? 혹은 만일 그들이 지금쯤 해방되었다면, 그들 자신의 힘을 자랑할까? … '자유가 있는 곳' [41]은 바로 '주의 성령이 계신 곳'이다. *de spir. et. lit.* 52

"너희는 받지 않은 무엇을 가지고 있는가" [42]라는 말을 믿으려는 의지는 우리가 창조될 때 받는 자유선택의 능력으로부터 일어나기 때문에 그 의지는 하나님께 돌려져야 한다는 것을 의미한다는 토대 위에서, 누구든지 자유선택을 발휘함을 통하여 저질러진 죄가 하나님의 탓이라고 생각한다는 것을 우리가 알아야만 한다는 이의가 제기될 수 있다. 이 의지는 우리가 창조될 때 나면서부터 우리에게 주어진 자유선택의 힘에서 일어나기 때문만이 아니라, 또한 하나님이 경험 세계의 영향을 통하여 우리로 하여금 의지하도록 하고 믿도록 활동하기 때문에, 그것은 하나님의 선물로 돌려질 수 있다는 것을 신중하게 주목해야만 한다.

그는 복음의 권고를 통하여 외적으로 활동한다. 그리고 여기에서 율법의 명령들은 자신의 약함을 지닌 사람에게 의롭게 하는 은총 속에서 믿음에 의해 피난처를 갖도록 경고할 때, 그 효력이 있다. 그는 내적으로 활동한다. 왜냐하면 여기에서 무엇이 자기의 마음 속으로 들어와야 하는지를 결정하는 것은 인간의 능력 안에 없기 때문이다. 그러나 찬성하거나 반대하는 것은 자기 자신의 의지 안에 있다. 이것들은 하나님이 이성적인 영혼을 다루어서, 그를 믿도록 하는 방법들이다. 왜냐하면 이성적인 영혼은 믿도록 영향을 끼치거나 부추기는 것 없이는, 자유선택에 관하여 단지 아무것도 믿을 수 없기 때문이다. 따라서 하나님은 인간 안에 믿을 의지를 만들고, 모든 것 안에서 '그의 자비는 우리보다 앞선다.'[43)]

그러나 내가 말한 것처럼, 하나님의 부르심에 동의하거나 그것에 반대하는 것은 인간 자신의 의지에 있다. 이 사실은 "너희가 받지 않은 무엇을 가지고 있느냐"라는 말의 힘을 약화시키지 않는다. 참으로 그것은 그 말을 강화시킨다. 영혼은 확실히 동의함 없이 본문에 언급된 은사들을 가지고 있다. 따라서 그 영혼이 무엇을 소유해야 하고 무엇을 받아들여야 할지를 결정하는 것은 하나님에게 속해 있다. 그러나 수락과 소유는 확실히 인간이 받아들이고 소유하는 것에 달려있다. 만일 어떤 사람이 이 점에서 우리에게, 왜 한 사람은 설득당할 정도로 영향받는 한편 다른 사람은 그렇지 못한지의 심오한 문제를 시험해보도록 강요한다면, 그 때 내가 응답으로 말하도록 준비되어야 하는 것은 오직 두 가지가 있다. '오, 부요의 깊이'와 '하나님 안에 어떤 불의가 있을 수 있는가?'[44)] 이 불만족스러운 대답들을 발견하는 자는 누구나 좀더 학식있는 교사들을 발견하려고 할지 모른다. 그러나 그로 하여금 그가 입심좋은 사기꾼들을 발견하지 않도록 주의하게 하라.   *de spir. et lit.* 60

(I) 자유선택과 완전한 자유

"나는 내가 하고 싶은 것을 하지 않는다. 나는 내가 싫어하는 것을 한다." "선을 행할 의지는 내 안에 있으나, 나는 그것을 성취할 힘을 발견하지 못한다."[45] 그렇게 말하는 사람은 그의 자유가 (은총을 필요로 하지 않을 정도로) 본래의 상태로 회복되었다는 것을 발견했는가? "육체의 소욕은 성령을 거스리고, 성령은 육체를 거스려서, 너희가 하기를 원하는 것을 할 수가 없다."[46] 나는 너희가, 인간의 원래의 상태의 자유는 이것이 말해지는 자들 안에 존재한다고 주장할 정도로 그렇게 어리석다고 생각하지는 않는다. 그럼에도 불구하고, 만일 그들이 전혀 자유가 없다면, 그들은 '거룩하고 의로우며 선한'[47] 것을 원할 수 없을 것이다. 왜냐하면 죄를 기뻐해서 정의를 거부하고 미워하는 사람들이 있기 때문이다.

그리고 주님이 의지를 주어서 의에 대한 갈망이 그 성취보다 앞서지 않는다면, 아무도 의를 원할 수 없다. 그리고 이것 다음에는 점차 유효한 힘이 뒤따르는데, 하나님이 각 사람에게 주기 때문에, 어떤 사람들에게는 다른 사람들에게보다 더 빨리 뒤따른다. 왜냐하면 인간의 절망적인 상황에도 불구하고, 그는 홀로 인간의 건강을 회복시키고 증가시키며 인간에게 죽을 수 없는 능력을 주기까지 할 수 있기 때문이다. … 따라서 구속받는 자는 모두 '썩은 것을 찾으러 온'[48] 자에 의해 구속받는다. 그리고, 그가 육신을 입고 오기 전에, 그가 오실 것이라고, 그들이 믿은 신앙을 통하여만 사람들을 구속했다. 그러한 사람들은 그들이 '죄의 종들'[49]이 되는 것이 불가능한 상태인, 영원한 행복의 자유를 위해 구속된다. 너희가 말하는 것처럼, 만일 '유일한 자유는 선이나 악을 선택할 수 있는 가능성'이라면, 그렇다면 하나님 안에는 죄의 가능성이 없기 때문에 하나님은 자유가 없다. 만일 우리가 고유하고 양도할 수 없는 인간의 자유선택을 발견하려고 한다면, 우리는 그것을 모든 사람들의 행복에 대한 의지 속에서 발견하게 되는데, 행복으로 이끄는 길들을 거부하는 자들 안에서조차 발견하게 된다. *op. imperf. c. Jul.* 6. 11

(m) 소명과 선택

만일 이 소명이 확실히 선한 의지를 산출하여 모든 사람이 부름받았을 때 뒤따른다면, 어떻게 "부름받은 자는 많으나, 택함 받은 자는 적다"[50]라는 말이 진정일 수 있을까? 만일 이것이 진정이고, 부름받은 자가 그 부름을 불가피하게 복종하지 않고, 그리고 그가 복종하든지 안하든지는 자기 자신의 의지에 있다면, 그렇다면 또한 부름받은 사람의 복종이 따르지 않는다면 부른 자의 자비가 불충분하므로, "그것은 하나님의 자비에 달려있지 않으나, 사람의 의지와 사람의 행동에 달려있다"[51]라고 말할 수 있다. 만일 다른 형식을 따라 부름받았다면, 이런 방법으로 부름받았을 때 동의하지 않은 자들은 그들의 의지를 신뢰할 수 있는 복종에 맞출 수 있을 것이다. 그리고 그렇다면 "부름받은 자는 많으나, 택함 받은 자는 적다"라는 말이 진정일 것이다. 비록 많은 사람들이 똑같은 방법으로 부름받을지라도, 여전히, 모든 사람들이 똑같은 방법으로 감동받기 때문에, 부르심을 받을 수 있는 것으로 판명되는 사람들만이 그 부르심을 따른다는 점에서 진정일 것이다.

그리고 "그것은 인간의 뜻과 인간의 행위에 달려있지 않고, 하나님의 자비에 달려 있다"는 말도 그럴 것이다. 왜냐하면 하나님이 사실상 그 부르심을 따른 자들에게 적합한 방법으로 그들을 불렀기 때문이다. 확실히 그 부르심은 또한 다른 사람들에게도 왔다. 그러나 그것은 그들을 움직일 수 없는 본성을 지녔고, 그들이 그것을 받아들이는 데에 적합하지 않았기 때문에, 그들은 부름받았으나 택함받지 못했다고 말해질 수 있을 것이다. 이것이 그러하므로, '그것은 하나님의 자비에 달려있지 않고, 인간의 의지와 활동에 달려있다' 는 것이 진정이 아니다. 하나님의 자비의 효과가 인간의 능력에 있을 수 없어서, 인간이 그것을 거부하지 않는다면, 그의 자비는 헛된 것이라는 것을 생각하면 그러하다. 왜냐하면 만일 거부하는 바로 그 사람들에게 자비를 갖는 것이 그의 자비라면, 그는 그들에게 적당할 그런 방법으로 그들을 부르고, 그들은 감동받고, 이해하고, 그리고 그를 따를 것이기 때문이다. 따라서 "많은 사람들이 부름을 받았으나 택함받은 자는 적다"라는 말이 진정이다. 왜냐하면 어울리게 부름받은 자들은 선택되지만, 한편 그 부르심에 조화되지 않은 자들은, 비록 부름받았을지라도, 그들은 따르지 않았으므로 택함받지 못했기 때문이다.

ad Simplic. 1, 2, 13

(n) 예정

 복음을 듣지 못한 자들과, 들은 후에 더 좋은 삶으로 개종되었으나 견인의 선물을 받지 못한 자들과, 복음을 들은 후에 그리스도에게 오기를 거부한 자들 …, 그들이 단지 유아이기 때문에 믿을 수 없고 썩어지는, 원죄로부터 해방될 수 있는 유일한 수단인 중생의 씻음을 받지 못하고 죽는 자들, 이 모든 사람들은 모든 사람이 동의하는 것처럼, 한 사람의 허물 때문에 죽을 수밖에 없으므로, 정죄된 집단으로부터 분리되지 않는다. 사람들은 그들 자신의 공로에 의해서가 아니라, 중보자의 은총을 통하여 이 정죄로부터 멀어졌다. 즉, 그들은 두번째 아담의 피에 의해 의롭다 인정되었다. … 우리는 아무도 구세주의 은총으로만 받을 수 있는 선물을 갖지 않는 한, 첫번째 아담에서 기인된, 멸망할 집단으로부터 떨어져 있지 않다는 것을 이해해야만 한다.

 택함받은 자들은 그들 자신의 공로 때문이 아니라, 은총으로 선택받는다. 왜냐하면 그들의 모든 공로는 은총의 결과이기 때문이다. 택함받은 자들은 '하나님의 목적에 따라 부름받은' 자들이고, 또한 예정되고 예지된 자들이다. 만일 그들 중 누군가가 썩어 없어진다면, 하나님은 속는 것이다. 그러나 그들 중 아무도 죽지 않는다. 왜냐하면 하나님은 속지 않기 때문이다. 만일 그들 중 누가 죽는다면, 하나님은 인간의 사악함에 의해 정복된다. 그러나 아무것도 하나님을 정복할 수 없기 때문에, 아무도 죽지 않는다. 그리고 그들은 그리스도의 통치를 공유하기 위해 택함받았다. 그에게 적합한 일을 위하여, 유다가 뽑힌 것과 같지 않다. 유다는 악을 선하게 이용하는 법을 아는 자에 의해 택함받아서, 그에게 저주를 가져오는 행동에 의해 우리의 예배를 명령하는 행위—그것을 위해 그리스도가 왔는데—성취될 수 있었다.

de corr. et grat. 12-14

 성서는 다음과 같이 말한다. "하나님은 모든 사람이 구원받기를 원한다."[52] 그럼에도 불구하고 사실상 사람들이 모두 구원에 이르는 것은 아니다. 이 본문은 많은 방법으로 해석될 수 있는데, 그들 중 어떤 것들을 나는 다른 논문들에서 말했다.[53] 여기에서는 단지 한 가지만 언급하려 한다. '하나님은 모든 사람이 구원받기를 원한다'라는 말은 '예정된 모든 사람들'이라는 의미로 해석되어야 한다. 왜냐하면 인류의 모든 민족은 그들 가운데서 발견되기 때문이다. 바리새인들은 '모든 채소의 십일조'[54]를 낸다고 말해지는데, 그것은 그들이 가진 모든 채소를 의미하는 것으로 이해되어야 한다. 왜냐하면 그들은 세상에 있는 모든 채소를 십일조로 낼 수 없기 때문이다. 똑같은 어법이 "나는 나의 모든 일에서 모든 사람들을 기쁘게 하려 한다"[55]라는 말 속에서 사용된다. 확실히 그렇게 말하는 자는 그의 많은 핍박자들 모두를 기쁘게 하진 않았다. 그러나 이미 교제 속에 있는 사람이건, 혹은 교제 속으로 들어올 자들이건, 그리스도의 교회에 모인 모든 민족의 사람들을 기쁘게 했다.

de corr. et grat. 44

(o) 선택된 자들의 수

마땅히 그리고 정당하게 정죄된 사람들의 자녀들로부터, 하나님은 자기의 은총으로 타락한 천사들의 상실분을 보충할 수 있을 정도로 충분히 많은 사람들을 모아서, 사랑스러운 천국 도시가 그것의 시민의 수를 빼앗기지 않도록 한다. 사실 그것은 보다 많은 공급을 기뻐할 것이다. de civ. Dei 22. 1

하나님은 그들이 믿어야 하는 자를 누구에게 주려고 하는지, 혹은 그가 자기 아들에게 주려고 하는 자가 누구인지를 알지 못했다고, 누가 감히 말하겠는가?[56] 만일 그가 참으로 이것을 알았다면, 그렇다면 분명히 그는 자기의 친절한 행위, 즉 그것에 의해 그가 우리를 해방시켜줄 계획인, 그 행위를 미리 알았을 것이다. 이것만이 성도들의 예정론이다. 그것은 하나님의 선한 행위들에 대한 하나님의 예지와 준비로서, 그것에 의해 해방되는 자들은 가장 확실히 자유로워진다. 멸망할 집단 속에 있지 않다면, 하나님의 정의로운 선고에 의해 남은 자들은 어디에 있는가? 두로(Tyre)와 소돔 사람들은 어디에 남아있는가?[57] 만일 그들이 그리스도의 이적들을 보았다면, 그들은 믿을 수 있었을 것이다. 그러나 믿는 것이 그들에게 주어지지 않았기 때문에, 그들은 믿음의 근원을 부인했다.

이것으로부터, 어떤 사람들은 선천적으로 신적인 오성의 선물을 받았다는 것이 분명한데, 만일 그들이 말을 듣거나 기적을 보면, 그 오성에 의해 감동받아서 그들의 지성에 적합한 신앙을 갖게 된다. 그럼에도 불구하고, 만일 그들이 하나님의 보다 심오한 심판을 통하여, 은총의 예정론에 의해 파멸될 집단으로부터 구별되지 않는다면, 그들에게 신앙을 가능하게 해줄 이 신적인 말들이나 행위들은 그들에게 도달하지 못한다. … 복음서의 말씀 속에서 분명히 단언된 이 예정론은, 주님이 "하나님을 믿으니 또 나를 믿으라"[58] 라는 믿음의 초기에 관한 말씀을 하거나, "항상 기도하고, 낙망치 말아야 한다"[59]는 신앙의 견인에 대한 말씀을 하는 것을 방해하지 않는다. 왜냐하면 그것이 주어지는 자들은 듣고 행하며, 그것이 주어지지 않는 자들은 그들이 듣든지 안듣든지 행동하지 않기 때문이다.　　　　　　　*de don. pers.* 35

(p) 이해할 수 없는 정의

'하나님에게는 불의'[60]가 없다는 것은 이성적인 경건과 확고한 신앙을 가진 마음 속에 흔들릴 수 없는 확신이 됨에 틀림없다. 마찬가지로 '하나님은 원하는 대로 자비를 보이고, 자기가 원하는 대로 사람의 마음을 무감각하게 한다'[61](즉, 그는 자기가 원하는 대로 자비를 보이고 그가 그렇게 하기를 원하지 않는 곳에서는 자비를 보이지 않는다)는 사실은 인간의 기준으로는 이해할 수 없는, 좀 비밀스러운 정의(正義)에 달려있다는 것은, 거의 확고하고 집요하게 믿어짐에 틀림없다. 그러나 사실상 사람들 사이에 있는 세상적인 사업 관계에서 똑같은 종류의 것이 관찰될 수 있다. 왜냐하면 만일 우리가 어떤 종류의 천상적인 정의의 흔적을 가지지 않는다면, 우리의 보다 약한 응시로는 영적인 교훈들의 비밀스럽고 거룩한 내실을 경이롭게 쳐다볼 수 없을 것이다.

"의에 주리고 목마른 자들은 복이 있나니, 저들이 배부를 것이요."[62] 우리의 죽을 생명의 상태인 이 목마름의 상태에서, 만일 위에서부터 말하자면 가장 희미한 종류의 의의 미풍이 우리에게 풍겨오지 않는다면 목마름을 느끼기보다 오히려 고갈될 것이다. 이제 사람들은 서로 주고 받음으로써 사회에서 함께 묶여 있고, 선물들과 수취물들은 빚이 될 수 있거나 안될 수도 있다. 어떤 사람이 그 빚을 갚으라고 요구한다면, 분명히 그는 불공평하다고 비난받을 수 없다. 또한 빚을 단념하기로 결정한 자도 그렇게 비난받을 수 없다. 그리고 그것이 채무자의 결정이 아니라, 채권자의 결정에 달려 있다는 것은 분명하다. 내가 말한 대로, 이것은 유비로, 지고한 정의의 흔적이다. 왜냐하면, 그 사도가 "아담 안에서 모든 사람들이 죽는다"[63]고 말했기 때문이며, 전 인류에게 영향을 끼치는 하나님으로부터의 소외는 아담에게서 유래하며, 말하자면 모든 사람들은 한 덩어리의 죄로, 지고한 정의의 하나님의 벌을 초래하기 때문이다. 어떤 경우에 부채가 요구되고 어떤 경우에 포기되는지를 판단하는 것은 채무자 안에 있는 교만이다. 그것은 마치 포도원을 위해 고용된 일꾼들이 다른 사람들이 그들에게 지급된 것과 똑같은 임금이 주어졌을 때 불평할 권리가 없는 것과 같다.[64]

그러므로 그 부적절한 질문에 대해 그 사도는 즉각적으로 다음과 같이 응수한다. "이 사람아 네가 뉘기에 감히 하나님을 힐문하느냐?"[65] 어떤 사람은 하나님이 죄인들을 비난하는 것에 동의하지 않을 때 '하나님께 말대꾸하는데', 마치 하나님이 어떤 죄인들에게만 자기의 칭의(justification)의 자비를 내림에 의해, 그리고 어떤 죄인들을 '무감각하게 함'에 의해 어떤 사람에게 억지로 범죄하게 하는 것처럼 그러하다. 그러한 것이 그가 그들에게 범죄하도록 강요한다는 것이 아니라, 그들에게 자비를 가지지 않았다는 것을 의미한다. 그는 자비가 주어져서는 안된다고 (인간이 파악할 수 없는, 비밀스런 정의에 의해) 결정하는 자들로부터 이 자비를 보류한다. "그의 판단들은 측량할 수 없고, 그의 길들은 찾지 못한다."[66] 그는 죄인들에게 범죄하도록 강요하지 않기 때문에, 그들을 비난할 권리가 있다. 동시에 그의 목적은 그가 자비를 보이는 자들도 또한, 하나님이 죄인들을 비난할 때 부름을 받아 양심의 가책을 받을 수 있고, 그의 은총으로 돌아올 수도 있다. 그러므로 하나님은 죄를 찾는 데 있어서, 정의롭고 자비롭게 행한다.

ad Simplic. 1. 16

두 유아들이 똑같이 원죄로 속박되어 있을 때, 왜 "하나는 데려감을 당하고, 다른 하나는 버려짐을 당할까"?⁶⁷⁾ 둘 다 믿음이 없는 어른 둘이 있을 때, 왜 하나는 부르는 자를 따라가도록 부름받고, 한편 다른 하나는 부름받지 못하거나, 혹은 따르도록 부름받지 못하는가? "하나님의 판단은 측량할 수 없다."⁶⁸⁾ 믿음있는 두 사람들 중에서, 왜 하나는 끝까지 견인되고 다른 하나는 그렇지 못한가? 하나님의 판단은 더욱 더 측량할 수 없다. 그러나 신실한 자들이 단호히 생각해야만 하는 것은 하나는 예정된 자들의 수에 속하고, 다른 하나는 그렇지 않다는 것이다. 왜냐하면 "만일 그들이 우리의 수에 속한다면, 그들은 확실히 우리와 함께 거하였을 것이다"⁶⁹⁾라고 주님의 호흡으로부터 비밀을 흡입한 예정된 자들 중의 한 사람이 말하기 때문이다. 그것은 무엇을 의미하는가? 둘 다 하나님에 의해 창조되고, 둘 다 아담에게서 출생하고, 둘 다 흙으로 만들어졌으며, 그리고 "나는 모든 영(breath)을 지었다"⁷⁰⁾라고 말한 자로부터 똑같은 본성을 지닌 영혼들을 받았지 않은가? 결국, 둘 다 부름받지 않고 부른 자를 따르지 않았다면, 둘 다 그들의 불신앙으로부터 의롭다함을 받지 못하고, 둘 다 '중생의 씻음'⁷¹⁾으로 새로워지지 못했을까?

만일 이와 같은 질문들을 의심할 여지 없이 그가 말하고 있는 것을 아는 사람이 들었다면, 그는 다음과 같이 대답할 것이다. "참으로, 이 모든 것에 관하여 그들은 우리의 수에 속한다. 그러나 그들은 다른 특성에 관하여는 우리의 수에 속하지 않는다. 만일 그들이 그렇다면, 그들은 우리와 함께 남아 있었을 것이다." 무슨 차이인가? 하나님의 책들은 열려 있다. 우리의 눈을 피하지 말자. 성서는 분명하게 말한다. 귀를 기울이자. 그들은 하나님의 목적에 따라 부름받지 않았기 때문에, 그들의 수에 들어가지 않았다. 그들은 '창세 전에 그리스도 안에서 택함받지'⁷²⁾ 않았다. 그들은 '상속을 공유'하지 않았다. 그들은 '그의 목적에 따라 예정되지 않았는데, 그의 계획은 사물의 전체적인 체계 속에서 작용한다.'⁷³⁾ 만일 그들이 이런 상태에 있었다면, 그들은 그 무리 속에 있었을 것이고, 그들은 의심의 여지 없이 그들과 함께 남아 있었을 것이다.

de don. persev. 21

3. 그리스도의 신분

(a) 아들의 동등성과 종속성

성서에 있는 많은 진술들은, 아버지가 아들보다 더 크다는 것을 암시하거나, 공개적으로 주장하기도 한다. 그런데 사람들은 성서의 대의를 검토해 볼 정도로 충분히 신중하지 않고, 사람으로서의 그리스도 예수에 관하여 말해지는 것을 그의 성육신 이전의 영원한 존재[74] 양식으로 바꾸려 했기 때문에 오류를 범했다. 그리고 주님 자신이 "아버지는 나보다 크다"[75]라는 말로 인용되기 때문에 아들은 아버지보다 열등하다고 주장한다. 그러나 이런 점에서 아들은 또한 그 자신보다 열등하다는 것이 증명될 수 있다. 왜냐하면 만일 '그가 자신을 비우고 종의 형체를 가졌다면'[76] 그는 확실히 자신보다 열등해진 것이 틀림없다. 왜냐하면 이렇게 종의 형체를 취하는 것이 하나님의 형상을 상실하는 것을 수반하지 않기 때문이다. … 두 형체 속에서 모두 그는 아버지와 동등한 형체로, '하나님과 사람 사이의 중보자인, 인간 예수 그리스도'[77] 종의 형체를 지닌, 동일한 아버지의 독생자이기 때문이다. 따라서 종의 형체를 지닌 그는 확실히 하나님의 형체를 지닌 자신보다 열등하다. … 그는 본성에서 아버지와 동등하고, 신분[78]에서 그보다 열등하다. … 그러므로, 하나님의 형체가 종의 형체를 받았으므로, 그는 하나님이며 인간이다. 그러나 하나님이 인성을 취했기 때문에 하나님이며, 그 인성을 취함 때문에 인간이다. 그리고 그 취함에 의해 아무것도 다른 것으로 변하거나 바뀌지 않는다. 신성이기를 그칠 정도로, 신성이 창조물로 바뀐 것도 아니고, 창조물이기를 중지할 정도로 창조물이 신성으로 바뀐 것도 아니다.

de trin. 1. 14

(b) 심판에 있어서의 아들

[de trin의 capp. 22-30에서 아우구스티누스는 그리스도 안에 두 본성이 있다는 것은 곧 복음서의 분명한 비일관성을 설명하는 것이라고 주장한다. 즉, 요 10:30과 요 6:38, 요 5:26과 마 26:39, 요 17:10과 17절과 막

13: 32. 그리고 심판에 관하여는, "내가 심판하지 않을 것이다"라는 요 12:47과, "아버지가 심판을 아들에게 주었다"라는 요 12:47.〕

하나님의 아들은 아버지와 동등하기 때문에 심판하는 이 능력을 받지 않았으나, 그는 비밀스럽게 아버지와 함께 있다. 그러나 사람의 아들로서 그는, 선과 악이 그가 심판을 건네는 것을 볼 수 있도록, 그것을 받는다. 왜냐하면 하나님의 형체에 대한 비전은 오로지 마음이 깨끗한 자들에게만 비치기 때문이다. 사람의 아들의 비전은 악에도 나타날 것이다.   *de trin.* 1, 30

(c) 파생적인 아들

하지만, 어떤 진술들이 성서에 있어서, 무슨 원리에 그것들이 속하는지, 즉, 아들이 창조성을 입고 종속적이 된 것으로 이해하는 것에 속하는지, 혹은 아들이 참으로 아버지보다 작지 않으나 그와 동등하고, 그럼에도 불구하고 하나님의 하나님이며, 빛의 빛인 아버지에게서 났다고 이해하는 것에 속하는지는 불확실하다. 한편 아버지는 단순히 하나님이며, 하나님에게서 나지 않는다. 따라서 아들은 그가 자기의 존재를 받는 다른 존재를 가진다는 것이 분명한데, 아들은 그의 아들이다. 한편 아버지는 아들을 가지고, 그에게서 존재를 갖지는 않지만, 그와 관련하여 아버지이다.

〔즉 요 5:26과 19절.〕 이 말씀들의 의미는 아들의 생명이 아버지의 생명과 같이 불변하며, 그럼에도 불구하고 아버지로부터 유래한다는 것이다. 그리고 아버지와 아들의 활동은 나뉘어질 수 없고, 그럼에도 불구하고 이 활동은 아들에 의해 아버지로부터 이끌어내지는 것인데, 아버지로부터 아들은 자기의 존재를 가진다.   *de trin.* 2.2,3

(d) 아버지와 아들의 분리할 수 없는 작용

아들의 보냄

아버지와 아들의 의지가 하나며, 분리할 수 없는 활동이 하나 있다. 그러므로 성육신과 동정녀로부터의 탄생은, 그것에 의해 아들은 '보냄' 받은 것으로 이해되는데[79], 아버지와 아들이 하나이며 동일한 활동에 의해 영향받는데, 그 활동은 분리할 수 없고, 물론 그 사역과 분리될 수 없는 성령과 함께 있다. 그것은 다음과 같이 분명히 말해지는 것과 같다. "그녀는 성령으로 잉태된 것으로 발견되었다"[80] … 보냄은 말씀으로 행해졌고, 그는 자신이 하나님의 말씀이며 하나님의 아들이다. 이런 식으로, 아버지가 말씀으로 그를 보냈을 때, 그의 보냄은 아버지와 그의 말씀으로 행해졌다. 그러므로 아들은 아버지와 아들에 의해 보냄받았다. … 입은 인성의 형체는 또한 아들의 위격이고, 아버지의 위격이 아니다. 따라서 불가시적인 아버지는, 그와 함께 불가시적인 아들과 함께 있는데, 그를 가시적으로 만드는 데 있어서 똑같은 아들을 보냈다고 말해진다. *de trin.* 2. 9

    그런데 만일 전자는 아버지며 후자는 아들이라는 것에 관련하여 아들이 아버지에 의해 보냄받았다면, 이것은 어떤 방법으로도 아들은 하나님과 동등하며, 동일본질이며 영원히 공존한다는 우리의 믿음을 방해하지 않는다. 그럼에도 불구하고 아들은 아버지에 의해 보냄받는다. 전자가 후자보다 더 크기 때문이 아니라, 전자는 아버지이고 후자는 아들이며, 전자는 낳은 자이며, 후자는 탄생된 자이기 때문이다. … 아들은 아버지로 말미암고, 아버지는 아들로 말미암지 않는다. … 아들은 '일종의 전능한 하나님의 광채의 분명한 유출물'[81]이다. 그리고 그 유출물과 그것의 근원은 동일한 본질로 되어 있다. 왜냐하면 그것은 물처럼 땅 속이나 바위의 구멍에서 흘러나오지 않고, 빛이 빛에서 나오는 것처럼 흘러나오기 때문이다. '영원한 빛의 반짝임'[82]은 영원한 빛의 빛을 의미한다. 왜냐하면 빛의 반짝임은 빛이고, 그것이 생기는 빛과 영원히 공존하기 때문이다. … 만일 그 반짝임이 빛보다 약하다면, 그것은 그것의 어둠이지, 그것의 반짝임이 아니다.

    아들은 아버지에 의해 탄생했기 때문에만 보냄받았다고 말해지지 않는다. 그러나 육신으로 된 말씀[요 16:28]으로 이 세상에 나타났다는 점에서나, 혹은 시간 안에서 정신으로 인지된다는 점에서 그렇다. … 이 두번째 의미에서 그는 '보냄받았다'라고 말해지지만, '이 세상으로 보냄받았다'라고는 말해지지 않는다. 왜냐하면 그는 물리적인 감각에는 나타나지 않기 때문이다. 왜냐하면 우리가 할 수 있는 한, 영원한 것에 관하여 어떤 정신적인 개념을 가질 때, 우리는 이 세상에 존재하지 않기 때문이다. … 그러나 아버지가 정신적으로 이해될 때 그는 '보냄받았다'라고 말해지지 않는다. 왜냐하면 그는 어떤 근원으로부터 유래하거나 발출하지 않기 때문이다. 지혜는 '지고한 자의 입에서'[83] 발출하고, 성령은 '아버지로부터'[84] 발출한다. 그러나 아버지는 아무에게서도 발출하지 않는다.   *de trin.* 4. 27, 28

4. 그리스도의 위격

(a) 두 본성들-하나의 위격

〔성령이 일시적으로 비둘기나 불꽃 모양으로 나타나는 것과 대조를 이루어.〕그리스도는 잠시동안 인간의 형체를 입고, 그 후에는 벗어버려야만 하는 외관으로 사람에게 자신을 보이지 않았다. 그는 가시적인 인간의 형체를 입고, 불가시적으로 남아있는 하나님의 형체인, 그의 위격의 통일성 속으로 들어갔다. 그는 인간 어머니의 형체를 입고 태어났을 뿐만 아니라, 그는 또한 그것을 입고 성장했으며, 먹고 마시고 자고 그것을 입고 죽었다. 그리고 그 인간의 형체를 입고 그는 다시 일어나고, 하늘로 올라갔다. 그리고 지금은 그와 똑같은 인간의 형체를 입고 아버지의 오른편에 앉아있으며, 그것을 입고 그는 산 자와 죽은 자를 심판하러 올 것이며, 그것을 입고 그의 왕국에서, 그는 "만물을 그에게 복종하게 하신 하나님께 복종케 될 것이다."[85]   *c. Maxim.* 1. 19

하나님이 어린 아이의 작은 몸 속에서 구속을 당하는 것처럼 보일까봐 두려워할 필요가 없다. 왜냐하면 하나님의 위대성은 크기에 있지 않고, 도덕적인 능력에 있기 때문이다. … 그 도덕적인 능력은, 더 나쁜 것으로 바꾸지 않고, 이성적인 영혼을 취하고, 그것을 통하여 인간의 몸과 전체적인 인간은 그것을 더 좋은 것과 바꾼다. 또한 겸손하게 그것으로부터 인성의 이름을 취

하고, 관대하게 그것에 신성의 이름을 준다.   *ep.* 137. 8

    한 위격의 단일성 속에서와 같이 한 영혼은 한 몸에 결합되어 한 인간을 구성한다. 그렇게 하나님은 인간에게 결합되어, 인격의 단일성 속에서 그리스도를 구성한다. 전자의 경우에는 영혼과 몸의 혼합이 있다. 후자의 경우에는 하나님과 인간의 혼합이 있다. 그러나 이것은, 어느 쪽도 그것의 정체를 보존하지 않는, 두 가지의 액체의 혼합이라는 유비로 해석되어서는 안된다. … 하나님의 말씀이 몸을 소유하는 영혼과 혼합될 때, 그는 영혼과 몸을 함께 취한다.   *ep.* 137. 11

    우리는 변할 수 있고, 말씀의 참여자들이 됨으로써 더 좋은 것으로 바뀔 수 있다. 말씀은 불변하고, 그것이 이성적인 영혼이라는 수단에 의해, 육신의 참여자가 되었을 때 더 나쁜 것으로 변하지 않는다. 아폴리나리우스적인 이단자들[86]은 인간 그리스도는 영혼을 가지지 않았거나, 이성적인 영혼을 가지지 않았다고 그릇되게 생각한다. 성서는("말씀이 육신이 되었다"[87]라는 말 속에서) 그리스도의 겸손을 더 강조적으로 보이고, 마치 그것이 무가치한 것처럼 '육신'이라는 칭호를 피하는 것처럼 보이는 것을 피하기 위하여, '인간'이라는 말 대신 '육신'이라는 관용어를 채택한다. "모든 육신이 하나님의 구원을 볼 것이다"[88]라는 말은 '영혼들'이라는 말을 배제하는 것으로 취해지지 않는다. '말씀이 육신이 되었다' 라는 말은 단순히 '하나님의 아들이 사람의 아들이 되었다' 라는 말을 의미한다. … 육신이 영혼에 부가되어 한 사람을 구성하는 것은 위격들의 복수성을 창조하는 것이 아닌 것처럼, 복수성은 한 분 그리스도를 구성하기 위하여, 인간이 말씀에 부가됨에 의해 영향받지 않는다. 그리고 '말씀이 육신이 되었다' 라는 말은 우리로 하여금 이 위격의 단수성을 이해하도록 의도되었고, 우리로 하여금 신성이 육신으로 전환되는 것을 상상하도록 이끌기 위한 것이 아니다.   *ep.* 140. 12

    (b) 그리스도의 지식

'하나님의 형체'[89]에 관하여, "아버지에게 속하는 만물은 그의 것이다."[90] "내 것은 모두 아버지의 것이요, 아버지의 것은 다 내 것이다."[91] '종의 형체'[92]에 관하여는, 그 "가르침은 그의 자신의 것이 아니고, 그를 보낸 자의 것이다."[93] "그 날과 그 때는 아무도 모르나니 하늘의 천사들도, 아들도 모르고 오직 아버지만 아시느니라."[94] 그의 '무지'는 무지로 제자들을 보존하고 있다는 것을 의미했다. 그는 그 때 그들에게 계시할 지식을 가지고 있지 않았다.…마찬가지로, 그 사도는 말하기를, "나는 너희와 함께 있는 동안, 예수 그리스도와 십자가에 못박힌 그리스도 외에는 아무것도 알지 않기로 작정했다."[95] 왜냐하면 그는 그리스도의 신성에 관한 보다 심오한 진리들을 받아들일 수 없었던 사람들에게 말하고 있었기 때문이다. … 그는 그들 가운데 있는 동안, 그들이 그로부터 받아들일 수 없었던 지식에 대하여 '무지'했다. 그의 유일한 지식은 그들이 그로부터 받아들이기에 적합했던 지식이었다고, 그는 말했다. 사실상, 그는 '유아들'[96] 가운데서 '알지 못했던' 것을 '성숙한 자들' 가운데서는 알았다. … '무지'는 숨긴 도랑을 '장님' 도랑이라고 부르는 똑같은 관용어에 의해 '은닉'하기 위해 사용된다.　　　　　　*de trin*. 1. 23

(c) 그리스도의 인성의 실재

하나님의 아들이 취한 것은 참된 사람이 아니었고, 그는 여자에게서 태어난 것이 아니라 바라보는 자들에게 가짜 육신과 인간적인 몸의 거짓된 모습을 나타냈다고 말하는 자들의 말을 경청하지 말자. 그 사람들은 모든 창조를 감독하는 하나님의 본질이 전적으로 더럽혀질 수 없다는 것을 모른다. 그럼에도 불구하고 그들은 가시적인 태양이 모든 종류의 물리적인 먼지와 오염을 통과하여 햇빛을 방사하면서도 그들의 매우 깨끗한 순수성을 보존한다는 것은 안다. 만일 그렇다면, 가시적인 순수성은 가시적인 불결과 접촉하여 오염되지 않을 수 있다면, 불가시적이고 불변적인 진리가 전체적인 인간, 인간의 영, 그리고 결과적으로, 인간의 영혼과, 인간의 몸을 입음에 의해 인간을 그의 모든 병에서 해방시킬 때 타락을 피하는 것이 얼마나 더 쉽겠는가.

de agon. Chr. 20

하나님의 아들은 인성을 입고, 그 속에서 인간의 상태에 속하는 모든 것을 견디었다. 이것은 우리가 상상할 수 없는 능력을 지닌 인류를 위한 치유책이다. 만일 하나님의 아들의 겸손이 치유하지 않는다면, 어느 자만심이 치유될 수 있을까? 만일 하나님의 아들의 빈곤이 치유하지 않는다면, 어느 탐욕이 치유될 수 있을까? 혹은 만일 하나님의 아들의 인내가 치유하지 않는다면, 어느 분노가 치유될 수 있겠는가? 마지막으로, 주 그리스도의 몸이 부활함에 의해 치유되지 않는다면 무슨 두려움이 치유될 수 있는가? 인류로 하여금 그 희망들을 일으키고, 그 자신의 본성을 인정하게 하라. 하나님의 작품들 속에서 그것이 얼마나 높은 위치를 차지하는지를 주목하게 하라. 여인들아, 자신들을 경멸하지 말라. 하나님의 아들은 한 여인에게서 태어났다. 그러나 육신의 만족을 열망하지 말라. 왜냐하면 우리는 '남자나 여자가 아니기'[97] 때문이다. 현세의 상을 열망하지 말라. 만일 그렇게 하는 것이 선하다면, 하나님의 아들이 취한 인성도 이렇게 열망했을 것이다. 모욕, 십자가와 죽음을 두려워하지 말라. 왜냐하면 만일 그것들이 인간을 상하게 한다면, 하나님의 아들이 취한 인성은 그것들을 견디지 못했을 것이다.

de agon. Chr. 12

5. 그리스도의 사역

(a) 화해

　　어떤 사람들은 다음과 같이 묻는다. "하나님은 인간들을 죽을 운명인 상태에서 해방시킬 다른 방법을 가지고 있지 않나? 그의 독생자, 그와 함께 영원히 공존하는 하나님이, 인간적인 영혼과 육체를 입고, 인간이 되어, 이리하여 죽을 운명이 되어, 죽기를 원할 필요가 있었을까?" 하나님이 몸을 낮추어 '하나님과 사람들 사이의 중재자인 인간 그리스도 예수'[98]를 통하여 우리를 해방시킨 그 방법이 선하고 하나님의 위엄과 일치한다고 주장함에 의해 이것에 대답하는 것은 충분하지 않을까? 만물이 동등하게 하나님의 능력에 종속되어 있기 때문에, 우리는 하나님이 가능한 한 다른 방법을 가지고 있지 않다는 것을 보여주어서는 안되고, 우리의 불행한 상태를 치유하기 위해서 더 적합한 다른 방법이 존재하지 않거나, 혹은 존재할 수 없다는 것을 보여주어야 한다. 왜냐하면 우리의 희망을 깨우기 위하여, 영원성에 이르는 절망으로부터, 죽어야 할 운명의 바로 그 상태에 의해 의기소침해진, 죽을 마음들을 자유롭게 해주기 위하여, 무엇보다도 필요한 것은 하나님이 우리를 얼마나 귀하게 여기는지에 대한 증거와, 그가 우리를 얼마나 많이 사랑하는지에 대한 증거를 가져야만 한다.

그리고 변경할 수 없이 선하며, 과거의 모습으로 남아있는, 하나님 자신의 아들이 과거의 그가 아닌 것을 우리를 위해 우리로부터 받아야 하며, 거의 본성이 손상되지 않고 몸을 낮추어 우리의 본성을 공유해야 하고, 그의 편에서 보면 이전의 잘못된 가치가 없으면서, 우리의 질병을 져야한다는 것보다 더 분명하고 설득력있는 증거가 있을 수 있을까? 따라서 우리를 위한 하나님의 위대한 사랑을 우리가 믿게 되었을 때, 그리고 우리가 도달하기에 절망했던 것을 희망하게 되었을 때, 그는 분에 넘치는 관대함으로, 어떤 선도 없이, 오히려 나쁜 가치가 있는 우리에게 그의 선한 선물들을 줄 것이다.

그러나 "그의 피로 의로워졌다"[99]라는 말의 의미는 무엇인가? 나는 요구한다. 신자들이 그의 피로 의로워지는, 이 피 속에는 무슨 권능이 있는가? 그리고 "그의 아들의 죽음을 통하여 화해된"[100]이라는 말의 의미는 무엇인가? 그것은 참으로, 아버지 하나님이 우리에게 분노했을 때, 그가 우리를 위해 자기 아들의 죽음을 보고, 진정된 경우인가? 그의 아들이 진정되었고, 그만큼 그가 몸을 낮추어 우리를 위해 죽기까지 했으며, 한편 아버지는 너무 분노해서 자기의 아들이 우리를 위해 죽지 않는다면 진정될 수 없을 것이라고, 우리가 생각할 수 있는가? "이방들의 선생"[101]이라는 말의 뜻은 무엇일까? "이것에 직면해서, 우리는 무엇이라고 말할 수 있을까? 만일 하나님이 우리 편이라면, 누가 우리를 대적하겠는가? 하나님은 자기 자신의 아들을 싫어하지 않고, 우리 모두를 위하여 그를 포기했다. 이 선물로, 그는 우리에게 그의 모든 선물들을 줄 수 없겠는가?"[102] 만일 하나님이 이미 진정되지 않았다면, 아낌없이 우리를 위해 자기 자신의 아들을 주었을 것이라고 생각할 수 있는가? 여기에는 모순이 없는가? 한 구절은, 아들이 우리를 위해 죽었고 그의 죽음에 의해 아버지는 우리에게 화해되었다고 말한다. 다른 구절은, 마치 아버지가 전에 우리를 사랑한 것처럼, 스스로 자기의 아들을 주었다고 말한다. … 또한 "그는 나를 사랑하사, 나를 위하여 자신을 버렸다"[103]라는 구절이 그에 대해서 말해지기 때문에, 아들은 그의 뜻을 거스리는 것처럼 포기되지 않았다. 모든 것은, 동등하고 조화로운 활동 속에서, 아버지, 아들, 그리고 그 둘의 성령의 결합된 사역이다. 그러나 '우리는 그리스도의 피로 의로 워졌고', '그의 아들의 죽음을 통하여 하나님께 화해되었다'. 나는 어떻게 이것이 우리의 당면한 목적에 충분할 수 있는지를 최선을 다해 설명할 것이다.

de trin. 13. 13, 15

(b) 악마에 대한 승리

첫번째 사람의 죄는 탄생할 때 두 성의 교제에 의해 태어난 모든 사람들에게 넘어갔고, 첫번째 부모의 죄(debt)가 그들의 모든 후손들을 속박했기 때문에, 일종의 신적인 정의에 의해 인류는 악마의 권세에 넘겨졌다. … 인간이 악마의 세력에 넘어가는 방법은 그것은 하나님의 행위라거나 하나님의 명령의 결과라는 의미로 이해되어서는 안된다. 오히려 그는 단지 그것을 허용했지만 정의로 그렇게 한 것이다. 하나님이 죄인을 버렸을 때, 죄의 선동자가 갑자기 들어왔다. 그러나 하나님은 그의 창조물에게, 자신이 창조주이며 생명을 주는 하나님으로서, 그리고 형벌의 고통 가운데서조차, 악한 인류를 위해 선한 것들을 많이 공급하는 자로서, 나타내지 않을 정도로 자기의 창조물을 버리지는 않았다. 그는 진노 중에 자기의 자비를 보류하지 않았다.[104] 또한 그는 인간으로 하여금 악의 권세로 넘어가게 허용했을 때, 자기의 능력의 범위로부터 벗어나도록 하지도 않았다. 악마 자신조차 전능하신 자의 권세로부터 제거되지 않았고, 그의 선으로부터 제거되지도 않았다. 모든 생명의 근원인 그를 통하지 않고는, 어디에서 악한 천사들조차 존재를 이끌어낼 수 있었을까? 이런 식으로 범죄는 하나님의 정의로운 분노를 통하여 사람을 악마에게 종속시켰다. 한편 하나님의 관대한 화해를 통하여, 죄의 사면이 인간을 악마로부터 구했다.

하지만, 악마는 하나님의 권세에 의해서가 아니라, 그의 정의에 의해 정복되어야만 했다. 전능자보다 더 권세있는 것이 무엇일까? 어떤 창조물의 권세가 창조주의 권세와 비교될 수 있을까? 그러나 자신의 사악함으로 왜곡된 악마는 권력을 사랑하게 되고, 정의를 버리고 그것을 공격했다. 왜냐하면 인간도 정의를 소홀히 하고 미워하기조차 하며 권력을 지향하고, 권세욕으로 자극되거나 획득하는 것에 만족해 하는 한, 이런 식으로 악마를 모방하는 것이기 때문이다. 그러므로 하나님은 악마의 권세로부터 사람을 구하기 위해, 악마는 권세로가 아니라 정의로 정복되어야 한다고 판단했다. 권세가 악한 것으로 회피되기 때문이 아니라, 올바른 질서가 유지되어야 하며 정의가 선행해야 하기 때문이다.

그리고 악마가 정복되는 그 정의는 무엇인가? 참으로 그것은 그리스도의 정의이다. 그리고 어떻게 그는 정복될까? 왜냐하면 비록 그리스도가 자기 안에서 죽을 만한 것을 아무것도 발견하지 못했을지라도, 악마가 그리스도를 죽게 했기 때문이다. 그리고 아무 채도 없는데도 악마가 죽음에 넘겨준 그를 믿을 때 그가 생각한 채무자들이 해방되어야 한다는 것은 확실히 올바른 것이다. … "이 세상의 왕자가 오고, 그리고 그가 나에게서 아무것도(즉, 아무 죄도) 찾지 못했다. 그러나, 내가 나의 아버지의 뜻을 행하는 것을 모든 사람이 알도록, 일어나, 여기서 떠나자."[05] 그리고 그는 거기서부터 고난받으러 계속 갔고, 그래서 그는 그 자신이 빚지지 않은 것을 채무자들인 우리를 위해 값을 지불하였다. 그리스도가 정의로보다는 오히려 권세로 그를 다루려고 판단했다면, 악마의 정복이 완전히 공의롭게 성취될 수 있다는 것이 사실일까? 그러나 사실상 그리스도는 먼저 적합한 행동을 하기 위해 권세 사용을 연기했다. 그리고 이 이유 때문에 그가 인간이며 하나님이 되는 것이 필연적이었다. 왜냐하면 만일 그가 인간이 아니었다면, 그는 죽을 수 없었을 것이기 때문이다.

만일 그가 하나님이 아니었다면, 인간은 그가 자기의 권세를 행사하기를 원하지 않았다는 것을 믿지 않고, 그는 자기의 뜻을 성취할 권세가 없었다고 믿었을 것이며, 우리는 그가 정의를 더 좋아했다고 생각하지 않고, 권세가 없다고 생각할 것이다. 하지만 그는 인간이었기 때문에 우리를 위해 인간적인 고통을 견디었다. 만일 그가 그렇게 하기를 원했다면, 그는 또한 하나님이었으므로, 이러한 고난을 피할 수 있었을 것이다. 그러므로 만일 그가 그렇게 하기를 원했다면, 그의 신성 안에 있는 강력한 권세는 굴욕을 피할 수 있었기 때문에, 정의는 인성 안에서 더 매력적인 것으로 되었다. 이리하여 한 사람의 죽음에 의해 그렇게 강력한 정의가 실증되고, 무력하게 죽을 우리에게 권능이 약속되었다. 그는 자기의 죽음으로 정의를 실증하고, 부활에 의해 권능을 약속했다. 정의를 위하여, 십자가의 죽음까지 가는 것보다 더 정의로운 것이 있을 수 있을까? 죽은 자들로부터 일어나고, 육신을 입고 죽은 바로 그 육신을 가지고 하늘로 올라가는 것보다 더 큰 권능의 행위가 무엇인가? 우선 정의가 악마를 정복하고, 그 다음 권능이 정복했다. 정의는, 그는 죄가 없고 가장 부당하게 악마에 의해 죽음에 넘겨졌기 때문이고, 권능은, 그가 죽음 후에 다시 살고, 그 후에 결코 죽지 않기 때문이다. 비록 그리스도가 악마에 의해 죽음에 넘겨질 수 없을지라도, 권세는 악마를 정복할 것이다. 그럼에도 불구하고 계속 사는 것에 의해 죽음을 피하기보다, 부활에 의해 죽음 자체를 정복하는 것은 더 큰 권능을 보여주었다. *de trin.* 13. 16-18

만일 그리스도가 죽음에 넘겨지지 않았다면, 죽음은 사라지지 않았을 것이다. 악마는 자신의 승리의 트로피에 의해 정복되었다. 악마는 첫번째 사람을 유혹하여 그를 죽음에 던져버렸을 때 기뻐서 날뛰었다. 첫번째 사람을 속임에 의해 그는 그를 죽였고, 마지막 사람이 죽음으로써, 악마는 자기의 올가미로부터 첫번째 사람을 잃어버렸다. 우리 주 예수 그리스도의 승리는 그가 일어나서 하늘로 올라갔을 때 왔다. 그리고 나서 요한계시록의 "유다지파의 사자가 그 날 이기었다"[106)]라는 말이 성취되었다. 어린양으로서 죽임당한 그는 사자라 불리었다. 사자라 불린 것은 그의 용기 때문이며, 어린 양이라 함은 그의 결백함 때문이다. 사자라 함은 정복되지 않기 때문이며, 어린양이라 함은 그의 온순함 때문이다. 죽임당한 어린양은 그의 죽음에 의해 '삼킬 자를 찾으며 두루 다니는'[107] 사자를 정복했다.(악마는 용감하기 때문이 아니라, 잔학성 때문에 사자라 불린다) … 그리스도가 죽었을 때 악마는 기뻐서 날뛰었다. 그리고 그리스도의 바로 그 죽음에 의해 악마는 정복되었다. 말하자면, 그는 쥐덫에 있는 미끼를 먹은 것이다. 그는 자신이 죽음의 명령자라 생각하면서, 그 죽음을 보고 기뻐했다. 그러나 그의 기쁨을 유발한 것은 그의 앞에서 미끼를 매달았던 것이다. 주님의 십자가는 악마의 쥐덫이었다. 그를 잡은 미끼는 주님의 죽음이었다.[108]   *serm.* 261. 1

    악마에 의해 죽임당한 그가 다시 일어났을 때, 악마가 정복당하는 것을 보는 것은 어렵지 않다. 악마가 이겼다고 생각했을 때, 즉 그리스도가 죽음에 넘겨졌을 때 악마가 정복당하는 것을 보는 것은 더 중요하고, 그것은 더 심오한 통찰력을 요구한다. 왜냐하면 그 때 그 피는, 전혀 죄가 없었던 자의 피가 우리의 죄를 사면하기 위해 쏟아지고, 그 결과 악마는 유죄로, 죽음의 선고 아래 있는 자들을 자기의 권세에 당연히 두었지만, 전혀 죄가 없었을 때 그릇되게 죽음의 벌을 입힌 자 때문에, 그는 그들에 대한 통제권을 당연히 상실할 것이다. … 이 구속에서 그리스도의 피는 우리를 위해 대가로 주어졌다. 그러나 그것을 받아들임으로써 악마는 부유해지지 않고, 속박되었다. 그래서 우리는 그의 올가미에서 우리 자신을 해방시킬 수 있고, 그리스도가 값없이(그는 어떤 빚도 지지 않았기 때문에) 자기 피를 흘림으로써 모든 부채로부터 구속한 자들 중 한 사람도, 그 악마에 의해 죄의 올가미에 걸려, 두번째의 영원한 죽음의 운명으로 끌려가지 않을 것이다. 그래서 예지되고 예정되고[109] 세상이 생기기 전에 선택되었으며, 그리스도의 은총에 도달하는 자들은 그리스도가 그들을 위해 죽는 한에서만 죽을 것이다—그 죽음은 영혼의 죽음이 아니라 육체만의 죽음이다.   *de trin.* 13. 19

(c) 모범

    자기 아들의 죽음에 의한, 하나님에 대한 우리의 화해가, 상호 미움이 상호 애정으로 바뀌는 적들의 화해와 같이, 그것의 결과가 하나님이 미워했던 자들을 사랑하기 시작한 것이라는 의미로 이해되어서는 안된다. 우리는 우리를 사랑하고, 죄 때문에 우리가 적의를 가지고 있는 자에게 화해되었다. 그 사도는 나의 진술의 진실을 지지해 준다. "우리가 아직 죄인 되었을 때에 그리스도께서 우리를 위해 죽으심으로 하나님께서 우리에 대한 자기의 사랑을 확증하셨느니라."[110] *in ev. Jo. tract.* 110. 6

주님이 오신 주요한 이유는 하나님이 우리에 대한 자기의 사랑을 확증하는 것이었다. 그리고 그것은 설득력을 가진 확증이다. 왜냐하면 "그리스도는 우리가 아직 죄인이었을 때 우리를 위해 죽으셨기 때문이다." 그는 사랑이 율법의 성취이며 목적이기 때문에 이러한 확증을 주었다.[111] 그는 우리가 답례로 그를 사랑하고, 또한 그가 우리를 위해 자기의 생명을 희생한 것과 같이, 우리가 우리의 형제들을 위해 우리의 생명들을 희생하도록 하기 위해 확증을 주었다.[112] 우리를 위한 하나님의 사랑이 먼저 왔다. 그는 자기의 독생자를 아끼지 않고, 우리 모두를 위해 내어주었다.[113] 만일 한 번 우리가 사랑하는 하나님으로부터 피했다면, 이제 그의 사랑에 응답하는 것으로부터 피할 수 있을까? 사랑하는 데 있어서 주도권을 갖는 것보다 더 큰 사랑의 자극물을 제공할 수 없다. 그리고 사랑을 주는 것뿐만 아니라 그것에 보답하는 것을 거부하는 것은 참으로 굳은 마음이다. …

그런데 만일 열등한 자가 우월한 자에 의해 사랑을 받을 수 있다는 희망을 상실할 경우, 그 우월한 자가, 자기도 모르는 사이에, 몸을 낮추어 애정을 보인다면, 그는 놀라웁게도 자극을 받고 사랑할 것이다. 자기의 이익을 생각하지 않고 그에게 그러한 은혜를 베풀기까지 하는 자를 향한 그의 사랑은 얼마나 위대한가. 심판관인 하나님의 우월성보다 더 위대한 우월성이 있을 수 있으며, 죄인인 인간의 상태보다 더 절망적인 상태가 있을 수 있겠는가? 왜냐하면 인간은 자신을 교만의 권력을 지배하는 것에 종속시켰고, 그러므로 그만큼 더 그가 약함을 통해 고양되는 것을 목적으로 하지 않지만, 선에 의해 고양되는 그 권력에 대한 관심의 대상이 될 수 있다는 희망이 없었기 때문이다. 이리하여 그리스도가 온 주요한 이유는 인간이 하나님의 사랑의 위대성을 인정해야 한다는 것이었다. 그리고 그것을 인정하여 인간은 사랑이 먼저인 그를 사랑하도록 북돋아지고, 사랑함에 의해 자기의 이웃이 아니었으나 멀리 유랑했던 자가 그의 이웃이 된 자의 예를 따라 그리고 그 명령대로, 그는 자기의 이웃들을 사랑할 것이다.

    모든 성서는 주님이 오신 것을 주목하도록 돕는다. … 신약성서는 구약 속에 숨겨있다. 구약성서는 신약 속에서 조명된다. 비영적인 존재들은 이 숨은 의미를 알지 못하고, 옛날처럼, 이제 그들은 형벌에 대한 두려움에 종속되어 있다. 한편 이 계시를 통해 예날에 믿음으로 노크했던 영적인 사람들은 그들에게 열려있는 감춰어진 것들을 발견했고, 이제 교만 없이(교만이 그들로부터 열려진 것을 가리지 않도록) 그들의 영적인 오성에 의해 구하는 자들은 사랑의 선물을 통하여 자유로워졌다. 질투보다 사랑에 더 반대되는 것은 아무것도 없고, 질투의 어머니는 교만이다. 하나님-인간인 주 예수 그리스도는 우리를 향한 하나님의 사랑의 확증이며 동시에 인간이 다른 사람에게 보여야 되는 겸손의 모범이어서, 우리의 교만이 크게 팽창하는 것은 더 큰 자비의 약에 의해 치유될 수 있을 것이다. 인간의 교만은 큰 불행이다. 이 사랑은 말하자면 너희가 말하는 모든 것을 돌려야 하는, 너희 앞에 놓인 목적이다. 그리고 너희들의 모든 서신이, 너희가 말하는 그가 들음으로 믿을 수 있고, 믿음으로 소망하고, 소망함을 통해 사랑하는 그러한 것이 되도록 하라.
de cat. rud. 7. 8

    주 예수 그리스도를 믿는 우리의 신앙 속에서, 우리의 구원에 영향 미치는 것은 우리가 그에 관하여 가지는 심상이 아니다. 왜냐하면 그 심상은 실제와 훨씬 거리가 있을 수 있기 때문이다. 그것은 오히려, 외모에 관하여, 우리가 인간에 대하여 가지는 개념이다. 내가 의미하는 바는, 우리로 하여금 어떤 사람을 인지하게 할 수 있는 표준으로서, 혹은 이러한 개념에 대하여 대답하는 어느 것을 우리가 볼 때, 인간에 대한 묘사로서, 우리의 마음 속에 고정된 인성에 관한 개념을 우리가 가지고 있다는 것이다. 우리를 향한 하나님의 사랑의 실증으로서, 그리고 겸손의 모범으로서, 하나님이 우리를 위해 인간이 되었다는 것을 우리가 믿을 때 우리의 사고를 지배하는 것이 바로 이 개념이다. 왜냐하면 한 여인에게서 태어나고, 매우 불명예스럽게, 죽을 인간들에 의해 죽음으로 인도된 점에 있어서 하나님의 겸손은 팽창하는 우리의 교만을 치유하는 최고의 치유책이며, 죄의 속박을 푸는 심오한 신비라는 것을, 우리의 마음 속에 견고하고 흔들리지 않게 품는 것과, 그리고 믿는 것은 우리의 이익을 위한 것이기 때문이다. *de trin.* 8. 7

인간은 신적인 도움으로 그러한 상태에 남아 있을 수 있으며, 한편 자기 자신의 선택을 발휘함으로써 왜곡될 수 있는 그러한 방법으로 올바르게 창조되었다. 그가 채택하는 과정이 무엇이든지, 하나님의 목적은 그에 의해서나 그에 관한 그밖의 다른 사람에 의해 성취될 것이다. 그러므로, 그는 하나님의 뜻보다 자기 자신의 뜻을 더 좋아했기 때문에 하나님의 목적은 — 그의 혈통에서 생긴, '멸망의 집단'으로부터, '하나는 귀히 쓸 그릇으로, 다른 하나는 천히 쓸 그릇으로 만들어서 아무도 인간 안에서 자랑하지 못하게 했고'[114], 결과적으로 자신 안에서 자랑하지 못하게 했다는 점에서 — 인간에 관해서 이루어졌다. 왜냐하면 예수 그리스도가 또한 하나님이 아니었다면, 우리는 '하나님과 인간 사이의 한 중재자인 인간 예수 그리스도'[115]라는 수단에 의해서조차 자유로워지지 않았을 것이기 때문이다.

아담이 창조되었을 때, 그는 확실히 의로웠고, 중재자의 필요성이 전혀 없었다. 하지만, 죄가 인류와 하나님 사이에 넓은 틈을 만들었을 때, 우리가 하나님께 화해되어야 하고, 탄생, 생명, 그리고 처형에 있어서 홀로 죄가 없었던 중재자라는 수단에 의해 영생으로의 부활까지 이르러야 되는 것이 필연적이었다. 그래서 인간의 교만은 폭로되고 하나님의 겸손에 의해 치유되어야 하며, 인간이 되살아났고, 그리고 하나님-인간을 통해 복종의 모범이 인간의 교만에 주어진 것은 하나님의 성육신을 통해서였기 때문에, 인간은 하나님으로부터 얼마나 멀리 떠났는지 나타내져야 한다. 그래서 은총의 원천은 선행하는 공로 때문이 아니라, 독생자에 의한 '종의 형체'[116]를 취함에 의해,

열려졌다. 그리고 구속받은 자들에게 약속된 신체적인 부활의 확증은 구속자 자신의 위격 속에서 미리 주어졌다. 악마는 자기가 꾀어들였다고 즐겨 생각한 바로 그 본성에 의해 정복되었다. 그러나 인간은 교만이 다시 일어나지 않도록 하기 위해, 자랑해서는 안된다. 그리고 그것으로부터 이익을 얻는 자들에 의해 보여지고 묘사될 수 있는, 혹은 그것들이 묘사될 수는 없을지라도, 보여질 수 있는, 중재자의 강력하고 신비한 사역의 다른 결과들이 있다.

enchir. 108

"말씀이 육신이 되어, 우리 안에 거하였다."[117] 하나님으로부터 존재한 지혜는 몸을 낮춰 인간들 가운데서 또한 창조되었다. 이것은 "주님이 태초에 나를 창조했다"[118]는 말에 대한 언급이다. 태초는 교회의 머리, 즉 인성을 갖춘 그리스도인데, 그 결과 우리가 하나님께 올 수 있는 확실한 길인, 겸손의 모범을 그를 통하여 받을 수 있었다. 우리가 타락한 것은 바로 교만을 통해서였다("먹어보라, 그러면 너희가 하나님과 같이 될 것이다"[119]라는 말은 첫 번째로 창조된 사람에게 들려진 말이었다). 우리는 겸손을 통해서만 돌아갈 수 있다. 그래서 우리의 구속자 자신은 몸을 낮춰 몸소, 우리가 돌아가야만 하는 길인, 겸손의 모범을 보였다.

de fid. et symb. 6

(d) 모범보다 더 많은 것

영적이지 않은 사람은 … 하나님의 성령에 속한 것들, 즉 그리스도의 십자가에 의해 신자들에게 수여된 은총을 이해하지 못한다. 그는 그 십자가의 유일한 결과는 우리가 진리를 위해 죽기까지 싸우는 모범을 우리에게 제공하는 것이라고 생각한다. 만일 단지 인간적인 표준들을 초월하여 일어나는 것을 거부하는, 이러한 형의 사람들은, 그리스도가 십자가의 못박힘 속에서 "하나님에 의해 우리의 지혜, 의로움, 거룩함, 그리고 구속이 되었고, 그래서 성서가 말하는 것처럼, '만일 누구든지 자기 상황에서 기뻐한다면, 주 안에서 기뻐하라'"[20] 라는 것을 안다면, 만일 그들이 이것을 안다면, 의심할 여지 없이 그들은 기뻐함에 대한 이유들을 사람들 안에서 찾지 못할 것이다.

ion ev. Joh. tract. 98. 3

(e) 그리스도의 희생적인 죽음

우리는 죄를 통해 죽음에 이르렀고, 그는 의를 통해 죽음에 이르렀다. 그러므로, 죽음은 죄에 대한 우리의 형벌이므로, 그의 죽음은 죄에 대한 희생이 되었다. *de trin.* 4. 15

우리를 위해 제공된 가장 실재적인 희생인, 그의 죽음에 의해 그는, 권품 천사들(principalities)과 권세들이 우리의 형벌 때문에 우리를 구금할 정당한 이유를 주는 죄가 어떤 것일지라도, 그것을 제거하고, 폐지시키고, 멸절시켰다. *de trin.* 4. 17

희생에 의해 자기 자신의 죄를 제거할 필요가 없고, 또한 원죄도 없으며 인간으로 사는 동안 저질러진 부가적인 죄도 없는, 하나님의 독생자만큼 그렇게 의롭고 거룩한 제사장이 있을 수 있을까? 그리고 인간의 육신보다 더 적합한 인간들을 위한 제물이 인간들로부터 취해질 수 있을까?[121] 죽을 육신보다 이 제물에 더 적합한 것이 무엇인가? 그리고 인간들의 허물을 씻기에, 욕망으로 타락하지 않고, 동정녀의 자궁 안에서, 그리고 동정녀의 자궁으로부터 소생한 육신만큼 깨끗한 제물이 무엇이 있을까? 그리고 무엇이 우리 제사장의 몸을 만든 육신인, 우리의 희생제물인 육신만큼, 받아들일 만하게 제공될 수 있고, 쉽게 받아들여질 수 있었을까? 모든 희생에는 고려할 사항이 네 가지가 있는데, 누구에게 제공될 것인가, 누구에 의해 제공되는가, 무엇이 제공되는가, 누구를 위해 제공되는가가 그것이다. 그래서 참된 한 분 중보자[122]가 우리를 하나님께 화해시켰고, 이 점에서 그는 그가 봉헌한 자와 함께 남아있고, 그가 위하여 바친 자들의 일원이 되었고, 그리고 자신이 바치는 자이며 제물이었다. *de trin.* 4. 19

6. 성령

(a) 성령의 보냄

성령은 아버지와 아들과의 단일체이다. 왜냐하면 그 셋은 '하나'이기 때문이다.[123] 아들의 '출생'이 아버지로부터 유래하는 것처럼, 그의 '파송'은 이렇게 유래된 그를 인정하는 것이다. 그리고 '하나님의 선물'이라는 성령의 성격이 아버지로부터의 발출을 의미하는 것처럼, 그렇게 그의 '파송'은 이렇게 발출한 그를 인정하는 것이다. 우리는 성령이 또한 아들로부터도 발출하지 않았다고 말할 수 없다. 왜냐하면 그렇다면 그가 아버지와 아들의 성령이라는 진술이 무의미하기 때문이다. 또한 나는 아들이 자기의 제자들의 얼굴에 숨을 내쉬며, "성령을 받으라"[124]라고 말했을 때 아들이 그밖의 무엇을 의미했는지를 알 수 없다. … 이것은 적합한 상징에 의해, 성령이 아버지로부터 뿐만이 아니라 아들로부터도 발출한다는 실증이었다. … 주님은, "내가 아버지로부터 너희에게 보낼"[125] [성령]이라고 말했고, '아버지가 나로부터 보낼' [성령]이라고 말하지 않았다. 즉, 그는 아버지가 전체적인 신성, 혹은 더 좋은 것, 신성의 본원이라는 것을 보여준다. 그러므로 아버지와 아들로부터 발출하는 그는 아들의 출생의 근원이 되는 자에게 속한다. "성령은 아직 주어지지 않았다…"[126]라는 복음서 저자의 진술은, 전에 결코 존재하지 않았던 그러한 것으로서의 성령을 특별히 주거나 보내는 것은 그리스도가 영광받은 후에 발생할 수 있다는 의미로만 취해질 수 있다. 전에는 파송이 없었기 때문이 아니라, 그와 같은 것이 하나도 없었다. *de trin.* 4. 29

(b) '발출'(Procession)

너희는 나에게 묻는다. "아들이 아버지의 본질로부터 나오고, 성령도 나오므로, 어떻게 전자는 아들이고, 후자는 아닌가?" 나의 대답은 이렇다. "아들은 아버지로부터 오고, 성령도 아버지로부터 오지만, 전자는 출생하고, 후자는 발출한다. 그래서 전자는 아버지의 아들로, 아버지에게서 아들이 출생된다. 후자는 둘로부터 발출하기 때문에, 둘의 성령이다. 그러나 아버지가 그러한 아들을 낳았다는 점에서, 그리고 또한 성령이 발출해야 하는 근원이 되도록 그에게 주어진 자를 낳는다는 점에서, 아버지는 그의 발출의 근원이기 때문에, 아들은 '아버지로부터 발출하는'[127] 성령에 대해서 말한다."

c. Maxim. 2. 14, 1

아들이 아버지로부터 무시간적으로 출생했다고 이해하는 사람은 누구든지 성령이 둘로부터 무시간적으로 발출했다고 이해할 수 있다. "아버지가 자기 안에 생명이 있음 같이 아들에게도 생명을 주어 자기 안에 있게 했다"[128]고 아들이 말했을 때, 그것은 아버지가 지금까지 생명이 없었던 아들에게 생명을 주었다는 것을 의미하는 것이 아니라, 아버지가 아들을 낳을 때 아들에게 주었던 생명이 그것을 준 아버지의 생명과 영원히 공존하는 그러한 방법으로, 그는 아들을 무시간적으로 낳았다는 것을 의미한다. 그리고 이것을 이해할 수 있는 사람은 누구든지, 아버지가 자신 안에 성령을 발출할 가능성을 가진 것처럼, 그는 아들에게 똑같은 성령이 그로부터 발출하도록 해주었으며, 그리고 그 두 경우에 무시간적으로 그렇게 했다는 것을 이해할 수 있다. … 아들이 가진 것은 무엇이든지 아버지로부터 가진다. … 비록 우리가 성령을 '출생한'이라는 말로 묘사하지 않을지라도, 우리는 감히 그를 '출생하지 않은'이라는 말로 일컫지 못하는데, 그것은 그러한 용어가 삼위일체 속에 두 아버지들이 있다거나 혹은 파생하지 않은 두 존재들이 있다고 생각하도록 유도하지 않도록 하기 위해서이다. 왜냐하면 오직 아버지만이 파생되지 않고, 그러므로 그만이 홀로 '출생하지 않은'이라는 말로 불릴 수 있기 때문이다. 비록 이 용어가 성서에 있지 않고, 사람들이 그렇게 어려운 일을 가르침에 있어서 그들이 구사할 수 있는 가장 적당한 용어를 사용해야 할 때 신학적인 논쟁에서 일반적으로 사용하는 것일지라도 그렇다. 아들은 아버지에게서 나고, 성령은 궁극적인 근원인 아버지로부터 발출한다. 그리고 아버지의 선물에 의하여 그리고 시간의 간격 없이, 그는 둘로부터 공동으로 발출한다.

de trin. 15. 47

성령은 아버지로부터 발출하여 아들에게로 들어가지 않고, 피조물들을 거룩하게 하기 위해 아들로부터 발출하지 않는다. 그는 둘로부터 동시에 발출한다. 비록 그가 아버지 자신으로부터 발출하는 것과 같이 또한 아들로부터 발출하는 것이 아버지의 선물에 의한 것일지라도 그렇다.

de trin. 15. 48

(c) 사랑의 줄

성령은 아버지와 아들의 동등성과 본질의 똑같은 단일체 안에 존재한다. 그가 그 둘의 연합이거나, 혹은 거룩이거나, 혹은 그가 그 사랑이기 때문에 단일체이고, 그가 거룩이기 때문에 사랑인지, 그 두 위격들이 그들 자신들보다는 다른 줄에 의해 결합되어 있다는 것은 명백하다. … 그러므로 성령은 그것이 무엇이든지, 아버지와 아들에게 공통인 무엇이다. 그러나 그들의 친교 자체는 동일 본질적이고 영원히 공존하는 것이다. 만일 그것이 적당하게 '우정'이라 불릴 수 있다면, 그 칭호는 도움이 될 것이다. 그러나 보다 더 적합한 용어는 '사랑'이다. 그리고 하나님이 '본질'이고 '하나님은 사랑'이기 때문에 이것은 '본질'이다. 이리하여 세 위격들이 있고, 셋 이상이 되지 않는다. 자신으로부터 유래된 자를 사랑하는 자, 자기 자신이 유래된 자를 사랑하는 자, 그리고 그들의 상호적인 사랑. *de trin.* 6. 7

만일 그 때 셋 중의 하나가 그의 고유한 이름으로서 사랑이라 불린다면, 이것이 성령이어야 한다는 것보다 무엇이 더 적당할까? 내가 의미하는 것은, 그 단순하고 지고한 본성 속에서 '본질'과 사랑이 별개의 것은 아닐 것이라는 것이다. 그러나 아버지, 아들 혹은 성령 안에 있든지, 사랑 그 자체는 '본질'이어야 하고, 사랑은 실체가 있다. 그럼에도 불구하고, 고유한 이름으로서, 사랑은 성령의 칭호여야 한다. *de trin.* 15. 29

그렇다면 성령은 그가 주어지는 자들에게 주어지는 한에서만 하나님의 선물이다. 자신 안에서 그는 하나님이며, 마치 아무에게도 주어지지 않는 것처럼 존재한다. 왜냐하면 그는 누구에게 주어지기 전에, 하나님이며, 아버지와 아들과 영원히 공존하기 때문이다. 또한 그는 그들이 주고, 그는 주어진다는 점에서 그들보다 열등하지 않다. 왜냐하면 하나님의 선물로서 그는 주어지지만, 하나님으로서의 그는 동시에 자신을 주기 때문이다. 그는 자유롭지 못하다고 말해질 수 없다. 왜냐하면, 그에 대해 이렇게 언급되기 때문이다. "성령은 그가 원하는 곳으로 분다."[129] 그리고 (그 사도의 저서 속에서) "이 모든 일은 같은 한 성령이 행하사 그 뜻대로 각 사람에게 나눠 주시느니라."[130] 여기에는 주는 자들이 주어지는 것에 대해 구속하거나 통제하는 것이 없지만, 주어진 것과 주는 자들의 일치가 있다. *de trin*. 15. 36

만일 '하나님의 뜻'이 삼위일체 중 한 분에게 고유한 이름으로 돌려진다면, 사랑이 그러한 것처럼, 그것은 성령에 가장 어울린다. 왜냐하면 사랑 외에 그밖의 무엇이 의지이겠는가? *de trin*. 15. 38

[삼위일체와 인간의 마음]의 유비에서 우리의 의지, 혹은 더 강한 종류의 의지인 사랑을 제외하고는 성령에 비유될 수 있는 것이 아무것도 없다는 것을, 나는 지적하였다.[131] *de trin*. 15. 41

그 이상의 문제가 제기되었다. 아들이 그의 출생함으로부터 아들의 신분뿐만 아니라 그의 실제적인 존재를 이끌어내는 것처럼, 또한 성령도 자기의 주어진 존재로부터 선물로서의 자기의 특징뿐만 아니라 자기의 실제적인 존재를 이끌어내는지의 문제. 그러므로 그는 주어지기 전에 존재했지만, 선물은 아니었는지의 문제, 혹은 하나님이 그를 줄 수 있다는 점에서, 그는 주어지기 전에조차 선물이었는지의 문제. 그러나 만일 그가 주어질 때 외에 발출하지 않는다면, 그는 분명히 그가 주어질 누군가가 있을 때까지는 발출할 수 없을 것이다. … 성령은 시간 안에서만이 아니라, 영원으로부터 언제나 발출하는가? 그러나 그는 잠재적으로 선물이 되기 위해 발출했기 때문에, 그는 어떤 수령자가 있기 전에도 이미 선물이었다. … 왜냐하면 선물은 그것이 주어지기 전에 존재할 수 있기 때문이다. … 성령은 영원히 선물이지만,

그 선물은 시간 속에서 주어진다.　　　　　　　　　　*de trin.* 5. 16

7. 삼위일체

(a) 셋과 하나

〔비둘기와 불같은 혀들처럼, 가시적인 징표들로 나타난 성령.〕 같은 하나의 본질로 된 아버지, 아들, 그리고 성령은 창조주 하나님, 전능한 삼위일체 같은 활동 속에서 분리될 수 없다. 그러나 이 활동은 그렇게 매우 다르고 매우 물리적으로 창조된 것들을 통하여 작용할 때 분할할 수 없는 것으로 보여질 수 없다. 물리적인 소리를 내는 우리의 목소리라는 수단에 의해 '아버지', '아들', 그리고 '성령'이라는 이름들은 단지, 각 이름이 차지하는 시간의 간격들에 의해 나뉘어져, 독립적으로 발설될 수 있는 것과 똑같다. 그들이 그들 자신의 '본질' 속에 존재하기 때문에, 그 셋은 단일체이다…어떤 시간의 간격들이 없으며, 영원에서 영원으로 불변하는 단일체이다…그러나 그들은 동시에 명명될 수 없고, 적혀질 때 그들은 독립된 공간을 차지한다. 다시 말해, 내가 나의 기억, 지성, 그리고 의지를 명명할 때, 그 다른 이름들 각자는 단일한 실재들을 언급하지만, 그 세 실재물들은 모두 개체적인 이름들을 산출하는 데 있어서 모두 일체된다(왜냐하면 이 이름들 각자는 기억, 지성, 그리고 의지가 활동한 결과이기 때문이다). 아버지의 목소리, 아들의 육신, 성령의 사랑―비록 그러한 표현들이 각각의 위격들에 돌려질지라도, 그들 각자는 삼위일체의 결합된 활동에서 기인한다.　　*de trin.* 4. 30

동일한 삼위일체 안에서 각각의 위격들에 적당한 술부들은 그들의 상호 관계들, 혹은 피조된 존재들에 대한 그들의 관계들을 언급한다 … 그러나 '하나님은 영이기'[132] 때문에, '성령'은 삼위일체 전체에 관하여 서술될 수 있다. 아버지와 아들은 둘 다 '성령'이고 둘 다 '거룩하다'. … 그러나 삼위일체에서 고유한 이름으로서의 성령은, 아버지와 아들의 성령이므로, 아들과 아버지와 상대적이다. … 성령은 말하자면 아버지와 아들의 표현할 수 없는 교통이다. 그리고 그것은 아마도 아버지와 아들에게 적합한 그의 칭호에 대한 이유일 것이다. … 그들 둘에게 적합한 이름은 그들이 서로 교제하는 것을 나타내며, 이리하여 성령은 둘의 선물이라 불린다. 그리고 이 삼위일체는 오직 선하고, 위대하며, 영원하고, 전능한, 즉 자기 자신의 단일성, 신성, 위대성, 선, 영원성, 전능성을 지닌 한 분 하나님이다.   *de trin*. 5. 12

(b) 하나의 근원

삼위일체의 상호 관계들 속에서 … 아버지는 아들을 낳기 때문에 그의 근원이다. '성령은 아버지로부터 발출하기'[133] 때문에, 아버지가 성령의 근원인지는 쉬운 문제가 아니다. 왜냐하면, 만일 그렇다면, 그가 낳거나 만드는 것에 관련하여 근원일 뿐만 아니라, 또한 그가 주는 것에 관해서도 그렇기 때문이다. 이것은 또한 왜 성령은 또한 아들이 아니며, 그리고 그는 '아버지로부터 왔는지'의 문제에—그 문제는 많은 사람들을 혼동스럽게 하는데— 빛을 던져준다. 왜냐하면 그는 출생한 자로 오지 않고, 주어진 자로 왔기 때문이다. 그러므로 그의 관계는 독생자의 관계가 아니므로, 아들이라 불리지 않는다. 또한 그는 말하자면, 양자가 되도록 창조되지도 않았다. … 만일 어떤 선물이 그것의 근원인 수여자를 갖고 있다면 … 아버지와 아들은 성령의 근원이라는 것이 인정되어야만 한다. 아버지와 아들이 한 분 하나님이고, 창조에 관해서 한 분 창조주이며 주님인 것처럼, 성령에 관련하여 그들은 두 근원들이 아니라 하나의 근원이다. 한편 창조에 관련하여 아버지, 아들, 그리고 성령은—그들이 한 분 창조주이며 한 분 주님인 것처럼—하나의 근원이다.   *de trin*. 5. 15

(c) 본질(Ousia)과 위격(Hypostasis)

하나님 안에 있는 것은 아무것도 변할 수 없기 때문에 우연히(per accidens) 하나님에 관하여 서술될 수 있는 것은 아무것도 없다. 그러나 그것은 모든 것이 '본질'에 관해서는 그에 대해 서술된다는 것이라는 것을 의미하는 것은 아니다. 아들과 관련되는 아버지, 아버지와 관련되는 아들과 같이 상관적인 술어들이 있다. 그러나 그들은 '우연적'인 것이 아니다. 왜냐하면 아들은 언제나 태어나고, 결코 아들로 시작할 수 없으므로 … 아버지는 항상 아버지이고, 아들은 언제나 아들이기 때문이다. … 그러므로, 비록 아들인 것이 아버지인 것과 다를지라도, '본질'의 차이는 없다. 왜냐하면 그 술어들은 상관적이기 때문이다 … 그러나 변화되지 않기 때문에, 우연적이 아니다. *de trin.* 5. 6

무엇보다도, 우리는 그 자체에 관하여 장엄하고 비교할 수 없는 신성에 적용된 용어들이 실재하는 것으로 이해되는 이 입장을 주장해야만 한다. 외적인 관계를 갖는 용어들은 상대적인 것으로 취해져야 한다. 그리고 그러한 것이 아버지, 아들, 그리고 성령 안에서 똑같은 본질을 지닌 힘이고, 그들 자신들에 관하여 각자에 대해 확인되는 것은 무엇이든지, 셋이 함께 숙고될 때 복수로가 아니라, 단수로 취해져야 한다. 왜냐하면 아버지가 하나님인 것과 같이, 아들은 하나님이며, 성령도 하나님이기 때문이다. 그리고 이것이 본질에 관하여 확언되는 것이라는 것을 아무도 의심하지 않는다. 그럼에도 불구하고 우리는 비교할 수 없는 삼위일체가 세 하나님이라고 말하지 않고, 한 분 하나님이라고 말한다. 아버지는 위대하고, 아들도 위대하며, 성령도 위대하다. 그러나 그들은 위대성에서 셋이 아니고, 하나이다. 자기 자신의 존재 안에서 하나님에게 적용되는 술어들은 무엇이든지 각 위격에게 각각 적용된다 … 그리고 삼위일체 자체는 함께 복수로가 아니라 단수로 적용된다. 왜냐하면 하나님 안에서 '존재하는 것'은 '위대한 것'과 동일하기 때문이다. 그러므로 우리가 세 '존재들'에 대해 말하지 않는 것처럼, 그렇게 우리는 세 '위대성'에 대해 말하지 않고, 하나의 '본질'과 하나의 '위대성'에 대해 말한다. '본질'에 의해 내가 의미하는 것은, 희랍어로 ousia라 불리는 것인데, 이것은 우리가 표준적으로 '본질'이라고 부른다.

그들은 또한 hypostasis라는 용어를 사용하는데, 이것을 ousia과 구별시켜준다. 그래서 희랍어로 된 이러한 문제들을 다루는 저자들 중 많은 사람들이 '하나의 본질, 세 개의 위격들'이라는 구절을 채택했다. 이것에 대한 라틴어는 '하나의 essence, 세 개의 substances'일 것이다. 그러나 우리의 용어에서 'essence'는 'substance'와 똑같은 것을 의미하게 되었기 때문에, 우리는 이러한 문구를 사용하는 것을 피한다. 권위있는 많은 라틴 저자들의 어법인 '하나의 Essence 혹은 Substance, 세 개의 Persons'라고 말하는 것을 선호한다. 그들은 말없이 이해하는 것을 말로 표현하는 보다 적합한 방법이 없어서 이 용어를 사용한다. 왜냐하면 참으로, 아버지는 아들이 아니고, 아들은 아버지가 아니며, 하나님의 선물이라 불리는 성령은 아버지도 아니고 아들도 아니기 때문에, 그들은 확실히 셋이다. 그리고 사벨리우스주의자들[134]이 말하는 것처럼 "나와 아버지는(are) 하나이다"[135]라는 말 속에서 'is one'이 아닌 'are one'으로서 복수가 사용된다. 그러나 셋이 무엇이냐는 것이 질문될 때, 인간의 언어는 용어가 대단히 빈곤하다는 것으로 인해 당황하게된다. 하지만, 우리가 말하려는 것을 정확히 표현하기 때문이 아니라, 우리는 무엇인가 말해야만 하기 때문에, '세 위격들(Persons)'을 말한다. *de trin.* 5. 9, 10

아버지, 아들, 그리고 성령은 분리할 수 없는 동등성 속에서 같은 하나의 본질을 이루는 단일체를 구성한다. 따라서 비록 아버지가 아들을 낳으므로 아들이 아버지와 동일하지 않고, 아들이 아버지에 의해 출생되므로 아버지는 아들과 동일하지도 않고, 성령은 아버지도 아니고 아들도 아닐 뿐만 아니라 또한 아버지와 아들에게서 난 성령이지만 아버지와 아들과 동등하며 삼위일체의 단일체에 속할지라도, 세 하나님이 있는 것이 아니라 한 분 하나님이 존재한다. 동정녀 마리아에게서 태어나고, 본디오 빌라도(Pontius Pilate) 아래서 십자가에 못박힌 것은 삼위일체가 아니었다 … 또한 삼위일체가 비둘기로서 내려오지도 않았다 … 또한 삼위일체가 "너는 나의 아들이다 …"[136]라고 말하지도 않았다. 그럼에도 불구하고 아버지, 아들, 그리고 성령은 분리할 수 없고 분리할 수 없게 작용한다. *de trin.* 1. 7

성령은 분명히 창조물이 아니다. 왜냐하면 "우리는 할례당으로, 하나님의 성령을 섬긴다"[137]라고 그 사도가 말한 것처럼, 모든 성도들이 그를 경배하기 때문인데, 거기에서 희랍어 단어 λατρεύοντες는 '경배하는'이라는 의미가 있다. 이것은 라틴어 사본들과 모두 중에서, 혹은 거의 모든 희랍어 사본들 중에서 가장 많은 어구이다. 그러나 어떤 라틴역 성서들은 "성령에 의해 하나님을 섬기는"[138]이라는 어구로 되어 있다. … [고전 6:15, 19, 20.] 만일 그 때 '그리스도의 사람들'이 '성령의 전'[139]이라면, 성령은 창조물이 아니다 … 우리는 하나님 한 분에게서 기인하는, 희랍어로 λατρεία로 불리는 섬김을 그에게 드려야만 한다.   *de trin.* 1. 13

하나님은 삼위일체인 한 분이기 때문에 삼중의 존재로 생각되어서는 안 된다. 왜냐하면 그렇다면 아버지 홀로 혹은 아들 홀로는 아버지와 아들을 합한 것보다 작지 않을 것이다. 그러나 이것은 불가능한 가정이다. 왜냐하면 아버지와 아들은 언제나 분리할 수 없게 함께 있기 때문이다. 이것은 둘이 아버지이거나, 혹은 둘이 아들이라는 의미가 아니다. 그들은 언제나 상호의 존적으로 존재하며, 아무도 홀로 존재하지 않는다. … 아버지 홀로, 혹은 아들 홀로, 혹은 성령 홀로 있는 것은, 아버지, 아들, 그리고 성령이 함께 있는 것과 마찬가지이기 때문에, 하나님은 삼중의 존재라고 말해질 수 없다.   *de trin.* 6. 9

아버지와 아들과 그들의 선물인 성령의 상호 관계에 관하여, 다른 것과 구별하여 단일한 위격을 언급하는, 삼위일체 안에서 적용된 용어들이 있다. 아버지는 삼위일체가 아니며, 아들도 아니고 그 선물도 아니다. 그러나 그들 자신의 존재에 관하여 각각의 위격들에 대해 사용된 용어들은 하나의 삼위일체에 대하여 사용되고, 복수로 되어 있는 세 위격들에 대해 사용되지 않는다. 내가 의미하는 것은, 신성, 선, 전능이 아버지에게, 그리고 아들에게, 그리고 성령에게 돌려진다는 것이다. 그러나 세 개의 신성, 세 개의 선, 세 개의 전능이 있는 것은 아니다. 한 분 하나님, 선하고 전능한 삼위일체가 있다. 그리고 이것은 그들의 상호 관계 속에 있지 않고, 그들 자신의 존재 속에 있는 위격을 언급하는 모든 용어들에 적용된다. … 따라서 우리는 세 위격들(Persons 혹은 Substances)에 대하여 말하고, 본질의 어떤 차이도 내포하지 않는다. 그러나 그런 의미에서, 하나의 단어로는 '세 위격들은 무엇인가?' 라는 질문에 대답하기에 충분할 것이다. 그리고 그러한 것은 삼위일체에서 동등하므로, 신성에 관하여 아버지가 아들보다 더 크지 않을 뿐만 아니라, 아버지와 아들 전부 합쳐서 성령보다 더 크지도 않고, 어떤 점에서도 셋 중에 어떤 하나의 위격이 삼위일체 자체보다 작지 않다. *de trin.* 8. 1

(d) 인간 안에 있는 삼위일체의 흔적[140]

성서가 그렇게 찬양하고 권유하는 이 사랑은 선에 대한 사랑이 아니고 무엇인가? 그런데 사랑은 사랑하는 자에 의해 느껴지고, 대상은 사랑에 의해 사랑받는다. 그러므로 여기에는 세 가지, 즉 사랑하는 자, 사랑받는 자, 그리고 사랑이 있다. 그렇다면 사랑은 어떤 두 가지, 즉 사랑하는 자와 사랑받는 자를 연결하고 연결하려는 일종의 생명이 아니고 무엇인가? 이것은 육체적인 사랑에도 해당된다. … 더 높이 일어나 마음을 생각해 보자. 마음은 친구 안에 있는 마음 외에 무엇을 사랑하는가? 그렇다면 여기에는 세 가지 것들이 있다. … 더 높은 곳에, 사람이 할 수 있는 한, 훨씬 더 높이 올라서 그러한 것들을 탐구해 볼 것이 남아 있다. … 우리는 아직 우리가 탐구하고 있는 것을 찾아내지 못했으나, 그것을 어디에서 찾아야 할지를 발견했다.

de trin. 8. 14

우리는 지금 천상적인 것들에 관해, 즉 아버지, 아들, 그리고 성령에 관하여 말하고 있지 않다. 그러나 하나님의 형상을 닮은 사람에 관하여 말하고 있다. 그 형상은 다른 평면에 있으나, 여전히 하나님의 형상이다. … 내가 무언가를 사랑한다면 세 가지의 것, 즉, 나 자신, 내가 사랑하는 대상, 그리고 사랑이 있다. 그러나 … 어떤 사람이 자신을 사랑하면 두 가지의 것, 즉 사랑과 사랑받는 자가 있다. … 따라서 당연히 사랑이 있는 곳에 세 가지의 것들이 있다는 결과가 되지는 않는다.

　마음은 자기 자체를 알지 못하면 사랑 자체를 사랑할 수 없다. … 마음이 자신을 사랑할 때는, 말하자면 두 가지의 것, 즉 마음과 사랑이 있다. 그것이 자신을 안다면, 말하자면 세 가지의 것들이 있으며, 셋은 하나의 단일체이다. 그리고 그들이 완전하다면, 그들은 동등하다. 〔그들은 실제로 존재하며, 상대적으로 서술되고, 나뉠 수 없으며, 같은 '본질'로 되어 있다.〕 삼위일체(trinity), 즉 마음, 사랑, 지식이 지속한다. 그들은 혼동되지 않으나, 그들 자신들 안에서 각각, 대체로 상호간에 존재한다.

　따라서 마음 속에는 일종의 삼위일체에 대한 이미지가 있는데, 마음의 원천인 그것의 지식과 그것에 대한 그것의 말과 사랑은 셋을 이루고, 이 셋은 단일체이며 하나의 본질이다. 마음의 지식이 그것 자신의 존재에 비례한다는 것을 생각하면, 원천은 적어도 부모이다. 또한 마음의 사랑이 그것의 지식과 그것의 존재에 비례한다는 것을 생각하면, 그 원천은 적어도 사랑이다.　　　　　　　　　　　　　　　　　　　　　　　　*de trin.* 9. 2, 3, 4, 8, 18

　세 가지가 있는데, 즉 기억력, 이해력, 의지가 있다. 세 생명이 아니라 한 생명이다. 세 마음이 아니라 한 마음이다. 그러므로 분명히 세 본질들이 아니라 하나의 본질이다. … 나는 내가 기억력과 이해력과 의지를 가지고 있는 것을 기억한다. 나는 내가 이해하고, 의지하고, 기억하는 것을 이해한다. 나는 의지하고 싶고, 기억하고 싶고, 이해하고 싶다. 그리고 동시에 나는 나의 기억력과 이해력과, 그리고 의지를 기억한다. …　　　　*de trin.* 10. 18

　〔11권과 12권에서 '겉 사람'으로 된 다양한 유비들이 숙고된다. 즉 보는 것으로는, 대상, 보는 행위, 주목하는 행위가 있다. 그러나 이것들은 동등하지도 않고, 동질적이지도 않다. '겉 사람'은 하나님의 이미지 속에 있지 않다. 이러한 인간적인 관계들 중 어느 것도 만족스러운 유비를 공급하지 못한다.〕

　마음이 생각 속에서 자신을 관찰할 때 그것은 자신을 이해하고 인정한다. 따라서 그것은 이러한 이해와 인식작용을 산출한다. … 그리고 그것은 이러한 지식을 산출하지 않는다 … 전에 알려지지 않은 것에 대한 것처럼. 그것들이 생각되지 않을 때조차, 기억력 속에 간직된 것들이 알려지는 것과 똑같은 방법으로, 그것은 전에 그것에게 알려졌다. 생기게 하는 것과 생긴 것은 둘 다 제3의 사랑에 의해 결합되고, 이 사랑은 다름 아닌 의지로서, 누릴 어떤 것을 보유하거나 원한다. 따라서 그러한 세 이름 아래서 우리는 삼위일체가 기억력, 이해력, 그리고 의지에서 유추될 수 있다고 생각했다.

de trin. 14. 8

그러므로, 마음이 자신을 기억하고, 자신을 이해하며, 자신을 사랑한다는 것을 너희가 안다. 만일 우리가 이것을 관찰한다면, 우리는 삼위일체를 관찰하는 것이다. 그러나 아직 우리는 하나님을 관찰하는 것이 아니라 이미 하나님의 이미지를 관찰했다.

de trin. 14. 11

바로 마음은 자신을 기억하고, 이해하고, 사랑하기 때문이 아니라, 그것을 창조한 자를 기억하고, 이해하고 사랑할 수 있기 때문에, 마음의 삼위일체는 하나님의 이미지이다. 그것이 이것을 행할 때, 그것은 지혜에 도달한다. 만일 그것이 이것을 행하지 않으면, 그것은 그것의 기억력, 이해력, 사랑에도 불구하고, 어리석다.

de trin. 14. 15

자기의 본성에 속하는 모든 것에 관해서가 아니라 마음에 관해서만 하나님의 형상이라 불리는 각 개인은 한 사람이고, 삼위일체의 형상은 그의 마음속에 있다. 그런데 그 전체적인 삼위일체는—이것이 그것의 형상인데— 다름 아닌 하나님이며, 전체적인 신성이 삼위일체이고 그밖의 아무것도 아니다. 그 삼위일체에 속하지 않는 하나님의 본성에 속하는 것은 아무것도 없다. 그리고 하나의 '본질'로 된 세 위격들이 있다. 한편 각 개인은 한 사람이다.

우리는 단지 기억을 통하여 기억하고, 단지 오성을 통하여 이해하며, 단지 의지를 통하여 사랑한다 … [신적인 삼위일체에서] 세 가지의 것들, 즉 기억, 오성, 사랑(혹은 의지)이 하나님인 지고하고 불변하는 '본질' 속에 있다. 그들은 아버지, 아들, 성령이 아니지만, 아버지 한 분이다. 그리고 아들은 또한 지혜에서 난 지혜이기 때문에, 아버지나 성령도 그를 위해 이해하지 못하지만, 그는 스스로 이해한다. 또한 아버지도 그를 위해 기억하지 못하고, 성령도 그를 위해 사랑하지 못하지만, 그는 스스로 한다. 왜냐하면 그는 자기 자신의 기억이며 오성이며 사랑이기 때문이다. 그러나 그가 그렇게 존재하는 것은 그를 낳는 아버지로부터 유래된다. 또한 지혜가 지혜로부터 발출하는 것처럼, 성령은 자기의 기억으로 아버지를 갖지 않고, 아들은 그의 오성으로 갖지 못하며, 자기 자신을 자기의 사랑으로 갖는다 … 그러나 그는 이 세 가지를 가졌고, 그가 존재하는 그러한 방법으로 그들을 가진다. 그러나 그가 이렇게 존재하는 것은 그가 발출하는 자로부터 유래된다.

de trin. 15. 11, 12

다른 모든 것들보다 비교할 수 없을 정도로 뛰어난 그 지고한 삼위일체에서, 위격들은 분리될 수 없을 정도여서, 한편 사람들의 삼위일체(trinity)가 한 사람이라 불릴 수 없지만, 그 삼위일체의 경우에 그것은 한 분 하나님이라 불리고, 한 분 하나님이 있다. 그것은 한 분 하나님 안에 삼위일체가 있고 그것이 한 분 하나님이라는 것은 아니다. 또한 그 삼위일체는 하나님의 형상인 인간이 세 요소들을 가졌으나 한 사람이라는 방법으로 있는 삼위일체(trinity)가 아니다. 삼위일체에는 세 위격들, 즉 아들의 아버지, 아버지의 아들, 아버지와 아들의 성령이 있다 … 그 삼위일체의 형상에서 그 세 요소들은 그 사람의 요소들이고, 그것들은 그 사람이 아니다. 한편 지고한 삼위일체 자체 속에서, 이것은 그것의 형상인데, 셋은 한 분 하나님의 것이 아니지만, 한 분 하나님이 있고, 그들은 세 위격들이지 하나가 아니다. 그리고 이것은 의심의 여지 없이 불가사의하게 형언할 수 없거나 형언할 수 없이 불가사의한 것이다. 왜냐하면 비록 지고한 삼위일체 자체는 세 위격들인데 반해 삼위일체의 형상이 한 사람일지라도, 세 위격들로 된 신적인 삼위일체는 하나로 된 인간적인 삼위일체가 그러한 것보다 더욱 더 분리될 수 없기 때문이다.

de trin. 15. 43

8. 교회

(a) 교회 안에 있는 성령

성령을 가진 사람은 모든 사람들의 언어로 말하는 교회 안에 있다. 교회 바깥에 있는 사람은 누구일지라도 성령을 가지지 못한다. 그것은 성령이 겸손하게 몸을 낮춰 모든 민족들의 언어로 자신을 계시하여, 어떤 사람이 모든 언어들로 말하는 교회의 통일성 속에 수용될 때 그가 성령을 가지고 있다는 것을 이해할 수 있는 이유이다. … 몸은 많은 부분들로 만들어졌고 한 영이 모든 부분에 생명을 준다. … 우리의 영(즉, 우리의 영혼)이 우리의 몸의 부분들에 대해 갖는 관계는, 성령이 교회인 그리스도의 몸의 부분들에 대해 갖는 관계와 같다. … 우리가 살아있고 건강한 동안 우리 몸의 모든 부분들은 그들의 기능을 수행한다. 만일 한 부분이 어딘가가 고통 중에 있다면, 다른 모든 부분들도 그것과 함께 고통을 당한다. 그러나 그 부분은 그 몸 안에 있기 때문에 고통스러울 수 있지만, 죽을 수는 없다. 죽는 것은 '숨을 거두는 것'인데, 그것은 '영을 잃는다'는 의미이다. 만일 몸의 어떤 부분이 단절된다면 … 그것은 손가락, 손, 팔, 귀의 형체를 보전하지만, 그것은 생명이 없다. 그러한 것이 교회로부터 분리된 사람의 상태이다. 만일 그가 성례를 받았는지를, 너희는 묻는다. 그는 받았다. 세례? 그는 그것을 받았다. 사도신경은? 그는 그것을 가졌다. 그러나 그가 가진 것은 단지 형체일 뿐이다. 너희가 성령의 생명을 갖지 않는다면, 그 형체를 자랑하는 것은 헛된 것이다.

serm. 268. 1

"이러한 방법으로 우리는 하나님의 자녀들인 것을 안다."[141] 나의 형제들아, 이것이 무슨 의미인가? 조금 전에 그는 하나님의 아들들이 아니라, 그의 아들에 관하여 말하고 있었고, 지금은 우리의 묵상을 위하여 그리스도가 진술되고, 우리는 "예수가 그리스도라는 것을 믿는 자는 누구든지 하나님에게서 났고, 그를 낳은 자(즉, 아버지)를 믿는 자는 누구든지 그에게서 태어난 자(즉, 우리의 주 예수 그리스도인 아들)를 사랑한다"라는 말을 듣는다. 그리고 "이것으로 우리는 하나님의 아들들을 사랑하는 것을 안다."[142] 그것은 마치 그가 '이것으로 우리는 하나님의 아들을 사랑하는 것을 안다'라고 말하려는 것처럼 보인다. 그리고 나서, '하나님의 아들'이라는 말을 하는 대신, 그가 바로 전에 말했던 것처럼, 그는 하나님의 아들들이 하나님의 독생자의 몸이기 때문에 '하나님의 아들들'이라고 말했다. 그는 머리이며, 우리는 지체들이며, 그래서 하나님의 아들은 하나이다. 그러므로 하나님의 아들들을 사랑하는 자는 하나님의 아들을 사랑한다. 하나님의 아들을 사랑하는 자는 아버지를 사랑한다. 아무도 아들을 사랑하지 않는다면 아버지를 사랑할 수 없고, 아들을 사랑하는 자는 또한 하나님의 아들들을 사랑한다. 누가 이 아들들인가? 하나님의 아들의 지체들이다.

어떤 사람이 그리스도의 몸이라는 구조 속에서, 사랑으로 밀착된 지체가 되는 것은 사랑함에 의해서이다. 그리고 자신을 사랑하는 한 분 그리스도가 있다. 왜냐하면 지체들이 서로 사랑하면, 그 몸은 그 자체를 사랑하는 것이기 때문이다. … "이러한 방법으로 우리는 하나님을 사랑하기 때문에, 하나님의 아들들을 사랑하는 것을 안다." 어떻게 이렇게 할 수 있는가? 하나님의 아들들은 하나님과 전혀 다르지 않은가? 그렇다. 그러나 하나님을 사랑하는 사람은 하나님의 계명들을 사랑한다. 그러면 하나님의 계명들은 무엇인가? "내가 새 계명을 너희에게 주노니 서로 사랑하라."[143] 아무도 다른 사랑을 거절하기 위해 하나의 사랑을 이용하지 말라. 이러한 사랑의 본질은, 그것 자체가 밀착되어 단일체가 되는 것처럼 그것은 그것에 의존하는 모든 사람들을 단일체로 만드는 것과 같은 것이다. 그것은 말하자면, 그들을 함께 녹이는 불이다. 금은 불로 녹여져서 단일체가 된다. 그리고 많은 사람들은 사랑의 불길이 타오를 때 녹여져서만 단일체가 될 수 있다. "우리는 하나님을 사랑하기 때문에, 우리가 하나님의 아들들을 사랑하는 것을 안다는 것은 당연하다."
in I ep. Joh. tract. 10. 3

도나투스주의자들[144]은 모든 것들(성례 등)을 가졌을지도 모른다. 그러나 사랑이 결여된 곳에서는 그것들이 쓸모가 없다. 그리고 누가 그리스도의 단일성을 수용하지 않으면서, '그리스도의 사랑'을 가졌다고 참으로 말할 수 있는가? 그들이 가톨릭 교회에 올 때 그들은 자기들이 전에 가졌던 것을 받지 못한다. 그들은 그들이 결여했던 것을 받으므로, 그들이 가졌던 것이 그것들을 이롭게 하기 시작할 수 있다. 왜냐하면 여기에서 그들은 '평안의 매는 줄로'[145] 사랑의 뿌리를 받고, 단일체의 교제 속에 있기 때문이다.

ep. 61. 2

(b) 가시적인 것과 불가시적인 것

아가서에서 교회는 "잠근 동산, 나의 누이와 신부, 봉한 샘, 생명샘, 가장 좋은 과일이 있는 과수원[146]"으로 묘사된다. 나는 이것을 감히 해석함에 있어 탐욕스러운 자들, 협잡꾼들, 욕심장이들, 고리대금업자들, 술고래들, 질투하는 자들에게 적용하지 않고, 단지 거룩하고 의로운 자들에게 적용한다. 그들은 정의로운 자들과 공통적인 세례를 공유한다. 그들은 공통적인 사랑을 공유하지는 않는다. … 어떻게 그들이 '잠근 동산, 봉한 샘'으로 침투했을까? 키프리아누스가 말하는 것처럼, 그들은 행위로가 아니라, 말로만 세계를 포기했다. 그럼에도 불구하고 그는 그들이 교회 안에 있다는 것을 인정한다. 만일 그들이 안에 있고, '그리스도의 신부'가 된다면, 신랑이 "티나 주름잡힌 것이 없다"[147]는 것이 정말일까? 그 '아름다운 비둘기'[148]는 그녀의 지체들의 그런 부분에 의해 더럽혀지는가? 그것들은 '가시나무들'이고 그 가운데서 그녀는 '백합화처럼' 있는가?[149] 백합화처럼 그녀는 잠근 동산이며, 봉한 샘이다. 즉, 그녀가 의로운 사람들의 개인들 속에서 존재하는 것과 같은데, 그들은 '마음의 할례에 의해 비밀히 된 유대인들'[150]이다("왕의 딸의 모든 아름다움이 그녀 안에 있다"[151]). 그들 안에서 창세 전에 예정된 성도들의 고정된 수가 발견된다. 많은 가시나무들은 외부에서 그녀를 둘러쌌는데 공개적으로 혹은 비밀히 그녀와 분리되었든지, 그 수 이상이다. '내가 선포하고 말했지만, 그들은 셀 수 없을 정도로 많다.'[152] … 지금 악하게 살고 있는 어떤 사람들이 그 수에 속한다. 그들은 이단들이나 이교적인 미신들 속에 빠질 수도 있다. 그러나 "주님은 그에게 속한 자들을 안다."[153] 왜냐하면 헤아릴 수 없는 하나님의 예지 속에서 바깥에 있는 것처럼 보이는 많은 사람들이 안에 있기 때문이다. 또한 안에 있는 것처럼 보이는 많은 사람들은 바깥에 있다.　　　　　　　　　　　　　　　　　　　　　*de bapt.* 5. 38

(c) 보편성

가르침과 확장에서

〔도나투스파들과 비슷한 엄격주의자당인 로가투스주의자들(Rogatists)을 지지하고, 아우구스티누스가 '그들을 억지로 들어오라고 하는' 제왕적인 권세를 부린다고 비난한 주교 빈켄티우스(Vincentius)에게 하는 말이다.〕

당신이 세계적인 공동체에 관해서가 아니라, 신적인 모든 계명들과 모든 성례들을 준수하는 것에 관하여 '가톨릭'(Catholic)이라는 말을 해석할 때, 당신은 자신이 영리하게 해석하고 있다고 생각한다. 당신은 우리가 모든 민족 가운데 존재하는 교회를 구별하기 위해 '가톨릭'이라는 이 명칭에 대한 논증에 의존한다고 상상한다. 그리고 이 교회가 모든 진리를 보존하고, 한편 그것의 단편들은 다른 이단들 속에서조차 발견된다는 사실에서 이 명칭이 유래하는 것일 수도 있다. 그러나 우리는 이 증거에 의존하고, 하나님의 약속에 의존하지 않고, 진리 자체의 틀릴 수 없는 모든 신탁들에 의존하지 않는다고, 당신은 상상한다. 당신이 우리를 설득하려고 하는 모든 논점은 신적인 모든 계명들과 모든 성례들을 준수한다는 토대 위에서, 로가투스주의자들만이 가톨릭이라 불리는 것이 올바르다는 것이다. … 그러나 만일 우리가 그들로부터 교회의 계시를 받지 않는다면, 우리가 신적인 저서들 속에 있는 그리스도의 계시를 받았다는 것을 어떻게 확신할 수 있는가? … 만일 우리가 복음의 진리 속에서 "그리스도는 고난받아야 하고, 제 삼일에 죽은 자들 가운데서 일어나야 한다"[154]는 것을 배우지 않았기 때문에, 누군가가 그리스도는 고난받지 않았고, 제 삼일에 일어나지 않았다고 선포한다면, 그는 파문당하는 사람이 되는 것처럼, 만일 똑같은 진리에 따라, 누군가가 "죄의 참회와 용서가 예루살렘에서 시작하여 모든 족속을 통하여 그의 이름으로 선포되어야만 한다"[155]는 것을 우리가 배우는 이상, 세계적인 공동체로부터 떠난 교회

를 선포한다면, 그는 파문당하는 사람이 될 것이다.　　　　　*ep.* 93. 23

〔도나투스주의자 주교인 호노라투스(Honoratus)에게 말하고 있다.〕

친절하게 이 질문에 대답해 주시오. 당신은 그리스도가 전 세계에 퍼져 있는 유산을 잃어야 하고, 갑자기 발견되어 그들 모두 안에서가 아니라 아프리카인들 안에서만 살아있어야 한다는 이유를 알게 되었는가? 하나님이 원하였고 가톨릭 교회는 전 세계에 걸쳐서 존재해야 한다는 것을 정하였기 때문에, 가톨릭 교회는 참으로 아프리카에 존재한다. 그러나 도나투스[156]의 당이라 불리는 당신의 당은, 사도들의 저술들, 그들의 설교, 그리고 그들의 활동들이 행해졌던 그 모든 장소에 존재하지 않는다.　　　*ep.* 49. 3

(d) 신비한 몸

때때로 그리스도라는 호칭은 아버지와 동등한 말씀에 관련해서 성서 안에 나타난다. 때때로 중재자(Mediator)에 관련해서 나타난다. … 때때로 바울이 창세기에 있는 '한 육신'의 혼인관계를 상술할 때, … '그리스도와 교회'[157]에 적용된 … '위대한 신비'처럼 … 머리와 몸에 관해서 나타난다. 남편-아내 관계는 머리와 몸의 관계와 똑같으며, 남편은 '아내의 머리'[158]이다. 내가 '남편과 아내' 혹은 '머리와 몸'을 말한다 하더라도, 당신은 내가 하나의 단일체를 의미하는 것이라는 것을 이해해야만 한다. 따라서 머리가 몸에 연결되어 있기 때문에, 똑같은 사도는 "사울아, 사울아, 어찌하여 네가 나를 핍박하느냐?"[159]라는 소리를 들었다. 그리고 그리스도를 선포하는 자로서의 그가 다른 사람들로부터, 핍박자로서의 그가 다른 사람들에게 입혔던 고통을 받을 때, 그는 "그리스도의 남은 고난을 내 육신에 채운다"[160]라고 말하면서, 그의 고난이 그리스도의 고난과 관계되었다는 것을 보여주었다. 그런데 이것은 머리인 그리스도에 관한 것으로 이해될 수 없다. 왜냐하면 그는 하늘에 있고, 이런 종류의 것은 아무것도 겪지 않기 때문이다. 그것은 교회인 몸에 관한 것으로 이해되어야만 한다. 왜냐하면 머리가 있는 몸은 한 분 그리스도이기 때문이다.　　　　　　　　　　　　　　　　　　　　　*serm.* 341. 12

9. 성례

(a) 세례

(i) 타당성과 유효성[161]

성 키프리아누스와 다른 탁월한 그리스도인들이 … 그리스도의 세례가 이교도들이나 교회분리주의자들 사이에 있을 수 없다고 결정한 이유는 성례와 성례로부터 오는 유효성 혹은 작용 사이를 구별하지 못했다는 것이다. 죄로부터의 자유와 마음의 온전함에 있는, 세례에서 오는 유효성과 작용은 이교도들 가운데서 발견될 수 없기 때문에, 성례 자체는 거기에 존재하지 않는 것으로 생각되었다. 그러나 만일 우리 안에 있는 많은 사람들에게 눈을 돌린다면, 교회라는 단일체 안에 있는, 완고하고 사악한 삶을 영위하는 자들은 죄를 사면해주지도 못하고 받을 수도 없다는 것이 분명하다.

그럼에도 불구하고 전 세계에 퍼져있는 가톨릭 교회의 성직자들은 그런 사람들이 세례를 받고 줄 수 있다는 것을 매우 분명히 했다. 그리고 그들을 통하여 초기의 관습이 나중에 총회의 권위에 의해 확립되었다. 방황하는 양이 부정직한 강도의 손에 있을 때 주님의 표(brand-mark)를 받고, 그리고 나서 안전한 그리스도교의 단일체 속으로 들어올 때조차 그 양은 소생되고, 자유로워지고, 치유된다. 그러나 주님의 표는 허가되지 않는 것이 아니라, 인정되는 것이다 .…

세례를 받고 주는 개인의 결정에 의해 신성한 세례에 생기는 차이는 아무것도 없다. 교회분리의 죄를 지은 사람도 세례를 줄 수 있으며, 받을 수 있다. 그러나 받는 것과 주는 것은 똑같이 위험으로 가득차 있다. 교회분리자의 세례를 받는 자는 자신이 교회분리의 죄가 없다면, 구원받기 위해 그것을 받을 수 있다. … 그러나 만일 세례받는 자가 교회분리의 죄가 있다면 그것을 받는 위험은 그가 선한 상태에 있지 않을 때 그가 받은 선의 위대성에 의해 측정된다. 교회분리자에 대한 그것의 파괴적인 힘은 단일체 속에 있는 자를 위한 유익한 힘에 의해 측정된다. 이러한 이유 때문에, 만일 교회분리자가 그 사악함으로부터 교정된다면, 만일 그가 교회분리의 죄로부터 돌아서서 평화로운 가톨릭 교회로 들어온다면, 그의 죄악들은 사랑의 줄[162]이라는 이유에 의해, 그가 받은 똑같은 세례의 힘으로 용서받는다.

de bapt. 6. 1와 7

(ii) 교회분리자의 세례

〔"만일 도나투스주의자의 세례가 타당하다면, 그렇다면 도나투스주의자들은 참된 모교회를 구성함에 틀림없다."〕 이것은 교회분리가, 그것이 교회와 결합된 것에 관해서가 아니라, 그것의 분리에 관해서 '어머니'라는 것을 당연하다고 여기고 있는 것이다. 그것은 사랑과 평안의 줄[163]에서 분리되었으나, 하나의 세례에서 결합했다. 그리고 가톨릭이라 불리는 유일한 교회가 있다. 사실상 이 어린이들을 태어나게 하는 것은 바로 이 교회이지, 분리된 자들이 아니다. 그리고 그 교회의 단일성으로부터 단절되어 분리해 나간 사람들의 공동체에서 그 교회에 속하는, 교회가 가지는 것에 의하여, 교회가 태어나게 한다. 탄생하게 하는 것은 분리가 아니라, 그 분리된 사람들이 보유한 교회로부터 유래한 것이다. 만일 그들이 이것을 떠나가게 한다면, 그들은 전혀 탄생시키지 못한다. 따라서 성례가 보존되고, 모든 경우에 탄생시키는 것은 바로 교회이다. 그러므로 이런 종류의 어떤 탄생은 여러 장소에서 일어날 수 있다. 그럼에도 불구하고 교회가 그 기원이 되는 모든 사람들은 "끝까지 견디는"[164] 자들을 구원할 그 단일체에 소속된다. *de bapt.* 1. 14

(iii) 성직자와 성례

그 위에서 하나님의 이름이 불리어지는 물은—비록 그 이름이 불경하고 타락된 사람에 의해 불리어질지라도—불경하지 않으며 오염되지 않은 것이다. 복음서 안에서 그리스도의 말씀들에 의해 축성된 세례는 거룩한데, 타락한 자들에 의해 주어지거나 타락한 자들에게 주어질 때도, 아무리 그들이 파렴치하고 불결할지라도 그렇다. 성례를 올바르게 사용하는 자들을 구원하기 위해서건, 아니면 그것을 그릇되게 사용하는 자들을 파멸시키기 위해서건, 이 거룩은 그 자체가 오염될 수 없고, 하나님의 권능이 그의 성례를 지탱한다. 태양의, 혹은 등불의 빛은 그것이 비추는 타락된 것과 접촉함에 의해 더럽혀지지 않는다. 그것처럼 어떻게 그리스도의 세례가 어떤 사람의 사악함에 의해 더럽혀질 수 있겠는가?　　　　　　　　　　　　*de bapt.* 3. 15

(iv) 세례와 중생

마지막 날에 우리에게 주어질 영생을 받기 위하여, 우리는 믿음의 바탕 위에서, 죄를 사면해 주는 선물인, 하나님의 관대함의 선물을 받는다. … 과거의 모든 죄가 사면될 때, 중생은 성령을 통하여 일어난다. 왜냐하면 주님이 "물과 성령으로 새로 나지 않으면 하나님의 나라에 들어갈 수 없다"[165]라고 말했기 때문이다. 성령으로 나는 것과 성령에 의해 먹게 되는 것은 별개의 문제이다. … 완전한 사랑은 성령의 열매이다. 그러나 이것은 죄의 사면에 관계하는 선물에 의해 선행된다.　　　　　　*serm.* 71. 19

〔고넬료(Cornelius)는 세례받기 전에 성령을 받았고, 아브라함은 할례받기 전에 믿음으로 칭의 받았으며, 이삭은 칭의(justification) 받기 전에 할례받았다.〕 그래서 세례받은 유아들에게 있어서 중생의 성례가 먼저 온다. 그리고 그들이 만일 단호히 그리스도인의 경건을 지킨다면, 몸 속에 있는 그것의 성례적인 표지〔신비〕에 이어서, 마음 속에서 회심이 뒤따를 것이다.

이 모든 것은 세례의 성례와 마음의 회심이 별개라는 것을 보여준다. 그러나 인간의 구원은 이 둘에 의해 수행된다. 만일 하나가 결여되어 있다면, 우리는 다른 것이 결여되었다고 생각할 필요는 없다. 유아에 있어서 세례는 회심 없이 있을 수 있고, 회개하는 도둑에 있어서 회심은 세례 없이 있을 수 있다 … 세례가 받아들여지지 않을 때는 마음의 회심이 있을 수 있지만, 세례가 거부될 때는 그렇지 않다.　　　　　　　　　*de bapt.* 4. 31, 32

우리는 모두 만일 유아 때 세례받은 자가 분별 연령에 달할 때 믿지 않고, 무법한 욕망으로부터 자신을 지키지 못한다면, 그렇다면 그는 유아 때 그가 받은 선물로부터 어떤 이익도 얻지 못할 것이다.　　*de pecc. merit.* 1. 25

(v) 세례받지 않은 유아들

그리스도의 세례를 받지 않고 죽는 자들은 가혹한 처벌을 받게 되어 그들이 태어나지 않는 것이 더 좋았을 것[166]이라고, 나는 말하지 않는다. … 원죄만 있고 자범죄의 짐이 없는, 세례받지 않은 유아들이 가능한 한 가장 가벼운 정죄를 받을 것이라는 것을 누가 의심할 수 있을까? 나는 이것의 본질과 정도를 정의할 수 없지만, 그들이 그러한 상태로 존재하는 것보다는 존재하지 않는 것이 더 나을 것이라고 말하고 싶지 않다.   *c. Jul.* 5. 44

〔펠라기우스주의자들이 원죄를 부인하기 때문에, 아우구스티누스가 그들에게 그들이 왜 유아세례를 집행하고 승인하는지를 설명하라고 도전할 때, 그가 그들과의 논쟁에서 세례받지 않은 자들의 형벌에 관하여 일반적으로 말하는 것을 주목해야 한다.〕

(b) 성찬식

(i) 희생제사(sacrifice)

고대에 교부들에 의해 동물을 희생시켜 바치는 제사의 제물은 … 바로 이런 목적을 가진 것으로 이해되어야 한다. 즉 우리가 하나님에게 결합되기 위한 모든 노력과 우리의 이웃을 위해 그와 똑같은 목적을 성취하려는 우리의 관심을 상징하기 위한 목적이 그것이다. 그러므로 제사는 불가시적인 제사의 가시적인 성례이다. 즉, 그것은 신성한 표지이다. … "하나님께 바치는 제사는 통회하는 영이다."[167] … 일반적으로 제사라 불리는 것은 희생의 표지이다. 또한 자비는 실재하는 제사이다. "이같은 제사들은 하나님이 기뻐하신다."[168] 장막이나 성전예배에서 제사에 관한 신적인 모든 교훈들은 그것들의 상징에 의해 하나님과 이웃에 대한 사랑을 향하여 방향지어진다. "이 두 계명이 온 율법과 선지자의 강령이다."[169]

참된 제사는 우리가 거룩한 교제 속에서 하나님과 결합될 수 있도록 이행되는 모든 행위이다. 즉, 오직 우리에게 참된 행복을 가져다 줄 수 있는, 우리의 참된 선을 성취하는 쪽으로 돌려진 것이다. … 비록 이 제사가 인간에 의해 행해지거나 바쳐질지라도, 여전히 그 제사는 신적인 행위이다. ⋯ 회중과 성도들의 교제인, 구속받은 전 공동체는 고통 중에 우리를 위해 종의 형체로 자신을 바친 대제사장에 의해 보편적인 제사로서 하나님께 바쳐져서[170], 우리가 그렇게 위대한 머리의 몸이 될 수 있다. 그가 바친 이 종의 형체로 그는 바쳐졌다. 왜냐하면 이 속에서 그는 중보자, 제사장, 그리고 제물이기 때문이다. 그래서 그 사도는 우리에게 "우리 몸을 산 제사로 드리라"[171]고 권유했다. ⋯ 우리들 자신이 온전한 제사이다. ⋯ 이것이 '그리스도 안에서 한 몸인 많은 지체들'[172]인 그리스도인들의 제사이다. 이 성례를 교회는 제단의 성례전에서 거행하는데, 이것을 신실한 자들은 잘 알고 있으며, 그리고 거기서 교회가 바치는 이것 안에서 교회 자신이 바쳐진다는 것이 교회에게 보여진다. *de civ. Dei* 10. 5, 6

(ii) 그리스도의 성체(Corpus Christi)와 그리스도의 몸

이것들[떡과 포도주]이 성찬물들이라 불리는 이유는 어떤 것이 그들 안에서 보여지지만, 그밖의 어떤 것은 이해되기 때문이다. 보이는 것은 육체적인 모습을 가지고, 이해되는 것은 영적인 열매를 가진다. 만일 너희가 그리스도의 몸을 이해하고 싶으면, "너희는 그리스도의 몸이며 지체들이다"[173]라고 한 그 사도의 말을 경청하라. 만일 너희가 그리스도의 몸이며 지체들이라면, 주님의 상(床)에 놓여지는 것은 너희의 신비[174]이다. 그것은 너희가 받는 너희의 신비이다. 너희가 '아멘'이라고 대답하는 것은 현재의 너희에 대한 것이며, 그 응답에 의해 너희는 동의하는 것이다. 너희는 '그리스도의 몸'이라는 말을 듣고, '아멘'으로 대답한다. 그리스도의 지체가 되어 그 '아멘'이 진실되게 하라. 그런데 왜 그는 빵 속에 있는가? 우리 자신의 제안을 내놓지 말고 그 사도의 반복적인 가르침을 경청하자. 왜냐하면 그는 이 성례에 대하여 말하면서, "우리는 많으나, 하나의 떡이요, 한 몸이다"[175]라고 말했기 때문이다.

단일체, 진리, 선, 사랑을 이해하고 기뻐하라. '하나의 떡.' 그 하나의 빵이 무엇인가? '우리는 많지만 한 몸이다.' 그 떡이 곡물 한 알로 된 것이 아니라, 많은 알갱들로 만들어진 것을 기억하라. 너희가 귀신막이를 받았을 때, 너희는 어떤 의미에서 땅이었다. 너희가 세례받았을 때, 너희는 어떤 의미에서 적셔졌다. 너희가 성령의 불을 받았을 때, 너희는 어떤 의미에서 요리되었다. ⋯ 많은 포도는 송이에 달려 있지만, 그것들의 즙은 섞여서 융화된다. 그래서 주님은 우리에게 그의 표시를 하고, 우리가 그에게 속하기를 원했으며, 우리의 평화와 단일체의 신비를 자기의 상(床) 위에서 축성했다. 만일 어떤 사람이 단일한 성찬을 받지만, '평안의 줄을 지키지'[176] 않으면, 그는 자기의 유익을 위해 성찬을 받지 못하고, 자기가 정죄된 것에 대한 증거로 받게 되는 것이다. *serm.* 272

(iii) 상징과 성찬

["어떻게 세례받은 유아들이 믿음을 가졌다고 말해질 수 있을까?"] 우리는 자주 "부활절이 온다"라고 말한다. 혹은, 비록 주님이 고난받은 것이 오래 전의 일이고, 그 고난이 모두를 위해 한 번 발생한 것일지라도, "며칠이 지나면 수난절이 될 것이다"라고 말한다. 그리고 주님의 날에 우리는, 비록 그리스도의 부활 이래 수많은 세월이 지났을지라도, "오늘 그리스도가 일어나셨다"라고 말한다. 우리가 이렇게 말할 때 거짓말한다고 우리를 비난할 정도로 어리석은 자가 아무도 없는 이유는, 그 사건들이 발생한 날들과 닮았기 때문에 여러 날들에 그러한 명칭들을 붙여서, 일년 과정에서 그 위치 때문에 닮은 다른 날에 속하는 이름으로 어느 날이 불리는 것이다. 따라서 우리는 사실상 그것이 오래 전에 발생한 그 날에 발생한 것으로서 거행하는 어떤 거룩한 사건[sacramentum]에 대하여 말한다. 그리스도는 한 번 몸소 희생되었다. 그럼에도 불구하고 부활절 내내 뿐만이 아니라 매일 사람들을 위하여 신비스럽게[in sacramento] 희생된다. 만일 성찬물들이 그것의 성찬물들인 그런 것들과 닮은 종류의 것이 아니었다면, 그것들은 전혀 성찬물들이 아닐 것이다. 그리고 이 유사성으로부터 그것들은 일반적으로 그것들 자신들의 이름들을 받는다. 그러므로 그리스도의 몸의 성찬이 어떤 의미에서 그리스도의 몸이고, 그리스도의 피의 성찬이 그리스도의 피라면, 믿음의 성찬은 믿음

이다. *ep.* 98. 9

유아는 어머니가 먹는 것을 먹는다. 그러나 유아가 빵으로 먹여질 수 없기 때문에 어머니는 자기의 몸에 빵을 취하는데, 그것은 유방 속에서 젖으로 되고, 그것에 의해 유아는 그 빵으로부터 양육되는 것이다. 그렇다면 어떻게 하나님의 지혜가 이 빵을 우리에게 먹일까? '그 말씀이 육신이 되었기'[177] 때문에 … 그리고 인간이 "천사들의 음식을 먹었다."[178] … "그는 자신을 낮추어 죽기까지 복종하게 되었고, 그 죽음은 십자가의 죽음이었다."[179] 그래서 이제 그 십자가로부터 주님의 살과 피는 새로운 제사로서 우리에게 맡겨져 있다. *enn. in Ps.* 32. 1, 6

(iv) 비유적인 해석들

만일 어떤 계명이 비도덕적이거나 범죄적인 것을 명령하거나, 유용하거나 유익한 것을 금하는 것처럼 보인다면, 그렇다면 그것은 비유적인 것이다. "너희가 인자의 살을 먹지 않고 인자의 피를 마시지 않으면 너희 안에 생명이 없을 것이다"[180]라고, 그는 말한다. 이것은 범죄나 비도덕성을 명령하는 것처럼 보인다. 그러므로 그것은 비유적인 것이고, 우리는 주님의 고난에 참여해야 하며, 우리의 기쁨과 유익을 위해, 그의 육신은 우리를 위해 십자가에 못박히고 상처입었다는 사실을 우리의 기억 속에 저장해둬야 한다는 것을 명하는 것이다. *de doct. Christ.* 3. 24

(v) 실재적인 해석

어떻게 그는 '자신의 손으로 옮겨졌는가?'[181] 그가 자기의 몸과 피를 주었을 때, 그는 신실한 자들이 인정하는 것을 자기의 손으로 취했다. 그리고, 어떤 의미로, 그는 그가 "이것은 나의 피다"라고 말했을 때 자신을 옮긴 것이다. *enn. in Ps.* 33. 2, 2

주님이 빵 조각을 준 유다는 악한 것을 받아서가 아니라, 악한 방법으로 어떤 것을 받음에 의해서, 악마로 하여금 자기에게로 들어올 기회를 주었다.[182] 그래서 어떤 사람이 주님의 성찬을 무가치하게 받을 때 그 결과는 그가 악하기 때문에 성찬이 악한 것도 아니고, 자기의 구원을 위해 그것을 받지 않기 때문에 전혀 보잘 것 없는 것을 받는 것도 아니다. 그것은 바로 어떤 사람이 무가치하게 참여함으로 해서 '자기의 판단을 먹고 마실'[183] 때 주님의 몸과 피를 그만큼 먹고 마시는 것이다.   *de bapt.* 5. 9

(vi) 영적인 음식과 음료

"그는 거룩하기 때문에 그의 발등상 앞에서 경배하라."[184] … 성서는 '땅은 주님의 발등상'[185]이라고 나에게 말한다 … 그리고 "주 하나님을 경배하라."[186] … 나는 당혹해 한다. 그리고 나는 그리스도를 의지한다. 왜냐하면 여기에서 그를 찾기 때문이다. 그리고 나는 어떻게 '땅'이 우상숭배 없이 경배받을 수 있는지를 안다. … 왜냐하면 땅에서 땅을 취하기 때문이다. 육신은 땅에서부터 오고 그는 마리아의 육신으로부터 육신을 취했기 때문이다. 그리고 이생에서 육신을 입고 걸었고, 그가 처음에 경배하지 않았다면 아무도 먹지 않는 이 육신을 우리의 구원을 위해 먹도록 우리에게 주었다. … 그러나 주님 자신은, "생명을 주는 것은 영이고 육신은 무익하다"[187]고 말했다. … "내가 영적인 의미로 말한 것을 해석하라. 너희가 먹으려는, 너희가 보는 것은 바로 그 몸이 아니며, 너희는 나를 십자가에 못박는 자들이 흘려야 하는 그 피를 마시려고 하지 않을 것이다. 나는, 영적으로 이해되면, 너희에게 생명을 줄 신성한 것을 너희에게 맡겼다. 비록 그것이 반드시 가시적인 형체로 거행되어야 할지라도, 그것은 여전히 불가시적으로 이해되어야만 한다."   *enn. in Ps.* 98. 9

"너의 양식을 위해 일하라. 썩을 양식을 위해서가 아니라, 영생을 주는 영원한 양식을 위해 일하라.…" "그가 보낸 자를 믿는 것이 하나님의 일이다."[188] 그렇다면 이것은 '썩지 않는 음식'을 먹는 것이다.… 씹거나 소화시킬 필요가 없다. 믿으라, 그리고 너희는 먹었다. …   *in ev. Jo. ract.* 25. 12

주님이 성령을 주려고 했을 때, 그는 자기 자신을 하늘에서 내려온 떡이라고 말하면서,[189] 우리에게 그를 믿으라고 설득했다. 그를 믿는 것은 산 떡을 먹는 것이다. 믿는 자는 먹고, 불가시적으로 중생하기 때문에 불가시적으로 먹여진다. 그는 내적으로 새로워져서, 내적으로 유아이다. 어떤 사람이 중생하는 곳에서 그는 만족한다. *in ev. Jo. tract.* 26. 1

"너희 조상들은 만나를 먹었어도 죽었다."[190] 왜? … 왜냐하면 그들은 그들이 본 것만 믿었기 때문이다. 그들은 그들이 보지 못한 것을 이해하지 못했다. 너희들이 그들과 같기 때문에, 그들은 '너희의 조상들'이다. 육체의 가시적인 죽음에 관해서는, 비록 우리가 '하늘에서 내려온 떡'을 먹을지라도, 반드시 죽을 것이다. … 그러나 주님이 그들을 위협한 죽음이 있는데, 그 죽음은 그들의 조상들이 죽은 죽음이다. 그 죽음에 관해서는 모세가 만나를 먹었어도 죽지 않았다. 그리고 이것은 아론과 비느하스, 그리고 '주님을 기쁘게 한' 다른 많은 사람들에게도 해당된다. 왜? 왜냐하면 그들은 가시적인 양식을 영적인 의미로 이해했기 때문이다. 그들은 영적으로 굶주렸고, 영적으로 먹었기 때문에 그들은 영적으로 만족하였다. 우리는 오늘날 가시적인 양식을 받지만, 그 성찬과 그 성찬의 효능은 별개이다. … 그러므로 형제들아, 조심하라. 하늘의 떡을 영적으로 먹어라. 제단을 순결하게 하라 …

"이 떡을 먹는 자는 죽지 않을 것이라."[191] 그러나 그것은 가시적인 성찬에 속하는 것이 아니라, 성찬의 효능에 속하는 것을 먹는 자를 의미한다. 그는 외적으로가 아니라 내적으로 먹는다. 그는 성찬을 이로 부수는 사람이 아니라, 성찬을 마음으로 먹는 사람이다 …

주님은 이 양식과 음료가 그의 몸과 그의 지체들의 교제로 이해되기를 원한다. 그 교제는, 예정되고, 부름받고, 의로워지고, 영화로워진[192] 신실한 사람들과 성도들 안에 존재하는 거룩한 교회이다. … 그리스도의 몸과 피의 단일체의 성찬은 … 주님의 상에서 준비되고, 주님의 상으로부터 받아지는데, 어떤 사람들에게는 생명을 가져다 주고, 다른 사람들에게는 파멸을 가져다 준다. 그러나 그 실재 자체는—이것이 그것의 성찬인데—그것에 참여하는 모든 사람에게 생명의 수단이지, 결코 멸망의 수단이 아니다.

in ev. Jo. tract. 26. 11, 12, 15

10. 종말론

(a) 형벌

불과 벌레를 둘 다, 육신의 고통이 아니라 마음의 고통으로 돌리고 싶어 하는 자들은, 너무 늦게, 그리고 허사로 회개하는 자들은 하나님의 나라로부터 단절될 때 정신적인 고뇌로 고통한다고 말한다. 그들은 불의 은유가 이 타는 듯한 고뇌에 대하여 적절하게 사용될 수 있다고 주장한다. 그러므로 그 사도는 "누가 실족하게 되면, 내가 타지 않겠느냐?"[193]라고 말한다. 그리고 그들은 그 벌레가 똑같은 방법으로 해석될 수 있다고 생각한다. 왜냐하면 그들은 성서가 말하는 것은 다음과 같은 것이라고 말하기 때문이다. "나방이 옷을 먹어 들어가고 벌레가 나무를 먹어들어가는 것처럼, 슬픔이 인간의 마음을 번민케 한다."

그러나 형벌이 마음과 몸의 고통을 수반할 것이라고 확신하는 자들은 육체가 불에 타버리고, 한편 마음은 말하자면 슬픔의 벌레에 의해 섭힌다고 주장한다. 그런데 그런 상태에서 몸의 고통이든지 혹은 마음의 고통이든지 어떤 고통도 없을 것이라고 생각하는 것은 확실히 불합리하기 때문에, 비록 이것이 그럴듯하게 들릴지라도, 아직도 나로서는 둘 중 어느 한 가지를 부정하기보다는 차라리 그 두 가지 고통이 모두 몸에 적용된다고 말하는 것이 더 쉽다고 생각한다. 명백하게 진술되지 않는다면, 몸이 이런 방법으로 고통받을 때 마음이 무익한 참회로 괴로움 받을 것은 당연하다고 이해되기 때문에, 정신적인 고통은 성서의 이같은 말들 속에서 언급되지 않는다.

de civ. Dei 21. 9

영벌을 피하고자 하는 자는 그리스도 안에서 세례받아야 할 뿐만 아니라 또한 의로움받아야 하며, 그리하여 실제로 악마로부터 그리스도에게로 통과해야 한다. 그로 하여금 마지막의 무서운 심판에 앞서는 것들을 제외하면 연옥같은 고통들이 없을 것이라는 것을 확신하게 하라. 하지만, 영원한 불 자체조차 그들의 다양한 상벌에 비례해서, 어떤 사람들에게는 더 가볍고, 다른 사람들에게는 더 무거울 것이라는 것은 부정될 수 없다.

de civ. Dei 21. 16

영벌을 단지 오래 계속되는 불을 의미하는 것이라고 해석하며, 한편 영생을 끝없는 생명을 의미하는 것이라고 믿는 것은 얼마나 어리석은가. … 영벌과 영생이라는 구절들은 병행한다. 똑같은 문맥에서, "영생은 끝이 없을 것이고 영벌은 끝이 있을 것이다"라는 말은 완전히 어처구니 없는 말이다. 그러므로, 성도들의 영생은 끝이 없을 것이므로, 영벌을 자초하는 자들의 영벌은 의심의 여지 없이 끝이 없을 것이다.[194]

de civ. Dei 21. 23

(b) 보상

덕에 대한 보상은 덕을 주고 자신을 주기로 약속한 하나님 자신일 것이다. 그리고 더 좋거나 더 훌륭한 선물은 있을 수 없을 것이다. 왜냐하면 그가 선지자에 의해, "나는 그들의 하나님이 되고, 그들은 나의 백성이 될 것이다"[195]라고 말했을 때, 그는 확실히 다음과 같은 것을 의미했기 때문이다. 즉 '나는 그들의 만족이 되고, 나는 사람들이 정직하게 바라는 모든 것, 즉 생명, 건강, 양식, 충만, 영광, 영예, 평화, 그리고 모든 선한 것들이 될 것이다.' 라는 뜻이다. 이것은 "하나님이 만유 안에 있는 만유가 되려 함이다"[196]라는 그 사도의 말을 올바로 해석한 것이다. 그는 우리의 욕망의 마지막이 될 것이고, 우리는 끝없이 그를 볼 것이며, 반감 없이 그를 사랑할 것이고, 권태로움 없이 그를 찬양할 것이다. 영생이 모두의 공통적인 상태가 될 것처럼, 이 선물, 이 감정, 이 행동은 모두에 의해 공유될 것이다.

de civ. Dei 22. 30

(c) 부활체

죽은 성도들의 영혼들은 그들이 그들의 몸으로부터 분리된 그 죽음의 빚을 낸다. 이것은, 그들의 육신이 겪은 것처럼 보이는 굴욕들이 무엇이든, 그것들은 지금은 느낄 수 없는 것인데, 그들의 '육신이 희망에 거하기'[197] 때문이다. 왜냐하면 그들은 (플라톤이 생각한 대로) 망각을 통하여 몸들을 받고 싶어하지 않기 때문이다.[198] 그러나 그들은, 그들의 머리카락을 보존하겠다고 보증하시고,[199] 그의 말을 언제나 지키는 분에 의해 그들에게 주어진 약속을 기억하기 때문에, 그들은 그 안에서 그들이 많은 고난을 인내한, 그러나 그들이 결코 더 이상 고통을 느끼지 않을, 몸들의 부활을 참을성있게 갈망하면서 기다린다. 만일 그 약함으로 인하여 육신이 그들의 의지를 저항했기 때문에 그들이 영의 법으로 그것을 감금했을 때, 그들이 '그들 자신의 육신을 미워하지'[200] 않았다면, 그것 자체가 영적인 것이 되도록 운명지어질 때 그들은 그것을 얼마나 더 많이 사랑하겠는가. 영은 육신에 종속적일 때 부적절하게 육체적이라고 불리지 않는다. 그와 같이 영에 종속적인 육신은 올바르게 영적이라 불리는데, 그것은 "그것은 육의 몸으로 심기우고, 신령한 몸으로 일어나리라"[201]라는 성서 본문으로부터 어떤 사람들이 유추하는 것처럼, 육신이 영으로 전환되기 때문이 아니라, 그것이 영으로 정복되어 완전하고 경이로운 순종을 기꺼이 바칠 수 있게 되기 때문이다. 그리고 이것은 그들의 소망을 실현하도록 이끌어, 확실한 불멸성에 확실하게 도달하고, 불안, 모든 썩어질 쉬운 것과 마음 내키지 않는 것을 제거하게 될 것이다.

de civ. Dei 13. 20

(d) 마지막 심판

교회의 고백과 신앙고백에 있어서 하나님의 전 교회는 그리스도가 '산 자와 죽은 자를 심판하러' 하늘에서 올 것이라고 단언한다. 이것은 우리가 마지막 심판, 즉 마지막 날이라고 부르는 것이다. 얼마나 많은 날 동안 이 심판이 계속될지는 알려지지 않았다. 아무리 부주의하게라도 성서를 읽는 사람은 누구든지 '날'이라는 말은 습관적으로 '시대'(period)로 사용된다는 것을 알 것임에 틀림없다. 우리가 심판의 날에 대해 이야기할 때, 하나님의 심판은 지금도 일어나고 있기 때문에, '최종적인', 혹은 '마지막'이라는 형용어를 더한다. 이 심판은 인류가 출발할 때 시작되었는데, 그 때 최초의 인간들이 큰 죄를 범했기 때문에, 하나님이 그들을 낙원에서 추방하고 생명나무로부터 단절시켰다. 참으로, 그것은 하나님이 범죄한 천사들을 아끼지 않았을 때 발생했는데, 그들의 왕자가 먼저 자신의 멸망을 야기시켰고, 그리고 나서 질투를 통하여 인류에게 멸망을 가져왔다. 여기에서, 의심의 여지 없이, 심판이 있었다.

그리고 사람들과 귀신들의 생명이 땅 위에서와 우리 위에 있는 하늘에서 가장 비참하고, 불확실성과 고난으로 가득차 있는 것은, 하나님의 높고 공의로운 심판 때문이다. 비록 아무도 죄짓지 않았을지라도, 하나님이 비틀거리지 않고 전 세계의 이성적인 창조물들을 자신에게 계속해서 붙들어맬 것은 선하고 공의로운 심판 행위에 의한 것일 것이다. 그는 귀신들과 인류에게 일반적으로 심판을 내려서, 그들이 최초의 죄 때문에 비참한 상태에 있을 뿐만 아니라, 또한 개인들의 특별한 행위들, 즉 그들 자신의 자유 선택으로 한 행위들에도 심판을 내린다. … 심판의 날이라고 적절하게 불리는 것은 그리스도가 산 자와 죽은 자를 심판하러 올 날이다. 그 날에는 왜 한 사람은 운좋고, 다른 사람은 불행한 이유에 대한 균일한 논의를 할 여지가 없을 것이다. 그 때는 선한 사람들을 제외하고는 누구도 참되고 충만한 행복이 없을 것이며, 악한 사람들의 당연하고 완전한 불행이 명백해질 것이다.

de civ. Dei 20. 1

요한은 펴져있는 책들에 대해서 말하고,[202] 어떤 책에 관하여 말한다. 그리고 그는 이것이 어떤 종류의 책인지 진술한다. "그것은 생명의 책인데"… 그 안에는 하나님의 계명들 중에서 어느 것을 각 사람이 수행했거나 수행하지 못했는지가 보여진다. … 그것은 각 사람으로 하여금 선하거나 악하거나 자기의 모든 행위들을 생각날 수 있게 하고, 정신적인 직관의 행위에 의해 놀라운 속도로 그것들을 관찰하게 하는 일종의 신적인 능력으로 이해되어야 한다. 그래서 각 사람의 지식이 자기의 양심을 고발하거나 용서할 수 있다. 따라서 각자와 모두는 동시에 심판받을 수 있다.　　　　　*de civ. Dei* 20. 14

제10장 주(註)

1) 시 104:4.　2) 출 3:14.
3) 412/13년에 펠라기우스에 의해서 쓰여짐.
4) 집회서(Ecclus.) 10:13.　5) 히 7:10.
6) 에클라눔(Eclanum)의 펠라기우스주의적인 감독(416-54)으로서, 아우구스티누스의 은총론을 가장 강력하게 비판하였다.
7) 요 1:3.　8) 롬 7:23 참조.　9) 눅 20:34 참조.
10) 요 3:6.　11) 요 1:13 참조.
12) 롬 5:12:ἐφῷ는 라틴어역 성서(Vulgate)에서처럼 'in quo'로 번역되었다. 그 희랍어는 (EVV에서처럼) 거의 확실히 '… 과 같은 정도로'(in as much as)의 뜻이다.
13) 고전 6:11.　14) 터툴리안, *adv. Prax.* 7 참조.
15) '영혼유전설'(traduciaism)은 영혼이 부모에 의해 전해진다는 이론에 대한 용어이다. 보다 덜 노골적으로 물리적인 믿음은 '영혼출생설'(Generationism)이라 흔히 불리운다. '영혼창조설'(Creationism)은 각 영혼이 임신이나 탄생할 때에 원인 없이(de nihilo) 창조된다는 이론이다.
16) 고전 2:2.　17) 마 8:31 f.　18) 창 2:7.　19) 고전 15:53.
20) 고후 4:16.　21) 집회서(Ecclus.) 21:1.　22) 요 8:36.
23) 롬 6:20.　24) 요 8:36.　25) p.263을 보라：　26) 롬 7:25.
27) 요 1:12.　28) 롬 5:12.
29) 시 36 (37):5.　30) 시 59:10 참조.　31) 요 15:5.
32) 갈 5:17.　33) 요 15:5.　34) 요 15:16.　35) 빌 1:6.
36) 빌 2:13.　37) 롬 8:28.　38) 마 11:20 참조.　39) 롬 6:20, 22.
40) 눅 2:14 참조. '(하나님의) 기쁨을 입은 자들'：흠정역 성서(AV)의 '사람들을 향한 좋은 호의'라는 말은 열악한 희랍어문을 번역한 것이다.
41) 고후 3:17.　42) 고전 4:7.　43) 시 59:10.　44) 롬 11:33; 9:14.
45) 롬 7:15, 18.　46) 갈 5:17.　47) 롬 7:12.　48) 마 18:11.
49) 롬 6:17.　50) 마 22:14.　51) 롬 9:16 참조.　52) 딤전 2:4.
53) 예를 들어, *Enchiridion*, 103에서 말했다.　54) 눅 11:42.
55) 고전 10:33.　56) 요 18:9.　57) 마 11:22, 24 참조.
58) 요 14:1.　59) 눅 18:1.　60) 롬 9:14.　61) 롬 9:18.
62) 마 5:6.　63) 고전 15:22.　64) 마 20:10-15 참조.
65) 롬 9:20.　66) 롬 11:33.　67) 마 24:40 참조.

68) 롬 11:33.　69) 요일 2:19.　70) 사 57:16 참조.
71) 딛 3:5.　72) 엡 1:4.　73) 엡 1:11 참조.　74) *substantia*.
75) 요 14:28.　76) 빌 2:7.　77) 딤전 2:5.　78) *habitus*.
79) 요 10:36 참조.　80) 마 1:18.　81) 지혜서(Wisd.) 7:25.
82) 지혜서(Wisd.) 7:26.　83) 집회서(Ecclus.) 24:3.
84) 요 15:26.　85) 고전 15:28.　86) p.22 f.를 보라.
87) 요 1:14.　88) 사 52:10.　89) 빌 2:6.　90) 요 16:15.
91) 요 17:10.　92) 빌 2:7.　93) 요 7:16 참조.　94) 마 24:36.
95) 고전 2:2.　96) 고전 2:6; 3:2.　97) 갈 3:28.　98) 딤전 2:5.
99) 롬 5:9.　100) 시 5:10.　101) 딤전 2:7.　102) 롬 8:31, 32.
103) 갈 2:20.　104) 합 3:2 참조.　105) 요 14:31.　106) 계 5:5.
107) 벧전 5:8.　108) p.188 참조.　109) 롬 8:30; 벧전 1:20 참조.
110) 롬 5:8.　111) 롬 13:10.　112) 요일 3:16.
113) 요일 4:10; 롬 8:32.　114) 롬 9:21.　115) 딤전 2:7.
116) 빌 2:7.　117) 요 1:14.　118) 잠 8:22.　119) 창 3:5.
120) 고전 1:30, 31 [렘 9:23, 24].　121) 히 5:1 참조.
122) 딤전 2:5 참조.　123) 요 10:30 참조.　124) 요 20:22.
125) 요 15:26.　126) 요 7:39.　127) 요 15:26.　128) 요 5:26.
129) 요 3:8.　130) 고전 12:11.　131) p.312 참조.
132) 요 4:24.　133) 요 15:26.　134) p.57을 보라.
135) 요 10:30.　136) 마 3:16, 17.　137) 빌 3:3.
138) 주요한 희랍어 사본에는 πνεύματι θεοῦ라는 어구가 있다. 그러나 희랍어 여격은 애매해서, '성령을 섬기며'인지 '성령에 의해 섬기며'인지가 불명확한데, 문맥으로 보아 후자일 수밖에 없다.
139) 고전 6:15, 19.　140) p.305 참조.　141) 요일 5:2.
142) 요일 5:1, 2.　143) 요 13:34.　144) p.320을 보라.
145) 엡 4:3.　146) 아 4:12, 13.　147) 엡 5:27; 계 21:2, 9 참조.
148) 아 6:9.　149) 아 2:2.　150) 롬 2:29.　151) 시 45:13 (44:14).
152) 시 40:5 (39:6).　153) 딤후 2:19.　154) 눅 24:46.　155) 눅 24:48.
156) 도나투스파는 아프리카에 있는 교회분열적인 단체이며, 카르타고의 감독인 카이킬리안(Caecilian)이 배신자(즉, 디오클레티안의 박해 때 성서 사본들을 넘겨줬던 자)라 일컬어지는 아프퉁가의 펠릭스(Felix of Aptunga)에게 안수받았기 때문에, 그를 받아들이기를 거부한 자들에 의해 시작되었다. 가톨릭(Catholics)은 성례의 효력이 성직자의 가치에 달려있지 않다고 주장했다:도나투스는 그 종파의 두번째 감독이었다.
157) 엡 5:32 f.　158) 고전 11:3.
159) 행 9:4.　160) 골 1:24.
161) 이 부분과 다음 부분에 대해서는, pp.116-120 참조.
162) 엡 4:2-4; 골 3:14 참조.　163) 엡 4:2, 3.
164) 마 10:22.　165) 요 3:5.　166) 마 26:24 참조.
167) 시 51:17.　168) 히 13:16.　169) 마 22:40.

170) 빌 2:7.   171) 롬 12:1.   172) 롬 12:5.   173) 고전 12:27.
174) 즉, 너희 자신들의 상징.   175) 고전 12:27.   176) 엡 4:3.
177) 요 1:14.   178) 시 78:25.   179) 빌 2:8.   180) 요 6:53.
181) 삼상 21:14 (LXX) '〔다윗은〕 그 도시의 문에서 드럼치고, 자신을 자기의 손으로 데려갔다.'
182) 요 13:26.   183) 고전 11:29.   184) 시 99 (98):5.
185) 사 66:1.   186) 신 6:13 (LXX).   187) 요 6:63 참조.
188) 요 6:27, 29.   189) 요 6:50.   190) 요 6:49.
191) 요 6:50.   192) 롬 8:30 참조.   193) 고후 11:29.
194) 레 26:12.   195) 바질은 똑같은 것을 강조한다; p.124 참조.
196) 고전 15:28.   197) 시 16:9.   198) 플라톤, *rep.* 621A 참조.
199) 마 10:30.   200) 엡 5:29.   201) 고전 15:44.   202) 계 20:12.

제11장

알렉산드리아의 키릴

1. 그리스도의 위격

(a) '하나님의 어머니'라는 칭호

〔428년 콘스탄티노플의 주교로 임명된 네스토리우스는 'Theotokos', 즉 '하나님의 어머니'라는 칭호를 사용하는 것을 공격하면서, 아폴리나리우스의 이단 교리를 암시하는 것이라고 했다.〕

나는 거룩한 동정녀가 하나님의 어머니라고 불리어야 되는지 혹은 아닌지에 대해 극도로 의심하는 자들이 있다는 것에 놀란다. 왜냐하면 만일 우리의 주 예수 그리스도가 하나님이라면, 그렇다면 그를 낳은 성 동정녀는 확실히 하나님의 어머니임에 틀림없다. … 그러나 당신은, "이제 나에게 말해 주시오, 그 동정녀는 신성의 어머니였습니까?"라고 말할 수 있다. 나의 대답은 이렇다. 살아있고 실존하는[1] 하나님의 말씀은 모두가 인정하는 바와 같이, 아버지 하나님의 본질에서 나왔고, 시간 속에서 시작이 없는 존재를 가지며, 언제나 그의 아버지와 공존하고, 자기의 존재를 아버지 안에서 그리고 아버지와 함께 가지며, 이런 식으로 우리의 마음에 묘사된다. 이 세대 마지막 때에, 그가 육신이 되었을 때, 즉 이성적인 영혼을 부여받은 육신과 결합되었을 때, 그는 또한 육신을 따라 한 여자를 통해 탄생되었다고 말해진다. 이 성육신한 말씀의 신비는 인간의 탄생과 어느 정도 유사성을 가지고 있다. 왜냐하면 자연적인 출생법에 따라, 보통 사람들의 어머니들은 점점 형체를 갖추는 육신을 자궁에 담고, 그것이 완성되어 인간의 형체에 도달할 때까지 비밀스런 하나님의 작용을 통해 발육시킨다. 그리고 하나님은 그에게만 알려진 방법으로, 이 살아있는 창조물에 영을 부여한다. 그것은 "그는 자기 안에서 인간의 영을 만든다."[2]라고 그 예언자가 말한 것과 같다. 육신의 상태는 영의 상태와 매우 다르다. 그러나 비록 그 어머니들이 이 세상에 속하는 육신들의 어머니일 뿐이라 할지라도, 여전히 그들은 인간의 한 부분만이 아니라, 영혼과 몸으로 이루어진, 온전한 인간을 낳았다고 말해진다. … 만일 누군가가 어떤 사람의 어머니는 '육신의 어머니'이고 '영혼의 어머니'가 아니었다라고 주장한다면, 그는 실없는 소리를 하는 것이 될 것이다. 왜냐하면 그녀가 생산한 것은 두 가지의 다른 요소들로 이루어졌지만 각 요소가 그 본성을 보유하는 하나의 인간인, 하나의 살아있는 존재이기 때문이다.

ep. 1, ad monachos Aegypti

(b) 위격의 단일성

만일 그의[네스토리우스의] '결합'[synapheia]라는 용어가 우리가 위격[hypostasis]의 단일성이라고 생각하는 그 단일성[henosis]을 의미한다면, 그렇다면 "그리스도와 같이 그리스도 안에는 나뉨이 없다, 두 그리스도들, 두 아들들이 있는 것이 아니다 …"라고 가르쳐야 한다고 주장하는 데 있어서 그는 정당할 것이다. 그러나 만일 이것이 그렇다면, 네스토리우스 당신은 어떻게 하나이며 나뉠 수 없는 그리스도가 '신분에서가 아니라 본성에서 이중적'이라고 주장하는가? 왜냐하면 아버지 하나님의 말씀이 육신을 입고 우리의 조건을 입고 인간으로 나왔기 때문에, 그는 '이중적'이라고 불릴 수 없다. 자기의 고유한 본성을 입고 육신과 피의 바깥에 존재하는 그는 육신으로 된 하나의 존재이다. 만일 누군가가 보통 인간을 죽인다면, 인간이 영혼과 육체로 이루어지고 이 두 요소들의 경험이 본질상 다른 것으로 간주될지라도, 그는 두 가지 죄를 지었다고 고발될 수 없다. 우리는 똑같은 방법으로 그리스도에 관하여 생각해야 한다. 그는 이중적인 존재가 아니다. 그는 육신을 입은 단 한 분인 주님이며 아들이고, 아버지 하나님의 말씀이다. 나 자신은 신성과 인성 사이에는 큰 차이가, 참으로 가장 큰 불일치가 있다는 것을 인정한다. 신성과 인성이라는 이 용어들은 본질적으로 다르고 완전히 닮지 않은 것들을 분명하게 나타낸다. 그러나 그리스도의 신비가 우리에게 주어질 때, 그 때 단일체의 원리는 그 차이를 무시하지 않지만, 구분은 배제한다. 그것은 본성을 혼동하거나 혼합하지 않는다. 하나님의 말씀은 육신과 피의 성질을 띠고, 아들은 하나로 생각되고, 그렇게 불리어진다.

adv. Nest. 2. 6

(c) 한 분 그리스도의 불가시적인 경배

네스토리우스여, 내가 말하려고 하는 것은 비록 우리가 인간이면서 동시에 하나님인 그리스도에 대해 말할지라도, 우리는 그렇게 말함에 있어서 구별하지 않고 있다는 것이다. 오히려 우리는 그가 성육신하기 전에조차 이와 똑같은 아들이며 하나님이며 아버지의 말씀인 분을 알고 있었다. 그리고 그 후에, 우리는 그가 우리의 조건을 입은 인간으로 되어 성육신[3]했다는 것을 알았다. 그가 단순한 인간으로 생각되어서는 안되고, 하나님이며 인간으로 생각되어야 한다고 논쟁하는데 있어서, 네스토리우스는 가시 면류관과 그의 나머지 고난들을 독립적이며 배타적으로 인간에게 속하는 것으로 여기고, 그는 그에게 '신과 함께 공동-예배' 하는 것을 인정한다. 그리고 그는 더 나아가 불경스럽게 참된 하나님이며 아들로서 그를 경배하지 않고 '말씀의 권위를 옹호하는 자' 가 된 자로서의 그를 경배한다. 그가 하는 구분은 경배가 신성으로 드려져야 한다는 그의 인정으로부터 명백하다. 왜냐하면 그밖의 어떤 것으로 경배받는 것은 분명히 경배받는다고 말해지는 것과 매우 다르기 때문이다. 그러나 우리는 그에게 위격적으로[4] 결합된 몸을 말씀으로부터 분리시키지 않고, 단일한 경배로 임마누엘을 경배하는데 익숙해져 있다.

adv. Nest. 2. 10

(d) 로고스 성육신에서의 구별점과 통일성

확실히 본질적으로 하나님인 독생자가, 네스토리우스가 주장하는 것처럼, 단지 외적인 고리로, 혹은 도덕적인 결합[5]으로 간주된 결합[synapheia]에 의해서 인간이 된 것이 아니라, 설명이나 이해할 수 없는 방법으로 된 참된 결합[henosis]에 의해 인간이 되었다는 것은 논의할 여지가 없다. 따라서 그는 단일한 존재로 생각되어진다. 그가 말하는 모든 것은 자신과 일관성있고 전적으로 한 위격[prosopon]의 발언이라는 것이 입증될 것이다. 왜냐하면 이 결합이 일어나자마자 우리의 마음 속에 있는 단 하나의 본성, 즉 말씀 자신이 성육신한 본성이 있기 때문이다.[6]

물론 이와 같은 어떤 것은 우리의 경험 속에서 관찰될 수 있다. 왜냐하면 단일한 인간은 참으로 닮지 않은 요소들, 즉 영혼과 몸으로 이루어진, 합성된 존재이기 때문이다. 게다가, 말씀 하나님께 결합된 몸은 이성적인 영혼에 의해 생명을 부여받았다고 우리가 주장하는 것이 관찰되어야만 한다. 그 자신의 본성으로 고려된 육신과 말씀의 본질적인 본성 사이에 커다란 차이가 있다는 것을 덧붙이는 것이 중요하다. 그러나 비록 그렇게 명명된 것들이 다른 것으로 생각되고 그들의 다양한 본성에 의해 구별될지라도 그리스도는 여전히 두 요소로 이루어진 하나의 존재로 파악된다. 신성과 인성은 상호 조화되는 실제적인 단일체 속에서 함께 있다. …

우리의 주 예수 그리스도는 자신을 진주에 비유하여, "천국은 좋은 진주를 구하는 장사와 같다"[7]라고 말했다. … 그리고 그가 "나는 사론의 수선화요 골짜기의 백합화다"[8]라고 말할 때, 나는 그가 다른 이미지를 사용하여 자신을 우리에게 계시한다는 것을 안다. 왜냐하면 그는 자기 자신의 본성으로 아버지 하나님의 신적인 밝음을 소유하며, 한편 동시에 자기 자신의 향기와 달콤한 영적인 냄새를 퍼뜨리기 때문이다. 진주와 백합화의 경우에 기본적인 물리적인 몸은 인식되지만, 한편 밝음이나 향기는 그 자신의 방법에 따라 파악된다. 그리고 이런 것들은 그들이 존재하는 것들과 다른 것으로 파악된다. 그러나 그것들은 그것들을 소유하는 몸들과 상반되지 않고, 그들에게 속하는, 이것들 속에서 나뉨이 없이 갖추어져 있다. 우리는 똑같은 방법으로 임마누엘에 대하여 생각하고 판단해야 한다고 생각한다. 신성과 육신은 본래 종류에 있어서 다르다. 그러나 말씀의 몸은 그의 자신의 것이다. 몸에 결합된 말씀은 그것과 분리되지 않았다. 이것은 우리가 임마누엘, '우리와 함께 하시는 하나님'에 대해 생각해야 하는 유일한 방법이다.

adv. Nest. 2. *pref.*

(e) '우리의 구원을 위하여'

영감으로 된 성서는 아버지 하나님으로부터 온 말씀이 성육신했다고, 즉 본질적으로(hypostatically) 혼동되지 않고 육신에 결합되었다고 말한다. 육체는 말씀과 결합되었고, 한 여인에게서 난 육체는 그에게서 동떨어지지 않았다. 그것은 우리 각자의 몸이 각 개인에게 속하는 것처럼, 그렇게 독생자의 몸이 그에게 속하는 것이다. … 만일 말씀이 말하자면 똑같은 방법으로, 육신에 따라 나지 않았다면, 그가 이런 방법으로 우리의 조건을 공유하지 않았다면, 그는 우리가 아담으로부터 물려받는 죄로부터 인간의 본성을 해방시키지 못했을 것이고, 또한 우리 육체로부터 타락을 쫓아내지 못했을 것이다. … 그러나 당신은 우리 중 어떤 사람들에게 아버지로부터 나고 세속적인 육체로부터 그의 존재를 시작한 말씀을 의심하도록 하여, 두려움에 빠지도록 영향을 미친다. 그리고 당신은 우리가 성 동정녀에게 '하나님의 어머니'라는 칭호를 부여해서는 안된다고 말할 때, 육신 속에 있는 '경륜'[9]의 신비를 완전히 파괴시킨다. … 만일 그리스도는 참된 하나님이며, 하나님과 인간으로 구별되지 않는 한 분이며, 하나님 아버지의 독생자라는 것을, 그리고 그는 한 분으로, 아버지로부터 온 말씀이며, 한편 하나님으로 남아있으면서 우리의 모양을 따라 여인에게서 난 남자라는 것을 숙고하고 인정한다면, 그렇게 믿는 자들의 정확하고 거룩한 신앙에 찬성할 것이다. *adv. Nest.* 1. 1

독생하신 하나님인, 우주의 하나님은 우리를 위해 박탈을 감수하여, 그와 형제가 되는 특권과, 자기 자신이 타고난 고결한 아름다움과 흠모할 만한 모든 것[10]을 우리에게 주었다. 그러나 네스토리우스는, 태어나 우리의 형제가 된 자는 단순한 인간이었다고 말하는 데 있어서, 우리에게서 이 모든 영광을 빼앗는다. 그리고 그가 이 입장에 대하여 믿을 수 있는 주장이라 생각하는 것을 우리에게 설명하기 위하여 다음과 같이 덧붙인다. "곧바로 이어지는 것을 주목하라. '그는 하나님 앞에 있는 자비롭고 충실한 대제사장이라는 것을 증명할 것이다. 왜냐하면 그는 자신이 고난의 시험을 경험했으므로 그 시험을 겪는 자들을 도울 수 있기 때문이다.' 고난을 경험한 자는 자비로운 대제사장이다. 고통받는 자에게 생명을 주는 하나님이 아니라, 성전이 고통을 받을 수 있다." 이 입장을 유지하기로 선택하고, 그것을 말하는 것을 꺼리지 않는 사람은 다시 두 실존들로 구별하고, 사실상 두 위격들로 구분하는데, 하나는 아버지 하나님으로부터 온 말씀이며, 다른 하나는 '하나님을 닮은 인간'으로 소개하는 자이다. 나는 이러한 결론을 의심하면서, '고난을 경험하는 자'와 '생명을 주는 자' 사이를 구별하거나 분리시키는 사람이 있을 것이라고 믿지 않는다. … *adv. Nest.* 3. 2

아버지에 의해 보냄받은 것이 바로 육신만이며, 그 육신이 가시적인 위격이라고 당신은 말하는가? 그렇다면 죽음의 압제 밑에 있는 것에게 생명을 가져다 주는 것만이 우리에게 가능한가? 그렇다면 왜 영감받은 성서는 말씀이 육신이 될 것이라는 것에 대해 헛되이 열광적으로 지껄이고, 모든 것을 희생하면서 그것을 주장하는가? 만일 인성이 본래 그것만으로도 죽음을 폐하고, 파괴력을 전복시킬 수 있다고, 충분히 고려된다면, 말씀은 도대체 어떤 유용성이 있겠는가? *adv. Nest.* 4. 4

네스토리우스는 아무도 부정하지 않는 것을 힘차게 주장하는 데 있어서 주목할만한 존경을 드러낸다고 생각한다. 즉 아버지 하나님으로부터 온 말씀은, 하나님처럼, 본성상, 고난으로부터 멀리 제거되고, 죽음보다 뛰어나다. 그렇지 않으면 생명은 어떤 의미에서 죽었을 것이다. 그러나 이 점에서조차 네스토리우스는 교회의 교리들에 직면하여 달아나고, 독생자의 성육신에 나타난 '경륜'을 전혀 존중하지 않으며, 그 신비의 깊이를 고려하지 않는다. 만일 우리가 말씀의 본성을 조사해야 하거나, 그것에 대해 물어보고 알기를 원하는 자들에게 그것을 설명해 주어야 한다면, 그리고 나서 만일 우리가 현명하고 참된 논증의 길을 신중하게 따라야 한다면, 죽음은 그 본성에 가까이 갈 수 없고 그것은 고통으로부터 완전히 멀리 떨어져 있다는 것을 논리적으로 논증하도록 강요받는다. 그러나 그가 인간이 된 방법이 그로 하여금 ('경륜'의 원리들에 관한 한) 육신을 입고 죽도록 허용했으므로, 만일 그가 자신의 신성을 입고 어떤 고통도 당하지 않고 그렇게 하기를 원했다면, 왜 당신은 우리에게서 우리의 가장 고귀한 확신의 토대를 빼앗아 가려고 하는가? 왜냐하면 당신은 "선한 목자는 양들을 위하여 자기의 목숨을 버린다"[11]라고, 그가 말하는 것을 들었기 때문이다. 그러므로, 만일 그가 고난받았다고 한다면, 우리는 그가 하나님으로서는 고통을 받을 수 없다는 것을 안다. 그러나 우리는 그가 자신의 육신을 입고 '경륜' 속에서 죽음을 겪었으며, 그래서 그는 발 밑에 죽음을 짓밟고, 다시 일어나서(본질상 생명이며 생명을 주는 자로서), 그리고 죽음의 압박을 받고 있던 것, 즉 육체를 영원히 개조할 수 있었다고 우리는 말한다. 이리하여 회복시키는 그의 사역의 힘은 또한 우리에게 도달한다. 그리고 그것은 전 인류에게 확장된다. *adv. Nest.* 5. 1

(f) 성육신과 성찬식

〔네스토리우스: "나는 기분을 언짢게 하는 그의 말을 인용하겠다. 주 그리스도는 그들과 그의 육신에 대하여 말하고 있었다. '너희가 인자의 살을 먹지 않고 인자의 피를 마시지 않으면, 너희 속에 생명이 없다'[12]라고 그는 말했다. 그의 말을 듣는 사람들은 그가 말한 것을 숭고하게 받아들일 수 없었다. 그들은 어리석게도, 그가 식인(食人)을 암시하고 있다고 생각했다."〕

그런데, 이것이 식인의 문제가 아닌 것은 어떻게해서일까? 보냄받은 분은 바로 아버지의 말씀이라고 말하지 않고, 그가 인간이 되도록 보내는 방식을 인정하지 않는다면, 이 신비는 어떤 방법으로 숭고한가? 우리는 그와 결합된 육신이 생명을 주는 힘을 가지고 있다고 말할 것이다. 그것은 상반되는 육신이 아니라, 만물에게 생명을 줄 수 있는 자에게 속하는 육신이다. 불은, 이 감각세계에서, 그것이 접촉하는 어떤 물체에도 천연의 에너지를 전달해줄 수 있다. 그래서 그것은 본질상 서늘한 존재인 물조차 자연스럽지 못한 열의 상태로 변화시킬 수 있다. 이것이 그렇다 해서, 본질상 생명인 아버지 하나님으로부터 온 바로 그 말씀이 자신에게 결합된 육신에게 이 생명을 주는 속성을 준다는 것이 이상하거나 어떤 점에서 믿을 수 없는 것일까? 왜냐하면 이 육신은 말씀에 속하기 때문이다. 그것은 인류의 다른 지체로서 독립적으로 생각될 수 있는 그 자신과 다른 존재에 속하지 않는다. 만일 너희가 이 신비롭고 실제적인 몸과의 결합으로부터 생명을 주는 하나님의 말씀을 제거한다면, 만일 너희가 완전히 그를 따로 떼어놓는다면, 여전히 생명을 주는 그 몸을 어떻게 보여줄 수가 있는가?

"내 살을 먹고 내 피를 마시는 자는 내 안에 거하고, 나도 그 안에 거한다."[13]라고 말한 자는 누구였나? 만일 자기 자신의 독립적인 본성을 입고 태어난 자가 사람이라면, 만일 하나님의 말씀이 우리와 같은 상태가 되지 않았다면, 그렇다면 참으로 수행되는 것은 식인의 행위이고, 그것에 참여하는 것은 전혀 무가치한 일일 것이다. 나는 그리스도 자신이, "육은 무익하다. 생명을 주는 것은 영이다."[14]라고 말하는 것을 듣는다. …

태양으로부터 보냄받은 태양빛은 그것들을 보낸 자 때문에 혹은 오히려 그것들의 근원 때문에 빛나는 것이라고 말해질 수 있다. 그러나 그것들이 빛을 줄 수 있는 힘을 가지고 있는 것은 참여함으로부터 오지 않는다. 그것은 그것들이 보낸 자의 탁월함을 전달하는, 혹은 오히려 그것들을 번쩍거리게 한, 일종의 자연스런 숭고한 근원에 의해서이다. 똑같은 방법으로, 그리고 똑같은 원리 위에서, 만일 아들이 '아버지 때문에'[15] 산다고 말했을지라도, 그는 자신을 위하여 자기가 아버지로부터 유래한다는 숭고함을 주장할 것이라고, 나는 생각한다. 그는 일반적으로 창조된 것들의 방법, 즉 외부로부터 수여된 생명과 다른 방법으로 생명을 가진다고 인정하지 않을 것이다.

adv. Nest. 4. 5

(g) 한 분 그리스도의 고난과 영광

"그가 올 때까지."[16] 오고 있는 자가 누구인가? "그들은 그들이 찌른 자를 볼 것이다."[17] 올 자는 인간의 모양으로 죽음을 겪었지만, 다시 신성을 입고 하늘로 올라간 자이다. 그는 지금 형용할 수 없는 신성의 보좌에서 영광받고, 높은 곳에서 스랍들과 권세자들(Powers)에게 둘러싸여, 아버지 옆에 앉아있는데, 그들은 그들의 종속의 정도를 완전히 알고 있다. 그리고 모든 권위와 권세와 주권은 그를 숭배한다. 왜냐하면 "모든 무릎을 그에게 꿇게 하시고 모든 입으로 주 예수 그리스도를 시인하여 아버지 하나님께 영광을 돌리게 하셨기"[18] 때문이다. 내가 말한 대로, 인간의 비천함 속에 계시된 것이 아니라 지고한 신성의 영광 속에 계시된 대로, 하늘과 천상의 영들이 그를 하나님과 왕으로 호위하며, 우주의 주님을 시중드는 가운데, 그는 올 것이다. 만일 그가 육체를 입은 하나님의 말씀이 아니고, 허리의 찔림을 당한, 육체적인 허리를 지닌 '신을 닮은 인간'이라면, 마치 최근에 성 삼위일체에 더해진 네번째의 신을 가진 것처럼, 어떻게 그는 지고한 신성의 보좌에 있는 것으로 보이는가? 너희는 두려워서, 그를 보통의 사람으로 생각하는 것과, 경배를 창조물에게 돌리는 것을 생각하는 것으로부터 피하지 않는가?

adv. Nest. 4. 6

(h) 교리적인 서신

〔430년 2월의 '네스토리우스에게 보내는 두번째 편지'는 에베소 공의회(431)와 칼케돈 공의회(451)에서 지지받았다.〕

〔"말씀이 성육신되었다, 등등"의 말에서〕 우리는 말씀이 본성에서 어떤 변화를 일으켰거나, 말씀이 영혼과 몸으로 구성된, 완전한 인간으로 변화했다고 주장하지 않는다. 우리가 말하는 것은, 그 말씀이 묘사할 수 없고 생각할 수 없는 방법으로, 이성적인 영혼을 부여받은 자신의 육신에 위격적으로〔hypostatically〕 결합되고, 이리하여 인간이 되어 인자라고 불리었다는 것이다. 그리고 이것은 단순한 의지나 호의에 의한 것도 아니고, 또한 자신에게 단순한 위격적인 모습〔prosopon〕을 취함에 의한 것도 아니다. 합쳐져서 참된 단일체를 이룬 본성들은 다른 것들이었다. 그러나 이 두 본성들에서 생성된 것은 한 분 그리스도이며, 한 아들이었다. 우리는 그 본성들의 차이가

이러한 결합 때문이 절멸된다는 뜻으로 말하는 것이 아니다. 그러나 오히려 그것들의 표현할 수 없고 설명할 수 없는 결합이 발생한 것에 의해, 신성과 인성은 우리를 위해 한 분인 주님이며 아들인 예수 그리스도를 가져왔다. 비록 그가 만세 전에 아버지로부터 나왔고 존재했을지라도, 육신에 관하여는, 한 여인에게서 태어났다고 말해지는 것은 이러한 의미에서이다. … 그것은 보통 사람이 처음으로 성 동정녀에게서 태어나고, 그 후에 말씀이 그에게 내려온 것이 아니었다. 말씀은 자궁 자체 안에서 육신과 결합되었고, 그리하여 그는 자기 자신의 육신의 탄생을 자기의 것으로 했기 때문에, 육신을 입고 탄생했다고 말해지는 것이다.

똑같은 방법으로 우리는 "그가 고난받고 다시 일어났다"라고 말한다. 우리는 말씀 하나님이 자기의 신성을 입고 고난받았다고 말하려는 것이 아니다 … 왜냐하면 신성은 비물질적인 것이므로, 고난받을 수 없다. 그러나 자기 자신의 것으로 만들어진 몸은 이러한 고통들을 감내했다. 그러므로 그는 그것들을 우리를 위해 참았다고 말해진다. 고통받을 수 없는 것들은 고난받은 육체 안에 있었다.

똑같은 방법으로 우리는 그의 죽음에 대해 말한다. …

따라서 우리가 시인하는 것은 한 분 그리스도이며, 똑같은 한 분으로서의 그를 우리는 경배하고, 우리의 경배 속에서 말씀과 함께 결합된 인간으로서의 그를 경배하는 것이 아니다. …

그러므로 우리는 한 분인 주 그리스도를 두 아들들로 나누어서는 안된다. 이렇게 하는 어떤 사람들은 '위격들의 결합'[prosopa]에 대한 주장을 덧붙인다. 그러나 이러한 주장은 그들의 교리를 건전한 신앙 진술로 회복시키는 데에 도움이 되지 않을 것이다. 성서는 '인간의 위격[prosopon]인 자기 자신에게 결합된 말씀'에 대해 말하지 않고, "말씀이 육신이 되었다"라고 말한다. 그리고 그것은 정확히, 바로 우리가 그러는 것처럼, 그는 육신과 피의 참여자가 되었고 우리의 몸을 자기 자신의 것으로 했다는 것을 의미한다. 그는 한 여인으로부터 인간으로 나왔다. 그러나 그는 자기가 하나님이며 아버지 하나님으로부터 나왔다는 것을 벗어버리지는 않았다. 그는 우리의 육신을 취했다. 그러나 이렇게 하면서도 그는 과거의 그의 모습을 보유했다.

ep. 4 [*ad Nest.* 2]

(i) 433년의 재결합 신경

[431년 에베소공의회에서, 키릴은 '안디옥의' 주교들이 모이기 전에 네스토리우스의 정죄를 획득했다. 그때 그들은 안디옥의 요한 아래서 독립된 회의를 열고 키릴이 면직되었다고 선언했다. 황제 데오도시우스 2세는 두 공의회를 모두 승인했으나, 키릴의 면직은 곧 취소되었고, 그는 온건한 안디옥학자들을 회유하기 시작했다.]

그러므로 우리는 독생자, 완전한 하나님이며 완전한 인간인, 우리의 주 예수 그리스도가 이성적인 영혼과 몸으로 이루어져 있다는 것을 시인한다. 만세 전에 아버지로부터 난 그의 신성에 관해서, 또한 우리를 위하고 우리를 구원하기 위해 동정녀 마리아에게서 난 인성에 관하여 시인한다. 그는 또한 신성에 관하여는 아버지와 한 본질로 되어 있으며, 인성에 관하여는 우리와 같은 본질로 되어 있다. 왜냐하면 두 본성들의 단일체[19]가 발생했기 때문이다. 그러므로 우리는 한 그리스도, 한 아들, 한 주님을 시인한다. 혼동없는 이 결합의 원리에 따라서, 말씀이 성육신하여 인간이 되었기 때문에, 그리고 성 마리아로부터 성전인 자신에게 결합된 바로 그 수태로부터, 성 마리아가 하나님의 어머니라는 것을 인정한다. 복음서와 사도의 저술들에 나타난 주님에 관한 발언들에 관하여, 우리는 그 신학자들이 한 위격의 기초 위에서[20] 어떤 것들을 두 본성들에게 공통적인 것으로 간주한다는 것을 안다. 그리고 그들은 두 본성들[21]이라는 기초 위에서, 다른 것들을 구분하고, 신적인 발언들을 그리스도의 신성에 돌리고, 비천한 것들을 그의 인성에 돌린다.

ep. 39 [*to John bishop of Antioch*]

(j) 안디옥학파로부터 구별된 네스토리우스

네스토리우스는 하나님인 말씀이 성육신하여 인간으로 되었다는 것을 인정하는 척한다. 그러나 그는 성육신의 의미를 인정하지 않고, '두 본성들'이라는 용어를 사용하며 그것들을 분리하여, 신성을 구분해 내고, 인성을 습관적인 결합,[22] 즉 동등한 영예 혹은 권위에 의해, 신성에 속하는 것으로 구별한다. 그가 말하는 것은 다음과 같다: "하나님은 가시적인 것(즉, 인성)과 불가분적이다. 그러므로 나는 나누어지지 않는 것의 영예를 구별하는 것이 아니다. 나는 본성들을 구별하지만, 경배를 결합시킨다." 그런데 안디옥의 형제들[23]은 우리의 마음에 나타난 그리스도 안에 있는 구성요소들을 받아들였으나, 단순히 생각의 영역에서만 그리했다. 그들은 본성의 차이에 대해 말해 왔다(왜냐하면, 위에서 말해진 것처럼, 신성과 인성은 본질상 똑같지 않기 때문이다). 그러나 그들은 아들이며 그리스도인 한 분을 고백하고, 그는 실제로 하나이므로, 그의 안에는 하나의 위격(prosopon)이 있다고 말한다. 어떤 방법으로도 그들은 결합된 것들을 나누지 않는다. 그들은 본성의 나눔에 대한 개념을 거부하는데, 그 개념은 이렇게 비참한 새로운 것들을 도입한 자가 즐기려고 한 것이다.   *ep.* 40 [*ad Acac. Me lit.*]

많은 사람들은 동방의 주교들에 의해 작성된 신경[24]을 비난한다. 그들은 말한다. "왜 그 알렉산드리아의 주교는 '두 본성들'이라는 용어를 사용하는 자들을 묵인하고, 심지어 성원까지 하는가? 네스토리우스의 추종자들은 이것이 그의 견해라고 주장하고, 미묘한 해석들을 모르는 자들을 그들의 편으로 휩쓸어 버린다." 이 비판에 대한 대답은 우리는 이교도들의 모든 진술들을 피하거나 부인할 필요가 없다는 것이다. 그들이 인정하는 것들 중 많은 것이 우리의 고백과 일치한다. 예를 들어, 아리우스주의자들은 아버지 하나님이 만물의 하나님이며 주님이라고 주장할 때, 우리는 그런 신앙에 대한 진술들을 거부해야 한다는 것이 당연하다는 것은 아니다. 마찬가지로, 네스토리우스의 경우에, 말씀의 본성이 육신의 본성과 구별되므로, 육신과 말씀 하나님 사이를 구별해 주는, 두 본성들이 있다고 말할 때도 그러하다. 그러나 그는 단일체를 인정하는 데 있어서는 우리의 일원이 되지 못한다. 우리는 두 본성들을 결합시키며, 한 그리스도, 한 아들, 똑같은 존재, 한 주님, 사실상 성육신한 하나님의 한 본성[25]을 인정한다.   *ep.* 44 [*ad Eulogium*]

(k) 본성의 단일성

그런데 아폴리나리우스의 견해들이 우리의 것이라고 생각하고 다음과 같이 말하는 사람들이 있다. "너희는 혼합된 정확한 단일성 때문에 하나인 한 아들, 즉 인간이 되고 성육신된 아버지 하나님의 말씀에 대해 말한다. 만일 그렇다면, 아마도 너희는 발생한 것은 말씀이 육체와 혼합되고, 혼동된, 혼합물이라고, 혹은 오히려 몸이 신성으로 전환되었다고 공상하기로 결심했을 것이다." 이 이유 때문에 우리는 우리의 말들을 매우 주의깊게 선택하여, 이 비방을 논박한다. 그리고 우리는 아버지 하나님의 말씀이, 우리가 이해할 수 없고 우리의 표현력을 넘어서는 방법으로, 이성적인 영혼을 부여받은 몸을 자신에게 결합시켰다고 말한다. 그는 한 여인으로부터 난 사람으로서 태어났고, 본성의 전환에 의해서가 아니라, 인류를 위한 하나님의 계획에 따라 은총의 행위로서,[26] 우리의 조건에 참여했다. 왜냐하면 본질적으로 그의 존재였던 신성을 버리지 않고, 인간이 되기를 원했기 때문이다. 비록 그가 우리의 수준으로 내려와서, '종의 형체'[27]를 입었을지라도, 여전히 그는 우월한 신성을 계속해서 입고 있는데, 즉 그의 본성적인 주님의 신분을 계속 유지한다. …

그러므로, 그가 성육신한 방법을 생각함에 있어서, 우리는 두 본성들이 혼동이나 변화 없이, 분리시킬 수 없는 결합으로 합해졌다는 것에 주목한다. 비록 육신이 하나님의 육신이 되었을지라도, 그것은 육신이며 신성이 아니다. 그리고 마찬가지로 말씀은, 인간을 다루기 위해,[28] 육신을 자기의 것으로 했을지라도, 그것은 하나님이며, 육신이 아니다. 우리가 그 문제를 이런 방법으로 생각할 때, 우리는 그것은 두 본성들의 결합이었다고 말함에 있어서, 단일체로 결합되는 것을 잘못 말하지 않는다. 그러나 우리는 그렇게 결합한 후의 본성들을 나누지도 않고, 나뉘어질 수 없는 한 분인 아들을 절단하지도 않는다. 우리는 교부들이 말한 것처럼, 성육신한 하나님의 말씀의 한 본성[29]이며, 한 분 아들이라고 주장한다. 독생자가 성육신한 방법은 영혼의 눈에만 보일 수 있다.

ep. 46 [*ad Succensum* 1]

말씀의 본성은 육신의 본성으로 지나가지도 않고, 육신의 본성이 말씀의 본성으로 지나가지도 않는다. 말씀과 육체는 그들 자신의 본래적인 속성을 지니고 똑같이 지속되며, 우리의 마음에 의해 그렇게 파악된다. … 그는 우리가 말한 것처럼, 하나의 본성, 즉 성육신된 본성이었던 아들의 본성을 우리에게 드러내었다. 왜냐하면 단일체는 참으로 본질상 단순한 것의 속성일 뿐만 아니라, 또한 합성에 의해 결합된 것들의 속성이라고 말해지기 때문이다. 이것의 예가, 영혼과 몸으로 구성된 인간이다.

영감받은 성서는 그가 육신을 입고 고난받은 것에 대해 말하고, 우리가 그러한 용어를 사용하는 것은 '그의 인성을 입고'라고 말하는 것보다 더 낫다. 비록 그런 형태의 말이 악의있게 사용되지 않는다면, 신비의 원리를 잘못 설명하지 않을지라도 말이다. 인성이 이성에 의해 부여된 육신이 아니라면 무엇을 위한 것인가? 그리고 주님이 고난받았다고 우리가 인정하는 것은 바로 이 육신 안에서이다. 그리고 그가 '자기의 인성을 입고' 고난받았다고 말하는 데 있어서, 그들은 지나친 정밀성을 보인다. 왜냐하면 이것은 그 본성이 말씀과 분리를 암시하여, 그 자신의 특별한 속성 속에 고립시킴으로써, 두 존재들이 성육신되어 인간이 된 — 아버지 하나님의 말씀인— 하나로서 간주되지 않기 때문이다. *ep.* 46 [*ad Succensum* 2]

2. 그리스도의 사역

(a) 회복

B.〔Hermias〕 나는 그가 우리 가운데 온 목적이 무엇인지, 그리고 그가 성육신한 양식과 그것에 대한 이유가 무엇인지를 알고 싶다.

A.〔Cyril〕 … 이것은 바울이 그의 지혜 안에서 말한 것이고, 그는 그의 안에서 말할 때 그리스도를 가졌다. "자녀들은 똑같은 살과 피를 공유한다. 그리고 그도 마찬가지로 똑같은 것을 공유함으로써, 죽음을 통하여, 죽음의 권세를 휘두른 자, 즉 악마를 무력하게 할 수 있었다.…"[30] 그리고 다른 구절

에서 그는 그것을 다른 방법으로 설명한다. "우리 육신의 약함이 율법을 무능하게 하기 때문에 율법이 할 수 없는 것을, 하나님은 하시나니 곧 죄있는 육신의 모양으로, 그리고 죄에 대한 제물로 그의 아들을 보내어 육신에 죄를 정했다."[31]… 참으로 독생자가 우리와 같이, 즉 완전한 인간이 되었고, 우리의 지상적인 육체로 들어온 상반되는 부패로부터 우리의 육체를 해방시켰다는 것은 매우 분명하고 오해할 수 없는 것일까? 그는 내려와서 생명의 조건에 관하여 우리와 동일하게 되었고, 말씀과 육신의 결합을 통하여 자신을 적응시켰다.[32] 그는 인간의 영혼을 자기의 것으로 하고, 이리하여 그것을 죄에 대해 승리하게 하고, 말하자면 그것을 확고하고 불변하는 자기 자신의 본성이라는 물감으로 착색했다. …

만물에게 생명을 주는 말씀이 육신이 됨으로써, 이 육신은 죽음과 파괴의 권세에게 승리감을 나타냈다. 같은 방법으로, 의심의 여지 없이, 영혼은 잘못 행하는 경험이 없는 자의 영혼이 되었기 때문에, 영혼은 자기의 상태를 확보했고, 모든 선에서 불변하며, 전에 주도했던 죄보다 비교할 수 없을 정도로 강력해졌다. 왜냐하면 그리스도는 '죄를 범하지 않고 부정직하다고 유죄판결을 받지도 않은'[33] 첫번째 사람이기 때문이다. 그는, 말하자면, 성령 안에서 새로운 생명으로, 영원한 육체로, 확실하고 안전한 신성으로 회복된 자들의 첫 열매며 뿌리이다. 그래서 그는 참여에 의해, 그리고 은총의 행위로서 전 인류에게 이러한 상태를 전달할 수 있다. 바울은 이것을 알았고, 영감을 받아 다음과 같이 썼다. "우리는 흙에 속한 자의 형상을 입은 것같이, 또한 하늘에 속한 자의 형상을 입으리라."[34] '흙에 속한 자의 형상'으로 그가 의미하는 것은 범죄할 성향이다. '하늘에 속한 자의 형상'(즉 그리스도의 형상)으로 그가 의미하는 것은 거룩을 향한 지속적인 과정, 죽음과 파멸로부터의 구원, 영원성과 생명으로의 회복이다. 그래서 우리는 온전한 말씀이 온전한 인간과 결합되었다고 단언한다. *de incarn. unigen.*

〔바리새인들은 "우리가 너를 돌로 치려는 것은 어떤 선한 행위 때문이 아니다"라고 말했다(요 10:33)…〕 그러나 이것은 우리가 그에게 말하는 방법

이다. "하나님인 당신이 인간이 되었기 때문에, 우리가 당신을 경외심과 놀라움을 가지고 보는 것은 선한 행위 때문입니다." 그런데 무슨 이유 때문에 그러한가? 하나님의 말씀은 그 본성상 생명인데, 본래 파멸되기 쉬운 몸을 자기의 것으로 취해서 그 안에 있는 죽음의 세력을 없애고 그것을 부패하지 않도록 변화시켰기 때문이다. 왜냐하면 마치 철이 대단한 열을 지닌 불과 접촉하게 되었을 때, 즉시 색이 변하고, 불의 모습을 띠며, 그것을 극복하는 힘으로 진통을 겪는 것과 같은데, 육신의 본성도 영원하고 생명을 주는 하나님의 말씀을 받아도 그 본성은 남아 있으나, 변화된 상황에서 존재하는 것과 같기 때문이다. 지금부터 계속 그것은 부패를 초월한 것으로 계시된다.

hom. pasch. 17 [429]

(b) 희생 ; 속전 ; 죽음의 정복

옛날에 예표로 묘사된, 모두를 위해 흠없는 희생제물인, 참된 어린양은 세상 죄를 지고 가기 위해,[35] 모든 인류를 파멸시키는 자를 폐하기 위해, 모두를 위해 죽음으로써 죽음을 폐지하기 위해, 우리에게 놓여진 저주를 제거하기 위해 도살장으로 끌려갔다.[36] 즉 그렇게 한 것은 지금부터 "너는 흙이니 흙으로 돌아갈 것이다"[37]라는 정죄가 끝나도록 하기 위한 것이다. 또한 그가 흙으로부터가 아닌, 인성에 있는 모든 선의 근원인 하늘로부터 온[38] 두 번째 아담이 되어 우리에게 일어난 부패로부터 우리를 해방시키고, 천국으로 가는 길인 참된 종교와 의의 시작인 하나님께로 우리를 회복시키는 원인인 영생의 중재자가 되기 위한 것이다. 왜냐하면 한 어린양이 모두를 위해 죽어서 지상에 있는 모든 양떼를 아버지 하나님께 무사히 돌아가도록 하기 때문이다. 모두를 위해 하나가 죽는 것은, 그는 모든 사람들을 하나님의 지배 아래 있게 하고, 그들 모두를 얻을 수 있기 위함이다. "또한 미래에 그들이 더 이상 자신들을 위해 살지 않고, 그들을 위해 죽었다가 다시 산 자를 위해 살도록 하기 위함이다."[39] 왜냐하면 우리가 많은 죄를 범하고, 그 이유 때문에 죽고 파멸해야 할 때, 아버지는 우리를 위해 속전을 주었는데, 만물이 그 안에 있고 그는 모두보다 더 크기 때문에, 모두를 위해 한 사람을 주었기 때문이다. 한 사람이 모두를 위해 죽은 것은 우리 모두가 그 안에서 살도록 하기 위함이다. 모든 사람을 대신해서 어린양을 죽음이 삼켜버렸고, 그후 그 안에 있는 모든 사람들을 그와 함께 토해냈다. 왜냐하면 우리는 모두 그리스도 안에 있는데, 그는 우리 때문에, 그리고 우리를 위해 죽었다가 다시 살아났기 때문이다. 그리고 죄가 멸절되었을 때, 죄가 그 원천이고 원인인 죽음도 또한 멸절될 필요가 있다.　　　　　　　　*in Jo.* 1. 29 [*before* 429]

(c) 속죄(satisfaction)

"그리스도는 우리를 위해 저주가 되사, 율법의 저주로부터 우리를 속량했다. 왜냐하면 성서가 '나무에 달린 자마다 저주를 받았다'[40]라고 말하기 때문이다." 법률적인 상투문구는 허물과 죄 때문에 이렇게 고통을 당하는 자들에게 저주를 언도한다. '죄짓는 경험을 해보지도 못한'[41] 그리스도가 심판을 감수하고 부당한 선고를 받아들이고, 저주 아래 있는 자들에게 마땅히 상응했던 것을 견디었다. 그래서 모든 사람들을 위해 죽음으로 해서, 자신이 전 우주의 가치가 있는 그가 전 인류를 불순종이라는 고발로부터 해방시키고, 자신의 피로써 이 지상의 세계를 살 수 있었다. 만일 그가 단순히 인간이었다면, 한 사람이 모든 인류를 위해 적당한 보상이 될 수 없었을 것이다. 그러나 만일 그가 성육신한 하나님으로 생각되고, 자기 자신의 육신을 입고 죽음을 경험했다면, 그렇다면 전 창조물은 그와 비교하여 작은 것일 것이고, 육신의 죽음은 모든 사람들의 육신에 대한 충분한 속전이 될 것이다. 왜냐하면 그 육신은 아버지 하나님으로부터 난 말씀의 육신이었기 때문이다.

de rect. fid. 2. 7

(d) 대신 받은 형벌

하나님의 율법을 어기고 주님의 뜻을 경멸한 것에 대한 형벌은 죽음이다. 그러나 창조주는 이렇게 파멸할 운명이었던 인성을 불쌍히 여겼다. 그리고 독생자는 인간이 되어 본래 죽을 여지가 있는 육체를 입고, 육신이라는 이름을 지녔다. 그래서 우리의 죄의 결과로 우리를 뒤덮고 있는 죽음을 감수함으로써, 그는 죄를 멸절시키고, 사탄의 고발을 끝내게 했다. 왜냐하면 그리스도 자신의 위격 속에서 우리는 고발받은 죄의 형벌을 받았기 때문이다

de ador. 3

3. 성령

'아버지와 아들로부터'

"나를 영화롭게 할 자는 바로 그다"[42]라고 그가 성령에 대하여 말할 때, 만일 우리가 그 문제를 올바르게 이해한다면, 마치 그리스도가 다른 존재로부터 오는 영광을 필요로 하는 것처럼, 그리스도이며 아들인 자가 성령으로부터 오는 영광을 받았다고, 우리는 주장하지 않는다. 왜냐하면 그의 성령은 그보다 우월하지 않고 그보다 위에 있지 않기 때문이다. 그러나 그는 자기의 신성을 나타내기 위하여 권능있는 일을 하는 데에 자신의 성령을 사용하기 때문에, 그는 자신이 성령에 의해 '영광받았다'고 말한다. 그것은 마치 보통 사람이 예를 들어 자신의 힘이나 어떤 것을 할 수 있는 자신의 기술에 대해 말할 때, "그것들이 나를 영광스럽게 한다"라고 말할 수 있는 것과 같다. 왜냐하면 비록 성령이 자신의 위격(hypostasis)으로, 그리고 독립적인 사고의 대상으로, 아들이 아닌 성령으로 존재할지라도, 그는 아들과 상반되지 않기 때문이다. 그는 진리의 성령이라 불리고, 그리스도는 진리이다. 그리고 확실히 그는 아버지 하나님으로부터 발출되는 것처럼, 아들로부터 발출된다. … 우리는 성령이 단지 참여에 의해 지혜롭고 강력하다고 주장하고 있는 것이 아니다. 왜냐하면 그는 모두 완전하고, 모든 완전에서 결여된 것이 없기 때문이다. 그리고 그는 아버지의 권세와 지혜의, 즉 아들의 영이므로, 그는 확실히 그 자신 속에서 권세이고 지혜이다. *ep.* 17 [*ad Nest.* 2]

본래, 아들은 참으로 아버지 하나님에게서 났으므로, 그는 하나님이며 하나님으로부터 왔기 때문에, 성령은 그 자신이며, 그 안에 있고 그로부터

왔다. *com. in XII proph., in Joel* 2. 28

본래 성령은 그로부터 존재하고, 그로부터 창조물에게 보냄받고, 새롭게 한다. *thesaur.*

성령은 아버지와 아들 모두에게 속한다. 그는 본질적으로 둘로부터 나오거나, 아버지로부터 아들을 통하여 나온다. *de ador.* 1

4. 교회

그리스도의 몸의 단일체

"너희 아버지가 내 안에, 내가 아버지 안에 있는 것 같이, 그들은 모두 우리 안에서 하나가 될 것이다."[43] … 신적인 단일체의 방식과 성 삼위일체 안에 있는 본질의 동일성과, 모든 면에서 위격들의 상호 결합은 신실한 자들의 상호 조화와 일치를 통한 그들의 단일체 안에서 반영되어야 한다는 것을, 나는 이미 주의깊게 설명했다. 나는 신실한 자들 안에 또한 일종의 본성의 단일성이 있다는 것을 논증하고 싶다. 그 단일성에 의해 우리는 서로 결합되고, 우리 모두는 하나님께 결합되어 있다. 그리고 비록 우리가 우리의 다른 몸들로 인해 구별되고, 인간으로서 우리 각자는 자신의 몸과 자신의 인격의 한계 속에 제한될지라도, 신체적인 결합만 제외하고는 이것이 중단되지 않는다고, 우리는 말할 수 있다 …

그리스도의 신비는 우리가 성령에 참여하고 하나님과 결합하는 방법과 시작으로서 우리에게 유효하다. 왜냐하면 우리는 모두 그 안에서 내가 이미 설명한 방법으로 거룩하게 되기 때문이다[즉, 그는 우리의 인성을 취하여 인간이 신성을 공유할 수 있게 했다]. 마땅히 그의 것인 지혜를 통하여, 그리고 아버지의 계획(counsel)을 통하여, 독생자는 우리가 하나님과 그리고 우리들 사이에서 연합하게 되는 수단을 고안했는데, 비록 우리가 보이는 것들과 개인들 사이에 있는 구별에 의해 분리될지라도 그러했다. 한 육체에 의해 그는 자기를 믿고 자기 자신과 서로 안에 그들을 합체시키는 자들을 축복한다. 그리고 그 몸이 그 자신의 것이다. 그리고 그들이 그 하나의 거룩한 몸에 의해 그리스도와 함께 결합되었을 때, 이렇게 본성이 서로 결합한 것으로부터 그들을 나누고 제거할 수 있는 자가 누구인가? 우리 모두는 한 덩이의 떡을 함께 먹고, 그래서 우리는 모두 하나의 몸으로 된다.[44] 왜냐하면 그리스도는 나뉘어질 수 없기 때문이다.

그러므로 교회는 바울이 이해하는 것처럼, "그리스도의 몸이며, 각 개인은 그것의 지체이다"[45]라고 불리어진다. 왜냐하면 그의 거룩한 몸에 의해, 우리는 우리 자신의 몸 속에 하나이며 나뉘어질 수 없는 그를 취하기 때문에, 우리 모두는 한 분 그리스도에게 연합되기 때문이다. 그러므로 그는 우리가 지체들에게 갖는 것보다 더 큰 권리가 있다. … 만일 우리 모두가, 서로에게 뿐만 아니라 또한 그의 육신에 의해 우리 안에 오는 그와 함께, 그리스도 안에서 서로 합체된다면, 그렇다면 확실히 우리 모두는 서로에게와 그리고 그리스도 안에서 하나라는 것은 명백하다. 왜냐하면 그리스도는 같은 하나의 위격 속에 있는 하나님이며 인간이기 때문에, 결합의 끈이기 때문이다. 그 영의 이러한 결합에 대해 말한다면, 나는 교회 교리의 다져진 길을 따라가서, 우리 모두는 동일한 영, 성령을 받고, 그리하여 말하자면 서로와 그리고 하나님과 섞인다는 것을 반복할 것이다. 비록 우리가 많고, 그리스도는 우리 각자 속에서 개별적으로 거하는 그리스도 자신의 성령인 아버지의 영을 만들지라도, 성령은 하나이며 나뉘어질 수 없다. 따라서 자신의 존재에 의해 그는 개인들과 같은 그들 자신의 본성 속에서 서로의 결합으로부터 떨어지는 그 영혼들을 단일체 속으로 결합시키고, 그의 활동을 통하여 그들은 그 자신 속에 있는 일종의 단일한 실재로서 나타난다. 왜냐하면 거룩한 육신의 힘이 그것에 참여하는 자들을 서로 합체시키는 것처럼, 내가 보기에는, 그렇게 그들 모두 안에 거하는 나뉠 수 없는 한 분 성령이 그들을 모두 영적인 단일체 속으로 데려오는 것과 같기 때문이다. *in Jo.* 17. 21

5. 성찬식

우리는 예수 그리스도, 하나님의 독생자의 죽음이 육신 안에 있다고 선포하고, 그가 죽은 자들로부터 돌아오고 하늘로 올라갔다는 것을 인정한다. 그리고 우리가 이것을 하는 것처럼 교회들 안에서 피 없는 희생제사를 거행한다. 그리하여 우리는 축성된 성찬식의 선물에 다가가서, 거룩한 육신에 참여하고 우리 모두의 구세주인 그리스도의 값진 피로 거룩해진다. 우리는 그것을 공통적인 육신으로도 받아들이지 않고(하나님이 금지한다), 또한 고정된 결합 속에서 말씀으로 거룩해지고 연결된 단순한 사람의 육신으로, 또는 신적인 내재로도 받아들이지 않는다. 우리는 그것을 참으로 생명을 주는 것으로, 말씀 자신에게 속하는 육신으로 받아들인다. 왜냐하면 하나님으로서 그는 자신의 본성상 생명이며, 그가 그 자신인 육신과 하나가 되었을 때, 그는 그것에게 생명을 부여하기 때문이다. *ep.* 17 [*ad Nest.* 3]

그가 성령을 통하여 신성의 모양으로 우리 안에 존재하는 것은 필수적인 것이었다. 말하자면 그의 거룩한 육신과 값진 피에 의해 우리의 몸들과 섞이기 위해, 우리가 실제로 그를 떡과 포도주의 형식으로, 생명을 주는 성찬의 선물로 가지는 것이다. 그 결과 우리는 우리 교회의 거룩한 상(床) 위에 펼쳐진 육신과 떡을 보고 두려움으로 쓰러지지 않을 수 있고, 하나님은 자신을 우리의 연약함에 적응시키고 생명력을 성찬물에 불어넣어 그것들을 그 자신의 육신의 유효한 힘으로 변화시켜서, 우리가 그것들을, 생명을 주는 것으로 받아들일 수 있게 하고, 생명의 육체가 우리 안에서 생명을 주는 종자가 되도록 입증할 수 있게 한다. *in Luc.* 22. 19

제11장 주(註)

1) ἐνυπόστατος.   2) 슥 12:1.   3) σεσαρκωμένος.   4) καθ' ὑπόστασιν.
5) συνάφεια σχετιλή —아마도 '습관적인 결합'일 것이다.

6) μία γὰρ ἤδη νοεῖται φύσις μετὰ τὴν ἔνωσιν, ἡ αὐτοῦ τοῦ λόγουου σεσαρκωμένη.
7) 마 13:45.   8) 아 2:1.
9) τῆς μετὰ σαρκὸς οἰκονομίας —성육신에서의 '경륜'(하나님의 계획의 성취).
10) 사 53:2 참조.   11) 요 10:11.   12) 요 6:53.   13) 요 6:56.
14) 요 6:63.   15) 요 6:57.   16) 고전 11:26; 계 2:25.
17) 슥 12:10에서 인용된 계 1:7; 요 19:37.   18) 빌 2:10. 11.
19) δύο φύσεων ἔνωσις.   20) ὡς ἐφ' ἑνὸς προσώπου.
21) ὡς ἐπὶ δύο φύσεων.
22) σχετικῶς — 아마도 '도덕적인 결합에 의해'라는 의미일 것이다.
23) 즉 433년의 재결합 신경을 받아들인 자들.
24) (위에서 언급된) 433년의 신경.
25) μίαν τὴν τοῦ θεοῦ φύσιν σεσαρκωμένην.   26) εὐδοκία οἰκονομικῇ.
27) 빌 2:7.   28) οἰκονομικῶς.
29) μίαν φύσιν τοῦ θεοῦ λογου σεσαρκωμένην· 그 구절은 아폴리나리우스적인 기원을 가진 저서들로부터 취해졌다;그러나 키릴은 그것이 아타나시우스로부터 유래한 것이라고 생각했다.
30) 히 2:14 f.   31) 롬 8:3 f.   32)τῇ καθ' ἔνωσιν οἰκονομία.
33) 벧전 2:22.   34) 고전 15:49.   35) 요 1:29 참조.
36) 갈 3:10 참조.   37) 창 3:19.   38) 고전 15:45, 47 참조.
39) 고후 5:15.   40) 갈 3:13 (신 21:23을 인용).   41) 고후 5:21.
42) 요 16:14.   43) 요 17:21.   44) 고전 10:17.   45) 고전 12:27.

제12장

키루스의 데오도레투스

I. 그리스도의 위격

(a) 두 본성들

〔데오도레투스의 주요 교리 논문은 단성론자(Monophysite)인 Eranistes와 정통적인 신자인 Orthodoxus 사이의 대화 형식으로 되어 있다.〕

Eran: 그러므로 예수 그리스도는 다만 하나님일 뿐이다.

Orth: 당신은 말씀 하나님이 사람이 되었다고 말했다. 당신은 그를 단지 하나님이라고만 부르려는가?

Eran: 그는 개조되지 않고 사람이 되었다. 그는 과거의 그의 모습으로 남아있다. 그러므로 그는 과거의 그라고 불리어야 한다.

Orth: 확실히 말씀 하나님은 과거에 있었고, 지금도 있고, 그리고 미래에도 변할 수 없을 것이다. 그러나 그는 인성을 취함으로써 인간이 되었다. 그렇다면, 우리는 두 본성들, 즉 취한 것과 취해진 것을 둘 다 인정해야 하는 것이 옳다.   *eran.* 2 [c.447]

(b) 하나의 위격

Orth: 당신은 신성이 하늘에서 내려왔지만, 결합으로 인하여 인자라 불리었다고 말했다. 따라서 육신은 나무에 못박혔다고 말하는 것이 옳지만, 신성은 본래 고통받을 수 없고 죽을 수 없으며 영원하고 고통받을 수 없는 본질[ousia]을 가졌으므로, 신성이 고난을 받을 수 없을지라도, 신성은 십자가 위에서, 무덤 속에서 육신과 나뉘어질 수 없었다고 고백하는 것이 옳다. 그래서 바울은 '십자가에 못박힌 영광의 주'[1]라는 표현을 쓰는데, 그것은 고통받을 수 없는 본성의 형용어구를 고통받을 수 있는 본성에 적용시킨 것인데, 그 몸이 신성의 몸으로 위치하기 때문이다.… 나는 자주 하나의 위격[prosopon]이 신성과 인성의 형용어구들을 받는다고 말해왔다. 그것은 니케아의 성 교부들이, 우리가 아버지를 어떻게 믿어야 하는지를 우리에게 가르친 후에, 그들이 아들의 위격을 전했을 때, 곧바로 '그리고 하나님의 아들 안에서'라는 말을 하지 않은 이유이다. … 그들은 우리에게 신성과 동시에 경륜[2]에 대한 진술을 우리에게 전수해서, 다른 두 개의 위격들, 즉 신성의 위격과 인성의 위격에 대한 개념을 방지하기를 원했다. 그러므로 그들은 '그리고 우리 주 예수 그리스도 안에서'라는 말을 계속했다. … 그래서 그리스도는 말씀 하나님이 성육신한 후의 그에 대한 칭호로서, 이 칭호는 신성에 속하는 모든 것과 그의 인성에 속하는 모든 것을 포함한다. …

[이삭과 숫양은 그리스도의 두 본성을 상징한다.] 그러나 나는 종종 그림과 원본이 모든 면에서 일치하는 것은 불가능하다고 말해왔다. 그리고 여기에 그 점을 분명하게 해 주는 예가 있다. 이삭과 숫양은 다른 본성들에 관하여는 원본[즉, 그리스도]과 상응하지만, 독립된 위격들(hypostases) 사이의 나뉨에 관하여는 그렇지 않다. 왜냐하면 우리가 나눌 수 없는 하나의 위격에 대해 생각하고, 그가 동시에 가시적이며 불가시적이고, 제한받으며 제한받지 않는 하나님이며 인간이라고 우리가 인정하는, 그러한 신성과 인성의 결합을 우리가 선포하기 때문이다. 그리고 신성과 인성을 의미하는 다른 모든 속성들을 우리는 하나의 위격에 속하는 것으로 생각한다.　　　*eran.* 3

(c) 단일성과 구별점

[reprehensio XII capitum은 431년 안디옥의 요한의 요청에 의해, 네스토리우스를

반박하는 키릴의 12개의 아나테마에 대한 대답으로 쓰여졌다. 그것은 네스토리우스를 변호하고 키릴을 단성론(Monophysitism)으로 고발한다. 그것은 553년에 열린 콘스탄티노플 공의회에서 정죄된 다섯 작품들 중의 하나였다.]

우리는 한 분 그리스도를 시인하며, 그 사도들의 영감적인 가르침을 믿고, 우리는 연합 때문에 그를 하나님이며 사람이라고 부른다. 그러나 우리는 '위격적 연합'(hypostatic union)에 대해서는 전혀 알지 못하는데, 이것은 영감받은 성서와 그것을 해석한 교부들에게 낯설고 동떨어진 교리이기 때문이다. 하지만, 만일, 이러한 개념들을 만든 키릴이 '위격적 연합'이라는 구절로, 육신과 신성의 혼합이 일어난다는 것을 주장하려는 의도라면, 그렇다면 우리는 그를 격렬하게 반박하고, 그의 신성모독을 논박할 것이다. 왜냐하면 '혼합'(mixture)의 필연적인 결과는 혼동(confusion)이기 때문이다. 그리고 혼동이 들어오면, 각 본성의 구별되는 속성을 제거하기 때문이다. 사물들이 혼합된 동안은, 본래의 속성을 보유하지 못한다. 말씀 하나님과 악마의 혈통에서 난 자에 대하여 이것을 주장한다면 그것은 매우 부조리한 일일 것이다. 우리는 그 두 본성들을 드러내고, 유대인들에게 "이 성전을 헐라 내가 사흘 안에 일으키리라"[3]라고 말한 주님을 믿는다. *repr. anath.* 2

[데오도레투스는 ὑπόστασις를, φύσις 즉 '본성' 혹은 '본질'과 같은 것으로 이해한다.] 키릴은 위격들(hypostasis)을 연결[4]에 의해 결합시키는 것은 옳지 않고, '함께 모이는 것[5]', 즉 '선천적으로 함께 모이는 것'에 의해 결합시키는 것이 옳다고 말한다. 그는 자기가 말하고 있는 것을 깨닫지 못하는 것이거나, 그렇지 않으면 의식적으로 모독하는 것이다. 왜냐하면 '본성'은 강제적이고 본능적인 것이기 때문이다. 예를 들어, 우리가 배고픔을 느끼는 것은 '본성적인 것'이다. 그리고 우리는 이것을 우리의 결단에 의해서가 아니라, 강제적으로 느낀다. … 그러나 "그는 자기를 비어 종의 형체를 취했다"라는 말은 성육신이 자발적인 행위였다는 것을 보여준다. 만일 그가 인간적인 조건으로부터 취해진 본성에 결합된 것이 결단에 의한 것이거나 의지적

인 행위였다면, '본성적인'이라는 부가적인 어구는 불필요할 것이다. 결합을 인정하는 것은 충분하다. 그런데 '결합'은 구별되는 것들에 적용되고, 그것은 구분이 없으면 생각될 수 없다. 그러므로, 결합이 되려면, 구별은 전제 조건이 된다. 그렇다면 어떻게 키릴은 위격들(hypostases), 혹은 본성들이 나뉘어져서는 안된다고 말할 수 있나? 그는 말씀 하나님의 완전한 위격이 만세 전에 존재했고, 완전한 '종의 형체'가 그 위격에 의해 취해졌다는 것을 안다. 그러므로 그는 위격들(hypostases)이라는 말을 쓰고 위격(hypostasis)이라는 말을 쓰지 않는다. 만일 신의 형체가 종의 형체를 취함에 있어서, 각 본성이 완전하고, 두 본성들이 함께 된다면, 하나의 위격과 그리스도인 한 분 아들을 시인하는 것은 참된 존경이다. 그러나 두 위격들, 혹은 본성들이라는 표현을 쓰는 것은 부조리한 일이 아니며, 그것은 사실에 적합한 것이다. 한 사람의 경우에 우리는 '본성들을 구분하고', 도덕적인 육체와 영원한 영혼이라는 표현을 쓰지만, 우리는 그 둘이 한 사람이라고 말한다. 취한 하나님과 취해진 인간의 본성들을 구분하는 것을 인정하는 것은 훨씬 더 분별이 있는 것이다. ***repr. anath.* 3**

[키릴의 네번째 아나테마는 그리스도의, 혹은 그리스도에 관한 어떤 발언들을 인간에 속하는 것으로 생각하고 다른 것들을 말씀에 속하는 것으로 생각하는 자들을 정죄했다.] 성스런 교리의 이 신중한 선생으로 하여금, 그가 '종의 형체'[6]에 적합한 인성에 대한 발언들을 말씀 하나님에 속하는 것으로 간주할 때, 이교도들의 독신들을 어떻게 논박할 수 있는지 말하게 하라. 그것은 이교도들이 하는 것이고, 그러므로 하나님의 아들은 하나님보다 열등하고, 창조물이고, 종으로 비존재에서 왔다고 주장한다. 우리는 그들의 주장과 정반대인 신앙을 가지고 있다. 우리는 아들이 아버지와 동일본질이고 영원히 공존한다는 것을 시인한다. …

"나의 하나님, 나의 하나님, 어찌하여 나를 버리셨나이까?"[7]라는 말은 누구에게 돌려야 할까? … 그리고, "그 때는 아무도 모르나니, 아들조차 모른다"[8]는 말은 누구에게 돌려야 할까? … 배고픔, 목마름, 피로, 잠, 무지,

두려움은 누구에게 돌려야 할까? … 만일 이런 것들이 말씀 하나님에게 속한 다면, 어떻게 지혜가 무지할 수 있을까? 만일 지혜가 무지를 경험할 수 있다면, 어떻게 지혜가 그런 이름으로 불릴 가치가 있는가? … 확실히 아브라함이 "그의 날을 보고, 기뻐했다"[9]는 것은 부조리한 일이다. 한편 그 자신은 그 고난을 모르고, 그 고난으로부터 구원되기를 구하고, 세상의 구원을 위해 존재해야 하는 것이 아껴지도록 구해야 하는 반면[10], 이사야가 그의 구원의 고난을 예언했다는 것도 부조리하다 …[11]

그러므로 그런 말들은 말씀 하나님의 말이 아니라, 죽음이 아직 파괴되지 않았기 때문에 죽음을 두려워한 '종의 형체'의 말이었다. 말씀 하나님은 그러한 말들을 인정하고, 그 두려움을 허용해서, 태어난 그의 본성이 명백해지도록 했다. 그래서 우리는 아브라함과 다윗의 자손이 위장이나 유령이었다고 가정하지 않는다.… 따라서 우리는 하나님에게 적합한 말과 행위들을 말씀 하나님의 것이라고 생각할 것이다. 겸손을 보여주는 것들을 우리는 '종의 형체'에게 돌리고, 그 결과 우리는 아리우스와 유노미우스의 불경스러운 질병을 허용하지 않을 것이다.   *repr. anath.* 4

우리가 두 아들들을 선포하는 것을 들어본 자가 아무도 없다는 것을 너희는 확신할 수 있다. 사실상 그러한 가르침은, 내가 보기에는, 가증스러운 신성모독이다. 왜냐하면 예수 그리스도는 한 분 주님으로, 그를 통하여 만물이 존재하기 때문이다. 나는 그가 만세 전의 하나님으로, 그리고 말세의 인간이라고 시인하고, 독생자 한 분만 예배한다. 그러나 나는 육신과 신성의 차이점을 가르쳐 왔다. 왜냐하면 결합은 혼동되지 않기 때문이다. … 우리가 그러한 것으로 그에게 속하는 것이라고 간주하는, 취해진 본성에 적합한 겸손을 보이는 주님에 대한 말들과, 그리고 신성에 적합하고 그 본성의 증거인 것들을, 우리는 하나님으로서의 그에게 속하는 것이라고 생각한다. 하지만, 두 위격들(prosopa)로 나누지 않고, 한 분 독생자에게 속하는 두 가지 유형의 말들이라고 가르친다. 그들 중 어떤 것들은 우주의 창조자와 주님인 하나님으로서의 그에게 속하고, 어떤 것들은 우리를 위해 인간이 된 그에게 속하

는 것이다. *ep.* 104

이 본성적인 결합은 시간 속에서 똑같이 제한받고 창조되어 똑같이 노예 상태에 종속된 것들을 결합시킨다. 그러나 주 그리스도 안에서 모든 것은 그의 선한 기쁨, 그의 동정, 그의 은총에 의존한다. 설사 여기에 자연스러운 결합이 있을지라도 그 본성들의 구별되는 속성들은 온전히 남아있다.

eran. 2

나는 두 아들에 대한 신앙을 가르쳐본 적이 있다는 것을 알지 못한다. 왜냐하면 나는 인간이 된 말씀 하나님, 우리의 주 예수 그리스도, 독생자인 한 분을 믿도록 가르침받았기 때문이다. 그러나 나는 육신과 신성 사이의 차이점을 이해하고, 내가 보기에 한 분인 우리의 주 예수 그리스도를 두 아들들로 나누는 것은 불신앙이다. 또한 그와 정반대의 길을 택하여 우리의 주, 그리스도의 신성과 그의 인성을 하나의 본성으로 말하는 것도 그러하다.

ep. 109

독생자의 성육신은 삼위일체의 수를 증가시켜서 사위일체(quaternity)가 되도록 하지 않았다. 삼위일체는 성육신 후에조차 삼위일체로 남아있다. 하나님의 독생자가 인간이 되었다는 것을 믿을 때, 우리는 그가 취한 본성을 부인하지 않는다. 내가 말한 대로, 우리는 취하는 본성과 취해진 본성을 인정한다. 왜냐하면 그 결합은 그 본성들의 구별되는 속성들을 혼동시키지 않기 때문이다. 공기가, 그 전역에 걸쳐 빛을 받아도, 공기로서의 존재를 상실하지도 않고, 그 빛의 본성을 파괴하지도 않는다. 우리는 그 빛을 우리의 눈으로 보고, 우리의 촉감으로 그 공기를 인정한다. … 신성과 인성의 결합을 혼동이라고 말한다면 그것은 극단적인 어리석음이 될 것이다. … 열이 금에 적용되면, 금은 불의 에너지와 색을 띤다. 그러나 그것은 자신의 본성을 상실하지 않으며, 불처럼 작용하지만 금으로 남아있다. 그와 같이 우리 주님의 몸은 몸이지만, 고통받을 수 없고, 부패할 수 없고, 영원하다. 그것은 신적이고, 신적인 영광으로 영광받은 주님의 몸이다. 그것은 신성으로부터 구분되지 않는다. 그리고 그것은 그밖의 어떤 사람에게 속하지 않고, 하나님의 독생자에게 속한다. 그것은 우리에게 또 별개의 위격을 나타내지 않고, 우리의 본성을 옷입은 독생자 자신을 드러내주고 있는 것이다.　　　　*ep.* 145

2. 그리스도의 사역

(a) 희생

우리는 우리의 죄 때문에 사형죄를 자초했으므로 이러한 선고를 받았다. 그는 우리를 위해 죽음을 당했다. 우리는 율법을 범했기 때문에 저주 아래에 있었다. 그런데 그가 우리를 위해 저주가 되었다.[12] … 그는 죄가 없었고 흠이 없었으며, 우리를 위해 벌을 받았다 … 그리고 우리에게 평화를 주었다.

in Isa. 53

(b) 속전(ransom)

모든 사람들이 죄의 지배 아래 있었을 때, 비록 하나님으로서의 그가 죽음에 종속되지도 않고(왜냐하면 그는 본성상 영원하기 때문이다), 인간으로서도 그는 죽음에 종속되지 않았을지라도(왜냐하면 죽음을 도입한 죄를 범하지 않았기 때문에), 그는 자신을 일종의 속전으로 주었고, 모든 인류를 죽음의 속박으로부터 해방시켰다.

interp. in XIV epp. S. Pauli; in Col. 1. 21

(c) 보상된 죄(A Debt Paid)

이 (화해의) 선물을 준 것은 율법이 아니라 주 그리스도로서, 그는 너희의 죄를 보상했고, 자기의 몸을 죽음에 넘겨주었다. 그래서 부르심에 합당한 자로 여김받은 너희들[13]은 모든 책망으로부터 자유로워진다.

interp. in XIV epp. S. Pauli; in Col. 1. 21

(d) 악마의 심판

그러므로 모든 인류에게 놓여진 저주를 떠맡고 부당한 죽음으로 그것을 제거한다. 그는 저주 아래 있지 않았다 … 그러나 그는 죄인들의 죽음을 견디었다. 그리고 그는 심판 때에 모든 우리의 인성의 복수심에 불타는 적과 싸워서, 우리 인성의 승리자와 옹호자가 된다. 그는 정의롭게 우리의 가혹한 폭군에게 다음과 같이 말한다. "악당아, 너는 잡혔고, 너 자신의 올가미에 걸렸다. … 왜 너는 나의 몸을 십자가에 못박고 죽음에 나를 넘겨주었는가? 어떤 종류의 죄를 내 안에서 보았는가? 어떤 율법의 위반을 찾았는가? … 만일 내 안에서 가장 작은 흠이라도 발견된다면, 너는 나를 잡아둘 모든 권리가 있을 것이다. 왜냐하면 죽음은 죄인들의 벌이기 때문이다. 그러나 만일 네가 하나님의 율법이 금하는 것을 내 안에서 발견하지 못하고, 오히려 그것이 명하는 것을 발견한다면, 나는 네가 나를 부당하게 붙잡아 두는 것을 허락하지 않을 것이다. 게다가, 나는 또한 다른 사람들을 위한 죽음의 감옥을 열어서, 하나님의 율법을 위반했기 때문에 너를 홀로 거기에 감금할 것이다. … 그리고 네가 한 사람의 죄인을 부당하게 잡았기 때문에, 정당하게 너에게 속한 자들 모두를 잃게 될 것이다. 너는 먹어서는 안될 것을 먹었기 때문에, 네가 삼킨 모든 자들을 토해내게 될 것이다. … 나는 그 죄값을 보상했고, 그 죄값 때문에 갇힌 자들이 해방되어 그들이 이전에 누리던 자유를 누리고 그들의 고향으로 돌아가는 것은 당연하다." 그러한 말씀을 하면서 주님은 자신의 몸을 일으키고, 부활의 소망을 인간의 본성 속에 심어서, 인류에게 자신의 몸의 부활을 보증으로 주었다.

아무도 이것이 쓸데없는 이야기라고 생각하지 않게 하라. 우리는 거룩한 복음들과 사도들의 명령들로부터 이것이 사실이라고 배워왔다. 우리는 주님 자신이 "이 세상의 지배자가 올 것이고, 그는 내 안에서 아무것도 발견하지 못할 것이다"[14]라고 말하고, 다른 곳에서는 "이제 이 세상의 심판이 이르렀으니 이 세상의 지배자가 쫓겨나리라."[15]라고 말하는 것을 들었다.

de provid. 10

3. 성령

아버지와 아들에 대한 관계

우리는 아버지와 동일본질이고 영원히 공존하는 말씀 하나님이 자궁 속에서 형성되었고, 세례받을 때 성령에 의해 기름부음 받았다는 것을 인정하기를 거부한다. 우리는 이러한 사건들이 말씀에 의해 나중에 취해진 인성에 속하는 것이라고 생각한다. 성령은 아들과 같은 본성으로 되고, 아버지로부터 발출한 아들 자신의 영이다. 이것을 우리는 참된 종교의 진술로 받아들인다. 그러나 만일 키릴이 성령은 아들로부터 혹은 아들을 통하여 그의 존재를 가지게 되었다[16]는 뜻으로 말한다면, 우리는 이것을 비종교적인 신성모독이라고 부인한다. 우리는 주님의 말 속에서, 성령이 아버지로부터 발출한다는 것을 믿는다. *repr. anath*. 9

우리는 성령이 아버지로부터 존재한다고 가르침받았다. 그의 존재의 양식은 피조된 존재들의 양식과 같지 않다. 왜냐하면 완전한 성령은 창조되지 않기 때문이다. 그것은 아들의 양식과 같지도 않은데, 왜냐하면 정통파 중 어느 누구도 성령이 '출생'으로 존재하게 된다고 말한 적이 없기 때문이다. 성서들은 그가 아버지로부터 존재하고 그는 신이라고 가르친다. … 아버지는 성령의 근원이다. *haer. fab*. 5. 3

4. 성찬

(a) 상징과 실재

Orth: 만일 신적인 성찬의식이 그리스도의 실제적인 몸의 상징이라면, 그렇다면 주님의 몸은 몸이고, 신성으로 바뀌지 않지만, 신적인 영광으로 가득찼다는 것이 된다.

Eran: 당신은 신적인 성찬의 주제를 우리에게 가장 편리하게 제출했다.

왜냐하면 이것에서부터 나는 주님의 몸이 다른 본성으로 변했다는 것을 논증할 것이기 때문이다. … 당신은 사제가 축성하기 전의 성체를 무엇이라 부르는가?

Orth: 나는 공개적으로 말할 필요가 없다. 어떤 초보자들이 있을지 모른다.

Eran: 그렇다면, 암시적으로 대답하라.

Orth: 어떤 종류의 곡식으로 된 음식물.

Eran: 그리고 다른 상징의 이름은 무엇인가?

Orth: 그것도 또한 일반적인 것으로, 일종의 음료를 의미한다.

Eran: 그것들이 축성된 후에는 무엇이라고 부르는가?

Orth: 그리스도의 몸과 그리스도의 피.

Eran: 그리고 당신은 그리스도의 몸과 피를 먹는다고 믿는가?

Orth: 그렇소.

Eran: 그렇다면 주님의 몸과 피의 상징물들은 사제가 기원하기 전에 어떤 것이었지만, 봉헌 후에는 다른 것으로 바뀌는 것이다. 똑같은 방법으로, 주님의 몸은 승천 후에는 신적인 본질로 바뀌었다.

Orth: 당신은 당신이 짠 그물에 걸렸다. 왜냐하면 축성 후에조차 그 신비한 상징물들은 그들의 본성을 바꾸지 않기 때문이다. 그것들은 이전의 본질, 형태, 모습으로 남아있다. 그것들은 전처럼 가시적이고 만져질 수 있다. 그러나 그것들은 그것들이 된 존재로 생각되고, 그것들은 그러한 것으로 믿어지고, 그것들이 믿어지는 존재로 경배받는다. *eran.* 2

우리의 구세주는 그 이름들을 대체하며, 상징이라는 이름을 몸에 부여하고, 몸이라는 이름을 상징에 부여한다. 따라서, 그가 자신을 포도나무라고 불렀던 것처럼,[17] 그는 그 상징물을 자기의 피라고 표현했다. … 왜냐하면 그는 신적인 성찬식에 참여하는 자가 가시적인 요소들의 본성에 주목하지 않고, 이름들의 상호 교환에 의해 은총의 결과로 일어난 변화를 믿을 것을 원했기 때문이다. 왜냐하면 자기의 본성적인 몸을 곡물과 떡이라 말하고, 다시 자신을 포도나무라고 부른 자는, 가시적인 상징물들을 자신의 몸과 피라고 함으로써 그것들의 본성을 바꾸지 않고, 그러나 은총을 더하여 줌으로써, 그 것들을 영화롭게 했기 때문이다. *eran.* 1

(b) 성찬적인 희생

그리스도는 자신이 어떤 것을 바치지 않지만, 바치는 자들의 머리로서 활동하는 제사장이다 … 왜냐하면 그는 교회를 자기의 몸이라 부르고, 그것을 통하여 인간으로서 사제의 직무를 수행하고, 반면 하나님으로서 그는 그 제물들을 받기 때문이다. 교회는 그의 몸과 피의 상징물들을 바치고, 첫 열매들을 통하여 전 집단을 축성한다. *in Ps.* 109 [110]. 4

만일 율법으로 제정된 제사장직이 끝나고, '멜기세덱의 반차를 좇은'[18] 제사장이 자기의 희생제사를 드리고 다른 모든 희생제사들을 불필요하게 했다면, 왜 새 계약의 제사장들이 그 신비스런 의식을 거행하는가? 이제 우리가 다른 희생제사를 드리지 않고, 그러나 그 유일한 구원 제물을 기념하는 것이라는 것이 신학적으로 가르침받은 자들에게 확실하다. 왜냐하면 "이것을 행하여 나를 기념하라"[19]는 말은 주님 자신의 명령이기 때문이다. 그래서 묵상으로 우리는 상징된 것, 우리를 위해 감내한 고난을 상기할 수 있고, 우리의 은인을 향하여 우리의 사랑을 타오르게 하고, 장래의 축복을 기대할 수 있다. *interpr. in XIV epp. S. Pauli; in Heb.* 8. 4

제12장 주(註)

1) 고전 2:8.
2) 성육신 속에서 신적인 계획을 수행하는 것으로, 신성의 자기제한을 수반한다.
3) 요 2:19.   4) συνάφεια.   5) συνόδῳ φυσικῇ.   6) 빌 2:7.
7) 마 27:46 (등등).   8) 마 24:36 (등등).   9) 요 8:56.

10) 마 26:39 참조.　11) 사 53 참조.　12) 갈 3:13 참조.
13) 살후 1:11 참조.　14) 요 14:30.　15) 요 12:31.
16) p.353 f.참조.　17) 요 15:1
18) 히 5:6 등등 〔시 110:4〕.　19) 고전 11:24 f.

제13장

대 레오

그리스도의 위격

유티케스(Eutyches)는 하나님의 말씀의 성육신에 대해 생각해야 하는 것을 이해하지 못했고, 성서를 광범위하게 열심히 연구함으로써 이해의 빛을 찾도록 준비되지 못했다. 그러나 그는 주의해서 듣는다면 적어도 보편적이고 우주적인 신앙고백을 받을 수 있었을텐데, 그 신앙고백 속에서 신실한 자들의 단체는 전능한 아버지 하나님과 성령과 동정녀 마리아로부터 난 우리의 주 독생자 예수 그리스도를 믿는 신앙을 시인한다. 왜냐하면 이 세 가지 진술에 의해 거의 모든 이교도들의 책략은 전복되기 때문이다. 하나님은 전능하며 아버지라고 믿어진다. 그리고 아들은 어떤 점에서도 아버지와 다르지 않으며 그와 영원히 공존한다고 보여진다. 왜냐하면 그는 영원으로부터 영원히 공존하도록, 전능으로부터 전능하도록, 하나님으로부터 하나님으로 태어났기 때문이다. 그리고 그는 시간에 있어서 후에 태어나지 않았고, 능력에 있어서 열등하지 않게, 영광에 있어서 다르지 않게, 본질에 있어서 나뉘지 않고 태어났기 때문이다.

영원한 아버지의 영원한 아들인 똑같은 독생자는 성령과 동정녀 마리아에게서 태어났다. 그러나 이 시간 안에서의 탄생은 그 신적인 영원한 탄생으로부터 아무것도 취하지 않았고, 그것에 아무것도 더해주지 않았지만, 속임 받은 인간의 회복에 그것 자체를 온전히 주었다. 그래서 그것은 죽음을 정복하고 자신에 의해 죽음의 권세를 가진 악마를 전복시켰다. 왜냐하면 그가, 그녀의 동정성이 그의 잉태 때와 마찬가지로 그의 탄생 때에 완전히 남아있던 동정녀 어머니의 자궁에서, 성령으로 잉태되었기 때문에, 죄가 더럽힐 수 없고 또한 죽음이 보유할 수 없을, 그가 우리의 본성을 취하지 않았다면, 그리고 그것을 자신의 것으로 하지 않았다면, 우리는 죄와 죽음을 만들어낸 자를 정복할 수 없을 것이기 때문이다. … 유일하게 불가사의하고, 불가사의하게 유일한 그 탄생은 그 새로운 양식의 창조를 통하여 그 종류의[즉, 인성의] 구별되는 속성들을 배제하는 것 같은 그러한 방식으로 이해되어서는 안 된다. 왜냐하면 성령이 동정녀에게 잉태력을 준 것이 사실이지만, 그의 몸의 실재는 그녀의 몸으로부터 받아진 것이기 때문이다. …

따라서 각 본성과 본질의 속성들은 완전히 보존되었고 결합되어 하나의 위격을 형성하였다. 겸손은 위엄에 의해 취해지고, 약함은 강함에 의해, 죽어야 할 운명은 영원성에 의해 취해졌다. 그리고 우리가 초래한 죄값을 보상하기 위해, 침범할 수 없는 본성은 고통받을 수 있는 본성에 결합되었다. 그래서, 우리를 치유하기 위해 필요한 조건들을 성취하기 위해, '하나님과 인간 사이의 똑같은 한 분 중보자인'[1] 인간 예수 그리스도는 후자에 대하여 죽을 수 있었고, 전자에 대해서는 죽을 수 없었다.

그래서 참된 하나님이 참된 인간의 온전하고 완전한 본성을 입고 태어나서, 그 자신의 속성들에 있어서 완전하고, 우리의 속성에서도 완전했다.[2] '우리의 속성들'에 의해 내가 의미하는 것은, 그가 회복시키기 위해 취한, 창조주가 태초에 우리 안에서 형성한 것들이다. 왜냐하면 구세주 안에는 속인 자가 들여오고, 속은 인간이 들어오도록 허락한 속성들의 흔적이 없기 때문이다. 그는 인간의 약함과 교제했기 때문에 우리의 죄를 취하지 않았다. 그는 죄의 흠이 없이 종의 형체를 취하여, 인간의 속성들을 더 크게 했으나, 그러나 신성으로부터 감하지는 않았다. 왜냐하면 불가시적인 존재가 자신을 가시적인 존재가 되게 했고, 모두의 창조주 주님이 인간이 되기로 한, '자신을 비운 것'[3]은 능력의 결핍이 아니라, 시은적인 동정이었기 때문이다. 따라서, 인간이 되었으면서도, 하나님의 형상으로 남아있는 그는 스스로 종의 형체를 지닌 인간으로 되었다. 각 본성은 감소함 없이 자신의 속성들을 지니고, 그래서 종의 형체는 하나님의 형상으로부터 감소하는 것이 아니다.

악마는, 그의 책략으로 속은 인간이 신의 선물들을 빼앗겼고, 영원성의 자질을 박탈당했고, 사망이라는 엄한 선고를 초래했다고 자랑했다. 또한 악마는 자신의 궁지에서 죄의 동료를 가지는 것으로부터 어떤 위로를 발견했었다. 그는 또한 정의가 그것을 요구했기 때문에, 하나님이 그토록 영예롭게 창조한 인간에 관한 그의 목적을 변경했다고 자랑했다. 그러므로 하나님의 의지가 자신의 자비를 박탈당할 수 없는, 불변의 하나님이 보다 더 비밀스런 신비에 의해 우리를 향한 그의 첫번째 사랑의 계획을 수행할 것이라는, 그리고 악마의 악한 교활에 의해 죄에 빠진 인간은 하나님의 목적에도 불구하고, 멸망하지 않을 것이라는 — 그의 숨겨진 계획을 성취할 — 섭리의 필요성이 있었다.

그러므로 하나님의 아들은 그의 아버지의 영광으로부터 떠나지 않은 채 하늘의 보좌로부터 내려와서, 이 비천한 세상에 들어와서, 새로운 양식의 탄생에 의해 새로운 질서를 따라 태어났다. 새로운 질서를 따랐다는 것은, 그는 자신의 본성 속에서 불가시적이므로, 우리 안에서 가시적이 되었다는 것이다. 그는 불가해적이어서[4] 파악될 수 있기를 원했다. 시간 전에 존재하기를 계속하던 것이 시간 안에 존재하기 시작했다. … 새로운 양식의 탄생에 의해서라는 것은, 육신의 욕망을 모르는 더럽혀지지 않은 처녀성이 물질적인 육신을 공급했기 때문이다. 주님은 어머니로부터 죄가 아닌 본성을 취했다. 예수 그리스도는 동정녀의 자궁으로부터 불가사의한 탄생에 의해 출생했다. 그럼에도 불구하고 그의 본성은 그 이유 때문에 우리의 본성과 다르지 않다. 왜냐하면 참된 하나님인 그는 또한 참된 인간이기 때문이다. 인성의 겸손과 신성의 위엄이 엇갈려 있기 때문에 이 결합 속에는 비실재성이 없다.[5] 왜냐하면 하나님이 자기의 동정(compassion)에 의해 변하지 않는 것처럼, 인간도 신성의 위엄에 의해 삼켜지지 않는다. 각 본성은 다른 본성과 교제함으로 그 고유한 기능들을 수행한다. 말씀은 말씀에 속하는 것을 수행하고, 육신은 육신에 속하는 것을 수행한다. 전자는 기적들로 눈부시고, 후자는 모욕을 감수한다. 말씀은 아버지의 영광과의 동등성으로부터 떠나지 않고, 육신은 우리와 같은 본성을 버리지 않는다. … 그러므로 "나와 아버지는 하나이다"라는 말과 "아버지는 나보다 더 크다"라는 말[6]은 똑같은 본성에 속하지 않는다. 왜냐하면 비록 주 예수 그리스도 안에는 하나님과 인간인 하나의 위격이 있을지라도, 여전히 둘이 공유하는 기본적인 모욕은 그들이 또한 공유하는 기본적인 영광과 구분되기 때문이다. *ep.* [28] *dogm. ad Flav.* 2-4

제13장 주(註)

1) 딤전 2:5.   2) *totus in suis, totus in nostris.*
3) 빌 2:7 참조.   4) '공간적으로 제한받지 않는다.'
5) *invicem sunt*, 혹은 "상호 의존적으로 존재한다." 아우구스티누스의 *de trin.* 6:9. p.310 참조.
6) 요 10:30; 14:28.

출전(出典) 목록

CYRIL OF JERUSALEM d. 386
   catecheses (348) — Twenty-four 'addresses', delivered mainly in the church of the Holy Sepulchre; the first eighteen to candidates for baptism at Easter, the last five (the *Mystagogic Catecheses*) to the newly baptized during Easter Week.

   procatechesis — An introductory address by way of preface to the above.

HILARY OF POITIERS c. 315–67
   de synodis seu de fide Orientalium (c. 359) — 'Concerning the Synods, or Concerning the Faith of the Eastern Church', an historical appendix to his *de trinitate*, explaining the various post-Nicene creeds to Western bishops, and defending the *homoousios* to the homoiousian bishops in the East.

   de trinitate — 'Concerning the Trinity', a defence of the divinity and consubstantiality of the Son.

   tractatus super Psalmos (c. 365) — 'Treatises on the Psalms' (not completely preserved).

BASIL OF CAESAREA c. 330–79
   contra Eunomium (c. 364) — 'Against Eunomius', a leader of the extreme Arian party, the Anomoeans.

   de spiritu sancto (375) — 'On the Holy Spirit'.

   epistolae — 'Letters', 365 letters are preserved (some of them written to Basil). Not all are authentic.

   homiliae variae — 'Various Homilies.' Some twenty-three are regarded as genuine.

   homiliae in Psalmos — 'Homilies on the Psalms.' Eighteen devotional treatises, of which thirteen are probably authentic.

   regulae brevius tractatae — 'The Rules Treated More Briefly.'

   regulae fusius tractatae — 'The Rules Treated More Fully.'
Two monastic rules, mainly in the form of question and answer on the duties of the religious life.

374 후기 기독교 교부

GREGORY OF NAZIAŃZUS 329–c. 390

epistolae	245 letters were mostly written in Gregory's retirement at Arianzum. Nearly all of them are personal; but *epp.* 101, 102, and 207 are attacks on Apollinarianism.
orationes	Forty-five orations, of which five doctrinal sermons (*or.* 27–31) were distinguished as 'Theological Orations'. They were delivered at Constantinople in 380, in defence of the Catholic doctrine of the Trinity against Eunomians and Macedonians.
poemata	Poems written at the end of his life to rebut the charge that Christians were uncultured. The 'dogmatic' and 'moral' verses here have no literary value; and for this we must go to the autobiographical *de vita sua* and *poemata historica*.

GREGORY OF NYSSA d. 394

antirrheticus adversus Apollinarem (*c.* 386)	'A Refutation of Apollinaris', the most important of surviving anti-Apollinarian documents.
contra Eunomium (380–3)	'Against Eunomius.' A combination of four different treatises: Book 1, a reply to an attack by E. on Basil; Book 12b, 13, a reply to E.'s second book; Book 3–12a, an answer to yet another work by E.; Book 2, a refutation of an *expositio fidei* by E. (Werner Jaeger, *Greg. Nyss. opera*, ι, 2, 1921).
(*de Spiritu sancto*) *contra Macedonianos*	'Against the Macedonians' (who denied the divinity of the Holy Spirit).
(*dialogus*) *de anima et resurrectione qui inscribitur Macrina*	'On the Soul and the Resurrection', a dialogue in imitation of Plato's *Phaedo* in which G.'s sister Macrina is represented as discoursing on her death-bed on the Christian doctrine of death, resurrection, immortality, and the final restoration. (M. died in 379.)
(*adversus Graecos*) *de communibus notionibus*	'On Common Notions; against the Greeks', examines the expressions used in describing the Trinity, and seeks to refute opponents on philosophical principles.

de opificio hominis (c. 379)	'On the Creation of Man', intended to complete Basil's on the Hexaemeron
de oratione dominica	'On the Lord's Prayer', five sermons, mainly ethical in content.
(*in diem luminum sive*) *in baptismum Christi* (?383)	'On the baptism of Christ', a sermon for Epiphany ('the Day of Lights').
oratio catechetica (*magna*) (c. 385)	'The (Great) Catechetical Oration', a compendium of Christian teaching for the benefit of teachers 'who need system in their instruction'. A statement of Catholic dogma, and a defence against pagans, Jews, and heretics, representing the first attempt at systematic theology (on a philosophical basis) since Origen's *de principiis*.
(*ad Ablabium*) *quod non sint tres dii* (c. 390)	'That there are not three Gods', a treatise in answer to a query from Ablabius, an ecclesiastic otherwise unknown.

THEODORE OF MOPSUESTIA d. 428

epistola ad Domnum	'Letter to Domnus', bishop of Antioch. Only fragments remain.
de incarnatione (before 392)	On the Incarnation', in refutation of Arius, Eunomius, and Apollinaris. Discovered in 1905, the manuscript perished in the first world war, and only fragments in Greek, Latin, and Syriac now remain.
homiliae catecheticae (between 388 and 382)	'Catechetical Sermons.' Sixteen sermons discovered in a Syriac translation and published 1932-3. 1-10 explain the Nicene Creed, 11 expounds the Lord's Prayer, and the rest deal with the baptismal liturgy (12-14) and the Eucharist. They correspond to the work of Cyril of Jerusalem.

JOHN CHRYSOSTOM c. 350-407

ad neophytos (c. 388)	'An address to the Newly Baptized', extant in an early Latin translation, and identical with the fourth of the eight baptismal catecheses discovered in 1955.
de coemeterio et cruce (date unknown)	'On the Burial and the Cross', a Good Friday discourse at Antioch.
de proditione Judae (date unknown)	'On the Betrayal of Judas', a Maundy Thursday discourse at Antioch.

de sacerdotio (before 392)	'On the Priesthood', a dialogue between C. and his friend Basil, in which C. attempts to justify his avoidance of episcopal office by flight, while inducing B., by deceit, to accept that dignity.
homiliae in Genesin (308)	'Homilies on Genesis', a complete commentary in sixty-seven sermons delivered at Antioch.
homiliae in Matthaeum (prob. 390)	'Homilies on Matthew', the first complete commentary on the Gospel that has survived; in ninety sermons, delivered at Antioch.
homiliae in Johannem (prob 391)	'Homilies on John', eighty-eight short sermons.
homiliae in epistolam ad Romanos (c. 393)	'Homilies on the Epistle to the Romans'. Thirty-two sermons, given at Antioch. C.'s masterpiece.
homiliae in epistulam primam ad Corinthios (uncertain date)	'Homilies on the First Epistle to the Corinthians.' Forty-four sermons at Antioch.
homiliae in epistolam ad Philippenses (prob. after 396)	'Homilies on the Epistle to the Philippians.' Probably at Constantinople. Fifteen sermons.
in eos qui ad synaxim non occurrerunt (uncertain date)	'An address to those who have not come to the Synaxis [public worship].'
(panegyricus) in quatriduarium Lazarum (date unknown)	'A discourse in Honour of Lazarus, Dead for Four Days.' One of a large number of encomia delivered by C. in honour of saints of the old and New Testaments, and of martyrs of the Church.

AMBROSE 339–97

apologia prophetae David (c. 383)	'A Defence of the Prophet David.' Preached at Milan.
(oratio) de excessu fratris Satyri (378)	'An Oration on the Death of his brother Satyrus', the second of his funeral sermons.
de fide ad Gratianum (381)	'On the Faith, addressed to Gratian'. Five books against Arianism, written at the emperor's request.
de incarnationis dominicae sacramento (381–2)	'On the Mystery of the Lord's Incarnation', a refutation of Arianism, arising out of objections raised by two of Gratian's court officials.

de mysteriis (390–1)	'On the Mysteries', addressed to the newly baptised, treating of baptism, confirmation, and the eucharist.
de officiis ministrorum (after 386)	'On the Duties of the Ministers', to the clergy of Milan; the first systematic treatment of Christian ethics.
de sacramentis libri VI (390–1)	'On the sacraments.' The same subject-matter as *de myst.*, together with an exposition of the Lord's Prayer. Its authenticity, formerly questioned, is now generally accepted.
enarrationes in Psalmos XII	'Explanations of Twelve Psalms.' On psalms 1, 35–40, 43, 45, 47, 48, 61.
epistolae	'Letters.' Ninety-one are extant, mostly official and theological.
expositio evangelii secundum Lucam (386–8)	'An Exposition of the Gospel according to Luke.' The longest of all his works and his only commentary on the New Testament. Twenty-five sermons and several treatises, contained in ten books.
expositio in Psalmum CXVIII	'An Exposition of Psalm 118 (119)', in twenty-two sermons, answering to the twenty-two sections of the psalm.

JEROME c. 345–420

(*dialogi*) *contra Pelaganos* (*libri III*)	'Dialogues against the Pelagians, in Three Books.'
epistolae (408–10)	'Letters.' 150, of which 117 are authentic.
in Isaiam (408–10)	'Commentary on Isaiah.
in Matthaeum (398)	'Commentary on Matthew.'
in epistolam ad Ephesianos (387–9)	'Commentary on the Epistle to the Ephesians.'
in epistolam ad Titum (387–9)	'Commentary on the Epistle to Titus.'
praefatio in librum Salomonis (406)	'Preface to the Book of Solomon (Ecclesiastes)'.
prologus in Samuelem et Malachiam (c. 407)	'Prologue to Samuel and Malachi.'

Augustine of Hippo 354–430

(de diversis quaestionibus) ad Simplicianum (397)	'To Simplicianus, on Various Questions.' A number of exegetical topics, in Romans and Kings, in reply to queries from the bishop of Milan.
contra duas epistulas Pelagianorum (421)	'Against Two Letters of the Pelagians', in six books.
contra Julianum (422)	'Against Julian' of Eclanum, a leading Pelagian.
contra Maximinum (428)	'A Reply to Maximinus', a Gothic bishop who disputed with A. about Arianism.
de agone christiano (369)	'On the Christian Struggle'—with sin and the devil.
de baptismo contra Donatistas (400–1)	'On Baptism, against the Donatists', in seven books.
de civitate Dei (413–26)	'On the City of God.' Twenty-two books; A.'s apologetic masterpiece.
de catechizandis rudibus (c. 400)	'On the Instruction of the Unlearned', written for a deacon, Deo-gratias.
de correptione et gratia (426–7)	'On condemnation and Grace', a companion work to *de gratia et libero arbitrio* (see below).
de doctrina Christiana (397–427)	'On Christian Doctrine', mainly exegetical, in four books.
de dono perseverantiae (428–9)	'About the Gift of Perseverance.' To A.'s followers, Prosper and Hilary, in opposition to the monks of S. Gaul.
de fide et symbolo (393)	'On Faith and the Creed', a brief explanation.
de Genesi ad litteram (401–15)	'A Literal Commentary on Genesis.' Twelve books; treats only chapters 1–12.
de gestis Pelagii (417)	'On the Career of Pelagius', a documentary account of the beginnings of the Pelagian controversy.
de gratia Christi (et peccato originali) (418)	'On the Grace of Christ (and Original Sin).' Two books.
de gratia et libero arbitrio (426–7)	'On Grace and Free Will', addressed to the monks of Hadrumetum, to clear away doubts about grace and predestination.
de natura et gratia (413–15)	'On Nature and Grace' against the Pelagians.
de nuptiis et concupiscentia (419–21)	'Marriage and Concupiscence.' Two books, against the Pelagians.

출전 목록 379

de peccatorum meritis (et remissione, et de baptismo parvulorum) (412)	'On the Due Reward of Sins (and the Forgiveness of Sins; and on the Baptism of Little Children)'.
de spiritu et littera (412)	'On the Spirit and the Letter', against Pelagianism.
de trinitate (399–419)	'On the Trinity.' A.'s principal dogmatic work, in fifteen books.
enchiridion (ad Laurentium, sive de fide, spe, caritate) (421)	'A Manual (for Laurentius, or On Faith, Hope, and Charity).' A summary of A.'s teaching written at the request of a Roman layman.
enarrationes in Psalmos (c. 416)	'Explanations of the Psalms', lengthy homilies, mostly allegorical.
[*epistola ad Demetriadem* (412–13)	'A Letter to Demetrias', written by Pelagius on D.'s decision to become a nun.]
epistolae	'Letters'. 270 items, including forty-seven addressed to A., and six to his friends.
in evangelium Johannis tractatus (414–16)	'Treatises on St. John's Gospel.' 124 sermons.
in primam epistolam Johannis tractatus (c. 413)	'Treatises on the First Epistle of St. John.' ten sermons.
opus imperfectum contra Julianum (contra secundam Juliani responsionem imperfectum opus)	'An unfinished Treatise against Julian' ('An Unfinished Treatise in Answer to Julian's Second Reply').
retractiones (426–8)	'Revisions', two books reviewing A.'s ninety-four works, and adding corrections and clarifications.
sermones	'Sermons'. More than 400 are probably authentic.

CYRIL OF ALEXANDRIA d. 444

adversus Nestorii blasphemias (430)	'Against the Blasphemies of Nestorius', a critical examination of a volume of N.'s sermons.
de adoratione in spiritu et veritate (uncertain date)	'On Worship in Spirit and Truth.' Seventeen books in dialogue form on O.T. exegesis.
(*scholia*) *de incarnatione unigeniti* (after 431)	'Comments on the Incarnation of the Only-begotten.' Only fragments are extant in Greek; but the whole survives in Old Latin, Syrian, and Armenian.

de recta fide (c. 430)	'On Right Belief.' Three anti-Nestorian memorials sent to court, one addressed to Theodosius II, the two others 'to the royal ladies', probably one to Th.'s younger sisters, Arcadia and Marina, the other to his older sister Pulcheria, and his wife Eudoxia.
epistolae	'Letters', ninety-three of them, seventeen being addressed to Cyril. Some are probably spurious.
homiliae paschales (414–42)	'Easter Sermons.' Twenty-nine discourses, of moral and practical content.
(commentarius) in XII prophetas (uncertain date)	'Commentary on the Twelve Prophets.'
(commentarius) in Lucam (after 430)	'Commentary on St. Luke.' 156 homilies, preserved in Syriac; only fragments extant in Greek. Practical in tone.
(commentarius) in Johannem (before 429)	'Commentary on St. John.' Dogmatic in tone.
thesaurus (de sancta et consubstantiali trinitate) (?423–5)	'A Repository of Discourses concerning the Holy and Consubstantial Trinity.' Thirty-five anti-Arian theses.

THEODORET OF CYRUS d. c. 466

de providentia orationes X (c. 458)	'Ten Discourses on Providence.' Sermons to a cultured auditory in Antioch.
epistolae	'Letters.' 232 are extant.
eranistes (seu polymorphus) (c. 447)	'The Beggar (or Mr. Multiform).' T.'s chief dogmatic work, in four books. Books 1–3 comprise dialogues between a Monophysite, the Beggar (because his doctrines are filched from earlier heretics, and their heterogeneity suggests the alternative name) and an orthodox respondent: book 4 gives a summary of the argument in forty syllogisms.
haereticarum fabularum compendium (c. 453)	'A Handbook of Heretical Fables', a history of heresy in five books.
(commentarius) in Psalmos (between 441 and 449)	'A Commentary on the Psalms', a continuous exposition of the whole psalter.
(commentarius) in Isaiam (date uncertain)	'A Commentary on Isaiah.' Text found in 1899, published 1933.

interpretationes in XIV epistolas sancti Pauli (after 450)	'Detailed Commentaries on the Fourteen Epistles of St. Paul.' T.'s only work on the N.T.
reprehensio (XII capitum seu) anathematismorum Cyrilli (431)	'A Refutation of the Twelve Chapters or Anathemas of Cyril.' A defence of N. written at the request of John of Antioch. Text preserved in Cyril, *ep. ad Euoptium*.

LEO THE GREAT 440–61

epistola [28] *dogmatica ad Flavianum* (449)	'A Doctrinal Letter to Flavian.' 'The Tome of Leo'; the classical Christological formulation.

후기 기독교 교부

초판 발행	1997년 3월 25일
중쇄 발행	2010년 3월 15일

발행처 **크리스챤다이제스트**
발행인 박명곤
주소 경기도 고양시 일산동구 정발산동 1193-2
전화 031-911-9864, 070-7538-9864
팩스 031-911-9824
등록 제 98-75호
판권 ⓒ 크리스챤다이제스트 2007
총판 (주) 기독교출판유통
　　　전화 031-906-9191~4
　　　팩스 080-456-2580

· 값은 표지에 씌어 있습니다.

● 본사 도서목록은 생명의 말씀사 인터넷서점 (lifebook.co.kr)에서 출판사명을 "크리스챤다이제스트"로 검색하시면 됩니다.